D1619713

Herausgegeben und kommentiert vom Arbeitskollektiv ,,Proletarisch-revolutionäre Romane''.

CHOU LI-PO

ORKAN

Die Revolution auf dem chinesischen Dorf
TEIL II

OBERBAUMVERLAG BERLIN 1972

Copyright dieser Ausgabe by
Oberbaumverlag Berlin
1 Berlin 21, Bundesratufer 1
Telefon: 0311/391 95 27

6. - 10. Tausend 1972

ISBN 387 628 0400

Mao Tsetung

„Hältst du den für einen Bauern?" fragte er ihn.

Wan schüttelte den Kopf.

„Das soll ein Bauer sein? So einen habe ich noch nie gesehen!"

„Die anderen haben sich wohl schon hingelegt, was?" erkundigte sich der Hauptmann nach einer Weile.

„Ja, hören Sie doch nur, die schnarchen ja, daß die Wände wackeln. Als hätten sie seit einer Ewigkeit kein Auge mehr zugemacht."

Und wirklich: Aus dem anderen Zimmer drangen Geräusche wie aus einem Sägewerk. Der neue Aufklärertrupp, der jetzt in Yüanmaotun stationiert war, bestand aus jungen, gut ausgebildeten Leuten aus den verschiedensten Dörfern. Hsiao hätte sich eigentlich gern noch ein wenig mit ihnen unterhalten, doch da sie bereits schliefen, mußte er darauf verzichten, und er riet nun Wan, sich ebenfalls hinzulegen.

Auch das Dorf schlief; nur der Nordwind rüttelte an den Fenstern, daß die Scheiben klirrten. In das Brausen des Windes mischte sich das Gebell der Hunde, und in weiter Ferne heulten zwei Wölfe ihr entsetzliches Nachtlied. Der Hauptmann setzte sich an den Tisch, zog den Docht der Bohnenöllampe etwas heraus, so daß es heller wurde, und machte eine Eintragung in seinem Tagebuch:

Yüanmaotun gehört zu den Dörfern, in denen die Aufklärungsarbeit verhältnismäßig gute Früchte getragen hat. Da jedoch im letzten Jahr zu viele Funktionäre des Dorfes woanders hingeschickt wurden, ist die Führung geschwächt. Die Stärke der Führung aber entscheidet den Erfolg der Arbeit. Da Aufklärungstätigkeit und Bodenreform wie ein Sturm vorübergetobt sind, hat sich das Klassenbewußtsein der Massen noch nicht genügend entwickeln können, und im Dorf herrschen noch immer Zustände, die auf diese politische Unreife zurückzuführen sind. – Charakter, Stand und Herkunft des Vereinigungsvorsitzenden Dschang Fu-ying muß ich noch genau ergründen. Wie war es ihm möglich, sich in die Bauernvereinigung einzuschleichen, wodurch ist es ihm gelungen, Vorsitzender zu werden?

Der Hauptmann wollte eigentlich noch weiterschreiben, doch die Müdigkeit überwältigte ihn. Den ganzen Tag über hatte im Kreiskomitee eine Beratung stattgefunden, und erst kurz vor Einbruch der Dunkelheit war er mit seinem neuen Aufklärertrupp aufgebrochen und hatte dann fünfzig Li bei starkem Schneetreiben im offenen Wagen zurückgelegt. Sofort nach der Ankunft hatte er sich Dschang Fu-ying kommen lassen und sich zwei Stunden lang mit ihm unterhalten.

Als Hsiao jetzt seine Taschenuhr zog, war es bereits zwölf Uhr durch. Er streifte sich die Strohschuhe von den Füßen, knöpfte seinen wattierten Rock auf und wollte sich gerade auf den Kang legen, als er mit der Hand seine Tasche berührte und darin ein Knistern hörte. Er faßte hinein und nahm einige Papiere heraus, die er auf dem Tisch ausbreitete. Es waren die „Grundsätze der chinesischen Bodenreform".

Während er sich hinlegte, zerbrach er sich immer noch den Kopf über Dschang Fu-ying. Ich muß erfahren, was mit diesem Kerl los ist, dachte er, aber seine Gedanken waren schon verschwommen, und es dauerte nicht lange, da schlief er ein.

Einige Tage zuvor, im Oktober neunzehnhundertsiebenundvierzig, hatte in der Provinz Sungdschiang eine Plenarkonferenz der Bezirkssekretäre stattgefunden, auf der die vom Zentralkomitee der Chinesischen Kommunistischen Partei aufgestellten „Grundsätze der chinesischen Bodenreform" eingehend erörtert und studiert wurden, die kurz zuvor in der „Nordostzeitung" erschienen waren. Nach seiner Rückkehr in den Bezirk hatte Hsiao Tschiang sofort eine Konferenz aller Kreissekretäre einberufen, denen er die Resolution der Bezirkssekretärkonferenz bekanntgab. Die Kreissekretäre faßten den Beschluß, im ganzen Bezirk eine neue Massenbewegung zu entfalten und die Feudalherrschaft auf dem Lande endgültig zu beseitigen. Der Bezirk wurde in zwanzig Abschnitte mit je einem Aufklärertrupp eingeteilt, und nach Abschluß der Konferenz fuhren kurz vor Einbruch der Dunkelheit nacheinander zwanzig Trupps auf mehr als einhundert Fuhrwerken zum Westtor der Kreisstadt hinaus, ihrem jeweiligen Bestimmungsort entgegen. Fast eine Stunde lang klapperten die Hufe der Pferde, polterten die eisenbereiften Räder der Fahrzeuge über das Steinpflaster und erschallte der frohe Gesang von Männern und Frauen — dann senkte sich wieder Stille über die Stadt.

Hauptmann Hsiao, der das aus Yüanmaotun vorliegende Material eingehend untersucht hatte, war auf einmal fest entschlossen, selbst mit einem Trupp dorthin zu gehen und die Lage im Dorf zu klären.

Hsiao Tschiang war jetzt Bezirkssekretär, und die Einwohner der Bezirkshauptstadt nannten ihn Politkommissar Hsiao; doch für die Bauern von Yüanmaotun war er immer noch ihr Hauptmann.

Als Dschang Fu-ying von der Bauernvereinigung nach Hause ging, quälten ihn Sorgen.

Nun war also der Hauptmann wieder da, dieser Mensch, der so fest zupacken konnte. Dschang nahm sich vor, am nächsten Morgen sofort seine ältesten Sachen aus dem Kleiderschrank hervorzusuchen und anzuziehen. Doch was hat das für einen Zweck? Es ist ja doch schon zu spät, überlegte er.

Ursprünglich hatte Dschang im Gebäude der Bauernvereinigung gewohnt, als aber Hsiao Tschiang mit dem neuen Aufklärertrupp erschien, mußte er mit seinen Sachen in das ihm zugewiesene neue Haus nahe dem Südtor umsiedeln. Das Haus hatte drei Zimmer. Eines der Zimmer, eine gemütliche, warme Stube, war an einen Junggesellen namens Hou Tschang-tui vermietet. Dschang Fu-ying quartierte ihn kurzerhand ins Nebenzimmer um, so daß der Alte jetzt im Kalten schlafen mußte, da der Kang im Herbst nicht ausgebessert worden war und sich nicht heizen ließ. Obendrein mußte Hou dem Vorsitzenden Dschang noch den Kang und den Ofen heizen.

Seit seiner Wahl zum Vorsitzenden der Bauernvereinigung hatte Dschang Fu-ying so manches getan, was das Licht des Tages scheute. Um aber zu verhüten, daß ihn etwa die Bezirks- oder

Kreisbehörden überraschten, hatte er tief in den Beutel gegriffen und sich fünf Wächter gemietet, die für ihn Tag und Nacht Posten standen, auf Patrouille gingen, sein Haus schützten und nebenbei noch das Essen bereiteten. Jeder von ihnen erhielt dafür monatlich 25 000 Yüan. Gewöhnlich wurde Dschang Fu-ying von dem Posten, der gerade vor dem Westtor stand und die zur Kreisstadt führende Chaussee beobachtete, sofort davon unterrichtet, wenn ein Vertreter der Kreis- oder Bezirksbehörden auftauchte, doch in der vorigen Nacht hatte der eisige Nordwind den Wächter von seinem Posten ins schützende Haus getrieben. So hatte es geschehen können, daß Hauptmann Hsiaos Fuhrwerk über die Dorfstraße rollte, ohne daß Dschang Fu-ying auch nur das geringste davon ahnte.

Nachdem er nun seine braunen japanischen Militärschuhe ausgezogen und die Lampe gelöscht hatte, legte er sich auf den Kang. Er fand jedoch keinen Schlaf. Ruhelos wälzte er sich hin und her und starrte mit weitaufgerissenen Augen durch die rauhreifbedeckten Fensterscheiben, die im Sternenlicht glitzerten. Je länger er überlegte, um so aufgebrachter wurde er. Der Gedanke an die verzwickte Lage, in die er geraten war, machte ihn rasend. Er verwünschte die unzuverlässigen Wächter samt und sonders und verfluchte auch gleichzeitig seine eigene Unvorsichtigkeit. Seine Augen blickten stier wie die eines Betrunkenen.

„Dieser verrottete Luderhaufen!" fluchte er vor sich hin. „Läßt mich einfach überrumpeln! Wie soll ich mich jetzt nur aus der Klemme ziehen?"

Dschang Fu-ying, mit Nebennamen Dschang Örh-huai, das ist Dschang doppelt schlecht, genannt, stammte aus einer Familie, die einen Landbesitz von rund zwanzig Dang hatte. Nach dem Tod seiner Eltern ergab er sich dem Schnaps und den Weibern und brachte sein Vermögen bis auf den letzten Yüan durch. Später borgte er sich bei Verwandten und Bekannten Geld und eröffnete einen Bäckerladen. Da er redegewandt war, schreiben und rechnen konnte, fiel es ihm nicht schwer, eine auserlesene Schar geriebener

Burschen an sich zu ziehen, die im Dorf eine selbständige Gruppe bildeten.

Während der Landaufteilung im vergangenen Jahr war Dou Shan-fa mit 50 000 Yüan und zwei Fässern Schnaps zu ihm gekommen und hatte ihn um seine Unterstützung gebeten. Dschang Fu-ying hatte sich nicht zweimal bitten lassen und sofort mit Yang Fu-yüan, der mit ihm unter einer Decke steckte, die notwendigen Vereinbarungen getroffen, die später vom Hauptmann zunichte gemacht worden waren. Seit damals haßte und fürchtete Dschang Fu-ying den Hauptmann, und er wußte nicht, wie er ihm gegenübertreten sollte.

Nachdem Hsiao das Dorf verlassen hatte, dessen Einwohner sich gerade erst auf ihre Kraft besannen, war Dschang Fu-ying allmählich ans Licht gekrochen, hatte seine Bäckerei geschlossen und sich an den Kampfversammlungen beteiligt. Er bewies Mut, Umsicht und großen Eifer, so daß es bald in ganz Yüanmaotun hieß: „Dschang doppelt schlecht ist eigentlich gar nicht so schlecht." Und so geschah es, daß die Einwohner nicht mehr auf seine Vergangenheit zu sprechen kamen, und er wegen seiner aktiven Beteiligung am Kampf sogar zum Vorsitzenden gewählt wurde.

Als Dschang Fu-ying noch einfaches Mitglied der Bauernvereinigung gewesen war, hatte er sich dadurch großes Ansehen erworben, daß er zum Kampf gegen die Familie Tsui vom Ostdorf aufrief, einer zur mittleren Klasse zählenden Gutsbesitzerfamilie, mit der die Familie Dschang verfeindet war. Der Gewinn, den er damals für die Bevölkerung herausholte, bestand aus zwei Goldringen und sechs bis an den Rand mit Kleidungsstücken gefüllten Kisten. Das brachte ihm die Stellung eines Brigadeführers ein. Als Bai Yi-shan zur Parteischule abberufen wurde, übernahm Dschang Fu-ying den freigewordenen Posten und wurde Kommissar für Bewaffnung. Der Bezirkssekretär Liu Sheng war damals gerade in die Südmandschurei versetzt worden, und der neue Bezirkssekretär, Dschang Tschung, der gleichzeitig als Bezirksbürgermeister fungierte, konnte sich nicht allzuviel um

Yüanmaotun kümmern, da er sein Hauptaugenmerk auf die Gebirgsdörfer richten mußte, in denen es noch schlecht um die Aufklärungsarbeit bestellt war. Dschang Fu-ying gab sich nach wie vor aktiv und wurde schließlich stellvertretender Vorsitzender der Bauernvereinigung. Nun holte er seine alten Freunde und Gesinnungsgenossen und ernannte sie nacheinander zu Brigadeführern. Diese Verbündeten, ineinander verhakt wie Kletten, bildeten mit Dschang Fu-ying eine geschlossene Front, um Guo Tsüan-hai zu Fall zu bringen.

Mit Li Tschang-yo, der freiwillig in die Achte Armee eintrat, verlor Guo Tsüan-hai, der Vorsitzende der Bauernvereinigung, den zweiten Freund. Guo war kein guter Redner. Wenn er mit jemandem eine Auseinandersetzung hatte und in Wut geriet, bekam er einen roten Kopf und seine Stirnadern schwollen an, doch die Zunge versagte. Die gutgesinnten Bauern dachten: Der Vorsitzende Guo ist wie eine Teekanne, in der Dschiao-dse gekocht werden. Der Bauch ist voll, doch durch den Schnabel läßt sich nichts gießen. Die von Dschang Fu-ying ernannten Brigadeführer aber empörten sich: „Wen will er denn mit seiner grimmigen Fratze einschüchtern? Er will uns wohl unter Druck setzen, was? Aber wir sind heute nicht mehr in Mandschukuo! Heute brauchen wir uns von niemandem mehr etwas gefallen zu lassen!"

Als Sun, der Kutscher, sich eines Tages mit einem Gläschen Schnaps etwas Mut angetrunken und auf einer Versammlung der Bauernvereinigung ein paar Worte zugunsten des Vorsitzenden Guo gesagt hatte, fiel die Meute mit Drohungen und Schimpfworten über ihn her: „Was soll uns dein blödes Gequassel, du komischer Vogel? Solch ein alter Hahnenschwanz! Was mischst du dich in Angelegenheiten ein, die dich einen Dreck angehen? Wer hat dich gebeten, das Maul aufzureißen? Schneid dir deine Schuhsohle ab und versuch, dich darin zu spiegeln, da hast du wenigstens eine Beschäftigung! — Wenn du noch einmal frech wirst, eröffnen wir eine Kampfversammlung gegen dich." Davor hatte der Ärmste gewaltige Angst. Er sagte nur noch: „Ist schon gut. Es hat ja alles keinen Zweck. Meine Worte sind in den Wind geredet." Dann verließ er schnell das Zimmer, kletterte auf den Kutschbock und fuhr wieder zur Weinstube. Wenn er einen Bekannten traf, sprach er von da an nicht mehr über die Bauernvereinigung, sondern erzählte nur noch Bärengeschichten, die er mit seiner hausbackenen Weisheit würzte: „Von hundert Bären sind neunundneunzig schwarz, nur einer hat ein Herz."

Guo Tsüan-hai stand nun in der Bauernvereinigung allein da. Er wurde immer verbissener und jähzorniger. Eines Tages hatte er mit einem Brigadeleiter eine heftige Auseinandersetzung, und noch am selben Abend berief Dschang Fu-ying die Brigadeführer zu einer Versammlung ein, auf der die ganze Meute ein heulendes Klagelied über Guo Tsüan-hai anstimmte. „Für solch einen Vorsitzenden bedanken wir uns!" hieß es immer wieder.

„Wir sind dafür, daß Dschang Vorsitzender wird! Guo Tsüan-hai soll sein Amt niederlegen!"

„Schickt ihn nach Hause und laßt ihn Kinder hüten!"

Schallendes Gelächter folgte diesen Worten.

„Er ist ja noch gar nicht verheiratet, wo hat er denn die Kinder aufgegabelt?"

Einer kreischte mit wutverzerrtem Gesicht:

„Was hat er überhaupt hier zu suchen? Er soll schleunigst aus den Räumen der Bauernvereinigung verschwinden!"

Sein Nachbar grinste scheinheilig.

„Sie sollten sich zu Hause ein wenig ausruhen, Vorsitzender Guo!"

Der Fall kam dem Bezirkssekretär zu Ohren, doch Dschang Tschung, der gerade in einigen anderen Dörfern vollauf beschäftigt war und außerdem einen sehr lückenhaften Bericht erhalten hatte, ordnete an:

„Das Volk hat zu bestimmen, also geht und fragt die Bevölkerung."

Dschang Fu-ying und seine Brigadeleiter gewannen für ihre Sache eine kleine Clique, die sich aus Dschangs Freunden und einigen Bauern zusammensetzte, die ihr Mäntelchen nach dem

Wind hängten und glaubten, die Zukunft gehöre Dschang Fu-ying. Zu diesen gehörte auch Li Dschen-dschiangs Neffe Li Guei-yung, der erst kürzlich nach Yüanmaotun zurückgekehrt war. Endlich waren alle Anstalten getroffen, und es konnte eine Dorfversammlung einberufen werden, auf der Dschang Fu-ying die überwältigende Mehrheit hinter sich hatte und ohne die geringste Schwierigkeit den Beschluß durchsetzte, Guo Tsüan-hai aus der Bauernvereinigung auszuschließen. Damit befand sich die Vereinigung ganz in der Gewalt Dschang Fu-yings und seiner Bande.

Auf dieser Versammlung flüsterte der alte Tien dem Kutscher verstohlen zu: „Nicht wahr, jede Dynastie von Himmelssöhnen hat ihre eigene Dynastie Minister?"

Sun seufzte: „Ach, red doch nicht davon! Das ist Beamten-sache, was sollen wir uns darum kümmern? Wir einfachen Menschen müssen ja doch die Steuern zahlen, ganz gleich, wer auf dem Kaiserthron sitzt."

Guo Tsüan-hai mußte seine Wohnung im Hause der Bauern-vereinigung aufgeben und zog nun in eine ihm zugewiesene verfallene Hütte nahe dem Westtor. Das Dach war beschädigt, und da es bei seinem Einzug gerade regnete, blieb im Zimmer auch nicht das kleinste Fleckchen trocken. Sobald sich das Wetter wieder aufklärte, lieh sich Guo Tsüan-hai einen Karren und eine Sichel und schnitt einen ganzen Tag lang Gras. Den folgenden Tag benutzte er, um das Dach zu flicken. Danach besserte er den Kang aus, kalkte die Wände und entfernte den Ruß aus dem Schornstein. In wenigen Tagen hatte er aus einem Stall eine menschenwürdige Wohnung gemacht. Bei seinem Einzug besaß Guo nicht einmal einen Kessel; er mußte sich ihn erst von dem alten Sun ausleihen. Der Kutscher, der von der Armut seines jungen Freundes wußte, sprach mit einigen treuen Bauern, und bald waren mehr Kessel, Schüsseln, Kellen und Teller zur Stelle als Guo brauchen konnte.

Nichts fehlte mehr in der einst leeren Hütte. Dschao Yi-lins Witwe, Dschao Da-sao-dse, schickte eine Strohmatte, und der kleine Wu Dschia-fu brachte eine dreieckige Glasscherbe, die er mit Zeitungspapier ins Fenster klebte. Nach kurzer Zeit erschienen nach und nach alle aufrechten Dorfbewohner wieder bei Guo und nannten ihn nach wie vor ihren Vorsitzenden. Als Dschang Fu-ying durch einen seiner angeworbenen Wächter davon erfuhr, drohte er, jeden ins Zuchthaus zu bringen, der den Ausgestoßenen noch einmal „Vorsitzender" tituliere. Nun durften die Einwohner Yüanmaotuns nur noch heimlich von „ihrem Vorsitzenden" sprechen.

Guo Tsüan-hai übernahm von nun an Gelegenheitsarbeiten. Auf diese Weise brauchte er sich um Kleidung und Nahrung nicht zu sorgen, sondern konnte ruhig leben. Wenn er sich abends auf den Kang legte, zündete er die kleine Pfeife mit dem blauen Jademundstück an — ein Andenken an Dschao Yi-lin, der zu seinen Lebzeiten daraus geraucht hatte —, schaute durch das gläserne Dreieck in seinem Fenster zu den Sternen empor und überließ sich ganz seinen Gedanken. Manchmal kam ihm in den Sinn, wie anstrengend doch seine Arbeit in der Bauernvereinigung gewesen war. Kaum daß er mal zu einem Nickerchen am Tisch Zeit gefunden hatte. Wann hatte er sich jemals auf einer Strohmatte ausgestreckt und zufrieden sein Pfeifchen geschmaucht? Es ist doch herrlich, keine Sorgen mehr zu haben, dachte er oftmals. Dabei fielen ihm meistens die Augen zu, und im Nu war er fest eingeschlafen.

Nach Guo Tsüan-hais Abgang von der politischen Bühne wurde Dschang Fu-ying erster Vorsitzender. Sofort nach seinem Amtsantritt setzte er sich dafür ein, daß sein Blutsbruder Tang Shih-yüan zum Bürgermeister von Yüanmaotun gewählt wurde. Dieser Mann, ein Verwandter von Tang, dem Greifer, war früher Unteroffizier in der Staatsarmee von Mandschukuo gewesen. Li Dschen-dschiangs Neffe Li Guei-yung wurde Sekretär der Bauernvereinigung. Als Hauptmann Hsiao mit seinem ersten Aufklärertrupp in Yüanmaotun weilte, war Guei-yung noch nicht im Dorf gewesen. Im „Mandschureich" hatte er als Beobachter bei der Luftabwehr gedient. Seit dem fünfzehnten August hatte er sich nicht ein einziges Mal in Yüanmaotun blicken lassen, sondern war die ganzen Jahre über in der Fremde geblieben, und niemand wußte, was er dort eigentlich getrieben hatte. Während der Bodenreform kehrte er in sein Heimatdorf zurück und beteiligte sich am Kampf. Da er vor nichts zurückschreckte, wurde er bald einer der Aktivsten.

Während des Kampfes gegen die Grundbesitzer bildeten diese drei Männer die Führung, die ihnen gleichgesinnten Brigadeführer folgten, und hinterdrein zog ein kleiner Teil der übrigen Bevölkerung. Auch verschiedene Groß- und Mittelbauern gehörten dazu. Bei der Aufteilung des Besitzes der Gutsbesitzer gingen sie völlig willkürlich vor.

So durfte beispielsweise der reiche Bauer Li Dschen-dschiang, der sich sogar gegen die Regierung erhoben hatte, sein restliches Vermögen behalten, dem Mittelbauern Liu Deh-shan aber wurden die Pferde aus dem Stall getrieben. Nach Abschluß des Kampfes wurde jedoch nichts verteilt.

Dschang Fu-ying, Li Guei-yung und Tang Shih-yüan, die im Haus der Bauernvereinigung wohnten, stellten Posten vor das Tor und ließen es sich wohlergehen, zechten, sangen, hörten Grammophonmusik, kauten Sonnenblumenkerne. Die Siegesbeute verkauften sie, und aus dem Erlös gründeten sie eine Genossenschaft. So wurde in der Dorfstraße ein Geschäft eröffnet, in dem man Strümpfe, Parfüms und wohlriechende Seifen kaufen konnte. Doch der Dorfbevölkerung gaben sie nur ganz wenig Geld und noch dazu in zwei Raten: das erstemal je fünfzig Yüan, das zweitemal je hundert Yüan. Darüber murrten die Bauern. „Das ist ja weniger als der Lohn für zwei Stunden Arbeit!" sagten sie.

Li Guei-yung war ein verschlagener Geselle, von kleiner Statur, mit einem langen, hageren Gesicht. Er drängte sich nie in den Vordergrund, denn er liebte es, im Verborgenen zu wirken. Wenn er sich einmal Unannehmlichkeiten zugezogen hatte, wälzte er sie sofort auf Dschang Fu-yings Schultern ab. Li Guei-yung wußte, daß Dschang Fu-ying mit der Frau Yangs vom Ostdorf ein Verhältnis hatte.

Dieses Weib, mit Nebennamen Hsiao-mi-dse, das heißt Hirsekorn, genannt, erregte in Yüanmaotun Aufsehen. Seit Dschang Fu-ying Vorsitzender der Bauernvereinigung war, ging sie jeden Tag zu ihm und saß oft noch lange nach Mitternacht lachend und vor Vergnügen kreischend an seiner Seite. Als in Yüanmaotun ein Frauenbund gegründet worden war, der seinen Sitz in den Räumen der Bauernvereinigung hatte und sich durch ein großes Holzschild mit der Aufschrift „Frauenbund Yüanmaotun" nach außen hin bemerkbar machte, gab Li Guei-yung, um sich Dschang Fu-yings Gunst zu erwerben, die Anregung, Hsiao-mi-dse zur Vorsitzenden dieser Vereinigung zu wählen. Als die anständigen Familien des Dorfes erfuhren, daß das Hirsekorn Vorsitzende des Frauenbundes geworden war, verboten sie ihren eigenen Frauen und Töchtern streng, sich jemals in der Bauernvereinigung blicken zu lassen. Auch Dschao Da-sao-dse und Bai Da-sao-dse wollten nichts davon wissen. Hsiao-mi-dse aber hatte einige Dutzend Weiber um sich geschart, und diese Auserwählten waren ihrer Führerin würdig.

Hsiao-mi-dse drang mit ihren Anhängerinnen in die Häuser ein, predigte, daß die alten Bräuche der Frauen abgeschafft werden müßten und zwangen die Bäuerinnen, sich ihre Haare kurz zu schneiden. Wer sich dagegen sträubte, hatte das Nachsehen: eine blitzende Schere kam zum Vorschein, fuhr zum Scheitel oder in den Nacken und schnappte zu. Viele Frauen, die in gerader Linie von den eingeborenen Mandschus abstammten, weinten vor Kummer bei dem bloßen Gedanken daran, daß sie ihre schönen geflochtenen Haare der Schere opfern sollten. Hsiao-mi-dse erließ außerdem eine Verfügung, wonach die jüngeren Frauen des Dorfes weiße Schuhe zu tragen hätten. Die besitzlosen Bäuerinnen, die den Sommer und den Herbst über mit bloßen Füßen liefen, weinten Tränen des ohnmächtigen Hasses. Sie besaßen ja nicht einmal ein kleines Fetzchen weißes Tuch und hatten auch gar keine Zeit, sich Schuhe zu nähen.

Eines Tages gingen die Bauern und Bäuerinnen von Yüanmaotun auf ihre Felder, um Unkraut zu jäten. Dschang Fu-ying und

Hsiao-mi-dse besichtigten die Äcker wie Gutsbesitzer ihren Herrschaftsbereich; die beiden spazierten eine Weile an den Feldrainen entlang und verschwanden schließlich im Haselnußgebüsch. Nun konnten die Bauern, die in der Nähe arbeiteten, deutlich hören, wie die Zweige knackten und die Blätter raschelten. Ein neugieriger junger Bursche warf seine Hacke beiseite und schlich hinüber, um zu lauschen. Es dauerte nicht lange, da drang aus dem Gebüsch Hsiao-mi-dses Stimme an sein Ohr:

„Hier können wir doch nicht! Wenn jetzt jemand kommt!"

Der Lauscher glaubte, er sei bemerkt worden und versteckte sich schnell zwischen den Maishalmen. Dann vernahm er wieder Hsiao-mi-dses Stimme:

„Du bist verrückt! Am hellerlichten Tage! Weg du, oder ich schreie!"

Doch der erwartete Aufschrei blieb aus. Nur ein gurgelndes Lachen war zu hören. Dann verstummte auch das, und nur ein leiser Wind säuselte durch das stille Gebüsch und fuhr raschelnd durch den Mais.

Nachdem der Wind das Gerücht dem Ehemann der Hsiao-mi-dse zugetragen hatte, lief dieser schnurstracks zur Bauernvereinigung, um sich zu beschweren. Li Guei-yung packte ihn jedoch sogleich am Kragen und zerrte ihn aus dem Zimmer. Keiner der Anwesenden konnte sehen oder hören, was weiter geschah.

Li Guei-yung hatte über dem Eingang zu den Räumen der Bauernvereinigung eine Tafel angebracht „Unbefugten ist der Eintritt verboten". Wer sich nicht daran kehrte, bekam von Li Guei-yung zu hören: „Hast du was verloren? Dann such es bei dir!" Daher kamen die Bauern bald nicht mehr aus freien Stücken zur Vereinigung, es sei denn, sie wollten sich einen Paß ausstellen lassen.

Am Türpfosten hatte Li Guei-yung einen weiteren Zettel angeschlagen mit der Aufschrift „Instruktionszimmer des Vorsitzenden". Alle zehn Tage mußten die Einwohner sich auf dem Hof der Bauernvereinigung einfinden, um die „Instruktionen" des Vorsitzenden Dschang entgegenzunehmen.

Eines Tages wurde auch der alte Sun hinzitiert. Nachdem Dschang Fu-ying seine „Unterweisungen" erteilt hatte, fragte er die Zuhörer, ob sie ihn verstanden hätten.

Die Bauern, die keine Zeit verlieren und so schnell wie möglich wieder auf den Acker gehen wollten, beteuerten einstimmig, sie hätten alles begriffen.

Dschang Fu-ying baute sich daraufhin vor Sun auf und fragte grinsend: „Und du? Hast du auch begriffen, was ich eben gesagt habe?"

Der Kutscher blickte auf.

„Das mögen die Götter begreifen", seufzte er.

Das Gelächter, das diesen Worten folgte, war unbeschreiblich. Dschang Fu-ying war vor Wut darüber krebsrot geworden und hatte dem Kutscher einen kräftigen Tritt versetzt.

In der ersten Nacht nach Hauptmann Hsiaos Rückkehr konnte Dschang Fu-ying keine Ruhe finden. Kaum daß die Hähne krähten, schwang er sich am Morgen vom Lager und eilte zu seinen Bundesgenossen.

„Der Aufklärertrupp ist da", berichtete er. „Was diese Leute an Nahrung und Feuerholz brauchen, wollen wir ihnen liefern. Hoffentlich machen sie sich nicht allzulange bei uns breit! Seid vorsichtig und erzählt nicht soviel, sonst macht ihr euch Unannehmlichkeiten! In unserer Bauernvereinigung war zwar nicht immer alles so, wie es eigentlich sein sollte, aber das braucht ja niemand zu erfahren. Gibt sich ein Dorf keine Blöße, dann nennt man es gut, wie ja auch ein Mensch, der seine Fehler verbirgt, als guter Mensch gilt. Wenn sie was wissen wollen, habt ihr einfach keine Ahnung. Verstanden?" fragte er eindringlich und sah seine Bundesgenossen forschend an.

Nachdem Dschang Fu-ying seine Freunde instruiert hatte, wankte er die Straße entlang heimwärts. Unterwegs begegneten ihm Gruppen von Männern und Frauen, die aus allen Teilen des

Dorfes zusammengekommen waren und nun schwatzend und lachend zur Bauernvereinigung zogen. Fu-yings Herz schlug bis zum Hals, und die Knie wollten ihm fast versagen. Feine Schneeflocken fielen ihm auf die Stirn, wo sie sofort schmolzen und wie Schweißperlen über seine fiebrig glühenden Wangen rollten.

ZWEITES KAPITEL

Als es im Osten zu tagen begann, und die nächtlichen Schatten allmählich wichen, war es auf dem ehemaligen Han-Hof schon schwarz von Besuchern, die den Hauptmann begrüßen wollten. Der alte Sun und ein stattlicher junger Bursche machten den Anfang und betraten das Innenzimmer. Der junge Mann war Dschang Dsching-jui, ein Bruder Dschang Dsching-tschiangs, der sich den kämpfenden Truppen angeschlossen hatte. Dsching-jui war erst neunzehn Jahre alt, hoch aufgeschossen, aber kräftig; arbeiten konnte er für zwei. Obgleich sein Bruder in der Achten Armee diente, verzichtete er auf die Sonderrechte für Angehörige von Frontkämpfern und bestellte seinen Acker allein, ohne fremde Hilfe. Er hatte in diesem Jahr die beste Maisernte des Dorfes, dicke Körner und Halme von fast ein Fuß Länge.

Als Dschang Dsching-jui das Innenzimmer betrat, lag Hauptmann Hsiao noch auf dem Kang. Dsching-jui lachte:

„Was, noch nicht aufgestanden? Wohl im Zuge eingenickt und die Station verschlafen?"

Doch als er Anstalten machte, den Hauptmann zu wecken, stellte sich ihm Sun hastig in den Weg und bat:

„Nicht! Laß ihn noch ein Weilchen liegen! Schlaf am Morgen, und ein junges Weib, erfrischen die Seele, erquicken den Leib."

„Was erzählst du da von Weib und Leib?" Hsiao richtete sich auf und warf den wattierten Rock über. Seine Beine waren noch fest in die Decke eingewickelt.

Immer mehr Bauern strömten ins Zimmer, drängten und stießen sich und konnten sich kaum noch rühren. Während der Hauptmann den Rock zuknöpfte, die Decke zurückschlug und sich die Hosen überstreifte, blickte er sich im Zimmer um. Er sah nur bekannte Gesichter, deshalb brauchte er sich niemandem besonders vorzustellen. Hsiao setzte sich auf den Bettrand, stellte die Füße auf einen Schemel und zog sich die Strohschuhe an, wobei er den Kutscher anlachte:

„Na, du alter Bursche, lebst du noch?"

„Wenn ich tot wäre, hätte meine Alte schon so laut geflennt, daß Sie es gehört hätten", brummte Sun, der beim Lächeln immer noch die Angewohnheit hatte, das linke Auge zuzukneifen.

Nachdem der Hauptmann sich eine Weile mit dem Kutscher unterhalten hatte, mischte sich Dschao Da-sao-dse, die ebenfalls zu den Besuchern gehörte, lachend ein:

„Als unser kleiner Hütejunge hörte, daß der Herr Hauptmann wieder da ist, war er vor Freude rein aus dem Häuschen."

Nun wollten auch die anderen Besucher von ihren Wünschen und Hoffnungen berichten, und jeder versuchte als erster zu sprechen:

„Schon vor der Ernte haben wir damit gerechnet, daß Sie zu uns kommen", sagte der eine.

„Auf alles mögliche habe ich gehofft, aber mit Ihrer Ankunft habe ich nicht mehr gerechnet", meinte ein anderer. „Ich dachte, der Herr Hauptmann wird uns einfache Bauern von Yüanmaotun bestimmt schon wieder vergessen haben."

„Aber warum denn? Ich würde euch nie vergessen, auch wenn ich noch so sehr beschäftigt bin", meinte Hsiao lächelnd.

Nachdem der Hauptmann seine Schuhe angezogen hatte, holte er sich seine Waschschüssel aus einer Ecke und wollte gerade in die Küche gehen, um Wasser einzugießen, als er in der Türöffnung mit Bai Da-sao-dse zusammenstieß. Sie stand auf der Schwelle, gegen den linken Türrahmen gelehnt. Ihr schöner dicker Haarknoten war ebenfalls der Schere zum Opfer gefallen. Ihre dunklen Augen unter den rabenschwarzen Brauen blickten den Hauptmann fragend an. Hsiao ließ sie gar nicht erst zu Wort kommen.

„Ach, Da-sao-dse! Guten Tag! Bai ist jetzt in Shuangtscheng und arbeitet in der Verwaltung für öffentliche Sicherheit. Er hat große Sehnsucht nach dir."

Die Frau verzog nur den Mund und sagte geringschätzig:

„Sehnsucht hat er? Sobald der aus dem Haus ist, hat er einen doch schon vergessen."

Hsiao lachte und wollte noch etwas erwidern, doch da hörte er auf dem Hof ein Fuhrwerk poltern. Er drängte sich durch die Besuchermenge zur offenen Küchentür, blickte hinaus und sah einen großen Wagen, der bis an den Rand mit Brennholz beladen war. Tien Wan-shun war der Fuhrmann. Er zügelte das Pferd, sprang vom Kutschbock und ging auf das Hauptgebäude zu. Dann legte er die Peitsche auf einem Sims ab, begrüßte den Hauptmann und trat ins Haus.

„Ich dachte, ihr werdet in den ersten Tagen kaum etwas zum Feuern haben und bringe euch deshalb einen Wagen voll Brennholz", erklärte er. „Das könnt ihr erst einmal verfeuern. Wenn es alle ist, hole ich neuen Vorrat. In unserem Dorf am Fuß der Berge gibt es zwar sonst nicht viel Gutes — aber Brennholz ist zur Genüge vorhanden."

Die Bauern liefen nun aus dem Haus, eilten zum Fuhrwerk und luden eifrig das Holz ab. Bald waren die trockenen Ulmenscheite unter der Dachtraufe zu einer dicken Mauer aufgestapelt. Es schneite noch immer, und in kurzer Zeit hatte eine dünne, glitzernde Schneedecke den Holzstapel eingehüllt.

Im Kamin wurde gleich ein kräftiges Feuer entfacht, und bald verbreitete sich eine wohlige Wärme im Zimmer. Die Bauern dachten nicht mehr ans Weggehen; sie hatten sogar das Frühstück, das zu Hause auf sie wartete, ganz vergessen. Überall im Zimmer hatten sie sich niedergelassen, einige am Tisch, andere neben dem Kamin, und wieder andere fanden auf dem Bettrand Platz. Ein paar Bauern probierten Hauptmann Hsiaos pelzgefütterten Mantel an oder machten sich an seinem Revolver zu schaffen. Auch Sun Yung-fu drängte sich zu ihnen durch. Als er den langen funkelnagelneuen, schwarzglänzenden Armeerevolver sah, konnte er es sich nicht verkneifen, sein Urteil darüber abzugeben.

„Die Knarre da ist nach Himmelsbuchrezepten[37] gebaut worden, anders kann ich mir das gar nicht vorstellen", meinte er, aber Dschang Dsching-jui hakte sofort ein:

„Solch ein abergläubischer Kerl! Wo in der Welt gibt es ein Himmelsbuch? Bisher wurde noch alles von Menschen ausgeklügelt."

„Es soll kein Himmelsbuch geben? Dann sag mir doch einmal, ob Dschu Go-liang[38] nicht auch aus dem Himmelsbuch gelernt hat, als er den Sturm zu Hilfe rief?"

Der alte Sun setzte sich an den großen viereckigen Tisch, neigte den Kopf zur Seite und fuhr fort: „Und Hsieh Ding-shans Frau Fan Li-hua, die richtige Berge versetzen konnte, he? Die hat sich wohl auch nicht Auskunft vom Himmelsbuch geholt, was?"

Dschang Dsching-jui gab sich geschlagen und ließ sich auf keine weiteren Erörterungen mit dem Kutscher ein. Er beugte den Kopf und blätterte in den Papieren, die auf dem Tisch lagen. Dabei fiel sein Blick auf die „Grundsätze der chinesischen Bodenreform". Hsiao Tschiang sah ihm über die Schultern, tippte mit dem Finger auf die Broschüre und sagte lächelnd:

„Da steckt mehr drin als im Himmelsbuch. Das ist das Erdbuch, das der Vorsitzende Mao Tse-tung verfaßt hat, und in dem vorgeschrieben wird, wie die Erde, der Acker, gerecht verteilt werden muß. Das Buch hier bedeutet für euch alle ein Leben in Glück und Wohlstand." Nachdem ihnen der Hauptmann die „Grundsätze der chinesischen Bodenreform" erklärt hatte, fuhr er fort:

„Wir wollen uns in unserer Arbeit von nun an nach diesen Grundsätzen richten und den Feudalismus an seinen Wurzeln packen. Erst, wenn er mit Stumpf und Stiel ausgerottet ist, sind die Bauern für alle Zeiten vom Joch befreit. Wie ist es denn mit euch, habt ihr euch etwa schon restlos vom Joch der Gutsherren befreit?"

Diese Frage entfesselte einen wahren Sturm unter den Anwesenden. Ein Teil von ihnen erhob bittere Anklagen, andere brachen in grimmiges Gelächter aus oder schimpften laut vor sich hin. Nicht ein Wort ließ sich bei diesem Lärm verstehen. Als das Stimmengewirr allmählich abebbte, rief Tien, der an den Herd gelehnt stand:

„In unserem Dorf hat sich nur das Lumpenpack freigemacht und vollgefressen. Früher mußten wir Armen mit der Hacke in der Hand für die Gutsherren schuften, heute haben wir dafür eine Lanze, mit der wir das Lumpenpack beschützen sollen..."

„Den Hasen haben wir erschlagen, dafür füttern wir jetzt die Falken", fiel ihm Sun ins Wort.

Auch Dschang Dsching-jui brachte seine Beschwerde vor:

„Im vorigen Jahr hat man mir einen wattierten Anzug gegeben. Als ich einmal in den Bergen Brennholz schlug, war das Zeug gleich zerrissen. Und dieses Jahr? Jetzt fällt schon der Schnee, doch selbst von den Anzügen, die den Soldatenfamilien zugeteilt wurden, ist kein Fetzen mehr übrig. Die Gutsherren dagegen stolzieren nach wie vor im Mandarinenrock mit kurzem Überwurf herum."

„Leben sie immer noch von Pachtzahlungen?" erkundigte sich Hauptmann Hsiao.

„Aber ja doch, es ist immer noch dasselbe", klagte Tien. „Ein paar Dang schlechten Acker haben sie zwar verschenkt, doch alles gute Land haben sie für sich behalten. Sie nehmen Pacht wie in früheren Zeiten, sie selbst aber machen keinen Finger krumm."

Auch Bai Da-sao-dse drängte sich nach vorn.

„Du sprichst von dem Ackerland, das ihnen immer noch gehört", schimpfte sie. „Wenn der Herr Hauptmann nicht gekommen wäre, hätten sie obendrein noch die Häuser und Äcker, die man uns zugeteilt hat, wieder zurückverlangt."

„So ist es tatsächlich!" ließ sich jetzt auch Tien Wan-shuns blinde Frau vernehmen, die bei der Nachricht von Hauptmann Hsiaos Ankunft sofort mit ihrem Krückstock hergetappt war.

„Im siebenten Monat kam Han Lao-lius Konkubine hierher zum Gut, stellte sich breitbeinig auf den Hof und befahl uns alten Leuten herrisch, gut auf ihr Grundstück aufzupassen und keinen Schmutz zu machen. Sie sagte, auf dem Dach ihres Hauses sei eine rote Blume erblüht, die Ulmen vor dem Tor aber hätten weiße Blüten. Die Welt werde sich ändern, und dann könnten sie wieder auf ihr Gut zurück."

„Was faselt die da zusammen", fragte lachend Dschang Dsching-jui. „Auf welchem Dach blühen rote Blumen, und welche Ulmen tragen weiße Blüten?"

„Ich habe an Ulmen noch nie weiße Blüten entdeckt", wunderte sich Sun. „Aber rote Blumen habe ich schon mit eigenen Augen auf Dächern wachsen sehen, ganz dunkelrote wie Rosen. Es ist wirklich ein Wunder. Im zwanzigsten Jahr Guanghsüs[39] wuchsen auf dem Dach der Familie Tang auch rote Blumen", erzählte er und sah sich triumphierend um.

„Das ist doch gar nicht solch ein Wunder", erklärte ihnen der Hauptmann, der bisher schweigend zugehört hatte. „Der Wind weht den Blütenstaub auf die Strohdächer, die Pollen keimen, es wachsen Stengel, und wenn es soweit ist, blühen sie." Dann sah er die Blinde an und fragte sie, warum ihre Familie die Wohnung gewechselt habe.

„Sie wurden vom Gut verjagt", gab der Kutscher an ihrer Stelle zur Antwort.

„Wer hat diese Frechheit besessen?"

„Das Gesindel, das in unserem Dorf an die Macht gelangt ist."

Hauptmann Hsiao erkundigte sich nicht näher, denn er wußte, von wem die Rede war. Er fragte nur, wo sich Dou Shan-fa und Tang Tien jetzt aufhielten, und ob ihr Grundbesitz enteignet wäre. Die Antworten lauteten verschieden. Einige berichteten, das Land sei aufgeteilt worden, andere wiederum meinten, die Bodenreform sei nicht zu Ende geführt worden. Der alte Tien, der auf dem Bettrand saß, zog den rechten Fuß hoch und klopfte seufzend die Tabakspfeife an der Spitze seines zerrissenen Strohschuhes aus.

„Ach! Kaum hatte unser neuer Vorsitzender sein Amt angetreten", erzählte er, „da erhielt das Dorf auch schon ein ganz verändertes Aussehen. Mit den Händen stützt er die Gutsherren, mit den Füßen tritt er die Armen. Wie milde geht er mit den Großgrundbesitzern um! Hundertachtzig Yüan Geldstrafe, das ist alles. Weiteren Schaden brauchen sie nicht zu fürchten. Die Kleinen aber quält er, wo er nur kann. Dem Mittelbauern Liu Deh-shan zum Beispiel, der jetzt als Krankenträger an der Front dient, hat man das gesamte Familienvermögen geplündert."

„Was ist euer Vorsitzender Dschang eigentlich für ein Bauer?" erkundigte sich Hauptmann Hsiao.

„Überhaupt kein Bauer", antwortete Tien. „Er ist ein Landmann von der Sorte, die im Frühling ein wenig säen, im Herbst ein bißchen ernten und im Jahr nur zwei Monate auf dem Feld zu tun haben."

„Der tut sogar noch weniger", rief jemand dazwischen.

„Ja, aber weshalb habt ihr ihn dann eigentlich gewählt?" fragte Hsiao verwundert. „Wodurch hat er sich denn solch großes Verdienst erworben?"

„Als wir die Familie Tsui vom Ostdorf enteigneten", erklärte Tien wieder, „ist er sehr aktiv gewesen."

„Zwei Goldringe und sechs Kisten wurden von ihm sichergestellt", ergänzte jemand eifrig.

„Wie ich höre, war er also ursprünglich ein fortschrittlich denkender Mensch. Wie konnte er sich da nur so zu seinem Nachteil verändern?"

Die Bauern waren um Antworten nicht verlegen und erwiderten, er habe die Einwohner von Anfang an hinters Licht geführt. Im übrigen stamme er aus einer heruntergekommenen Gutsbesitzerfamilie und sei schon von jeher ein schlechter Mensch gewesen, wie ja auch sein Name Dschang, doppelt schlecht, beweise. Den Rest habe er dann noch von Li Guei-yung bekommen, der ihn ganz und gar auf die schiefe Bahn geführt habe.

Sun hatte schon lange keinen Ton von sich gegeben, doch jetzt ließ er sich auch vernehmen:

„Ich habe ja schon vorher gewußt, was das für ein Kunde ist. Habe ich euch denn nicht immer schon gepredigt, wir dürften ihn um keinen Preis zum Brigadeleiter wählen? Aber ihr wolltet ja nicht auf mich hören."

„Wann hast du gesagt, er sei ein schlechter Kunde?" höhnte Dschang Dsching-jui. „Als er dir seinen Lederstiefel zu kosten gab, war dir der Mund vor Angst wie vernagelt."

Die Sache mit dem Tritt, den ihm Dschang Fu-ying gegeben hatte, war dem alten Sun sehr unangenehm, und er hatte keine Lust, darüber zu sprechen. Auch seiner Alten gegenüber hatte er sich wohlweislich über diesen peinlichen Vorfall ausgeschwiegen. Er glaubte, der junge Dschang Dsching-jui habe das Geheimnis jetzt nur ausgeplaudert, um ihn bloßzustellen. Derartige Heimtückereien aber hielt Sun nicht der Beachtung wert, und er brachte seinen unterbrochenen Redestrom wieder in Fluß:

„Überall hieß es, er habe sich gebessert, strolche nicht mehr mit gemeinem Weibsvolk herum und könne unser Vorsitzender werden. Doch ich habe immer gewarnt: ‚Unsinn, der wird sich nie bessern. Ihr werdet es ja noch erleben.' Wie recht hat das alte Sprichwort: ‚Ein Hase paßt nie vor die Deichsel'."

Dschang Dsching-jui feixte: „Was heißt hier altes Sprichwort? Das hast du selbst zusammengeschustert."

„Geschustert nennst du das, wenn ich ihn als einen Hasen bezeichne? Na schön, dann ist er eben noch nicht einmal ein Hase, sondern eine Maus."

Hauptmann Hsiao mischte sich lachend in diese Unterhaltung ein:

„Du sagst, er sei eine Maus; wo ist denn da das Mauseloch?"

Der Kutscher zwinkerte mit dem linken Auge.

„In unserem Dorf macht jeder, was ihm paßt. Niemals sind sich die Bauern einig. Ist das nicht gerade so wie in einem Mauseloch?"

Hsiao nickte. Es stimmt, dachte er, Sun hat recht. Plötzlich ließ er seinen Blick suchend über die Anwesenden gleiten und fragte nach Guo Tsüan-hai.

„Sie erinnern sich noch an ihn?" fragte der Kutscher erfreut. „Der hat viel Pech gehabt. Er wurde vor einiger Zeit aus der Bauernvereinigung ausgeschlossen und lebt jetzt von kleinen Gelegenheitsarbeiten."

Der alte Tien erteilte nähere Auskunft.

„Gestern ist er nach Datschingdingdse gefahren, um dort für jemanden etwas zu erledigen."

Die Gäste blieben noch eine Weile und erzählten mit dem Hauptmann. Erst als die Frühstücksstunde schon längst vorüber war, verabschiedeten sie sich. Aus ihren Augen leuchtete Zuversicht. Jetzt ist der Hauptmann da, dachten sie erfreut, ein Mensch, der helfen, auf den man sich stützen kann, und niemand braucht mehr zu fürchten, von Dschang Fu-ying und Li Guei-yung belästigt zu werden.

DRITTES KAPITEL

Nach dem Frühstück rief Hauptmann Hsiao die Funktionäre des Aufklärertrupps zu einer Besprechung im Versammlungsraum der Bauernvereinigung zusammen.

Außer Wan waren alle Mitglieder dieses neuen Aufklärertrupps Leute, die sich erst vor kurzem für diese Arbeit zur Verfügung gestellt hatten. Die Funktionäre aus den alten befreiten Gebieten waren zum größten Teil in die Südmandschurei abkommandiert worden, um dort die Massenarbeit zu leiten. Auch der junge Wang und Liu Sheng waren dorthin gegangen.

Die sechzehn jungen Funktionäre, die jetzt mit dem Hauptmann gekommen waren, stammten aus den verschiedensten Bezirken und Dörfern. Sie hatten sich während der Bodenreform zusammengefunden. Die meisten von ihnen konnten weder lesen noch schreiben, oder sie fingen gerade erst an, die Schrift zu erlernen. Doch jeder einzelne war mit Begeisterung bei der Arbeit und von tiefem Verantwortungsbewußtsein erfüllt. Die Bodenreform dauerte nun schon länger als ein Jahr; in dieser

Zeit hatten sie die Taktik des Klassenkampfes erlernt und in jeder Hinsicht ihre Qualität bewiesen.

In der heutigen Besprechung standen die Arbeitsmethoden und die Haltung des Aufklärertrupps der Bevölkerung gegenüber auf der Tagesordnung. Nachdem Hauptmann Hsiao ein paar einführende Worte gesprochen hatte, bat er die anderen, allein weiter zu diskutieren, da er einige bekannte Familien im Dorf aufsuchen wolle. Er wollte sich erkundigen, wie es ihnen ging, vor allem aber wollte er aus ihrem Munde noch einiges über die Lage im Dorf erfahren.

Hsiao ging noch schnell in sein Zimmer zurück, um einen Schluck Wasser zu trinken. Die Stimmen der Diskussionsredner drangen aus dem Versammlungsraum zu ihm herüber, und er hörte, wie einer von ihnen sagte: „Man soll nichts mit Gewalt durchsetzen wollen. Meint ihr nicht, daß wir damit zuviel übernehmen würden?" „So ist's!" erschallte die Antwort aus vielen Kehlen. Ohne weiter zuzuhören, verließ der Hauptmann das Haus und ging über den Hof zum Tor hinaus. Es war sehr windig und der Schnee wirbelte in feinen Flocken durch die Luft. Hsiao ließ die Klappen seiner Pelzmütze herunter und drückte sie fest gegen die Ohren.

Zuerst wollte er die tapfere Witwe Dschao Da-sao-dse besuchen und dort nach dem Rechten sehen. Er erinnerte sich noch, daß sie im Süddorf wohnte und schlug deshalb die südliche Richtung ein. Da er jedoch unterwegs von einem Bauern erfuhr, daß sie schon vor längerer Zeit ins Norddorf gezogen war, machte er wieder kehrt und begab sich nach Norden.

Dschao Da-sao-dse bewohnte zusammen mit einer anderen Witwe namens Li ein kleines Häuschen auf einem Gutshof. Jede der beiden hatte ein Zimmer zur Verfügung.

Als Hauptmann Hsiao über die Türschwelle trat, sprang So-dschu laut jauchzend vom Kang und umklammerte mit seinen Armen die Beine des Besuchers. „Onkel! Onkel!" rief er. Dann hängte er sich an Hauptmann Hsiaos Arme, ließ sich eine Weile hin- und herpendeln und kletterte dann, ganz ausgelassen vor

Freude, mit seinen bloßen, rabenschwarzen Füßen an dem Manne hoch.

Dschao Da-sao-dse wies ihn zurecht:

„So-dschu, ich glaube, du hast noch zu wenig Haue bekommen! Du machst ja dem Onkel den ganzen Anzug schmutzig. Wenn du nicht sofort wieder runter kommst, setzt es was!"

So-dschu dachte aber gar nicht daran zu gehorchen, denn er wußte genau, daß seine Mutter ihn viel zu lieb hatte, um ihn zu schlagen. So schlang er seine Ärmchen fest um den Hals des Hauptmanns, und Dschao Da-sao-dse ließ ihn in der Tat gewähren.

Hsiao zog den Kleinen an sich, küßte ihn und setzte ihn auf das Kopfende des Kang, während er sich selbst auf dem Rand niederließ. Die Frau war gerade damit beschäftigt, eine Bastmatte zu flechten. Mit dieser Heimarbeit verdiente sie sich noch nebenbei ein wenig Geld.

Als der Hauptmann so unerwartet in die Stube trat, wurde sie froh, als käme ein lieber Verwandter zu Besuch. Schnell sprang sie auf, lieh sich von der Witwe Li eine Pfeife und etwas Tabak, steckte am Küchenherd einen Hanfstengel in Brand und bat Hsiao Tschiang, sich zu bedienen. Der Hauptmann rauchte die Pfeife an, und während er gemütlich die Rauchwolken vor sich hinblies, unterhielt er sich mit der Frau.

„Nun, Da-sao-dse, hast du Schwierigkeiten?"

„Was heißt hier Schwierigkeiten? In Mandschukuo lag im Kessel der Armen zwischen Boden und Deckel nichts als Luft, aber auch diese Zeiten haben wir überstanden. Was ich jetzt für Schwierigkeiten habe, fragen Sie? Ja, da gibt es schon eine, allerdings nur eine ganz kleine. Der Junge hat nämlich ein bißchen zuwenig Taschengeld, doch dieser Mangel läßt sich leicht beheben. Hier, Sie sehen ja, ich flechte Matten, ich komme schon zurecht."

„Unterstützt man euch wenigstens?"

„Wen meinen Sie mit ,man'?" fragte Dschao Da-sao-dse zurück, während sie weiter an ihrer Matte flocht. „Die Bauernvereinigung vielleicht? Von denen kümmert sich keine Seele um uns."

„Und auch zu Neujahr haben sie euch keine Geschenke gebracht?"

Dschao Da-sao-dse antwortete nicht, sondern lachte nur. Sie war wie ihr verstorbener Mann: sie opferte sich für die anderen auf und nahm lieber selbst ein Leid auf sich, als daß sie andere leiden ließ. Es fiel ihr nicht leicht, hinter dem Rücken eines Menschen schlecht über ihn zu reden. Doch die Witwe Li, die eben ins Zimmer getreten war, konnte das Schweigen nicht länger ertragen und brach in bittere Klagen aus.

„Geschenke?" rief sie. „Die haben sie der Frauenbundsvorsitzenden Hsiao-mi-dse in die Wohnung getragen. Die Angehörigen der Soldaten haben sie schon längst vergessen."

„Schöpft wenigstens jemand für euch Wasser?" wollte Hsiao nun wissen.

Die Witwe Li mußte wieder das Wort ergreifen:

„Wenn der Vorsitzende Guo im Dorf ist, hilft er der Schwägerin jeden Tag, holt ihr Wasser und hackt Holz. Wenn er aber nach außerhalb fährt, müssen wir beide uns das Trinkwasser selbst heranschaffen. Im Winter laufen wir mit unbedecktem Kopf zum Brunnen. An sich ist das ja nicht schlimm, nur, die Ohren frieren einem bald ab vor Kälte."

„Ist denn der kleine Hütejunge nicht mehr hier? Warum laßt ihr ihn nicht Wasser holen?" erkundigte sich Hauptmann Hsiao weiter.

Die Witwe Li lächelte und erwiderte nochmals an Dschao Da-sao-dses Stelle:

„Ja, daran hat Da-sao-dse schuld mit ihrer großen Gutmütigkeit. Immerzu denkt sie an diesen vater- und mutterlosen Buben, um den sich sonst keine Menschenseele kümmert, und sie läßt ihn keine schwere Arbeit verrichten, aus Angst, er könnte sich überanstrengen. Auch zur Schule schickt sie ihn, damit er etwas lernt. Herr Hauptmann, Sie wissen ja gar nicht, was Da-sao-dse für ein gutes Herz hat. Wirklich, so was trifft man nur selten. Ihr eigenes Fleisch und Blut, So-dschu, läuft noch barfuß herum, der Hütejunge aber trägt schon wattierte Strohschuhe."

Dschao Da-sao-dse hatte den Kopf gesenkt und flocht schweigend an der Bastmatte. Solche Bastmatten fertigten die armen Frauen von Yüanmaotun auf Grund von Bestellungen an, die sie auf dem Markt entgegengenommen hatten. Dschang Fu-ying und Hsiao-mi-dse hätten nie daran gedacht, die Frauen anzuleiten und die Heimarbeit zu organisieren. So blieb jede Heimarbeiterin sich selbst überlassen.

Hauptmann Hsiao betrachtete die Haare der jungen Frau, die, vor einem Jahr noch rabenschwarz, heute schon etwas grau schimmerten, ein Zeichen ihres schweren, leidvollen Lebens. Doch sie besaß die gute Eigenschaft vieler werktätiger Frauen, trotz unsäglicher eigener Not, andere Menschen zu umhegen und zu bemuttern.

Hsiao wollte sich nicht allzu lange aufhalten, denn er fürchtete, im Verlauf des Gesprächs versehentlich Dschao Yi-lin zu erwähnen, was nur wieder alte Wunden aufgerissen hätte. Deshalb verabschiedete er sich bald und ging. Vor dem Tor traf er einen kleinen Schüler, der, die Mappe unter den Arm geklemmt, freudestrahlend auf den Hof lief. Es war der Hütejunge Wu Dschia-fu. Er trug einen blauen, gestreiften, wattierten Rock und Hosen aus feiner Wolle. Als der Hauptmann ihn begrüßte, fielen seine Blicke auf die Füße des Knaben, und er sah, daß er ein Paar blaue, wattierte Schuhe trug. Es waren wirklich schöne solide Schuhe. Hsiao mußte an So-dschus rabenschwarze nackte Füßchen denken, mit denen das Bübchen an ihm herumgeklettert war. Eine Frau wie Dschao Da-sao-dse gibt es unter Hunderten nur einmal, dachte er, eine Frau, die so selbstlos ist und sich immer nur für die anderen einsetzt — ganz so wie Dschao Yi-lin damals. Dann fragte er den Hütejungen, was er jetzt lerne, ob er mit seinem Lehrer zufrieden sei, und verabschiedete sich nach einigen aufmunternden Worten von ihm. Wu Dschia-fu rannte ins Haus. Noch eine ganze Weile trug der Wind den Stimmenlärm aus Dschao Da-sao-dses Wohnung zu Hauptmann Hsiao hin, der langsam seines Weges ging. Er konnte noch lange das Jubeln des kleinen So-dschu hören.

Hsiao ging nun zum Ostdorf, da er Bai Yi-shans Frau besuchen und ihr einen Brief von ihrem Mann übergeben wollte, den er am Morgen durch die angeregte Unterhaltung mit seinen zahlreichen Gästen ganz vergessen hatte.

Auch Bai Da-sao-dse war gerade dabei, Bastmatten zu flechten. Sie besaß eine geschickte Hand für derartige Arbeiten. Wenn sie in früheren Jahren für die Gutsbesitzer Matten angefertigt hatte, hatte sie nur die Hälfte ihres Könnens aufgewendet. Doch bei den Bast- und Strohmatten, die sie jetzt flocht, gab sie sich ganz besondere Mühe, und legte ihre ganze Geschicklichkeit in die Arbeit hinein, denn diese wunderschönen Matten waren ja für einen Funktionär der Achten Armee bestimmt. Und war ihr Mann jetzt nicht auch Funktionär und gehörte der Achten Armee an?

Wenn ein Dorfbewohner seine Familie verläßt und nach außerhalb fährt, erwarten die Zurückbleibenden täglich voller Sehnsucht seine Heimkehr. Auch Bai Da-sao-dse bildete keine Ausnahme. Über ihre Handarbeit gebeugt, dachte sie ständig an ihren Mann, doch sie war besonders verschlossen; das Herz mochte sich ihr vor Sehnsucht noch so sehr zusammenkrampfen, nie gestand sie es ein. Wenn sie einmal gefragt wurde, ob sie sich nach ihrem Manne sehne, hob sie nur den Kopf und brummte:

„Weshalb sollte ich denn Sehnsucht nach ihm haben? Solche Gefühlsduselei kenne ich nicht."

Auch heute drängten sich ihr beim Flechten wieder die Gedanken auf: ob er wohl viel zu tun hat? Kommt er auch mit seiner Arbeit zurecht? Und wer flickt ihm seine Sachen, wenn sie zerrissen sind? Eine alte Frau? Oder ein junges Weib? Oder etwa gar ein hübsches Mädchen? Da fing die Eifersucht wieder mächtig in ihrem Herzen zu bohren an. Die Finger krallten sich so fest um den Bast, daß ihr ein Halm, den sie gerade einflechten wollte, in den rechten Mittelfinger schnitt. Das Blut tropfte auf die halbfertige Matte. Sie warf die Handarbeit beiseite, holte aus dem Kleiderspind einen weißen Tuchfetzen und wickelte ihn um den verletzten Finger. Aber bald sickerte das Blut durch den

Verband und färbte ihn rot. Bai Da-sao-dse machte sich jedoch wieder an ihre Arbeit und schimpfte leise vor sich hin:

„Solch ein Halunke, nicht einmal einen Brief schickt er mir. Aus den Augen, aus dem Sinn!"

Da schlugen auf dem Hof die Hunde an, und sie sah den Hauptmann auf das Haus zukommen. Sofort legte sie den Bast aus der Hand, sprang vom Kang und eilte zur Tür, um ihren Gast zu empfangen. Als Hauptmann Hsiao eintrat, fuhr ein eisiger Luftzug durchs Zimmer. Bai Da-sao-dse rieb sich vor Kälte die Finger.

„Kommen Sie nur schnell in die Stube, Herr Hauptmann, es ist ja solch ein Frost", drängte sie.

Draußen heulte der Wind, der allmählich zu einem Sturm anwuchs. Schneeflocken wirbelten durch die Luft, und es wurde immer kälter. Die Temperaturen im Freien und im Hause unterschieden sich um eine Jahreszeit voneinander, denn während draußen strenger Winter herrschte, war es im Zimmer angenehm herbstlich. Hauptmann Hsiao konnte bald seine frostklammen Finger wieder bewegen und die Tabakspfeife entgegennehmen, die Bai Da-sao-dse ihm reichte. Die beiden begannen zu erzählen. Während sich Hsiao Tschiang nach den Geschehnissen im Dorf erkundigte, näherte sich Bai Da-sao-dse auf großen Umwegen dem Thema „Shuangtscheng". Wie weit liegt Shuangtscheng von Yüanmaotun entfernt? Wieviel Tage braucht ein Brief von dort hierher? Auf all diese Fragen wollte sie Auskunft haben, doch sie scheute sich, Bai Yi-shans Namen zu erwähnen. Hsiao lächelte.

„Dein Mann schickt dir übrigens einen Brief", sagte er, zog den Brief aus der Tasche und gab ihn der Frau, doch da sie nicht lesen konnte, mußte er ihn vorlesen.

„Liebe Frau!

Nachdem ich die Parteischule von Hulan besucht hatte, wurde ich nach Shuangtscheng zur Verwaltung für öffentliche Sicherheit geschickt. Es geht mir ausgezeichnet. Vor einigen Tagen hatte ich Augenschmerzen, aber der Doktor hat mich wieder kuriert. Vielleicht kann ich schon in zwei Monaten, nach dem alten

Kalender noch vor Neujahr, zu dir auf Urlaub kommen. Habt ihr zu Hause schon die Ernte eingebracht? Sind die Steuern bezahlt? Sei schön fleißig und arbeite gut! Nicht mutlos werden, wenn gekämpft werden muß. Auf keinen Fall zanken und den Mund aufreißen, sondern immer geduldig verhandeln. Nicht zuviel Wesens von sich machen, das ist die Hauptsache. Mit revolutionärem Gruß Bai Yi-shan, im 36. Jahr der Republik, am 9. Tag des 10. Monats."

Bai Da-sao-dse nahm den Brief entgegen. Sie wußte, daß jemand ihrem Mann beim Schreiben geholfen hatte, doch die Worte stammten von ihm selbst. Sie steckte den Brief unter den mit Hanfwerg gestopften Bezug an das Fußende des Kang.

Nachdem Hauptmann Hsiao gegangen war, holte sie den Brief jedoch wieder hervor und verschloß ihn in der Lampionschachtel. Dieser Ort erschien ihr aber auch noch nicht sicher genug, und sie versteckte den Brief schließlich in der Kleidertruhe. Dann setzte sie sich beruhigt auf den Kang und nahm ihre Arbeit wieder auf.

Auf dem Heimweg traf Hsiao Tschiang Hua Yung-hsi, Hua, die Flinte, der sich im vorigen Jahr während des Gefechtes mit den Banditen ein großes Verdienst erworben hatte. Hua stand auf dem Brunnenrand und war gerade dabei, eine Kuh zu tränken. In dem Brunnenwasser, das er in den Trog gegossen hatte, schwammen Eisstücke. Die Kuh schob das Eis vorsichtig mit dem Maul beiseite und soff. Der Hauptmann begrüßte den alten Bekannten schon von weitem, und Hua Yung-hsi winkte ihm zu, doch nicht so herzlich wie früher.

Dann standen die beiden eine Zeitlang neben der Brunnenwinde und unterhielten sich, bis Hua Yung-shi vorschlug, zu ihm nach Hause zu gehen, da es hier zu windig sei.

Langsam gingen die beiden Schulter an Schulter die Straße entlang und Hua zog die schwarze Kuh am Strick hinter sich her. Hsiao sprach über dieses und jenes und kam auch auf

Pferde zu sprechen, denn ihm war eingefallen, daß Hua Yung-hsi im vergangenen Jahr während der Verteilungsaktion ein Pferdebein zugeteilt worden war. Als er sich danach erkundigte, erfuhr er, daß die Witwe Dschang nicht lange danach für ihre paar gesparten Yüan sogar das ganze Pferd gekauft habe. Hsiao Tschiang fragte kopfschüttelnd:

„Warum seid ihr denn dann wieder auf eine Kuh verfallen? Ist das Pferd nicht schnell genug gelaufen? Ließ es sich nicht gut an, wenn es den Pflug ziehen sollte oder vor den Wagen gespannt wurde?"

„Ach, eine Kuh ist doch besser", erwiderte Hua ausweichend. „Man spart Futter, und in der Nacht braucht man nicht aufzustehen. Meine Kuh kann in einem Jahr ein Kalb werfen, vielleicht sogar auch zwei, und wenn sie tot ist, bleibt mir noch die Haut."

Hsiao wußte zwar, daß die Bauern oft lieber Kühe im Stall hatten als Pferde, da sie dadurch von behördlichen Fuhraufträgen verschont blieben, die von Hua vorgebrachten Gründe aber waren so fadenscheinig, wie eben Gründe zu sein pflegen, die schnell zusammengesucht werden.

„Du fährst wohl nicht gerne für die Behörde, daß du dir eine Kuh hältst, was?" fragte Hsiao lächelnd.

„Ach, i wo!" entgegnete Hua, und das war alles, was er dazu zu sagen hatte.

Seit er mit der Witwe Dschang zusammenlebte, kam er nicht mehr vorwärts. Was ihn die Witwe tun hieß, das führte er aus, was sie ihm untersagte, das ließ er bleiben, mochte es ihm auch sonst wer befehlen. So wußten bald alle Bauern im Dorf, daß in dieser Familie die Frau zu bestimmen hatte. Während der Bodenreform erklärte sie ihm eines Tages kategorisch, er solle sich von jetzt ab nicht mehr um die Bauernvereinigung kümmern, denn es gebe für ihn zu Hause genug zu tun. Aus diesem Grunde gerieten sich die beide Eheleute oft in die Haare.

Einmal, als der Streit am heißesten tobte, schrie die Frau mit zorngerötetem Gesicht:

„Wenn ich dich noch einmal bei der Bauernvereinigung treffe, packe ich meine Sachen und gehe! Dann sind wir für immer geschiedene Leute!"

Hua, der auf dem Bettrand saß, schwieg. Er war nicht mehr der jüngste, schon über vierzig Jahre alt, und mehr als die Hälfte seines Lebens hatte er einsam zugebracht. Er war Feldarbeiter gewesen, und wenn er früher nach Einbruch der Dunkelheit müde heimkehrte, mußte er sich noch selbst seinen Abendreis kochen, da es zu Hause keine hilfreiche Hand gab, die ihm die Mahlzeiten bereitete. All diese Unannehmlichkeiten kamen ihm in den Sinn, und deshalb saß er nun mit gesenktem Kopf da und wagte nicht, seiner Frau zu widersprechen, aus Angst, sie würde ihn verlassen.

Seit dieser Zeit wagte er überhaupt keinen Widerspruch mehr; er legte sein Amt als Führer der Miliztruppe nieder und blieb der Bauernvereinigung fern. Als seine Frau eines Tages erklärte, es sei ungünstig, ein Pferd zu halten, da man immer verpflichtet sei, es an die Behörden auszuleihen, und man täte besser daran, sich dafür eine Kuh anzuschaffen, führte Hua gleich am nächsten Tag das Pferd zum Hof der Familie Li und tauschte es gegen Li Dschen-dschiangs schwarze Kuh ein.

Wenn die Bauern von Yüanmaotun jetzt Dienstaufträge erhielten, konnte Hua Yung-hsi unbekümmert sagen: „Ich habe nur eine Kuh im Stall, die läuft viel zu langsam. Ihr könnt sie doch nicht mit einem Pferd zusammen vor den Wagen spannen, denn: Pferd und Ochs an einem Wagen werden sich zu Tode plagen." Auf diese Weise schaffte er sich so manchen behördlichen Auftrag vom Halse. Hua hatte sehr gut erkannt, daß Dschang Fu-ying und Li Guei-Yung eine unerhörte Gemeinheit begangen hatten, als sie Guo Tsüan-hai aus der Bauernvereinigung ausschlossen, doch er hatte nicht gewagt, gegen dieses Unrecht aufzubegehren.

Als Hauptmann Hsiao jetzt an Huas Seite den Hof betrat, traf er dessen Frau beim Schweinefüttern an. Sie blickte den Gast kurz von der Seite an, nickte flüchtig zum Gruß, lud ihn aber mit keinem Wort in die Wohnung ein. Hua schämte sich und bat den Hauptmann einzutreten. Angesichts des seltsamen Verhaltens der Frau lehnte es Hsiao jedoch ab, das Haus zu betreten. Er blieb noch ein Weilchen vor der Tür stehen und trat dann den Heimweg an. Hua Yung-hsi begleitete ihn noch ein Stück.

Nachdem Hsiao Tschiang zur Bauernvereinigung zurückgekehrt war, setzte er sich an den langen rechteckigen Tisch und suchte aus dem Aktenbündel einen Stoß Parteieintrittsformulare heraus, unter denen sich auch Hua Yung-hsis Fragebogen befand. „Bürge: Hsiao Tschiang" stand darauf. Die Kandidatenzeit von sechs Monaten war bereits abgelaufen, doch der Anwärter hatte sich immer noch nicht darum beworben, reguläres Parteimitglied zu werden. Während der Hauptmann das Formular durchsah, mußte er wieder daran denken, wie heldenhaft Hua Yung-hsi im vorigen Jahr gegen die Banditen gekämpft hatte. Damals war es kein Fehler gewesen, ihm vorzuschlagen, in die Partei einzutreten. Doch jetzt? Er weigerte sich jetzt sogar öffentliche Fuhraufträge auszuführen. Ja, ja, der Mensch ändert sich: er wird entweder besser oder schlechter, dachte der Hauptmann. Er zog seinen Füllfederhalter aus der Tasche und trug nach kurzem Überlegen in die Spalte „Bemerkungen" auf Huas Eintrittsformular ein: Parteizugehörigkeit aufheben. Doch wieder kam ihm in den Sinn, wie sehr sich Hua um die Aufklärungsarbeit verdient gemacht hatte. Daß er jetzt zurückgeblieben war, war vielleicht nur auf die Witwe Dschang zurückzuführen, die ihm wie ein Klotz am Bein hing, und Hsiao konnte ihn deshalb nicht ganz und gar verurteilen. Die Parteizugehörigkeit war für den Hauptmann wichtiger und heiliger als alles andere, und in dieser Frage durfte er kein voreiliges Urteil fällen. Hua würde vielleicht wieder zu sich selbst zurückfinden, sagte er sich und setzte zwischen die beiden Wörter „Parteizugehörigkeit" und „aufheben" noch ein „vorläufig". Später wollte er Material über den Kandidaten sammeln und diese Frage im Bezirk zur Sprache bringen, um sie anschließend im Organisationsbüro des Kreiskomitees ausführlich bearbeiten zu lassen.

VIERTES KAPITEL

Nach einer kurzen Besprechung begaben sich die fünfzehn Funktionäre des Aufklärertrupps von Yüanmaotun aus in die umliegenden Dörfer, um dort ihre Tätigkeit aufzunehmen. Es waren alles junge Menschen im Alter von ungefähr zwanzig Jahren, die bei jeder Arbeit Mut und Tatkraft bewiesen. Ohne zuvor Mittag gegessen zu haben, wanderten sie zu Fuß, jeder ein kleines Bündel Decken auf dem Rücken, durch Wind und Schneegestöber den Dörfern entgegen, in denen sie arbeiten sollten.

Hauptmann Hsiao blieb mit Wan allein in Yüanmaotun zurück. Tag und Nacht wünschte er Guo Tsüan-hais Rückkehr herbei. Zweimal war er selbst bei der kleinen Hütte gewesen, in der Guo Tsüan-hai wohnte, doch beide Male hing ein Schloß vor der Tür. Guo war also noch immer nicht im Dorf, und so blieb Hsiao nichts anderes übrig, als Tsüan-hais Nachbarn zu bitten, ihn bei seiner Ankunft sofort zur Bauernvereinigung zu schicken.

Als der Hauptmann eines Tages das Büro der Bauernvereinigung betrat, stand dort alles voller Menschen. Dschang Dsching-jui hatte den roten Papierstreifen mit der Aufschrift „Unbefugten ist der Eintritt verboten" von der Tür entfernt. Der alte Sun folgte seinem Beispiel und lief schnell zur Tür des Vorzimmers, von der er haßerfüllt den Zettel mit dem Hinweis „Instruktionszimmer des Vorsitzenden" abriß und in kleine Teile zerfetzte. Die Papierschnitzel schleuderte er auf den Hof und spuckte ihnen noch einmal kräftig hinterher; doch er sagte kein einziges Wort dabei, er rächte sich schweigend für Dschang Fu-yings Tritt.

Es gelang dem Hauptmann aufrichtige und entschlossene Männer und Frauen um sich zu scharen. Das war nicht einmal besonders schwer, denn die Bauern waren ebenso kampfesfreudig wie im vergangenen Jahre.

Mehr als hundertundzwanzig landarme Bauern und Tagelöhner mit ihren Frauen waren bereit, erneut Gong und Trommel zu schlagen, und das nächste Schauspiel zu beginnen. Hsiao Tschiang beteiligte sich an ihren Versammlungen und Beratungen, erklärte ihnen die „Grundsätze der chinesischen Bodenreform" und forderte sie auf, eine genaue Aufstellung über die Verluste zu machen, die ihnen durch die Ausbeutung von seiten der Grundbesitzer zugefügt worden waren. Während er in Yüanmaotun seine Untersuchungen anstellte, kümmerte er sich gleichzeitig um die Ereignisse in den anderen Bezirken und Kreisen und berichtete den Bauern darüber. Daher herrschte in der Bauernvereinigung die ganze Woche über ein ständiges Kommen und Gehen.

Eines Tages rief Tschu Fu-lin, der im vergangenen Jahr dem Hauptmann zur Wiederergreifung des flüchtigen Gutsbesitzers Han Lao-liu verholfen hatte, während einer Versammlung ungeduldig:

„Jetzt ist die Stunde der Tat gekommen, die Zeit der müßigen Reden ist vorbei. Wir haben gesagt, daß wir handeln wollen, also los! Laßt uns nicht unnötig Worte verschwenden!"

Sun Yung-fu schloß sich ihm an:

„Zuerst müssen wir Dschang Fu-ying, diesen ehrlosen Schuft, verhaften!"

„Du willst dich wohl für den Tritt rächen, den er dir verpaßt hat, was?" fragte Dschang Dsching-jui grinsend.

„Ruhe!" rief Hsiao, der auf dem Kang stand. „Ihr sollt handeln, doch ihr dürft es nicht überstürzt tun. Jede Tat erfordert einen Führer und eine stahlharte Gemeinschaft. Ich bin der Ansicht, wenn alle Pfeiler der feudalistischen Macht gestürzt werden sollen, müßt ihr landarmen Bauern und Tagelöhner euch zu einer festen Organisation zusammenschließen und euch entschlossen mit den Mittelbauern vereinigen. Seid ihr mit der Gründung eines Verbandes der landarmen Bauern und Tagelöhner einverstanden?"

„Einverstanden!" dröhnte es durch den Raum. Plötzlich rief jemand im Vorzimmer:

„Der Vorsitzende Guo ist zurück!"

Alle Anwesenden wandten die Köpfe zur Tür. Auf der Schwelle stand Guo Tsüan-hai. Er trug eine zerlöcherte Mütze aus Eichhörnchenfell; sein abgemagertes Gesicht war vom eisigen Wind gerötet. Lächelnd blickte er über die Köpfe der Bauern hinweg den Hauptmann an, der ihn herzlich begrüßte.

Der alte Sun stieß mit den Ellbogen die Versammelten zur Seite und schrie:

„Macht Platz, damit der Vorsitzende Guo hereinkommen kann!"

Die Bauern rückten auseinander. Jetzt erst konnte Hauptmann Hsiao die ganze Gestalt des Ankömmlings sehen. Guo Tsüan-hais schon ziemlich abgetragener blauer, wattierter Anzug war beim Holzfällen von den Ästen arg zugerichtet worden. Durch Dutzende von Löchern schimmerte die weiße Baumwolle. Von weitem sah es aus, als blühten auf Guo Tsüan-hais Schultern, Brust und Rücken leuchtend weiße Blumen.

„Dein Rock ist wirklich eine Augenweide, Guo", meinte Hsiao scherzend.

„Bei den Bauern heißt das ein blühender Rock", entgegnete Tsüan-hai.

Bai Da-sao-dse, die am Kang lehnte, rief ihm zu:

„Schicke ihn mir heute abend, ich will ihn dir flicken. Ich habe zu Hause noch etwas blaue Baumwolle."

Guo sah sich nach ihr um und lachte:

„Das geht nicht. Selbst wenn du dir die ganze Nacht um die Ohren schlügest, würdest du damit nicht fertig werden."

Ein Mädchen, das hinter Bai Da-sao-dse stand und das ihre schönen, dicken Zöpfe noch behalten hatte, sagte lächelnd:

„Ich werde Bai Da-sao-dse helfen. Wir beide schaffen es bestimmt in einer Nacht."

Guo Tsüan-hai blickte sie kurz von der Seite an und erkannte Liu Guei-lan, die schon als Kind mit einem Sohn der Familie Yüan-Dou verlobt worden war und bis vor kurzem bei ihren Schwiegereltern gelebt hatte. Er erwiderte nichts darauf.

Die Bauern, die neben dem Kang standen, rückten etwas zur Seite und forderten Guo auf:

„Komm, Vorsitzender Guo, auf dem Kang ist es warm und gemütlich."

Tsüan-hai kletterte auf die Lagerstatt, setzte sich neben den Hauptmann und unterhielt sich flüsternd mit ihm.

Die Versammlung der landarmen Bauern und Tagelöhner dauerte bis elf Uhr abends. Sämtliche Teilnehmer leisteten den feierlichen Schwur, den Feudalismus bis zu seiner endgültigen Vernichtung zu bekämpfen. Dann wählten sie den Vorstand ihres Verbandes. Guo Tsüan-hai wurde Erster Vorsitzender.

Nachdem sich die Bauern entfernt hatten, befahl Hauptmann Hsiao Wan, Guo Tsüan-hais zerrissene Kleider in Bai Da-sao-dses Wohnung zu tragen, damit sie geflickt würden. Dort hockten sich die beiden Frauen, Bai Da-sao-dse und Liu Guei-lan, im Schneidersitz neben dem niedrigen Tischchen nieder, auf dem eine Bohnenöllampe brannte, und flickten Guos Rock und Hose, bis die Hähne krähten.

Währenddessen lag Guo selbst völlig nackt, in eine braune Militärdecke eingewickelt, neben dem Hauptmann und sprach von den Geschehnissen im Dorf. Obgleich der junge Bauer von Natur aus wortkarg war, berichtete er doch ausführlich über alles. Er hatte ein gutes Gedächtnis und war unvoreingenommen.

Als das Flämmchen der Bohnenöllampe, die auf dem großen rechteckigen Tisch stand, immer kleiner wurde und zu flackern begann, stand Hauptmann Hsiao auf, füllte die Lampe nach, zog den Docht etwas an, damit es heller wurde, und legte sich wieder hin, das Gesicht Guo Tsüan-hai zugewandt.

„Wie ist man hier im Dorf gegen die Wühlratten, die Großgrundbesitzer, zu Felde gezogen?" fragte er.

„Die Ratten sind noch nicht restlos vertilgt. Außerdem tummeln sich zwischen den Ratten auch noch Mäuse."

„Habt ihr Dou Shan-fa und Tang, den Greifer, gestürzt?" fragte der Hauptmann weiter.

„Gewackelt haben sie nicht wenig, aber von Umfallen kann noch nicht die Rede sein."

„Während der Bodenreform wurden in anderen Dörfern und Kreisen zahlreiche Gewehre beschlagnahmt. Wie steht es damit in Yüanmaotun?"

„Von Han Lao-lius Gewehren wurden außerhalb des Dorfes eine ganze Menge entdeckt, im Dorf selbst aber kein einziges."

„Besteht die Möglichkeit, daß die Familie Han noch Waffen besitzt?"

„Das können wir ja einmal ausrechnen. Als Han Lao-liu seine Privattruppe führte, hatte er sich durch Ausplündern des japanischen Militärlagers und durch Kauf etwa sechsunddreißig Gewehre und einen Revolver angeschafft. Sein Bruder Han Lao-tschi nahm davon ungefähr zwanzig mit nach Datsching-dingdse. Als Han Tschang-bo und Li Tsching-shan bewaffnet ins Gebirge flohen, waren es wieder ein paar Gewehre weniger. Han Lao-lius Revolver ist auch irgendwo abhanden gekommen. Dazu noch die paar Gewehre, die man außerhalb entdeckt hat ... Ich glaube, die Familie Han dürfte nicht mehr allzu viele Waffen versteckt halten."

„Und Tang Tien?"

„Das ist ein Geizkragen, der mit seinen Silberbarren lieber in den Brunnen springen würde, als auch nur einen Fen herzugeben. Der hat bestimmt keine Gewehre. Ein jämmerlicher Feigling ist er! Wenn er ein Bajonett sieht, fängt er schon an zu zittern."

„Und Dou Shan-fa?"

„Gleich nach der Gründung von Mandschukuo wurde Dou Shan-fa Chef der Selbstschutztruppe in unserem Dorf. Es ist schon möglich, daß er Gewehre versteckt hält. Die alten Bauern sagen, er hätte seinerzeit während der Chinesischen Republik Gewehre gehabt, aber bis jetzt sind sie noch nirgends zum Vorschein gekommen."

Hauptmann Hsiao lächelte. Er freute sich sehr über die peinliche Genauigkeit, mit der Guo Tsüan-hai die Dinge schilderte. Nach kurzem Überlegen sagte er:

„Yüanmaotun muß aber die Gewehre haben. Wenn wir den Gutsherren nicht sämtliche Waffen abnehmen, können wir ihre Macht nicht brechen. Das Dumme dabei ist, daß wir nicht wissen, wo sie sie versteckt haben. Unter Umständen können wir lange suchen, bis wir etwas finden. Dabei besteht die Gefahr, daß die

Bevölkerung den Mut verliert. Wir müssen sofort handeln und die Massen zum Erfolg führen, die Grundbesitzerwirtschaft bekämpfen und den Gutsherren ihre finanzielle Grundlage ent-entziehen." Hsiao Tschiang erinnerte sich unvermittelt an die Diskussion der Aufklärertruppmitglieder und an die Worte eines der Redner, und er fuhr fort: „Es ist aber falsch, etwas mit Gewalt durchsetzen zu wollen."

„Ist doch selbstverständlich!" erklärte Guo-Tsüan-hai.

Hsiao erkundigte sich weiter:

„Was ist eigentlich mit Dschang Fu-ying los?"

„Das ist ein verlotterter Grundbesitzer. Nachdem er sich seinen Posten ergaunert hatte, suchte er sich eine Bande von Halunken zusammen, die das Maul weit aufrissen und in unserem Dorf nach Gutdünken schalteten und walteten. Wer ihm nach dem Mund redete, durfte in die Bauernvereinigung. Li Guei-yung ist genau solch ein Schuft. Er biedert sich überall an, macht sich bei den Großen lieb Kind und wühlt ständig im Verborgenen. Das Volk weiß nur, daß Dschang Fu-ying gemein ist, es hat aber keine Ahnung, daß ihm dieser Kerl in nichts nachsteht. Dschang Fu-ying trägt seine Gemeinheit offen zur Schau, Li Guei-yung hält sie im Herzen verborgen. Die Huren und Achtgroschen-jungen, mit denen sich Dschang Fu-ying umgibt, lümmelten sich Tag für Tag in den Räumen der Bauernvereinigung herum; Li Guei-yungs Bekanntenkreis dagegen besteht aus lauter Heimlich-tuern, die sich nie in der Bauernvereinigung sehen ließen. Im Dorf kann man noch manchmal zu hören kriegen: ,Der Sekretär Li ist schon einigermaßen in Ordnung, der treibt sich wenigstens nicht mit Hurenweibern rum.'"

„Mit wem hat Li Guei-yung ein Verhältnis?" fragte der Haupt-mann interessiert.

„Mit Han Lao-lius Konkubine."

„Im vorigen Jahr habe ich den Kerl aber hier noch nicht gesehen."

„Im vorigen Jahr war er auch noch nicht im Dorf, er ist erst dieses Jahr zurückgekommen."

„Von wo?"

„Das weiß ich nicht genau. Er soll bei der Banditenabteilung ‚Nord' im Nanling-Gebirge gewesen sein. Andere wiederum glauben, er sei in Sinking gewesen."

Als Hauptmann Hsiao das hörte, richtete er sich aus seiner liegenden Stellung auf und stützte sich auf den linken Arm.

„Wer hat das gesagt?" forschte er.

„Die Frau vom alten Wang aus dem Ostdorf behauptet, Li habe das selbst gesagt, als er einmal bei ihr zu Besuch war."

Hsiao Tschiang stand hastig auf, warf sich seinen langen Mantel über und setzte sich an den Tisch, nachdem er wieder etwas Bohnenöl in die Lampe gegossen hatte. Dann zog er sein Tagebuch aus der Tasche seines wattierten Rockes und schrieb sich auf, was er soeben von Guo Tsüan-hai erfahren hatte. Der Hauptmann besaß zwar ein gutes Gedächtnis, aber er machte sich sofort Notizen, wenn er etwas für wichtig hielt.

„Aufzeichnungen sind besser als ein noch so gutes Gedächtnis", sagt ein altes Sprichwort, und Hsiao war derselben Ansicht.

Während er sich wieder hinlegte, sagte er so laut, als wolle er einen Toten erwecken:

„Was meinst du: ob es in eurem Dorf Banditen gibt, von denen man nur noch nichts weiß?"

„Was haben Sie gesagt?" brummte Guo, dem vor Übermüdung die Augen zugefallen waren.

„Ob sich in diesem Dorf Banditen versteckt halten?"

Jetzt verstand Tsüan-hai. Er wurde sofort hellwach und fragte erschrocken:

„Meinen Sie, daß wir von denen noch welche haben?"

Seine Müdigkeit war wie weggeblasen. Gespannt lauschte er den Worten des Hauptmanns, der von japanischen und Kuomintang-Spionen in Innerchina erzählte, von Schüssen aus dem Hinterhalt, von Giftmorden, Hetzpropaganda und Verbreitung von Gerüchten.

„Sind in eurem Dorf noch Gerüchte in Umlauf?" erkundigte sich Hsiao in diesem Zusammenhang.

„Gerüchte, daß die Zentralarmee da und dort eingetroffen sei, gibt es nicht mehr, doch vor einigen Tagen sagten die alten Leutchen im Dorf: ‚Auf dem Dach des Hauses der Familie Han sind rote Blumen erblüht, und die Ulmen auf dem Hof tragen weiße Blüten. Das bedeutet, die Welt wird sich ändern.' Dieses Gerücht ist sogar bis nach Datschingdingdse gedrungen."

„Wer hat es aufgebracht?"

„Han Lao-lius Konkubine soll es gewesen sein."

„Ist sie nicht mit Li Guei-yung befreundet?"

„Ja, ja, natürlich!"

„Schenken viele Leute diesen Gerüchten Glauben?"

„Sogar der alte Sun glaubt daran."

„Das kann ich mir denken. Ich meine nur, ob außer den alten Leuten auch junge Menschen diesen Unsinn für bare Münze nehmen. Also das muß noch genau festgestellt werden. Wie ich bereits erfahren habe, hat Yüanmaotun keinen Kommissar für innere Sicherheit mehr, seit Li Tschang-yo als Sanitäter zur Front gegangen ist. Das ist ein unmöglicher Zustand. Wenn wir gegen die Gutsbesitzer kämpfen, müssen wir uns auch vor den Kuomintang-Spionen schützen. Die Gutsbesitzer stehen im Licht, doch die Spione der Kuomintang halten sich im Dunkeln verborgen; es ist daher nicht leicht, mit ihnen fertig zu werden."

„Das stimmt! ‚Der Lanzen am Tag kannst du dich wehren, doch schutzlos bist du vor nächtlichen Speeren' ", erklärte Guo Tsüan-hai und nickte zustimmend.

„Auch im Kampf gegen die Kuomintang-Spione müssen wir uns auf die Massen stützen. Wenn die Massen in Bewegung geraten sind, wenn sich ihr Klassenbewußtsein entwickelt hat, ist den Banditen jede Möglichkeit genommen, ihre finsteren Pläne zu verwirklichen. Doch um wieder darauf zurückzukommen: Wer könnte hier im Dorf deiner Meinung nach Li Tschang-yos Amt übernehmen?"

Guo Tsüan-hai überlegte eine Weile, dann erwiderte er:

„Dschang Dsching-tschiangs Bruder Dschang Dsching-jui würde sich wohl dafür eignen."

„Hole ihn morgen her, damit wir uns mit ihm darüber unterhalten."

Die Hähne krähten bereits. Die Lampe begann zu flackern und erlosch schließlich, denn Hsiao hatte kein Öl mehr nachgefüllt. Hinter den bereiften Fensterscheiben ging die schwarze Nacht allmählich in graue Dämmerung über. Unter den Dachvorsprüngen schilpten die Spatzen. Der Hauptmann schloß die Augen, doch er schlug sie sofort wieder auf, denn ihm war noch etwas Wichtiges eingefallen.

„Schläfst du schon?" fragte er hastig.

„Nein."

„Morgen früh wirst du bei den fünf Wächtern Dschang Fu-yings die Gewehre beschlagnahmen und aus einigen jungen Bauern eine eigene Miliztruppe bilden. Kann Tschu diesen Trupp übernehmen?"

„Wir können es ja mit ihm versuchen."

Das Gespräch der beiden verstummte, und bald darauf fingen sie an zu schnarchen. Als die Sonne ihr erstes Strahlenbündel ausschickte und Wan bei Bai Da-sao-dse die geflickten Sachen abholte, schliefen sie immer noch.

Das Schneetreiben ließ nach und der Wind legte sich. Ein schöner Tag nahm seinen Anfang. Die Strahlen der Sonne tasteten sich langsam zu dem Fenster vor, neben dem Wan auf dem Kang saß und mit einem roten seidenen Tuch seinen Revolver reinigte. Dabei summte er leise ein Lied vor sich hin. Plötzlich steckte ein Mann seinen Kopf zur Tür hinein. Er war klein und hatte ein ovales Gesicht. Als Wan ihn fragte, wer er sei, trat er lächelnd näher, machte eine Verbeugung und stellte sich vor:

„Ich heiße Li Guei-yung. Ich wollte gern den Herrn Hauptmann sprechen."

Wan betrachtete sein Gegenüber vom Scheitel bis zur Sohle. Der Eindringling trug einen abgeschabten Anzug, und auf seinem Kopf thronte eine Art Nachtmütze.

„Du bist der ehemalige Sekretär der Bauernvereinigung, nicht wahr?" fragte Wan und erklärte dem Besucher kurz, daß der Hauptmann noch schlafe.

Daraufhin zog sich Li Guei-yung zurück. Wan geleitete ihn nicht hinaus, sondern setzte eifrig seine Waffenreinigung fort.

Kurze Zeit später erschien Sun, den Wan freundlich lächelnd willkommen hieß:

„Komm auf den Kang, hier ist es schön warm."

Der alte Sun stieg auf das Lager und ließ sich im Schneidersitz neben dem niedrigen Tischchen nieder.

„Was wollte denn Li Guei-yung hier?" fragte er.

Wan, der sich einen Spaß machen wollte, erwiderte mit ernster Miene: „Er hat sich über dich beschwert."

Sun zwinkerte mit dem linken Auge:

„Er hat sich über mich beschwert? Daraus mache ich mir gar nichts! Ich habe mich ja nicht bei Dschang Fu-ying angebiedert. Als Dschang Fu-ying Vorsitzender der Bauernvereinigung geworden war, machte er Li zum Sekretär, und der fädelte später das Verhältnis zwischen Dschang Fu-ying und Hsiao-mi-dse ein. Er glaubt wohl, ich wüßte das nicht? Durch die ganze Welt bin ich kutschiert, da gibt's für mich keine Geheimnisse mehr. Als sie hier regierten, biederten sie sich bei den Großen und Mächtigen an, bei Dou Shan-fa und Tang Tien. Die durften dann sogar in die Bauernvereinigung. Wir Armen dagegen ... Ja, ja, je bescheidener der Mensch ist, um so weniger hat er zu essen. Dschang Fu-ying trägt einen Dolch hinterm Gürtel und hat ein Paar Lederstiefel an, die quietschen. Ein Leben führt der wie damals in Mandschukuo ein Polizist."

„Hat sich Dschang Fu-ying einmal an dir vergriffen?"

Sun hielt es für eine Schande, geschlagen zu werden, deshalb wich er einer klaren Antwort aus.

„Das sollte er mal mit mir machen!" knurrte er nur.

Wan, der schon Bescheid wußte, spöttelte:

„Ich habe gehört, daß er dir einen Fußtritt gegeben haben soll."

Der Kutscher sprudelte hastig hervor:

„Blödsinn hat man dir da erzählt. Mich soll mal einer treten! Wenn das wahr wäre, hätte ich es dir schon längst anvertraut. Das würde mir doch keine Schande machen, im Gegenteil, damit hätte ich mir Ruhm verschafft."

Der alte Sun benutzte die ihm neuen Begriffe „anvertrauen" und „Ruhm" so, daß Wan laut loslachte und damit den Hauptmann, der im Nebenzimmer schlief, weckte.

„Was ist los? Weshalb lachst du denn so?" rief Hsiao herüber.

„Sun ist da", gab Wan zur Antwort.

„Er soll zu mir hereinkommen."

Der Kutscher betrat das Nebenzimmer, setzte sich an den Tisch und sah zu, wie Hauptmann Hsiao und Guo Tsüan-hai aufstanden.

Nachdem Tsüan-hai sich fertig angekleidet hatte, verließ er, ohne gefrühstückt zu haben, das Haus, um bei den Wächtern des ehemaligen Vorsitzenden der Bauernvereinigung die Gewehre zu beschlagnahmen. Während Hsiao Tschiang sich wusch und anzog, unterhielt er sich mit Sun:

„Nun, wie ist es dir in der letzten Zeit ergangen?" fragte er.

„Wenn auch nichts Gescheites zu essen da war, Wassersuppen gab es schon noch."

„Führst du immer noch Fuhraufträge aus?"

„Wie sollte ich denn sonst zurechtkommen? ‚Braucht sich der Mensch auch nicht zu regen, doch der Mund muß sich bewegen'."

Hauptmann Hsiao wollte gern erfahren, welchen Eindruck die vorjährige Bodenreform auf die Bauern gemacht hatte und ob die Bevölkerung zufrieden sei, deshalb fragte er Sun:

„Wie bist du eigentlich mit dem Acker zufrieden, den du bekommen hast?"

„Er ist ausgezeichnet. Was gesät wird, wächst auch."

Wan, der mit der gefüllten Waschschüssel das Zimmer betrat, fing wieder an zu lachen, aber der Kutscher blieb ernst, denn er mußte immerzu daran denken, daß Li Guei-yung sich über ihn beschwert hatte. Er rückte an den Bettrand heran und begann davon zu sprechen:

„Was habe ich denn eigentlich verbrochen, daß man mich anzeigt? Jetzt werde ich mich erst einmal beschweren. Betrüger sind das, diese Beamten, die nichts tun, als einen an der Nase herumzuführen. Nachdem der Herr Hauptmann im vorigen Jahr abgereist war, kam einer vom Bezirk, um im Dorf nach dem Rechten zu sehen und sich bei den Bauern nach allem zu erkundigen. Aber die arbeiteten gerade auf dem Feld, weil Dschang Fu-ying es so gewollt hatte. Nur die ganz alten Leutchen waren im Dorf zurückgeblieben. Der Mann vom Bezirk sagte: ‚Nun gut, dann holst du mir eben die her.' Dschang Fu-ying kam mit zwei Alten angetanzt. Die Frau hörte etwas schwer, und der Alte hatte schlechte Augen. Der Mann vom Bezirk fragte: ‚Was hat es denn bei euch so in der letzten Zeit gegeben?' Die Alte hatte nicht ganz mitgekriegt, was er wollte, und antwortete: ‚Ach, mit dem Essen ist es bei uns schlecht bestellt. Hirse ist das einzige Gericht, was wir mal auf den Tisch stellen können.' Der vom Bezirk fragte weiter: ‚Machen euch hier im Dorf die Lumpen noch immer das Leben schwer?' Jetzt glaubte die Alte, die Frage genau verstanden zu haben, sie seufzte und gab dann zur Antwort: ‚Ach ja! Das ganze Leben lang gehen wir nun schon in Lumpen gehüllt. Woher sollte auch das Geld für neue Sachen kommen?'

Der vom Bezirk wußte nicht, ob er lachen oder weinen sollte. Schließlich schimpfte er los: ‚Solch ein Quatsch!' Der Alte, der daneben stand, bekam es mit der Angst zu tun und mischte sich ein: ‚Sie hört ein bißchen schwer, Genosse, fragen Sie mich, wenn Sie etwas wissen wollen!' Plötzlich erschien Dschang Fu-ying und zog den vom Bezirk am Arm ins Nebenzimmer. Dort waren Wein und Gemüse aufgetafelt. Dschang Fu-ying, Li Guei-yung und Tang Shih-yüan bewirteten den Gast solange, bis die Weingläser vom vielen anfassen schon ganz aus der Fasson gerieten... Und der will sich über mich beschweren? Der soll sich mal an die eigene Nasenspitze fassen, der Betrüger."

Da erschien Tien und lud den Hauptmann zum Frühstück ein. Auch den Kutscher bat er, ihm Gesellschaft zu leisten.

„Ich habe Holz verkauft und mir für das Geld ein wenig Weißmehl gekauft", erklärte Tien. „Meine Alte sagte: ‚Wir wollen den Hauptmann zu uns bitten, denn die Nachbarn haben wieder Mut gefaßt, seit er da ist, und die schlechten Kerle sind mit ihrer ganzen Bosheit bloßgestellt'."

FÜNFTES KAPITEL

Am Vormittag fand eine Versammlung des Verbandes der armen Bauern und Tagelöhner statt, auf der die nächsten Aufgaben der Bauern besprochen wurden.

Gegen Mittag, als die Versammlung beendet war, verließen die Bauern in zwei Gruppen das Gebäude der Bauernvereinigung. Die einen machten sich auf den Weg, um Dschang Fu-yings Genossenschaftsladen zu inspizieren, während die anderen Dschang Fu-ying verhaften wollten.

Unter den Menschen, die in den „Konsumladen" stürmten und die Regale durchwühlten, in denen große Mengen von kosmetischen Artikeln aufgestapelt waren, befand sich auch der alte Sun. Er griff nach einem Lippenstift, hielt ihn sich unter die Nase und schnupperte eine Weile daran. Endlich knurrte er: „Was soll denn ein Bauer mit diesem Zeug hier anfangen?"

„Nimm es doch mit nach Hause, dann kann sich deine Alte wenigstens die Lippen einschmieren", riet Tschu, doch der Kutscher hing seinen Gedanken nach und achtete nicht auf diesen Ratschlag.

„Weder Halfter noch Zügel gibt's hier zu kaufen", brummte er, „nur solch ein Gelumpe ist zu haben. Was ist denn das bloß für eine Genossenschaft?"

„Das ist eine Genossenschaft für leichte Mädchen", erklärte Dschang Dsching-jui.

Die Bauern hielten gleich an Ort und Stelle eine Beratung ab, und es dauerte nicht lange, da tönten im Laden und auf der Straße aufgeregte Stimmen.

Guo Tsüan-hai saß schweigend, die kleine Pfeife mit der blauen Jadespitze im Mund, auf dem Ladentisch und hörte sich die Meinungen der anderen an.

Tschu gelang es schließlich, mit seiner kräftigen Stimme den Lärm zu übertönen.

„Was hat das hier mit Konsum zu tun?" schrie er wütend. „Die Kerle leben auf dem Mond, wenn sie meinen, wir würden auf diesen Blödsinn hereinfallen."

„Wir werden ihnen die Rechnung vorlegen!" riefen mehrere Bauern gleichzeitig.

„Jawohl, die Betrüger sollen Schadenersatz leisten!"

Eine alte Frau, die neben dem Ladentisch stand, benutzte die Gelegenheit und ergriff hastig ein Bündel Weihrauchkerzen. Sie wollte es gerade in den Kleiderausschnitt stecken, als Tschu, der das beobachtet hatte, sie mit rauher Stimme anfuhr:

„Finger weg! Hier wird nichts weggenommen! Alle Mann an die Arbeit. Nehmt das Zeug und verstaut es in den Truhen."

„Hat einer Papierstreifen mitgebracht? Alle Kisten und Truhen werden versiegelt!"

Mit fliegender Hast wurden die Waren verpackt und die Siegelstreifen aufgeklebt.

Sun griff nach einem mit Weidenruten umflochtenen Tonkrug, der neben ihm stand, zog den Stöpsel heraus, legte den Krug schräg und goß sich eine große geblümte Tasse voll. Dabei zwinkerte er fröhlich mit dem linken Auge und erklärte: „Ich will doch mal den Wein hier probieren. Mal sehen, ob sie da auch kein Wasser reingepanscht haben." Dann nahm er einen großen Schluck, kostete noch einmal und trank die Tasse leer. Er füllte sie wieder und trank, bis seine Augen rot anschwollen. Doch ob der Wein gepanscht war oder nicht, das erwähnte er mit keiner Silbe.

Hsiao Tschiang erschien und sprach mit Guo Tsüan-hai darüber, daß es notwendig sei, einige Prüfer zu ernennen. Außerdem brauche man einen Menschen, der gut rechnen könne, denn man wolle Dschang Fu-ying eine genaue Rechnung vorlegen.

Jetzt traf auch Dschang Dsching-jui mit mehreren Angehörigen der neugebildeten Miliztruppe ein, die Dschang Fu-ying, Li Guei-yung und Tang Shih-yüan gefesselt in den Laden führten. Der alte Sun, der schon reichlich viel getrunken hatte, stieß die Menge zur Seite, drängelte sich bis zu Dschang Fu-ying durch und hob, ohne auch nur ein einziges Wort zu sagen, seinen Fuß, um ihm einen Tritt zu geben. Guo hielt ihn jedoch zurück:

„Laß das! Der Hauptmann sagt, daß Schläge verboten seien."

„Gutsbesitzerhalunken dürfen wir auch nicht prügeln?"

„Niemand wird geschlagen", erklärte Hsiao bestimmt, der etwas abseits stand. Dann erklärte er den Bauern die groß-mütige Politik der Kommunistischen Partei und betonte, daß niemand, wer es auch sein möge, für früher begangene und eingestandene Fehltritte geschlagen werden dürfe. Schließlich befahl er, den Gefangenen die Fesseln wieder abzunehmen und sie nach Hause zu schicken, damit sie über ihre Taten nach-denken könnten. Wenn sie später ein volles Geständnis abgelegt hätten, sollten sie sich nur noch mit dem Ackerbau beschäftigen.

In der Menge wurde gemurrt:

„Das ist allzu großmütig!"

„Die kommen ja sehr glimpflich davon."

Zwei der anwesenden Frauen tuschelten einander zu:

„Kann denn Dschang Fu-ying dann nicht fliehen?"

„Der soll es nur wagen!"

„Wir müssen ihn bewachen lassen, sonst türmt er ins Nanling-Gebirge, wie im vorigen Jahr Han Tschang-bo, und wir gucken wieder in den Rauch."

Hauptmann Hsiao, der die letzten Worte mit angehört hatte, blickte lächelnd zu Dschang Dsching-jui hinüber, als wolle er sagen: Hörst du? Du mußt aufpassen, dafür bist du verant-wortlich! Der junge Mann lächelte verständnisvoll zurück. Dann wandte sich der Hauptmann an Dschang Fu-ying und seine Kumpane:

„Legt ein volles Geständnis ab und entschuldigt euch bei der Bevölkerung für euer schlechtes Verhalten."

Dschang Fu-ying fragte mit kummervoller Miene:

„Was habe ich denn verbrochen? Seit ich zum Vorsitzenden gewählt wurde, habe ich nicht gewagt, auch nur einen einzigen Fehltritt zu begehen. Ich war immer sehr vorsichtig und handelte stets genau nach den Vorschriften."

Das war Sun Yung-fu zu viel.

„Wer hat dich denn zum Vorsitzenden gewählt?" fragte er erbost. „Wie die Mäuse seid ihr auf die Waagbalken geklettert und habt euch mit eurem eigenen Gewicht gewogen. Zu dreien habt ihr gezecht und Weißmehlkuchen gefressen, die im Öl nur so schwammen. Jeder Furz duftete nach Öl. Wem gehörte denn das Geld, das ihr ausgegeben habt?"

Aus der Gruppe der Frauen trat Liu Guei-lan vor. Ihre Wangen überzogen sich mit einem dunklen Rot, während sie hastig sprach und dabei mit dem Finger auf Dschang Fu-ying deutete:

„Für die Familien der Soldaten und die Angehörigen der Gefallenen hattet ihr nicht die geringste Unterstützung übrig. Ehrgeiz und Geiz habt ihr, aber keine Ehre. Woher habt ihr denn eure Vorschriften?"

Dschang Fu-yings Gesicht wurde totenblaß, und er gab keine Antwort. Tschu drängte sich nach vorn, hielt ihm die Faust unter die Nase und rief mit dröhnender Stimme:

„Als wir im sechsten Monat fleißig auf unseren Äckern arbeiteten, bist du mit Hsiao-mi-dse ins Haselnußgebüsch geschlichen und stundenlang nicht mehr zum Vorschein gekommen. Was habt ihr denn dort angestellt?" fragte er grinsend.

Gelächter und Schimpfworte wurden laut. Die Anwesenden empörten sich: „Fesselt ihn! Schlagt ihn!" Doch Hauptmann Hsiao mischte sich ein und erklärte, daß die Sünder früher auch an der Bodenreform teilgenommen hätten. Deshalb sollte man sie gehen lassen, damit sie in Ruhe über ihre Fehler nachdenken könnten. Dann wandte er sich wieder an Dschang Fu-ying:

„Also, geht nach Hause, denkt über alles nach, was ihr getan habt, macht euch frei von euren bösen Wünschen und bittet die Bevölkerung um Verzeihung."

Hsiao blickte zu Li Guei-yung hinüber, der mit gesenktem Haupt dastand und sich bemühte, zerknirscht auszusehen.

„Auch du sollst über deine Fehler nachdenken."

Li Guei-yung gab lächelnd und unter vielen Verbeugungen zur Antwort:

„Jawohl, aber selbstverständlich! Herr Hauptmann, ich möchte mich gern persönlich mit Ihnen unterhalten."

„Darüber können wir später noch sprechen."

Li Guei-yung schritt nun rückwärts aus dem Laden und trat dabei mit seinem Lederschuh auf Suns Strohschuh. Der Kutscher fing laut an zu fluchen. Li Guei-yung entschuldigte sich hastig:

„Verzeihung, Verzeihung, großer Herr!"

Der alte Sun stieß ihn von sich:

„Mach, daß du fortkommst! Erst versündigst du Bastard dich am Gesetz, und dann trampelst du mir noch auf den Füßen herum. Hau ab! Hier hast du nichts mehr zu suchen. Der Konsum gehört jetzt uns."

Erst als die drei Kumpane außer Sicht waren, flüsterte der Hauptmann Dschang Dsching-jui ins Ohr:

„Paß gut auf Li Guei-yung auf!"

Guo Tsüan-hai, Sun Yung-fu und Tschu wurden als Prüfer gewählt. Ihre Aufgabe bestand darin, das Vermögen des „Konsums" und das der Pseudo-Bauernvereinigung Dschang Fu-yings zu erfassen. Zum Sekretär wurde der Dorfarzt ernannt, weil er schreiben und rechnen konnte.

SECHSTES KAPITEL

Auch die Frauen beteiligten sich an den Versammlungen der armen Bauern und Tagelöhner. Der von Hsiao-mi-dse gegründete „Bund" hatte sich von allein aufgelöst, denn das Hirsekorn wagte sich nicht mehr an die Öffentlichkeit. Sie blieb ständig zu Hause, hackte Holz und häckselte Stroh, flickte Kleider und fertigte wattierte Schuhe an. So gab sie sich rechtschaffen und fromm und täuschte ihren wirklich rechtschaffenen Mann. Wenn dieser gutherzige Bauer Bekannte traf, versicherte er stets, seine Frau habe sich gebessert.

Im Haus der Bauernvereinigung wurde die Trennwand zwischen Innenzimmer und Vorraum abgerissen, so daß ein großer Saal entstand. Hier versammelten sich die armen Bauern und Tagelöhner, Männer und Frauen, um über die nächsten Aufgaben zu sprechen. Hauptmann Hsiao erklärte ihnen ausführlich die Politik der Kommunistischen Partei gegenüber den Mittelbauern. Den ganzen Tag über hielten sich die Bauern hier auf, nur zu den Mahlzeiten gingen sie heim.

An einem Querbalken hing eine große Bohnenöllampe, die des Abends, wenn ihre vier Dochte angezündet wurden, das Zimmer in strahlende Helligkeit tauchte. In der Mitte des Saales brannten trockene Holzscheite. Die Menschen kauerten neben dem Feuer, rauchten und debattierten. Tabakrauch erfüllte die Luft.

Nach fünf Tagen konnte Tschu die Untätigkeit nicht mehr ertragen und rief aufgebracht:

„Machen wir endlich Schluß mit diesem Gequatsche! Die Großgrundbesitzer sind sowieso alle Halunken. Wir Bauern sollten nicht so viel Worte verlieren, sondern handeln!"

Die Versammelten stimmten ihm zu, und nach kurzer Beratung beschlossen die Funktionäre, noch am selben Abend mit der Generaloffensive gegen den Feudalismus zu beginnen, an der sich auch Frauen und Kinder beteiligen sollten. Für diese Aktion sollte der Tagelöhnerverband in zwanzig Brigaden aufgegliedert werden.

„Machen die Mittelbauern nicht mit?" fragte einer der Anwesenden.

Die Stimmen schwirrten durcheinander und Guo Tsüan-hai, der auf dem Kang stand, mußte energisch um Ruhe bitten, ehe er antworten konnte:

„Merkt euch: die Mittelbauern sind Freiwillige, wir dürfen sie nicht dazu zwingen!"

Um zu verhindern, daß Verrat geübt wurde, riet Guo Tsüan-hai, die Aktion unverzüglich zu beginnen. Tschus kräftige Stimme unterbrach ihn:

„Da vorn hört sich einer von den Halunken alles mit an, Vorsitzender Guo. Wie ist das, darf ich ihn festnehmen?"

„Wer Beweise hat, darf auch verhaften", erklärte Guo Tsüan-hai.

Tschu und Dschang Dsching-jui drängten sich nun bis zu einer Ecke des Saales durch, die nicht mehr im Lichtschein der Lampe lag, und verhafteten einen Mann, der einen über und über mit Flicken besetzten Anzug trug und um die Hüften einen Strohstrick geschlungen hatte. Es war der Gutsherr Dschang Dschungtsai, ein Vetter Dou Shan-fas. Tschu packte ihn fest am Kragen und zerrte ihn wie ein Kaninchen ins Licht. Dabei fluchte er immer wieder:

„Du Schuft, ich werd' dich lehren, hier 'reinzuschleichen und zu horchen!"

Als die Anwesenden begriffen, worum es ging, wurden sie wütend. Die Gutsbesitzer wagten es also immer noch, herumzuspionieren! Die Bauern umringten den Mann, gestikulierten wild, johlten, lärmten, schimpften und höhnten:

„Du wolltest wohl ganz sicher gehen, was?"

„Du möchtest wohl deinen Herrensitz nicht verlieren, nicht wahr?"

„Wer hat dich denn hergebeten?"

„Die Großgrundbesitzer sind durch die Bank ein gemeines und schlechtes Pack!"

„Sicherlich hat er zu wenig Prügel bezogen!"

„Er gibt keinen Ton von sich, stellt sich einfach blöde."

Die Menschen erhitzten sich immer mehr. Es juckte sie in den Fäusten, aber sie wagten nicht zuzuschlagen, denn der Hauptmann hatte es verboten, und er stand auf dem Kang unter der Lampe und schaute sie schweigend an. Von allen Seiten erschollen haßerfüllte, wütende Rufe, und sie drängten sich dichter an den Mann heran.

Ein kleiner Spatz, der draußen auf der Veranda durch den Lärm aufgeschreckt worden war, flatterte ängstlich auf und prallte gegen einen der Eiszapfen, die vom Dach herunterhingen. Der Zapfen zerschellte auf dem Fensterbrett, und es klirrte, als sei eine Scheibe zersprungen. Guo Tsüan-hai, der das Geräusch gehört hatte, rief den Versammelten zu:

„Hört doch, draußen ist noch jemand!"

Bei diesem Ruf stürzten die Bauern eilig auf den Hof und suchten die ganze Umgebung beiderseits der Mauer peinlich genau ab, doch da sie keine Menschenseele fanden, kehrten sie langsam wieder in den Saal zurück, und die Beratung konnte fortgesetzt werden.

„Die Wachsamkeit ist wenigstens gestärkt worden, das kann nichts schaden", meinte Hauptmann Hsiao lachend.

Dem Eindringling Dschang Dschung-tsai wurde energisch die Tür gewiesen.

Nun setzte sich Guo Tsüan-hai mit Dschang Dsching-jui, Tschu und Sun Yung-fu an den Tisch und nahm die Einteilung der Brigaden vor. Es wurde beschlossen, die Funktionäre des Verbandes auf zwanzig Brigaden aufzuteilen, die die Bauern führen und das Vermögen der Großgrundbesitzer erfassen und konfiszieren sollten. Als diese organisatorische Arbeit abgeschlossen war, krähten die Hähne vor dem Fenster bereits zum dritten Mal, und der Sonnenball stieg glutrot am Himmel empor.

Bai Da-sao-dse und Liu Guei-lan hatten in einem der Zimmer in einer großen roten Truhe eine Fahne aus rotem Seidentuch entdeckt. Es war die Fahne der Bauernvereinigung, die im vergangenen Jahr angefertigt worden war. Dschang Fu-ying hatte sie nach seinem Machtantritt achtlos in die Kiste gestopft und seitdem nie mehr hervorgeholt. Bai Da-sao-dse wählte einen kurzen Holzstock als Fahnenstange und ließ das Banner auf dem Dach des Hauptgebäudes der Bauernvereinigung hissen. Feiner Pulverschnee bedeckte die Straßen, die Felder und die Dächer der Hütten und Scheunen. Glitzernd weiß war alles ringsumher. Das rote Seidentuch flatterte hoch über dem Haus, und wer es von weitem sah, dem schien es, als züngele eine Flamme in den gleißenden, funkelnden Wintermorgen.

Die neu ernannten Brigadeführer, denen die Zeit zu kostbar war, um noch eine Frühstückspause einzulegen, brachen sofort mit ihren Brigaden auf und zogen eilig zu den Gutshöfen, die sie beschlagnahmen sollten. In allen Teilen des Dorfes knirschte bald der trockene Schnee unter den schnellen Schritten der Bauern.

Guo Tsüan-hai erteilte nun Tschu den Auftrag, bewaffnete Milizsoldaten im ganzen Dorf patrouillieren zu lassen. Er selbst begab sich mit einer Brigade zu Dou Shan-fas Gut, um dort die Wertgegenstände zu beschlagnahmen. Seine Gruppe bestand aus zwanzig Mitgliedern, darunter auch zwei Frauen und einem Knaben, dem kleinen Hirten Wu Dschia-fu. Der Junge hatte die neuen wattierten Schuhe an, die Dschao Da-sao-dse ihm genäht hatte, und trug in der Hand eine Eisenstange. Stolz ging er hinter Tsüan-hai her. Die beiden Frauen waren Bai Da-sao-dse und Liu Guei-lan, die Schwiegertochter der Familie Yüan-Dou vom Ostdorf. Ihr Bräutigam war erst zehn Jahre alt, sie hingegen hatte bereits das siebzehnte Lebensjahr erreicht. Sie hatte zwar noch nicht die Würde einer Frau, doch sie war schon erwachsen und ihre Wangen schimmerten rot wie reife Äpfel.

Liu Guei-lan war die Tochter eines armen Bauern. Ihre Mutter lag schon seit langem unter der Erde. Ihr Vater war in seinen letzten Lebensjahren bei der Familie Yüan-Dou in Schulden geraten, und es gelang ihm nicht mehr, sie bis zu seinem Ende restlos abzuzahlen. Als er seinen Tod nahen fühlte, schickte er notgedrungen seine geliebte einzige Tochter in den Haushalt der Familie Yüan-Dou.

Das war zu der Zeit, als Dschang Fu-ying in Amt und Würden saß und die Grundbesitzer in Schutz nahm. Die zukünftige Schwiegertochter schlief nachts von ihrem Bräutigam getrennt. Sie lag mit der Schwiegermutter auf dem einen Kang, während sich ihr Bräutigam, der zehnjährige Junge, mit seinem Vater das andere Lager teilte. Eines Nachts wurde das Mädchen von ihrer Schwiegermutter geweckt, die von ihr verlangte, sie solle mit dem Schwiegervater nächtliche Freuden genießen. Liu Guei-lan schrie wild auf vor Zorn und weigerte sich. Die Schwiegermutter sagte nichts weiter, aber am nächsten Tag behauptete sie, Liu Guei-lan habe an verbotenen Früchten genascht. Weinend vor ohnmächtiger Wut lief das Mädchen zum Frauenbund und klagte dort ihr Leid, doch Hsiao-mi-dse sagte, sie glaube ihr kein Wort, denn der Schwiegervater sei ein tugendsamer Landmann, und wies ihr die Tür.

In der folgenden Nacht aber stieg plötzlich jemand zu Liu-Guei-lan ins Bett. Zu Tode erschrocken fuhr sie aus dem Schlaf. Da stürzte sich der Kerl unvermittelt auf sie und lag so schwer auf ihrer Brust, daß ihr der Atem stockte. Ein stachliges Kinn berührte ihr Gesicht, und ein Mund, der üblen Dunst ausströmte, suchte ihre Lippen. Sie schrie um Hilfe, und ihr kleiner Bräutigam, der auf dem anderen Kang schlief, erwachte aus seinen Träumen. Was ist denn geschehen? dachte er erschrocken und tastete die Lagerstatt ab. Wo ist der Vater?

Angstvoll, noch ganz benommen vom Schlaf, sprang er aus dem Bett, denn er glaubte, Banditen seien gekommen oder Feuer sei ausgebrochen. Barfüßig rannte er zum Tisch und zündete ein Streichholz an. Seine Mutter sprang nun ebenfalls auf, lief zu ihrem Sohn hin und versetzte ihm eine Ohrfeige. Der warf sich auf den Bettrand und weinte steinerweichend. Durch die Unruhe erschreckt, ließ der alte Dou von seinem Opfer ab, und das Mädchen nutzte diesen Augenblick, riß sich vollends los und floh auf den Hof.

Es regnete in Strömen. Auf dem Hof war es naß, und Guei-lan stand bis an die Knöchel im Schlamm. Aus den umliegenden Wäldern drang markerschütterndes Wolfsgeheul zu ihr herüber; sie erschauerte vor Furcht und zitterte vor Kälte am ganzen Körper. Wohin? überlegte sie. Die Eltern waren gestorben, sie hatte schon längst keine Angehörigen mehr, und im Frauenbund hielt Hsiao-mi-dse die Herrschaft in Händen.

Verzweifelt kletterte sie in einen Vorratsspeicher, setzte sich auf den aufgeschichteten Mais und schluchzte bitterlich die ganze Nacht über.

Als der Morgen graute, sprang sie von dem Speicher herab und lief so wie sie war über die Straße. Sie war noch nicht weit gelaufen, als sie Bai Da-sao-dse traf, die gerade am Brunnen stand und Wasser schöpfte. Beim Anblick der roten, geschwollenen Augen und der nackten Füße des Mädchens erschrak die Bäuerin.

„Was ist denn los, Liu Guei-lan?" fragte sie.

Das Mädchen konnte vor Tränen nicht sprechen. Bai Da-sao-dse schöpfte noch schnell ihren Wassereimer voll und forderte Guei-lan auf, mit ihr nach Hause zu kommen. Zu Hause gab Bai Da-sao-dse der jungen Besucherin trockene Kleider und ließ sie sich die lehmüberkrusteten Füße waschen. Während die Bäuerin heizte und das Essen bereitete, sprach sich Guei-lan allen Kummer von der Seele.

„Weine nicht", tröstete Bai Da-sao-dse sie, „du bleibst jetzt bei mir. Ich möchte doch mal sehen, ob jemand wagt, sich an dir zu vergreifen!"

Seit jenem Tage lebte Liu Guei-lan verborgen im Hause der Familie Bai. Bai Da-sao-dse beschäftigte sie mit Handarbeiten und ließ sie den ganzen Tag über nicht auf die Straße gehen, damit die Schwiegereltern sie nicht zu Gesicht bekamen. Nach einem Monat erfuhr der Schwiegervater, wo sich das Mädchen aufhielt. Er wollte sie zurückhaben, doch er selbst wagte nicht, sie zu holen, denn er wußte, daß mit Bai Da-sao-dse nicht gut Kirschen essen war. So kam er auf den Einfall, beim Frauenbund Anzeige zu erstatten. Hsiao-mi-dse schickte auch sofort eine Botin, die Bai Da-sao-dse bewegen sollte, das Mädchen auszuliefern, doch die Bäuerin erklärte, Hsiao-mi-dse solle gefälligst selber kommen, damit man darüber reden könne.

Das Hirsekorn aber hatte Angst, daß Bai Da-sao-dse ihre das Licht des Tages scheuenden Taten der Öffentlichkeit preisgeben würde, und wagte nicht, sich bei ihr sehen zu lassen. Der Schwiegervater erstattete nun Anzeige bei Dschang Fu-ying, der ihm erklärte, er werde seine Wächter ausschicken, um das Mädchen zu verhaften. Als Bai Da-sao-dse das zu Ohren kam, stellte sie sich mitten auf die Dorfstraße, zog ihre rabenschwarzen Augenbrauen drohend in die Höhe und rief, so laut sie nur konnte:

„Liu Guei-lan bleibt bei mir. Wer sie verhaften will, der soll nur kommen! Ich werd' es ihm zeigen! Ihr meint wohl, China ist groß und der Kaiser weit, und was ihr tut, davon wüßte ich nichts?!"

Dschang Fu-ying kochte vor Wut und bestand auf sofortige Verhaftung. Li Guei-yung aber sagte sich, Bai Da-sao-dse gehöre zu den Dorfarmen, und man dürfe deshalb nicht soviel Wesens von der ganzen Sache machen, sonst leiteten am Ende die Bezirks- und Kreisbehörden noch Untersuchungen ein, und das wäre keine schöne Aussicht. Deshalb beruhigte er Dschang Fu-ying:

„Kümmern wir uns nicht um diesen Unsinn. Die Frau Bai ist ein Ungeheuer, wehe, wenn man sie reizt! Das weißt du doch!"

So blieb also Liu Guei-lan im Hause der Familie Bai. Ihr Bräutigam, der zehnjährige Junge, kam zweimal weinend zu ihr und flehte sie an, zurückzukehren. Der Junge war klein und mager und bestand beinahe nur noch aus Haut und Knochen. Liu Guei-lan mußte sich herunterbeugen, wenn sie zu ihm reden wollte, und er nuschelte so, daß man kaum ein Wort verstehen konnte.

Liu Guei-lan war kräftig, hatte pralle Arme, und in der Arbeit konnte ihr so leicht keine andere Frau etwas vormachen. Ob auf dem Kang mit der Schere, ob auf dem Acker mit der Sichel — bei allem war sie gleichermaßen geschickt. Unkraut jäten, Korn reinigen und Reis schälen konnte selbst ein kräftiger Bursche nicht besser als sie. Beim Anblick dieses zehnjährigen Knaben, ihres sogenannten Verlobten, der vor ihr stand und weinte, wollte sie schon weich werden, doch bei dem Gedanken an ihren Schwiegervater überkam sie fast ein Brechreiz, und sie lehnte es ab, zu ihren Schwiegereltern zurückzukehren. Sie hatte also den Jungen wieder fortgeschickt und war weiterhin in Bai Da-sao-dses Haushalt geblieben.

Heute nun begaben sie sich gemeinsam mit den anderen Mitgliedern der Brigade Guo Tsüan-hais zum Gutshof Dou Shan-fas.

Auch Sun Yung-fu gehörte zu Tsüan-hais Brigade. Er bildete mit einem von zwei Pferden gezogenen Schlitten den Schluß des Zuges, denn er hatte die Aufgabe, das beschlagnahmte Getreide und Inventar zur Bauernvereinigung zu fahren.

Das Tor des Dou-Hofes war fest verschlossen. Sun zügelte die Pferde, eilte zum Eingang und pochte mit dem Peitschenschaft gegen den Torflügel.

„Wer ist da?" fragte eine Frauenstimme von drinnen.

„Verwandtschaft ist gekommen, schnell, mach auf!" erwiderte der Kutscher grinsend mit verstellter Stimme. Dann legte er den Kopf schief und flüsterte Guo Tsüan-hai zu:

„Das ist Dou Shan-fas Schwiegertochter."

Der alte Sun hatte bei Dou Shan-fa als Tagelöhner gedient und wußte deshalb, daß auf dem Hof zwei große Hunde angekettet waren. Als er nun hörte, wie von innen der Türriegel zurückgeschoben wurde, wich er zurück und suchte Schutz hinter dem Rücken der anderen, denn er hatte Angst vor Hunden. Das Tor öffnete sich, und zwei Rüden, die schon lauernd hinter der beleibten Frau gewartet hatten, rannten jaulend auf die Dorfstraße. Einer von ihnen sprang auf Guo Tsüan-hai zu, der andere jagte im Bogen um die Menschenmenge herum und stürzte auf den Kutscher los, der zwar vor Angst aschfahl im Gesicht wurde, aber trotzdem die Peitsche schwang und drohte: „Wag es nur, du Biest!"

Der Rüde reagierte nicht auf die Drohung, sondern sprang knurrend näher. Da wich Sun zwei Schritte zurück — und der Hund rückte zwei Schritte nach. Mit dem Mut der Verzweiflung stieß der Kutscher zwei Schritte vor — und der Hund wich zwei Schritte zurück. Keiner wollte nachgeben, ständig wechselten Angriff und Rückzug. Endlich hatte der Kutscher einen glücklichen Einfall. Er bückte sich und tat, als greife er nach einem Stein; und wirklich, der Hund lief weg und auf Wu Dschia-fu los, um dort ein neues Gefecht zu beginnen. Der alte Sun richtete sich wieder auf und wischte sich mit dem Handrücken den Schweiß von der Stirn. Noch fehlte seinem Gesicht die Farbe, doch schon brummte er vor sich hin: „Ich habe es ja gewußt, daß du dich nicht rantraust!"

Der Hund sprang nun gegen Wu Dschia-fus Beine, schnappte zu und riß ein Loch in die wattierte Hose. Die Zähne drangen bis ins Fleisch, und das Bein blutete. Vor Wut außer sich, griffen die Tagelöhner zu Spießen, Holzknüppeln und Steinen und verjagten die beiden Rüden, die jaulend im Hof hin- und herrannten und nicht wußten, wohin sie sich flüchten sollten. Haupttor, Hintertor und die Eingangstüren der Gebäude waren verschlossen; es gab keinen Fluchtweg. Zwanzig Personen stellten sich zu einem kleinen Kreis auf und drängten die Hunde in einen Winkel, wo es ihnen endlich gelang, den Tieren Hanfstricke um den Hals zu binden.

Jetzt erschallte Suns Stimme am lautesten: „Laßt sie nicht entwischen, schlagt sie tot!"

Auch der Hirtenknabe rief: „Tötet die Hunde der Gutsbesitzer, damit wir Jungen Pioniere keine Angst mehr zu haben brauchen, wenn wir nachts Wache halten."

Alle erklärten sich damit einverstanden, daß die beiden Hunde erhängt würden. Mit fliegender Hast knüpften einige alte Bauern die Rüden im Stall auf. Bai Da-sao-dse und Liu Guei-lan senkten die Köpfe, als sie am Stall vorbei ins Haus gingen, doch der alte Sun trat vor die Futterkrippe und betrachtete die beiden erhängten Tiere.

„Na, werdet ihr jetzt noch beißen? Seid ihr endlich still? Du schwarzer Kerl da, im elften Monat des zwölften Kangdeh-Jahres hast du mich in die Ferse gebissen, daß ich drei Tage lang im Bett bleiben mußte. Und heute? Wenn du heute noch beißen kannst, wärest du wirklich zu bewundern."

Guo Tsüan-hai war inzwischen ins Oberhaus gegangen, um sich Feuer aus dem Herd zu holen. Dann trat er, die Pfeife mit der blauen Jadespitze zwischen den Zähnen haltend, auf die Veranda.

Auf dem Hof war kein Laut zu hören, nur die Hühner gackerten und schlugen mit den Flügeln, und die Pferde, die sich wieder beruhigt hatten, zermalmten das Stroh zwischen den Kiefern.

Im Hause befahlen Bai Da-sao-dse und Liu Guei-lan der Frau und den Schwiegertöchtern Dou Shan-fas, sich mit dem Kind im Innenzimmer aufzuhalten und auf keinen Fall hinauszugehen. Die Frauen hockten im Schneidersitz am Kopfende der Lagerstatt und beobachteten mit weit aufgerissenen Augen die Leute, die auf ihrem Gehöft ein- und ausgingen; doch wenn sie selbst sich beobachtet fühlten, senkten sie die Köpfe oder lächelten krampfhaft. Immer mehr ungebetene Gäste strömten herein und füllten das Zimmer. Dou Shan-fas Enkel weinte vor Angst beim Anblick der vielen Menschen. Die Frau des Gutsbesitzers, die so dürr war wie eine Spinne, nahm ihn auf den Arm und tröstete ihn:

„Hör auf, was nützt es, wenn du weinst? Du bekommst nur Kopfschmerzen davon."

Im Vorzimmer hielt Wu Dschia-fu Wache. Plötzlich hörte man ihn rufen: „Gebt den Weg frei, unser Gott des Reichtums naht!"

Alle wandten sich um und erblickten Dou Shan-fa. Er trug ein blaues, wattiertes Mandarinengewand, auf dem Flicken an Flicken saß, und eine schweinslederfarbene, längst ausgediente Filzmütze. Sein Oberkörper sah wie ausgestopft aus. Als ihm der kleine Hirte das abgeschabte Mandarinenkleid aufknöpfte, kam ein Fuchspelzrock mit blauem Seidenfutter zum Vorschein. Der Gutsherr stand mit gesenktem Kopf da, und seine schäbige Filzmütze rutschte ihm bis über die Augenbrauen. Wu Dschia-fu fuchtelte mit seiner Lanze vor Dou Shan-fas Gesicht herum und befahl:

„Sprich, wo hältst du deine Schätze verborgen?"

Dou sah auf. Noch immer waren seine Wangen so fett, daß sich seine Augen zu zwei Strichen verengten, doch an den Schläfen schimmerten bereits weiße Haare. Er lächelte zwar, aber ihm war durchaus nicht danach zumute.

„Zweimal wurden wir schon geschröpft", sagte er. „Wir besitzen gar nichts mehr."

Da drängte sich der alte Sun an den Gutsherrn heran.

„Hier bei uns und in anderen Dörfern, sogar außerhalb unseres Kreises, hast du an die tausend Dang guten Ackerboden gehabt. Aus den Pachtgeldern, die du jährlich eingetrieben hast, könntest du dir einen goldenen Buddha machen lassen. Du glaubst wohl, weil von deinem Gold bisher noch nicht viel zum Vorschein gekommen ist, könntest du uns weismachen, es sei nichts mehr da, was?"

„Wirklich, ich habe bestimmt nichts", beteuerte Dou. „Wenn ich etwas hätte, würde ich es schon längst herausgegeben haben, denn es ist doch eine Ehre, sein Hab und Gut an die Massen des Volkes verschenken zu dürfen, nicht wahr? Und was hätte ich denn davon, wenn ich das Gold behielte? In unserem neuen Staat werde ich ständig von vielen Augen bewacht, und ich könnte mir für verborgene Schätze nie etwas anschaffen."

Dou Shan-fa sprach mit weinerlicher Stimme, in seinen Augen hingen zwei glitzernde Tränen. Bai Da-sao-dse und Liu Guei-lan empfanden Mitleid mit ihm, als sie ihn so armselig dasitzen sahen, in seinem geflickten Gewand und mit den silbergrauen Schläfen. Sie konnten es nicht mit ansehen, daß man ihn mit weiteren Fragen quälte, und waren schon drauf und dran, das Zimmer zu verlassen. In diesem kritischen Augenblick trat Guo Tsüan-hai ein, der sofort erkannte, daß sich die Frauen und auch einige Männer durch Dou Shan-fas klägliches Gebaren täuschen ließen und umkehren wollten. Hastig nahm er seine Pfeife aus dem Mund, steckte sie sich hinter den Gurt und sprang auf den Kang.

„Ihr dürft den Großgrundbesitzern niemals glauben", rief er. „Der hier verstellt sich nur und weint jetzt den Himmel voller Tränen. Aber früher mußten wir Armen Tränen vergießen, und daran war er mitschuldig. Ich denke an Han Lao-liu und an den Tag, an dem mein Vater starb. Draußen herrschte eisiges Schneetreiben, doch darum kümmerte sich der Unmensch nicht: er ließ meinen schwerkranken Vater unbarmherzig auf den Hof hinaustragen. Dou Shan-fa war damals auch dabei. Und was hat der dazu gesagt? ‚Schafft ihn sofort hinaus, damit er nicht im Zimmer stirbt, sonst bleibt die schlechte Luft im Haus, und die ganze Familie wird noch krank.' Also schleppten sie meinen Vater auf den Hof, wo er erfror."

Liu Guei-lan, die die ganze Zeit nur Guo Tsüan-hai angeschaut hatte, traten während seiner Erzählung die Tränen in die Augen, die sie hastig mit dem Handrücken wieder fortwischte. Bai Da-sao-dse warf dem Gutsherrn einen vernichtenden Blick zu und schimpfte:

„Ja, ja, damals wart ihr mächtig, aber jetzt macht ihr euch ganz klein und häßlich."

Nun begann auch Tien Wan-shun zu sprechen: „Der alte Guo wurde hinausgeschafft und erfror. Hätte man ihn im Haus gelassen, dann lebte er vielleicht heute noch. Darum müssen wir Guo Tsüan-hais Vater rächen."

„Es handelt sich ja nicht nur um mich und um Rache für meinen Vater", sagte Guo. „Der Großgrundbesitzer hat sich bei jedem einzelnen verhaßt gemacht. Wenn er ein Loch grub, dann stets mit der Absicht, unbequeme Leute darin zu begraben."

Sun, der in der Nähe der Tür stand, ließ ihn nicht zu Ende reden.

„Die Großgrundbesitzer sind Volksfeinde", rief er dazwischen. „Im zwölften Jahr der Kang-deh war ich bei Dou Shan-fa Tagelöhner und mußte für ihn ganze Tage und Nächte lang im Gebirge schuften. Eines Tages, als ich nach der Arbeit zu Hause eingeschlafen war, polterte er ins Zimmer und schrie: ‚Aufstehen, raus mit dir! Du Langschläfer, du Taugenichts, bist du noch nicht bald draußen? Die Pferde verrecken mir ja vor Durst!'"

„Wie mir Bai erzählt hat", sagte jetzt Bai Da-sao-dse, die Wert darauf legte, zu betonen, daß ihr Mann ein Funktionär der Achten Armee war, und ihn deshalb bei seinem Familiennamen nannte, „macht Dou Shan-fa zwar immer ein Gesicht wie ein Buddha, aber in Wirklichkeit ist er genauso schlecht wie Han Lao-liu. Als sich Bai einmal Geld borgen wollte, sagte der Gutsbesitzer: ‚Ich habe nichts, gar nichts. Was heißt hier fünfzig Prozent, noch nicht einmal für achtzig Prozent könnte ich dir 'was leihen.' In der Küche aber stand seine Schwiegertochter, die Frau seines zweiten Sohnes, winkte Bai zu wie eine Hure und sagte: ‚Bai Yi-shan, wenn du mir ein paar Bündel Holz hackst, will ich dir Geld leihen.‘ Dafür verlangte sie dann sechzig Prozent Zinsen, aber was sollten wir machen, wir brauchten es doch so nötig. Es war Winter, der Nordwind blies die Kälte durch Mark und Bein, und wir hatten nicht einmal gefütterte Sachen am Leibe. Wenn wir das Geld nicht genommen hätten, wären wir erfroren."

Die armen Bauern und Tagelöhner erinnerten sich jetzt alle an ihre trostlose Vergangenheit. Einer nach dem anderen klagte sein Leid, fluchte erbittert oder hob sogar die Hand zum Schlage.

„Es lohnt sich nicht, so viel über die Verbrechen der Gutsbesitzer zu reden, sie sind alle miteinander ein schlechtes Pack", rief jemand zornig.

„Der Hauptmann sagt, daß die Gutsbesitzer ihr Zeug in den unmöglichsten Winkeln verstecken", ließ sich ein Bauer vernehmen.

Einer der Tagelöhner drängte sich an Dou Shan-fa heran, entriß ihm die schweinslederfarbene Filzmütze und setzte sie sich auf den Kopf. Auf der Glatze des Dicken perlte der Angstschweiß. Er hatte Angst vor den aufgebrachten Menschen, doch Guo Tsüan-hai beruhigte ihn.

„Hab keine Angst, Dou Shan-fa, wir schlagen dich nicht. Aber du mußt uns dafür sofort verraten, wo du deine Schätze verborgen hältst."

„Großgrundbesitzer sind ausnahmslos Geizkragen", schrie ein Milizsoldat und hob die Faust. „Wenn man es denen nicht aus dem Leibe drischt, hat man keinen Erfolg."

Guo Tsüan-hai sprang vom Kang, bahnte sich einen Weg durch die Gruppe der Umstehenden und stieß heftig den erhobenen Arm des Soldaten zur Seite.

„Hier wird nicht geschlagen", herrschte er ihn an. „Die Kommunistische Partei duldet nicht, daß Wehrlose aus Wut geschlagen werden." Dann wandte er sich wieder an den Gutsbesitzer: „Du mußt uns nun endlich sagen, wo du dein Gold hast. Und zwar freiwillig."

Hauptmann Hsiao hatte schon längere Zeit neben der Tür gestanden und alles beobachtet, was sich im Zimmer abspielte. Er hatte gehört, wie einige der Anwesenden, die sich zunächst durch die Tränen des Gutsbesitzers hatten täuschen lassen, durch Guo Tsüan-hais Worte ermutigt wurden und wieder das Unrecht, das alle erlitten hatten, und den Haß, den jedermann empfand, zur Sprache brachten. Er hatte auch gesehen, wie die Erzürnten den Grundbesitzer prügeln wollten, und wie Guo Tsüan-hai es ihnen verbot. So gewann er die Überzeugung, daß diese Brigade keine Fehler begehen würde, und ging beruhigt davon, um auch bei den anderen Brigaden nach dem Rechten zu sehen.

Dou Shan-fa hatte aus Guo Tsüan-hais Versicherung, er werde ihn nicht schlagen lassen, den Schluß gezogen, daß man ihm günstig gesinnt sei. In überaus herzlichem Ton begann er deshalb erleichtert: „Vorsitzender Guo . . ."

„Er ist kein Vorsitzender", unterbrach ihn Sun. „Er ist Leiter unseres Verbandes der armen Bauern und Tagelöhner."

„Verbandsleiter Guo", korrigierte der Gutsherr sofort die Anrede. „Mein Familienvermögen, meine Kisten und Truhen sind hier. Weiter besitze ich nichts. Wenn ich etwas hätte, würde ich es euch schenken. Es wäre mir in der Tat eine Ehre."

Guo Tsüan-hai klopfte lachend die Tabakspfeife an seinem Strohschuh aus und sagte:

„Du hast an die tausend Dang Ackerland gehabt, und dann sollte dir nichts übriggeblieben sein? Wir lassen uns doch von dir nicht an der Nase herumführen!"

Dou Shan-fa blickte auf.

„Habe ich denn nicht schon zweimal etwas von meinem Besitz verschenkt?" meinte er weinerlich.

„Was hast du denn schon groß verschenkt?" mischte sich jetzt der alte Sun ein. „Das erste Mal waren es drei Lederhalfter und eine alte, abgeklapperte Schindmähre. Was man dir nicht aus den Klauen reißt, das gibst du nicht weg. Beim zweiten Mal saß schon

Dschang Fu-ying an der Macht, der war dir günstig gesinnt. Auf seine Veranlassung hin brauchtest du nur zwei bekleckerte Bettbezüge abzuliefern und warst wieder fein heraus. Schön, dein Gold und deine Silberbarren liegen noch versteckt, aber wir wissen ganz genau, daß du welche hast. Meinst du etwa, die Demokratie wäre blind?"

Langsam, jede Silbe betonend, sagte Guo Tsüan-hai:

„Wenn du den Mund nicht aufmachst, du!! Schlagen dürfen wir dich zwar nicht, aber ins Gefängnis können wir dich werfen!"

Ein Aufatmen ging durch die Menge. Die Anwesenden wagten wieder zu sprechen, und Sun forderte:

„Fesselt ihn und steckt ihn für ein paar Tage ins Kittchen. Dann werden wir ja sehen."

Der Milizsoldat löste die Fesselschnur, die an seinem Gurt hing, während der Pionierleiter, Wu Dschia-fu, den Gutsherrn in den fetten Rücken stieß.

„He, du elender Kerl, wenn du nicht bald den Mund aufmachst, schmeißen wir dich ins Gefängnis!"

Dou Shan-fas Frau und der Enkel, die auf dem Kang saßen, brachen in jämmerliche Klagen aus, weinten, schrien und schluchzten zum Erbarmen. Auf Dou Shan-fas Gesicht trat fettglänzender Schweiß. Die Hände vor dem Bauch gefaltet, besänftigte er die beiden: „Weint bitte nicht. Wenn ihr weint, mache ich mir solche großen Sorgen."

Der Hirtenknabe versetzte ihm erneut einen Stoß.

„Marsch! Schwatz nicht soviel! Du stehst bei uns Armen tief in der Schuld. Weshalb spielst du jetzt solch ein Theater?"

„In Mandschukuo ließen die Gutsherren Menschen ermorden, ohne daß man jemals das Blut der Toten zu sehen bekam", sagte der Milizsoldat. „So manchen Bottich Schweiß haben wir bei der Arbeit vergossen. Damals hast du dir keine großen Sorgen gemacht, aber jetzt auf einmal..."

Sun Yung-fu fiel ihm ins Wort:

„In Mandschukuo, als ich bei dir Tagelöhner war, mußte ich arbeiten von früh, wenn die Hähne krähten, bis nachts, wenn

Licht angezündet wurde. Kam ich müde vom Feld nach Hause, dann mußte ich noch Stroh häckseln und Pferde tränken, für deine Schwiegertöchter Wasser holen und Holz hacken, schließlich noch für deine Alte die Asche auf den Hof tragen und den Nachttopf auskippen, bis ich eines Tages schlapp machte. Als ich dann um einen einzigen Schluck Hirsesuppe bat, wurde ich nur mit eurem Gekeif abgespeist: ‚Deine Krankheit hast du dir selbst zuzuschreiben!‘ ... Wenn du dir jetzt solche großen Sorgen machst, hast du das auch dir selbst zuzuschreiben."

„Schleppt ihn raus!" rief der Hirtenknabe wütend.

Dou Shan-fa hob die Hand und wischte sich den Schweiß von der Stirn.

„Stoßt mich nicht, schlagt mich nicht! Ich will ja alles sagen!" bettelte er, sich dabei überstürzend.

Guo Tsüan-hai gab den Bauern durch eine Handbewegung zu verstehen, sie sollten sich ruhig verhalten.

Im Zimmer war plötzlich nicht das geringste Geräusch mehr zu vernehmen, nur vor dem Fenster piepsten ein paar Spatzen. Dou Shan-fa sah mit einem Seufzer hinaus, schritt durch die Menschengruppe, die ihm willig den Weg freigab, zum Kang, setzte sich auf den Rand und sprach, nachdem er wieder etwas zur Ruhe gekommen war, mit hochmütiger Miene:

„Was soll ich euch sagen? Ich besitze wirklich überhaupt nichts mehr."

Diesmal ließ sich der flammende Zorn der Bauern nicht mehr bändigen, alle stürzten aufgeregt zum Kang. Der Hirtenjunge versetzte dem Gutsherrn einen kräftigen Stoß und brüllte ihn an: „Steh auf, hier wird nicht gesessen!" Die anderen stießen und drängten ihn zur Tür.

„Hier, seht ihr, aus meiner Faust habe ich schon Wasser rausgeknetet", knirschte Sun erbittert.

„Die Geldsäcke sind ein schlechtes Pack. Prügel verdienen sie alle!" schrie der Milizsoldat und schüttelte sein Gewehr.

Jetzt begann Dou Shan-fas Frau wieder laut zu jammern, und auch ihr kleiner Enkel schrie aus Leibeskräften.

Guo Tsüan-hai konnte das Geschrei nicht mehr ertragen und herrschte die Weiber an: „Warum heult ihr denn so? Ihm ist doch gar nichts geschehen!"

„Euer Geflenne nützt euch nichts. Die Schulden müßt ihr sowieso bis auf den letzten Fen bezahlen", rief der alte Sun ihnen spöttisch zu.

„Er will uns betrügen, habt ihr das noch nicht bemerkt? Da dürft ihr ihm doch nicht seine Pläne durchkreuzen", grinste der Milizsoldat.

Dou Shan-fa faltete plötzlich seine Hände, hob sie vor die Brust und schüttelte sie mahnend: „Nachbarn, trachtet nicht nach äußerem Tand, sondern denkt über den Ursprung aller Dinge nach. Trachtet nicht nach Gold und Silber, sondern wendet euch Buddhas Antlitz zu."

Während er sprach, ruhten seine Blicke andachtsvoll auf der Buddhafigur, die auf einer dunkelroten Truhe stand. Die Statue war ungefähr einen halben Meter hoch und aus purem, gleißendem Kupfer geformt. Mit strahlendem Lächeln, die Innenflächen der Hände einander zugekehrt, schaute der Gott auf die Menschen hernieder.

Als Sun dieses lächelnde Antlitz erblickte, stieg die Wut wieder in ihm hoch. Er erinnerte sich an das zwölfte Jahr der Kang-deh, als er bei Dou Shan-fa als Kutscher arbeitete. Es war an einem eisigen Wintertag. Der Nordwind heulte und trieb eisigen Schnee vor sich her. Im offenen Pferdestall hatte gerade eine Stute gefohlt. Sun wollte das Fohlen schnell in einen geschützten Raum schaffen, doch es war zu spät, das Tier war schon erfroren. Da rief Dou Shan-fa den Kutscher zu sich in die Wohnung und befahl ihm herrisch, vor dem kupfernen Buddha niederzuknien.

„Du hast das Tierchen erfrieren lassen und damit Buddha beleidigt. Sprich, was für eine Strafe hast du verdient?"

Kniend erwiderte Sun nach einer Weile: „Das hängt ganz von Ihnen ab, Herr!"

„Du selbst sollst es sagen!"

„Ich kaufe für Buddha eine Weihrauchkerze und mache einen Kotau vor ihm."

„Dann knie nur weiter!" erklärte der Gutsherr höhnisch und verließ das Zimmer.

Der Kutscher verbrachte lange Zeit einsam kniend vor dem Buddha, bis der Gutsherr endlich kurz vor dem Frühstück wieder hereingeschlendert kam, die Hände auf dem Rücken, den Kopf gesenkt.

„Nun, was ist?" fragte er.

Der Kutscher, dem die Kniescheiben schon wie abgestorben waren, gab zur Antwort: „Sie haben zu bestimmen, Herr!"

„Du hast ein wahres Wort gesprochen. Mach deinen Fingerabdruck hierauf."

Er hielt Sun Yung-fu ein dünnes Blatt Papier hin, auf das dieser nun seinen rechten Daumen drückte. Auf diesem Bogen stand, daß Sun Yung-fu durch die fahrlässige Tötung eines Fohlens den heiligen Buddha beleidigt hätte und rote Seidenbänder kaufen müsse, um den Gott zu versöhnen. Außerdem sollte ihm ein dreifacher Monatslohn abgezogen werden.

Durch die Erinnerung an all diese Schmach noch wütender gemacht, hob der Kutscher seinen Ulmenholzknüppel und schlug kräftig gegen die Stirn des kupfernen Buddha. Die Nebenstehenden folgten seinem Beispiel sofort und prügelten den kupfergleißenden Götzen in tausend Scherben.

„Von den guten und bösen Geistern der Gutsherren werden wir Bauern ja doch nur immer betrogen", sagte Sun zur Erklärung.

Während die meisten noch auf den kupfernen Buddha einschlugen, winkte Guo Tsüan-hai einigen seiner Genossen und ging mit ihnen hinaus ins Vorzimmer, wo sie in einer Ecke längere Zeit miteinander flüsterten. Nachdem er wieder zu den anderen zurückgekehrt war, rief er ihnen zu:

„Ruhe jetzt! Dou Shan-fa will nicht beichten. Was sollen wir nun mit ihm tun?"

Sun Yung-fu ließ von dem Buddha ab und zwinkerte dann verschmitzt mit dem linken Auge.

„Die Köpfe der Reichen sind wie trockene Ulmenholzkloben. Trockene Ulme und feuchte Weide lassen sich selbst mit der Axt nicht spalten. Schaffen wir ihn uns also aus den Augen und fertig!"

„Aber vorher kriegt er noch eine Tracht Prügel", forderte der Milizsoldat.

„Prügeln dürfen wir ihn nicht", widersprach Guo Tsüan-hai, nachdem er sich am Küchenherd seine Pfeife angezündet hatte. „Aber wir wollen mit ihm auf Yüan und Fen abrechnen. Wu Dschia-fu, lauf schnell und hole den Doktor. Sag ihm, er soll sein Rechenbrett mitbringen."

Wu Dschia-fu, in der Hand eine kleine Lanze, bahnte sich einen Weg ins Freie und lief dann, so schnell ihn seine Beine trugen, davon.

Kurze Zeit später kam er mit dem Doktor, einem brillentragenden, verhutzelten Männchen, zurück.

„Macht den Weg frei!" befahl Guo Tsüan-hai. „Die ersten Besucher weichen dem letzten Gast. Wir wollen dem ,Gott des Reichtums' die Rechnung fertig machen."

„Dou Shan-fa, sag uns auf der Stelle, wo du dein Geld versteckt hältst. Wir rechnen sonst aus, wieviel du uns schuldest, und den Betrag mußt du uns dann bezahlen, aber auch nicht einen Fen zu wenig."

„Ich habe nichts, ob mit oder ohne Rechnung, ich habe wirklich nichts", jammerte der Gutsherr.

Der Dorfarzt rückte die Brille zurecht, hielt dem Gutsbesitzer das Rechenbrett vor die Augen und schob mit flinker Hand die klappernden Kugeln hin und her.

„Von der Pacht, die du eingetrieben hast, sehen wir ab", erklärte Guo Tsüan-hai. „Wir berechnen nur das Geld, das du uns Tagelöhnern vom Verdienst abgezwackt hast. Hier im Dorf und außerhalb arbeiteten jährlich mindestens dreißig Tagelöhner bei dir. Ein Tagelöhner kann fünf Dang Ackerland bestellen. Was meint ihr, Nachbarn, kann er das?"

„Ja!" kam die Antwort von allen Seiten.

Sun Yung-fu fügte noch hinzu: „Mit einem Pferd schafft er sogar noch mehr."

Guo Tsüan-hai fuhr fort: „Ein Tagelöhner kostet dich zusammen mit Verpflegung und Entgelt für den Arbeitsaufwand den Ertrag von einem Dang. Pferdearbeit kostet den Ertrag eines weiteren Dang."

„Nun, vielleicht nicht ganz so viel", wandte der Kutscher ein.

„Rechnen wir ruhig etwas mehr. Sonstige Nebenausgaben wollen wir ebenfalls mit einem Dang veranschlagen, also insgesamt drei Dang. Somit hattest du einen Reingewinn von zwei Dang. Rechne das aus, Onkel Schwarz." So nannte Guo Tsüan-hai den alten Arzt seiner dunklen Hautfarbe wegen.

Onkel Schwarz schob die Kugeln hin und her und verkündete den aufmerksam Lauschenden:

„Ein Dang trägt fünf Dan Getreide, also hat er von einem Tagelöhner jährlich zehn Dan Korn profitiert. Er beschäftigte aber mindestens dreißig Landarbeiter im Jahr. Zehn mal dreißig gleich dreihundert — in einem Jahr hat er uns um dreihundert Dan Getreide betrogen."

Guo Tsüan-hai fuhr fort:

„Er war in unserem Dorf dreißig Jahre lang Grundbesitzer. Wieviel ist er uns also für diese Zeit schuldig? Wenn wir uns früher von ihm Geld leihen wollten, verlangte er fünfzig, oft sogar sechzig Prozent Zinsen. Soviel wollen wir aber gar nicht von ihm haben. Wir fordern nur dreißig Prozent. Rechne das alles aus, Onkel Schwarz. Was macht das zusammen, Zins und Kapital?"

Niemand sprach ein Wort. Der Alte schob emsig die klappernden Kugeln auf dem altchinesischen Rechenbrett hin und her. Auch Dou Shan-fa war in der Rechenkunst bewandert, und was er jetzt erlebte, machte ihn ernstlich besorgt. Seine Gesichtsfarbe wechselte von Grau zu Weiß und von Weiß zu Grau, und der Schweiß fiel Tropfen auf Tropfen zur Erde. Der Doktor zählte auf:

„Dreißig Jahre, die Zinsen nicht einbegriffen, nur das Kapital gerechnet — also: er schuldet euch neuntausend Dan Getreide."

Als der Doktor diese ungeheure Summe nannte, konnten die Bauern sich nicht mehr beherrschen. Einige stürzten drohend auf den Gutsherrn los, lärmten und schrien:

„Sprich! Los! Oder bist du taubstumm geworden?"

Dem Gutsbesitzer, den die empörten Menschen von einer Seite zur anderen schoben, versagte die Sprache.

„Seht ihn euch an! Als hätten wir ihn geknebelt!" johlte die Menge.

„Er soll uns das Korn zurückgeben. Her mit den neuntausend Dan! Wir haben jetzt gerade nichts zu essen."

„Was du schuldest, hast du zurückzuzahlen! Bitte, diese Verordnung habt ihr Herren ja selbst erlassen!"

„In Mandschukuo wart ihr Geldsäcke ja so gemein! Ein Jahr lang konnte man für euch schuften und kehrte dann ohne einen einzigen Fen nach Hause zurück. Nicht einmal eine Bettmatte hatten wir zum Schlafen, und kein einziges Körnchen Hirse. In den Gutshäusern aber roch es nach Schweine- und Hühnerbraten, eure Köche hackten auf riesigen Brettern das Fleisch für die Dschiao-dse, daß es im ganzen Dorf zu hören war. Dschiao-dse aus Weißmehl brodelte in großen Kesseln, und alles das auf Kosten der Armen! Aber wenn man nur einmal etwas schlechten Reis von euch leihen wollte, standen schon die Hofschranzen bereit und warfen einen eiligst wieder auf die Straße. ‚Weg, fort mit dir!' hieß es. ‚Wer wird denn vor der neuen Ernte noch Reis übrig haben?' Damals kannten wir nur Jammer und Tränen. Unsere Familien lebten im Dreck, aber wir kamen nie auf den Gedanken, daß ihr in unserer Schuld standet."

Ein Wort gab das andere, und bald herrschte ein heilloser Lärm im Zimmer, so daß man kaum noch sein eigenes Wort verstehen konnte. Endlich hob Guo Tsüan-hai seine Stimme und schrie in den Aufruhr hinein:

„Ruhe! Seid doch endlich einmal still! Wenn wir die Schätze der Gutsherren verlangen, heißt das nichts anderes, als daß wir den Entgelt für unser Blut und unseren Schweiß fordern, daß wir die Schätze dem rechtmäßigen Besitzer zurückgeben wollen. Wir

Armen haben mit unserer Hände Arbeit Häuser geschaffen, Getreide angebaut und Gold und Silber gewonnen. All das soll uns jetzt zurückgegeben werden."

In Haus und Hof vereinten sich die Stimmen der Männer und Frauen zu einem wilden Chor, der wie Donner rollte: „Ja! All das soll uns zurückgegeben werden!"

Guo Tsüan-hai rief mit vom vielen Sprechen schon ganz heiserer Stimme dem Dorfarzt zu: „Rechne aus, ob sein Vermögen auch ausreicht, um seine Schulden zu bezahlen."

„Das ist gar nicht erst nötig. Es fehlt ein ganz gewaltiger Posten."

Nun wandte sich Guo Tsüan-hai an die Versammelten: „Dou Shan-fas Vermögen reicht nicht aus, um seine Schulden zu bezahlen, aber dieses Haus hier gehört jetzt uns, und unser eigenes Haus dürfen wir ja wohl durchsuchen. Macht aber keinen Unfug, seid vorsichtig und schlagt keine Scheiben ein. Alles gehört ja uns selbst. Bloß nicht überstürzt handeln! — Aber was sollen wir jetzt mit dem da anstellen?" Guo zeigte auf Dou Shan-fa.

„Schicken wir ihn doch zu Han Lao-liu!" wurde vorgeschlagen, doch Guo Tsüan-hai schüttelte den Kopf.

„Das geht nicht. Er ist doch kein Despot."

„Dann verjagen wir ihn von Haus und Hof."

„Dürfen wir das?" fragte der nächste.

„Ja, das läßt sich machen."

Nun drängten die Mitglieder der Brigade darauf, das Haus nach versteckten Wertsachen zu durchsuchen.

Der Milizsoldat befahl dem Gutsbesitzer, ihm mit Frau und Enkel in das Nebengebäude zu folgen, und die Bauern machten sich ans Werk, klebten Siegelstreifen, stellten Bestandslisten auf oder durchwühlten die Sachen. Sämtliche Kisten und Truhen wurden geöffnet. Lanzenspitzen durchlöcherten die mit Tapete bespannte Zimmerdecke, und einer der Tagelöhner stellte sich sogar auf die dunkelrot lackierte Truhe und stieß den Kopf durch die Tapete, daß der Staub nur so herunterrieselte. Strohmatten und Filzdecken wurden umgeschlagen, doch darunter lag nichts als altes Gerümpel, das man auf die Straße werfen könnte, ohne daß sich jemand danach bücken würde. Nun lag das Zeug über den Fußboden und den Kang verstreut.

„Holt Dou Shan-fa her und fragt ihn noch einmal aus", sagte Guo Tsüan-hai zu einem der Tagelöhner. „Bai Da-sao-dse, geh bitte mit ihr in ein anderes Zimmer und versucht, etwas aus den Frauen herauszubekommen."

Bai- Da-sao-dse ging zur Tür, doch im Vorbeigehen flüsterte sie Guo Tsüan-hai schnell noch verschmitzt lächelnd zu:

„Wer ist denn diese ‚ihr'?"

Guo Tsüan-hai lief bei dieser Frage glutrot an, als habe man ihn bei einer schlechten Tat ertappt. Ohne zu antworten drängte er sich ins Menschengewühl, um den kleinen Hirten zu suchen, der mit seiner Eisenstange sämtliche Winkel in Haus und Hof durchstöbern sollte.

Bai Da-sao-dse faßte unterdessen Liu Guei-lan an der Hand und lächelte ihr schelmisch zu: „Komm nur, du ‚ihr', wir gehen jetzt schnell nach nebenan." Auch Liu Guei-lans Gesicht überzog sich mit einem dunklen Rot.

Im Nebenzimmer versuchten die beiden Frauen, von den weiblichen Mitgliedern der Familie Dou das Versteck der Wertsachen zu erfahren, doch all ihre Mühe war vergebens.

Als Dou Shan-fa wieder im Zimmer erschien, wurde er sogleich von einigen Männern umringt, und der Milizsoldat befahl ihm:

„Gib das Gold raus, aber schnell!"

„Ich habe bei dir als Tagelöhner gedient", ereiferte sich Sun Yung-fu. „Ich weiß, was du besitzt. Wenn du nichts hergibst, fordern wir deinen Kopf!"

Dou beteuerte: „Meine sämtlichen Kisten und Truhen habt ihr durchwühlt, wo sollte ich denn sonst noch etwas haben?"

Der Kutscher trat an ihn heran.

„Los, sag, wo hast du deine gelben, glitzernden Dingerchen versteckt? Die feinen weißen sind auch nicht zu verachten."

„Was habt ihr denn nur immer mit eurem Gold? Seht doch das Gelumpe da!" Dou Shan-fa wies mit der Hand auf die zerrissenen Gewänder, die im Zimmer herumlagen, und fuhr fort: „So sieht es also bei Leuten aus, die Gold besitzen, was? Wer Gold hat, dessen Nachbar hat auch die Waage."

Der alte Sun schnitt ihm das Wort ab:

„Die goldenen Ringe, die deine Alte am Finger trug, das kostbare Geschmeide, das die Frau deines zweitältesten Sohnes um den Hals hängen hatte, als sie in deinem Hause einzog, die vier Lot schweren Armreifen deiner jüngsten Schwiegertochter, dazu noch die goldenen Haarnadeln, die Goldgehänge, goldenen Uhren und goldenen Halsketten deiner Alten, wo hast du denn das alles gelassen, he? Los, raus damit, sonst machen wir Schluß mit dir!"

Der Kutscher ließ es an Deutlichkeit nicht fehlen. Dou Shan-fa blickte erschrocken zu Boden, hob aber nach einigem Besinnen wieder den Kopf und erklärte:

„Wir haben alles versetzt. Vom zehnten Jahr der Kang-deh an wurden ja die Abgaben von Jahr zu Jahr höher, und meine Familie geriet schließlich in Armut. Am Jahresende lebten wir, abgesehen von den Nahrungsmitteln, wie auf einem vom Hochwasser überfluteten Stück Ödland."

Dem Milizsoldaten lief die Galle über.

„Solch ein Schwätzer!" schrie er. „Die Großgrundbesitzer sind doch alle Lügner. Schafft ihn weg, dann sind wir ihn endlich los!"

Auch die anderen wurden wütend und stießen und drängten den Gutsherrn vorwärts, der sich noch einmal ängstlich umblickte und rief: „Hört doch! Ich spreche ja schon!"

Der Kutscher warf ihm einen giftigen Blick zu: „Glauben wir dir, Dicker, glauben wir dir. In deinem Alter müßtest du ja nun wirklich das Sprechen gelernt haben."

Alles lachte.

Jetzt trat Guo Tsüan-hai auf den Gutsherrn zu, befahl ihm, mitzukommen und führte ihn im ganzen Gehöft herum. Die

Brigademitglieder und ein paar Gaffer folgten ihnen. Guo Tsüan-hai ließ den Großgrundbesitzer die verschiedensten Arbeiten verrichten, befahl ihm, die Kisten auf den Hof zu schleppen, erteilte ihm danach den Auftrag, die Lampionbehälter herauszutragen, und hetzte ihn schließlich hierhin und dorthin, bis Dou Shan-fa vor Anstrengung völlig in Schweiß gebadet war und einen knallroten Kopf bekommen hatte. Guo Tsüan-hai, der eine Eisenstange in der Hand hielt, grinste bei dem erbärmlichen Anblick des Gutsherrn.

„Du bist uns noch allerhand schuldig", sagte er, „das weißt du ganz genau, und wenn du mit deinen Schätzen nicht rausrückst, lassen wir dich einfach für uns arbeiten. Früher wurden wir immer nur von dir herumkommandiert, heute darfst du einmal kosten, wie das schmeckt."

Unterdessen betrachtete der junge Guo den Gutsbesitzer von Kopf bis Fuß und beobachtete sein ganzes Gebaren und sein Mienenspiel.

Dou Shan-fa frohlockte: Er brauchte also sein Vermögen nicht zu opfern, sondern man verlangte anscheinend nur von ihm, daß er ein paar Kisten und Kästen von einer Stelle zur anderen rückte. Mochte deshalb der Schweiß auch rinnen — er arbeitete, was seine Kräfte nur hergaben. Als man ihn jedoch in die Küche schickte, um den Bottich für das Schweinefutter hinaus auf den Hof zu tragen, machte er plötzlich ein angewidertes Gesicht.

„Pfui, solch ein Schmutzkübel! Das Zeug stinkt doch fürchterlich! Was wollt ihr denn damit?"

Guo Tsüan-hai achtete nicht auf seinen Widerwillen, sondern trieb ihn nur noch energischer an:

„Wird's bald?! Was wir dir sagen, hast du gefälligst auch zu tun!"

Dou Shan-fa blieb nichts anderes übrig, er schlang die Arme um das Faß, ächzte und stöhnte, doch der Bottich rückte und rührte sich nicht. Guo merkte recht gut, daß der Gutsbesitzer sich nur verstellte. Deshalb hob er mit Hilfe des Milizsoldaten nun selbst den Kübel hoch und stellte ihn etwas abseits wieder auf den Boden. Dort, wo der Bottich vorher gestanden hatte, schimmerte unter einer Wasserpfütze noch verhältnismäßig frischer Lehm. Guo fuhr mit der Schuhspitze darüber hin, doch die Erde war gefroren und ließ sich nicht wegscharren.

„Macht euch nur keine vergebliche Mühe. Was soll denn da noch drunter sein?" meinte Dou Shan-fa gespielt gleichgültig.

Guo Tsüan-hai schaute sich nach ihm um. Alle Farbe war aus dem fleischigen, runden Gesicht des Gutsbesitzers gewichen, und er bewahrte nur mit Mühe seine Fassung.

„Ist wirklich nichts darunter?" fragte Guo harmlos lächelnd.

Dou Shan-fa lächelte zurück, dankbar, daß die Gefahr an ihm vorübergezogen zu sein schien.

„Wenn ich etwas besäße und würde es nicht verschenken, sollte der Himmel doch gleich mit fünf Donnern dreinschlagen", sagte er, mit einem Male ganz aufgeräumt.

Währenddessen rührte der Milizsoldat mit einem Holzstock im Schweinekübel herum, daß die Speisereste in dem trüben, übel riechenden Wasser aufgewühlt wurden. Plötzlich stieß der Stock gegen etwas Hartes. Der Soldat krempelte sich die Ärmel hoch, fischte im Bottich herum und angelte schließlich eine kupferne Waschschüssel heraus. Drei, vier Tagelöhner trugen nun schnell den Kübel auf den Hof und kippten ihn aus, aber es wurde nichts mehr gefunden.

Dou Shan-fa strahlte vor Freude. Auf seinem Gesicht schien ein herrlicher Frühling seinen Einzug gehalten zu haben. Lächelnd sagte er:

„Ihr wolltet ja nicht glauben, daß wir wirklich wie auf einem vom Hochwasser überfluteten Stück Ödland leben. Die Kupferschüssel brauche ich nicht, ich schenke sie der Bauernvereinigung."

Guo Tsüan-hai überlegte eine Weile mit gerunzelter Stirn, dann ging er wieder in die Küche, zu der Stelle, wo der Bottich gestanden hatte, und rammte seine Eisenstange voller Wucht gegen den Fußboden, doch der gefrorene Lehm gab nicht nach. Deshalb holte er aus dem Vorratsschuppen eine Spitzhacke und schlug unter Aufbietung aller Kräfte ein Loch in die Erde. In ungefähr vierzig Zentimeter Tiefe stieß die Hacke mit hellem Klang gegen eine Blechplatte.

Der alte Sun war der erste, der auf dieses Geräusch hin zur Stelle war. Mit dröhnendem Baß verkündete er:

„Wir haben das Gold gefunden!"

Alles stürzte in die Küche. Sogar Dou Shan-fas Wächter ließen den Gutsbesitzer im Stich und rannten zum Fundort hinüber. Die Bauern umringten Guo Tsüan-hai wie eine undurchdringliche Mauer und sahen zu, wie er sich mit der Hacke abmühte. Keiner achtete darauf, daß ihm die Erdklumpen und Eisstücke nur so um die Ohren flogen.

Als ein Loch von einem Quadratmeter Umfang und ungefähr vierzig Zentimeter Tiefe entstanden war, beugte sich der Milizsoldat hinunter und hob die Blechplatte hoch. Darunter wurde ein Holzbrett sichtbar. Nachdem er auch das hochgehoben hatte, gähnte ihm ein finsterer Abgrund entgegen, aus dem ein eiskalter Luftzug heraufwehte. Der kleine Wu zündete einen Kienspan an und wollte in die Grube leuchten, doch die Fackel erlosch sofort. Erst beim nächsten Kienspan glückte es. Der Lichtschein fiel in ein Kellergewölbe, und huschte über zahllose Kisten und Säcke, die dort aufgetürmt waren.

Der alte Sun konnte sich nicht mehr bezähmen und sprang hinunter. „Kisten in rauhen Mengen", rief er nach oben. „Los, kommt doch auch her!" Die Stimme hallte, als säße der Kutscher in einem riesigen Wasserkrug. Der Milizsoldat ließ sich nun ebenfalls in den Keller hinab und schaffte zusammen mit Sun an die dreißig Holzkisten und Hanfsäcke aus dem Gewölbe nach oben, die sofort geöffnet wurden. Was gab es da nicht alles zu sehen! Dutzende von Metern Seidengewebe, Atlasstoffe in großen Ballen, dazu noch wollene Tuche, Flanell, Fuchspelze und Mützen aus Fischotterfell — mit diesen Dingen waren die Kisten und Säcke bis an den Rand gefüllt. Außerdem kamen noch an die dreihundert Meter feinste Anzugstoffe zum Vorschein.

Lehmüberkrustet kletterten der junge Milizsoldat und Sun Yung-fu wieder ans Tageslicht. Während sich der Kutscher den Schmutz von den Sachen klopfte, lobte er:

„Alles nur erstklassige Qualität." Als er den Kopf wandte und Dou Shan-fa erblickte, konnte er es sich nicht verkneifen, zu fragen:

„Nicht wahr, so lebt man auf einem vom Hochwasser überfluteten Stück Ödland?"

Der Gutsherr würdigte ihn jedoch keiner Antwort. Er schlich ins Haus, setzte sich auf den Bettrand und vergrub das Gesicht in die Hände. Seine Frau humpelte, auf einen Stock gestützt, in die Küche und keifte unter Tränen:

„Was soll denn das heißen? Ihr müßt uns doch auch was übriglassen!"

„Außer unseren neuntausend Dan Getreide nehmen wir euch nicht ein Krümelchen fort", versicherte der Kutscher.

„Red keinen Unsinn, Sun", fiel ihm Guo Tsüan-hai ins Wort. „Pack das Zeug da auf den Schlitten. Wenn deiner nicht ausreicht, sollen dir noch zwei Mittelbauern mit ihren Fuhrwerken helfen."

SIEBENTES KAPITEL

Die Nachricht von der Entdeckung der unterirdischen Kammer auf dem Gutshof der Familie Dou durcheilte das Dorf. Sämtliche Brigaden eiferten nun dem Beispiel von Guo Tsüan-hais Brigade nach und zogen, als wollten sie Wüstenland urbar machen, mit Hacken und Schaufeln auf die Höfe, um dort die Erde aufzuwühlen. Es dauerte nicht lange, da legten die Mitglieder von Tschus Brigade in Tang Tiens Garten unter einer dicken Schneedecke einen Keller frei, aus dem sie mehr als zwanzig Kisten und Kästen bargen, und auch die anderen Brigaden hatten auf den Gutshöfen, die sie beschlagnahmten, Kisten und Säcke geborgen. Vom Spätnachmittag an bis zur Dunkelheit herrschte daher auf der vereisten Dorfstraße ein überaus reger Verkehr.

Zweispännige und dreispännige Schlitten sausten über das klirrende Eis, mit Kisten, Truhen und Säcken, Kübeln und Wasserbottichen, Mais und Reis beladen. Obenauf lagen riesige Fleischstücke, die die Gutsbesitzer in ihren Eiskellern, vor den Fenstern, neben den Brunnen oder hinter den Pferdeställen vergraben hatten. Alle Großgrundbesitzer des Dorfes hatten ihre Mast- und Läuferschweine geschlachtet, enthäutet, in große Stücke zerhackt und vergraben, um im neuen Jahr ein bis zwei Monate lang ausreichend Dschiao-dse kochen zu können.

Die weiblichen Mitglieder der einzelnen Brigaden hatten sich anfangs wenig für diese Arbeit interessiert, denn wenn sie die armselige Aufmachung der Grundbesitzer sahen, glaubten sie ihnen wirklich, daß sie beinahe bettelarm seien. Als man aber die beiden Verstecke gefunden hatte, empörten sie sich ebenfalls und beteiligten sich an der Suche nach verborgenen Wertsachen. Sie rissen die Öfen ein und kletterten die Kamine hoch, und ihre Gesichter waren bald vollständig verrußt. Bei eisigem Sturm liefen die Frauen nachts mit Kienfackeln in der Hand hinaus auf die Gehöfte, drangen in die Viehställe ein, schoben dort mit Schaufeln den Schweinemist und Pferdedung beiseite und suchten nach Verstecken. Oft kehrten sie dann erst spät am Morgen heim. Schlafen konnten sie nicht mehr, ihre Müdigkeit war verflogen.

Aber soviel man auch an kostbaren Dingen zutage förderte, das Gold blieb nach wie vor verborgen.

Eines Morgens, als die Sonne gerade ihre ersten Strahlen ausschickte, erschien Wan bei Guo Tsüan-hai auf dem Dou-Hof und teilte ihm mit, daß der Hauptmann von dem in Tschidschia stationierten Aufklärertrupp einen Brief bekommen hätte, in dem berichtet wurde, daß man an den Füßen einer Gutsbesitzersfrau zwei goldene Ringe gefunden habe. Das listige Weib hatte sich die Ringe auf ihre beiden kleinen Zehen gezogen.

„Der Politkommissar läßt dir durch mich den Rat erteilen, bei den Frauen Leibesvisitationen vorzunehmen", sagte Wan zum Schluß. Er nannte Hsiao Tschiang ausdrücklich „Politkommissar".

Guo Tsüan-hai winkte lächelnd Bai Da-sao-dse zu sich heran: „Komm doch bitte einmal her, ich habe einen Auftrag für dich."

Als Bai Da-sao-dse das hörte, bat sie Liu Guei-lan, die neben ihr stand, schmunzelnd, doch mit zum Vorsitzenden nach vorn zu kommen, aber das Mädchen weigerte sich energisch. Da faßte Bai Da-sao-dse sie an der Hand.

„Nun, was ist denn, schämst du dich etwa?"

Wan, der das bemerkte, wußte nicht, was er davon halten sollte. „Was hat sie denn?" fragte er verwundert.

Guo Tsüan-hai schob seine Stummelpfeife von einem Mundwinkel in den anderen und knurrte: „Ach, nichts! Bai Da-sao-dse macht nur Spaß."

Wan gab sich mit dieser ausweichenden Antwort zufrieden und eilte hinaus, um die anderen Brigaden ebenfalls zu benachrichtigen. Im Zimmer erklärte Guo Tsüan-hai unterdessen: „Bei dem, was jetzt zu tun ist, sind wir Männer fehl am Platze. Das müßt ihr schon allein erledigen." Und er teilte ihnen die Nachricht mit, die ihm Hauptmann Hsiao hatte zugehen lassen. Bai Da-sao-dse wandte sich daraufhin an sämtliche Anwesenden und kommandierte:

„Die Männer gehen ins Vorzimmer, nur die Frauen bleiben hier!"

Liu Guei-lan, die sich schon vorher ins Nebenzimmer begeben hatte, kam jetzt mit den weiblichen Angehörigen der Familie Dou zurück. Auch Dou Shan-fas kleiner Enkel folgte hinterdrein. Nachdem sich Männer und Knaben ins Vorzimmer zurückgezogen hatten, waren außer Bai Da-sao-dse und Liu Guei-lan nur noch ein paar andere Frauen zugegen, die sich nichts entgehen lassen wollten.

„Nun sagt: Wo habt ihr das Gold versteckt?" begann Bai Da-sao-dse.

„Was für Gold denn nur?" fragte erstaunt Dou Shan-fas Frau, die auf dem Bettrand saß. „Wer Gold hat, dessen Nachbar hat auch die Waage. Wie sollen Landleute wie wir jemals in den Besitz von Gold gelangen?"

„Wenn ihr vielleicht auch keine Goldbarren habt, so besitzt ihr doch zumindest goldene Ringe", unterbrach Liu Guei-lan ihre Beteuerungen.

„Wer hat denn schon so was?"

Bai Da-sao-dse sah sich um und wandte sich lächelnd an Dou Shan-fas zweite Schwiegertochter, die so dürr war wie ein Hanfstengel und mit gesenktem Kopf auf dem Kang saß.

„Nun, sag du! Wo hält deine Schwiegermutter ihr Gold versteckt? Sie hinterläßt es ja doch ihrem jüngsten Sohn, du hast sowieso nichts davon. Sprich offen, sonst wirst du noch mitschuldig!"

Die Dürre schüttelte den Kopf. „Sie hat wirklich nichts, was soll ich euch denn sagen? Unser ganzes Geld haben wir in Grund und Boden angelegt. Gold haben wir noch nie besessen."

Bai Da-sao-dse forderte jetzt die Gattin des jüngsten Gutsbesitzerssohnes auf, das Goldversteck ihrer Schwiegermutter preiszugeben. Diese Frau war erst neunzehn Jahre alt und molligrund, ihr Gesicht ähnelte einem weißen Flaschenkürbis. Sie entgegnete lächelnd:

„Woher soll ich es denn wissen, wo sie ihr Gold versteckt hält?"

Als die Schwiegermutter ihr einen zornigen Blick zuwarf und auch die Hagere durch eine drohende Miene ihren Ärger kundtat, verbesserte sich die Dicke hastig:

„Sie hat kein Gold. Gold haben wir noch nie besessen. Das Geld, das wir jährlich erübrigen konnten, haben wir in Grund und Boden angelegt."

Es waren die Worte ihrer Schwägerin, sie hatte nur die Sätze ein wenig umgestellt. Bai Da-sao-dse und die anderen Bäuerinnen brachen in schallendes Gelächter aus, so daß Sun vom Nebenzimmer her neugierig fragte:

„Was lacht ihr denn so? Habt ihr was gefunden?"

„Das dürfen wir dir doch nicht verraten!" rief Bai Da-sao-dse, noch immer lachend. Dann wandte sie sich an die alte Gutsbesitzersfrau: „Da du nichts sagen willst, werden wir eben selber suchen. Zieht die Schuhe aus und setzt euch auf den Kang."

Die Frauen der Gutsbesitzersfamilie zogen sich ihre wattierten Schuhe aus und stiegen auf den Kang. Nur der kleine Enkel blieb als einziger auf dem Fußboden stehen und begann zu weinen.

„Komm her und weine nicht!" rügte ihn seine Großmutter. „Sonst kriegen wir noch Kopfschmerzen."

Schuhe und Füße wurden genau untersucht, doch von dem Gold war keine Spur zu finden. Bai Da-sao-dse und Liu Guei-lan hielten nun in einer Ecke des Zimmers eine kurze Beratung ab. Dann ging Liu Guei-lan zum Kang zurück und befahl der Dürren:

„Zieh die Kleider aus!"

Das Weib schien nicht verstanden zu haben.

„Was sagst du?" fragte sie.

„Die Kleider sollst du dir ausziehen, aber ein bißchen schnell!"

Die Frau griente, leistete der Aufforderung jedoch keine Folge.

„Du bist noch nicht einmal verheiratet, noch eine Jungfer, und dann sollen andere in deiner Gegenwart die Kleider ausziehen?! Was bildest du dir überhaupt ein", meinte sie schließlich empört.

„Sabbele nicht soviel, du gerissenes Weibsbild! Zieh dich aus!"

Auch Bai Da-sao-dse drohte:

„Wenn du dich nicht selbst ausziehst, helfen wir ein bißchen nach!" Und ehe die Dürre es sich versah, stiegen Bai Da-sao-dse und ein paar Frauen auf den Kang und begannen ihr die Kleider auszuziehen. Totenblässe lag auf ihrem hageren Gesicht. Schützend hielt sie beide Hände vor ihren Gürtel und schrie:

„Die Hosen nicht! Ich habe meine Tage!"

Liu Guei-lan stampfte ungeduldig mit dem Fuß auf und kommandierte: „Los! Beeil dich ein bißchen!"

Plötzlich sprangen Dou Shan-fas Weiber barfuß vom Kang, warfen sich auf die Knie, machten vor Liu Guei-lan Kotau und schnatterten:

„Jungfrau, sei gnädig und verzeihe ihr! Sie hat ihre Tage. Du versündigst dich an Buddha, wenn du ihr befiehlst, die

Kleider auszuziehen. Die ganze Familie wird sonst von Krankheit heimgesucht."

Bai Da-sao-dse erwiderte barsch:

„Wer mit Schuhen auf den Kang steigt, hat meist zerrissene Strümpfe. Wer sich die Kleider nicht auszieht, hat etwas zu verbergen." Dann machte sie sich mit Liu Guei-lan selbst ans Werk. Der Hosenbund war so stramm gebunden, daß er sich nur schwer lockern ließ. Die Hagere heulte und die Schwiegermutter flehte:

„Sie hat bestimmt nichts! Jungfrau, Schwägerin, versündigt euch nicht an den Göttern!"

„Die Soldaten der Achten Armee glauben nicht an solchen Unsinn", gab Liu Guei-lan kurz zur Antwort. „Böse und gute Geister gibt es nicht."

Als sie der Frau die Hosen herunterzogen, fielen klirrend zwei Gegenstände zu Boden, die im Licht der Bohnenöllampe glitzerten und gleißten. Liu Guei-lan ließ freudestrahlend von der Dürren ab; mochte sie sich jetzt ruhig ihre Kleider wieder anziehen.

Das Mädchen hielt die Ringe hoch und rief: „Seht doch bloß, was ist denn das?"

Kaum hatte sie das gesagt, da ging die Tür auf, die Männer stürzten herein und umringten Liu Guei-lan. Die dürre Schwiegertochter zog sich hastig in eine stockfinstere Ecke zurück.

„Wo habt ihr denn das aufgegabelt?" wollte der Kutscher wissen.

Liu Guei-lan gab keine Antwort, und Bai Da-sao-dse fragte lächelnd:

„Was hast du dich darum zu kümmern? Die Hauptsache ist, wir haben das Gold."

Der alte Sun nahm den einen Ring, hielt ihn weit von sich weg und sagte, verschmitzt zwinkernd:

„Ich glaube aber, das ist gar kein Gold, Messing ist das. Gold schmeckt süß, Messing schmeckt bitter. Ich werde mal dran lecken." Schon hatte er den Ring zum Munde geführt, als Liu Guei-lan gellend schrie:

„Nicht! Nimm das bloß nicht in den Mund!" Sie durchbrach den Kreis der Umstehenden und stürzte auf den Kutscher zu, dem sie den Goldring aus der Hand riß. „Wie kannst du einen so erschrecken! Der ist doch schmutzig, weißt du das nicht?"

Sun Yung-fu war wie vor den Kopf geschlagen: „Was soll denn an Gold schmutzig sein?"

Bai Da-sao-dse mischte sich ein: „Gold, das im Haus eines Gutsbesitzers gelegen hat, ist immer schmutzig."

Als im Dorf bekannt wurde, daß bei einer Schwiegertochter Dou Shan-fas Gold gefunden worden war, suchten und forschten alle Bauern eifrig bei Tag und Nacht nach weiteren Kostbarkeiten. Die Gutsbesitzer hatten das Gold in den Ofen geworfen, ihre Goldringe über die Zweige der Zaunhecken gezogen und ihre goldenen Halsbänder hinter das Spiegelglas ans Quecksilber geleimt. Die Frauen hatten ihre Ringe teilweise in ihre Hosen eingenäht, zwischen die Schuhsohlen geschoben oder auf die Zehen gezogen. Doch alle List war vergeblich: das Volk, dieses tausendäugige Wesen, ließ sich nicht täuschen. Das Gold sammelte sich allmählich an. Innerhalb von fünf Tagen wurden allein in Yüanmaotun mehr als drei Pfund Gold ans Tageslicht gefördert. Goldene Armreifen und Fingerringe wurden auf Fäden aufgereiht und Kette um Kette wurde in eine große Kiste gelegt.

Pausenlos fuhren die zweispännigen Schlitten zum Haus der Bauernvereinigung und brachten Getreide, Bohnenkuchen zum Verfüttern, Tuche, Kleider und landwirtschaftliche Geräte. Auf dem geräumigen Han-Gut türmten sich die Sachen bergeweise. Das eine Gesindehaus wurde zur Kleiderkammer, in der sich die Kleidungsstücke zu Tausenden und die Stoffe zu Hunderten von Metern ansammelten. Das andere Gesindehaus hatte man in einen Getreidespeicher verwandelt. Das Korn, das dort keinen Platz mehr fand, wurde in der Mitte des Hofes aufgeschüttet und mit riesigen Strohmatten umzäunt. Diese „Silos" reichten bis an den Dachvorsprung heran. Bald legte sich eine dünne Schicht Pulverschnee auf das goldglänzende Getreide, das zu steinharten Klumpen zusammengebacken war, da es bei einigen Gutsbesitzern schon jahrelang in feuchten Kellern gelagert hatte.

Eines Tages empfing Hauptmann Hsiao einen Korrespondenten der „Nord-Ost-Zeitung", der gerade aus Charbin eingetroffen war. Der Journalist besichtigte die sichergestellten Güter und fotografierte Guo Tsüan-hai zusammen mit seinen Brigademitgliedern. Dann ließ er sich von Hsiao die Ereignisse im Dorf ausführlich berichten und erfuhr während dieses Interviews, daß sich die Bevölkerung für das sichergestellte Gold Pferde kaufen wolle.

Am Tage nach der Abreise des Korrespondenten entschloß sich Hauptmann Hsiao, Yüanmaotun zu verlassen. Seine Anwesenheit war nun nicht mehr nötig, denn die Bevölkerung war jetzt auf breiter Grundlage mobilisiert. Außerdem konnte er sich auf Guo Tsüan-hai voll und ganz verlassen. Hsiao Tschiang beabsichtigte, mit Wan nach Sandschia zu fahren, denn dieses Dorf am Fuße der Berge ließ hinsichtlich der Aufklärungstätigkeit noch manches zu wünschen übrig.

Als der Hauptmann aufbrach, begleitete ihn Guo Tsüan-hai mit einigen anderen Funktionären bis zum Tor. Beim Abschied ermahnte Hsiao den jungen Guo noch einmal:

„Du mußt wieder in das Gebäude der Bauernvereinigung ziehen. Sei ständig auf der Hut, damit es unseren Feinden nicht gelingt, wertvolles Gut durch Brandstiftung zu vernichten." Dann stieg er auf den Wagen und war bald im dichten Schneetreiben verschwunden.

ACHTES KAPITEL

Guo Tsüan-hai siedelte nun wieder in das Gebäude der Bauernvereinigung über und bezog dasselbe Zimmer, in dem er früher gewohnt hatte und das dem Hauptmann während seines Aufenthalts im Dorf zur Verfügung gestellt worden war.

Die Einwohner von Yüanmaotun waren Tag und Nacht bei der Arbeit. Nahezu sieben Nächte hintereinander kamen sie nicht zur Ruhe, doch sie verspürten keine Müdigkeit. Am achten Tage kam der alte Tien, Mitglied der Brigade Tschu Fu-lins, abends zur Bauernvereinigung, um dem jungen Guo Tsüan-hai etwas mitzuteilen.

„Unter der alten chinesischen Republik hat Dou Shan-fa im Weidscho-Gebirge als Aufseher gearbeitet und eine Menge Silberbarren[40] verdient", sagte er.

Guo nickte: „Ich bin auch fest davon überzeugt, daß er irgendwelche Schätze hat, aber es ist wirklich nicht leicht, ihn zum Sprechen zu bewegen. Kannst du mir einen Rat geben, wie wir zum Ziele kommen?"

„Man müßte einmal seinen ältesten Sohn fragen", erwog Tien Wan-shun. „Seine Mutter war Dou Shan-fas erste Frau, und seine Stiefmutter haßt ihn. Schon von klein auf hat sie ihn mißhandelt. Als er älter wurde, sagte er oft: ‚Wenn ich schon sterben muß, dann aber nicht bei meiner Familie.' Er wohnt jetzt in der Nähe des Osttores, wo er sich seinen eigenen Herd errichtet hat. Geh hin und unterhalte dich mit ihm, vielleicht haben wir damit Erfolg."

Guo Tsüan-hai zog später noch nähere Erkundigungen ein und erfuhr, daß Dou Shan-fas ältester Sohn sehr viel für alkoholische Getränke übrig hatte. Er ging also in den Genossenschaftsladen, ließ sich aus dem großen Weinkrug zwei Flaschen abfüllen und kaufte ein Pfund Bohnenkäse, den er selbst in der Pfanne briet. Dann kochte er noch ein Schüsselchen Bohnen, und nachdem alles vorbereitet war, lud er Dou Shan-fas Sohn zum Essen ein.

Die beiden saßen gemütlich beisammen, aßen, tranken und unterhielten sich. Guo Tsüan-hai trank sehr wenig. Die Tabakspfeife im Mund, hockte er im Schneidersitz am Rande des Kang. Kaum hatte sein Gast das Glas geleert, goß er es ihm auch schon wieder voll, denn er dachte, Wein macht geschwätzig. Als die beiden Flaschen leer waren, ließ Tsüan-hai eine weitere Flasche holen. Es blieb natürlich nicht verborgen, daß Guo mit Dou Shan-fas Sohn zechte.

Als die jungen Pioniere davon erfuhren, benachrichtigten sie sofort den Frauenbund. Bai Da-sao-dse meinte nur: „Laßt ihn doch, was haben wir uns um die Männer zu kümmern." Liu Guei-lan aber war empört: „Was soll denn das heißen? Der Hauptmann ist erst ein paar Tage fort, und schon beginnt der Verbandsleiter zu versumpfen. Kommt, wir wollen ihm ins Gewissen reden."

Liu Guei-lan eilte geradeswegs zur Bauernvereinigung. Über ein Dutzend Mädchen ihres Alters folgten ihr, dazu noch Wu Dschia-fu mit sieben oder acht kleinen Hütejungen. Lärmend strömten sie in das große Zimmer, in dem die beiden beim Wein saßen. Liu Guei-lan stand als erste vor dem Kang. Dou Shan-fas Sohn fuhr entsetzt zusammen, als er sie erblickte, denn, betrunken, wie er war, hatte er nicht gehört, wie die Menschen auf den Hof gerannt waren. Als sie jetzt so unvermutet ins Zimmer stürzten, die Pioniere noch dazu mit Lanzen in der Hand, glaubte er, man wolle ihn verhaften. Seine ausgestreckte Hand, die das Glas hielt, zitterte so sehr, daß der Weißwein auf das kleine Tischchen und die Bastmatte tropfte.

Liu Guei-lan rief mit zorngerötetem Gesicht:

„Verbandsleiter Guo, folge uns bitte in das Nebenzimmer, wir haben dich etwas zu fragen."

Guo Tsüan-hai hatte ihre Haltung und ihr Mienenspiel beobachtet und deshalb schon den Grund dieses Auftrittes erraten. Lächelnd sprang er vom Kang und ging mit den unerwarteten Gästen ins Nebenzimmer. Liu Guei-lan stellte sich zornbebend vor ihn hin, blickte ihn durchdringend an und verzog geringschätzig den Mund. Es dauerte eine Weile, bis das Mädchen die richtigen Worte fand. Endlich brach sie das Schweigen und fragte wütend:

„Was stellst du dir eigentlich vor, Verbandsleiter Guo? Alle anderen kämpfen von früh bis nachts unter vielen Entbehrungen gegen den Feudalismus, du aber läßt es dir wohlsein und zechst mit dem elenden Sohn eines Gutsherrn. Du hast wohl Dschang Fu-ying was abgeguckt und ziehst dir unterwegs die Schuhe aus?"

Guo Tsüan-hai lächelte, dann beugte er sich zu dem Mädchen hinunter und erklärte ihr flüsternd den Grund dieser Einladung. Sie nickte beruhigt, dann klärte sie ihrerseits den Hirtenknaben auf und sagte schließlich laut, dabei mit den Augen zwinkernd:

„Gehen wir! Kümmern wir uns nicht um die Männer. Er muß ja die Verantwortung tragen."

Gleich darauf zog sie sich mit den Frauen und den jungen Pionieren zurück.

Dou Shan-fas ältester Sohn, vor Furcht aschfahl im Gesicht, hatte sich ins Innenzimmer geflüchtet und wagte nicht, aus seinem Versteck hervorzukommen. Doch Guo Tsüan-hai schenkte ihm erneut Wein ein, und dem konnte er nicht widerstehen. Wenn der junge Dou einen starken Rausch hatte, geriet er in weinerliche Stimmung. Das war seit jeher sein Fehler. Die Finger um das Glas gekrallt, begann er über seine Stiefmutter zu klagen, die ihn so grausam behandelt und ihn von früh bis spät hin und her gehetzt habe, bei der er nur Wassersuppen zu essen bekam und in zerrissenen Kleidern herumlaufen mußte.

„Im Winter jenes Jahres, als Mandschukuo zu existieren aufhörte", erzählte er, „hatte ich keine Schuhe anzuziehen, und draußen schneite es wie toll. Ich aber mußte auf ihren Befehl hin raus, um die Schweine zu füttern, und dabei sind mir die kleinen Zehen abgefroren. Mein jüngster Bruder dagegen durfte bis in den hellen Tag hinein friedlich schlafen. Und wenn ich dann mal die Ölkuchen für die Pferde im warmen Zimmer brechen wollte, kam die Alte gleich angerannt und keifte: ‚Was fällt dir eigentlich ein? Er schläft doch noch! Kannst du nicht ein bißchen leiser sein, damit er bei dem Lärm nicht aufwacht?' Als meine Frau starb, dachte die Alte gar nicht daran, für mich auf Brautschau zu gehen. Ich weiß schon lange, daß ich von dem Familienbesitz nichts erbe. Nehmt ihnen nur alles weg, bis sie überhaupt nichts mehr am Leibe haben, ich würde mich nur darüber freuen!"

„Besitzt deine Stiefmutter einen Vermögensanteil?" unterbrach ihn Tsüan-hai.

„Aber einen ordentlichen! Das gesamte bewegliche Vermögen unserer Familie gehört ihr."

„Wer soll diesen Anteil später einmal bekommen?" forschte Guo weiter.

„Meine Brüder natürlich."

Die Pfeife im Mund, fragte Guo Tsüan-hai absichtlich noch einmal: „Hast du denn gar keinen Erbanteil?"

„Woher denn?"

Guo Tsüan-hai rückte ganz dicht an seinen Gast heran und flüsterte ihm ins Ohr: „Aber weißt du vielleicht, wo euer Gold und Silber versteckt ist?"

„Was sagst du da?!" fuhr der Gutsbesitzerssohn auf, und der Wein tropfte aus dem Glas, das er gerade in die Hand genommen hatte.

„Wo habt ihr das Gold und Silber versteckt?"

„Von Gold weiß ich nichts."

„Und vom Silber?" drängte Guo.

„Ich habe die alte Hexe einmal sagen hören: ,Geh aufs Feld und sieh am Holzbirnenbaum nach, ob da nicht etwa Wildschweine oder sonstwer die Erde aufgewühlt haben.'"

„Was für einen Holzbirnenbaum?"

„Das weiß ich nicht."

Als sein Gast die dritte Flasche geleert hatte, schickte Tsüan-hai ihn nach Hause. Dann rief er seine Brigademitglieder zusammen und berichtete ihnen, was er ausgerichtet hatte. Die Brigade erteilte daraufhin Guo Tsüan-hai und dem Kutscher Sun Yung-fu den Auftrag, den Gutsbesitzer zu verhören, während Bai Da-sao-dse und Liu Guei-lan die weiblichen Mitglieder der Familie Dou zu einem Geständnis bewegen sollten.

Dou Shan-fa beteuerte nach wie vor: „Ihr habt euch selbst davon überzeugen können, daß ich nichts mehr besitze. Ich habe alles schon hergegeben." Und durch die hartnäckigen Fragen aufgebracht, hob er die Hand und schwor feierlich: „Wenn ich nicht die Wahrheit spreche, möge der Himmel mit fünf Donnerschlägen dreinfahren!"

Der alte Sun grinste:

„Verheimlichen hat gar keinen Zweck. Für dich haben schon längst andere gesprochen. Dein ältester Sohn hat beim Verbandsleiter Guo ein Geständnis abgelegt."

Als Dou Shan-fa, der mit gesenktem Kopf dastand, das hörte, fuhr er vor Schreck zusammen und Schweißtropfen traten auf sein rundes Gesicht. Er hatte sich jedoch bald wieder gefaßt.

Tsüan-hai wechselte nun mit Sun leise einige Worte, worauf sich der Kutscher an den Gutsbesitzer wandte:

„Was hast du denn neben dem Holzbirnenbaum in die Erde gegraben? Du meinst wohl, wir wüßten nichts davon?"

Dou Shan-fa riß vor Schreck seine schmalen Augen weit auf, stellte sich aber trotzdem so, als sei er nur höchst verwundert über diese komische Frage.

„Was sagst du?" stammelte er.

„Ich spreche von dem Holzbirnenbaum und möchte wissen, was du da vergraben hast", erwiderte Sun.

Dou Shan-fa sah den Kutscher und Guo prüfend an, um zu erfahren, wie weit die beiden unterrichtet waren. Guo lächelte.

„Führe uns hin", sagte er. „Noch kannst du deine gute Gesinnung beweisen. Zwei deiner Söhne sind wer weiß wo, und der älteste ist ein charakterloser Säufer. Für wen willst du also das Familienvermögen aufbewahren? Willst du etwa das Gold und die Silberbarren mit ins Grab nehmen? Überlege es dir rechtzeitig! Wenn wir es selbst finden, wird deine Schuld größer. Nun gut. Sun, wenn er nicht sprechen will, können wir ihn nicht dazu zwingen. Schafft ihn fort und gebt seinem ältesten Sohn Bescheid, er möchte einmal herkommen."

„Was hat er denn zusammengefaselt?"

„Wer?" fragte der Kutscher.

„Mein geistesschwacher Sprößling."

Sun Yung-fu zwinkerte wieder. „Er hat uns gesagt... ja... hm." Als ihm Guo Tsüan-hai einen Blick zuwarf, hielt der Kutscher inne und verbesserte sich mit verdächtiger Hast: „Nichts hat er gesagt."

Guo Tsüan-hai fügte noch lächelnd hinzu: „Vom Holzbirnen-baum hat er auch nichts gesagt."

Der Kutscher kniff abermals das linke Auge zu und bestätigte grinsend: „So ist's, nichts hat er gesagt, du kannst ganz beruhigt sein."

Dou Shan-fa war aber ganz und gar nicht beruhigt. Guo Tsüan-hais Blick, des Kutschers seltsames Gebaren, die Erwähnung des Holzbirnenbaums — alles war ihm ein Rätsel. Nachdem er eine Weile unschlüssig vor sich hingestarrt hatte, trat er auf die Tür zu, blieb plötzlich wieder stehen, machte abermals ein paar Schritte und sagte dann:

„Gut, gehen wir! Heute bin ich nur schon zu abgespannt, ver-schieben wir es also auf morgen."

Guo Tsüan-hai war froh, daß der Gutsbesitzer ihnen nun endlich das Versteck zeigen wollte, er befürchtete aber gleich-zeitig, Dou würde es sich bis dahin wieder anders überlegen. Deshalb drängte er: „Wenn schon, dann aber nur heute!"

Dou Shan-fa war indessen schon wieder umgekehrt und saß nun auf dem Bettrand und ließ den Kopf hängen. Mühsam preßte er hervor:

„Ich bin wirklich zum Umfallen müde. Ich kann nicht mehr laufen. Gehen wir doch erst morgen."

„Mit dem Laufen ist es nicht so schlimm", versicherte der Kutscher eifrig. „Ich hole den Schlitten."

Kurze Zeit später fuhr Sun wirklich mit einem dreispännigen Schlitten auf dem Hof vor. Von seinem Kutschersitz aus rief er zum Haus hinüber:

„Der Gott des Reichtums möge sich auf meinen Schlitten bemühen!"

Dou Shan-fa kam heraus und stieg auf. Guo Tsüan-hai und einer der Milizsoldaten holten Hacke und Schaufel und kletterten dann ebenfalls hinauf. Nachdem der Gutsbesitzer die Richtung angegeben hatte, ging es in schneller Fahrt zum Südtor. Es herrschte starkes Schneetreiben; die weißen Flocken peitschten ins Gesicht, und der Wind blies so eisig, daß einem die Nase schmerzte. Als sie das Südtor hinter sich gelassen hatten, dehnte sich die endlose Weite der Felder vor ihnen. Straße und Felder lagen unter einer dicken Schneedecke, und man konnte nicht mehr erkennen, wo der Weg endete und die Straßengräben begannen. Die Pferde liefen schnell und es kam vor, daß sie in die schneegefüllten Gräben gerieten. Dann schwankte der Schlitten so sehr, daß die Fahrgäste aus dem Wagen fielen. Doch was schadete das? Die Kufen waren niedrig angebracht und das Sitzbrett befand sich ebenfalls nicht allzu hoch über dem Erdboden. Überdies war der Schnee locker, so daß ein Sturz ungefährlich war. Wer also vom Schlitten gefallen war, schwang sich schnell wieder herauf, und weiter ging die Fahrt.

Fünf Li vom Dorf entfernt lag ein kleines Wäldchen. Als sie es erreicht hatten, sprang Dou Shan-fa vom Schlitten, sah sich suchend nach allen Seiten um und entdeckte schließlich den jungen Holzbirnenbaum, von dem er ein Stück Borke abgerissen hatte.

„Hier müßt ihr graben!" sagte der Gutsherr matt und zeigte auf den Boden neben dem Baum. Dann wankte er einige Schritte zurück, setzte sich auf den Schlitten, vergrub den Kopf tief in seine Hände und sprach kein Wort mehr.

Nachdem der Milizsoldat den Schnee beiseitegeschippt hatte, hieb Guo Tsüan-hai mit der Hacke in den steinharten Boden. Hell klangen die Schläge auf der gefrorenen Erde. Als Guos Arme erlahmten, nahm ihm der Milizsoldat die Hacke ab und schwang sie kräftig weiter. Der Schnee bepuderte Mützen und Schultern der Männer mit weißem Staub. Plötzlich zeigte sich in der schwarzen Erde ein grauer Gegenstand.

„Die Silberbarren sind zur Welt gekommen!" jubelte der Kutscher.

Nachdem der erste Barren herausgehoben worden war, wurden noch vier weitere ausgegraben. Guo Tsüan-hai und der Milizsoldat betrachteten sie voller Interesse, denn als junge Menschen hatten sie noch nie in ihrem Leben so etwas gesehen. Diese Silberbarren hier waren von bleigrauer Farbe und hatten die

Form eines altertümlichen Weinpokals mit Henkeln an beiden Seiten. Das Material war grob bearbeitet und überall von Rinnen durchzogen.

„Solch ein Dreck! Kein Mensch würde sich auf der Straße danach bücken", schimpfte der Soldat.

„Das ist doch ganz einfach Blei!" meinte auch Guo enttäuscht.

Der alte Sun nahm eines der Fundstücke in die Hand, schnippte sachkundig mit dem Finger dagegen und sagte:

„Hört doch! Klingt das etwa wie Blei? Das ist zweiundfünfzig Lot schweres Silber. Damals, unter der Tsing-Dynastie, habe ich so etwas sehr oft gesehen, aber immer nur bei den Steinreichen."

NEUNTES KAPITEL

Im Hause der Bauernvereinigung fand wieder einmal eine Mitgliederversammlung des Verbandes der landarmen Bauern und Tagelöhner statt. Im Kamin brannte ein Holzfeuer und verräucherte die ganze Stube, deren Fenster fest verschlossen waren. Die Versammelten husteten in einem fort und rieben sich die tränenden Augen.

Sun Yung-fu berichtete gerade über die Ausgrabung der Silberbarren, als plötzlich der kleine Hirt ins Zimmer gerannt kam und Guo Tsüan-hai einige Worte zuflüsterte.

„Geh wieder hin und hör zu", befahl ihm Guo.

Nachdem der Junge das Zimmer verlassen hatte, schickte Tsüan-hai noch Bai Da-sao-dse und Liu Guei-lan zum Dou-Hof, damit sie sich erkundigten, was eigentlich geschehen war.

Als Bai Da-sao-dse und Liu Guei-lan den Dou-Hof erreichten und das Hauptgebäude betraten, fanden sie dort im Vorzimmer schon zahlreiche Neugierige vor und hörten Dou Shan-fas Schwiegertöchter keifen. Bai Da-sao-dse und Liu Guei-lan stellten sich zu dem kleinen Wu und bemerkten erst jetzt die dürre Frau des zweitältesten Sohnes, die im Schneidersitz auf dem Kang hockte und eine lange Pfeife zwischen den Zähnen hielt.

Das falsche Grab (der mißglückte Trick eines Gutsbesitzers)

Verborgene Waffen werden ausgegraben

Sie war krebsrot im Gesicht. Ohne Rücksicht auf die Anwesenden nahm sie die Pfeife aus dem Mund, spuckte im hohen Bogen aus und zeterte:

„Du dreckiges Weibsbild, über wen beschwerst du dich eigentlich?"

Ihre Schwägerin, die dicke Frau des jüngsten Sohnes, knöpfte wortlos ihr blaues baumwollenes Gewand auf und schob die volle Brust, die darunter zum Vorschein kam, ihrem weinenden Söhnchen in den Mund. Unterdessen legte sie sich ihre Antwort zurecht.

„Was? Seit wann fühlst du dich getroffen, wenn ich mit meinem Kind schimpfe?"

Die Dürre klopfte die Asche aus dem Pfeifenkopf, stopfte sie neu und geiferte:

„Es geht ja schließlich nicht, daß du das Kücken schiltst und den Hund damit meinst."

Die Dicke sprang wütend auf. Das Kind, das an ihrer Brust saugte, war so erschrocken, daß es laut zu weinen begann, doch seine Mutter kümmerte sich nicht darum, sondern keifte los:

„Und wenn ich nun dich damit meine, he? Daß so was doch verrecken möge! Sitzt du neuerdings etwa auf dem Kaiserthron? Da läßt sie sich vor aller Welt die Hosen ausziehen und schämt sich noch nicht einmal!"

Seit die Ringe bei der Dürren gefunden worden waren, grollte die Dicke ihrer Schwägerin, weil diese so unvorsichtig gewesen war und das Versteck preisgegeben hatte. Einer der beiden Ringe hatte nämlich der Dicken gehört, die ihn sich von ihren Ersparnissen gekauft und später der Hageren anvertraut hatte, damit die ihn an ihrem Körper verberge. Schwelenden Haß im Herzen nahm sie jetzt den geringsten Anlaß wahr, um Zank und Streit zu beginnen. Auch im Herzen der Dürren brannte die Wut. So gab ein Wort das andere, keine ließ locker, keine wollte der anderen nachgeben.

„Wer soll verrecken?" fragte die Hagere drohend und klopfte mit dem Pfeifenkopf an den Bettrand.

„Du! Du sollst verrecken!" keifte die Dicke, ohne auf das schreiende Kind zu achten.

Die Dünne trat näher an sie heran und pochte mit dem Pfeifenrohr auf den Fußboden.

„Weshalb soll denn ausgerechnet ich verrecken? Wer macht denn immer den Spektakel? Den ganzen Tag lang gluckst du zu Hause herum, und das Gezeter nimmt kein Ende. Als ich im vorigen Jahr in den Wochen lag, hast du mit deinem Mann so einen Krach gemacht, daß ich vor Schreck den Blutfluß bekam."

Die Dicke rückte einen Schritt vor und stand jetzt neben ihrer Schwägerin. Im linken Arm hielt sie das schreiende Kind und mit der rechten Hand fuchtelte sie vor der Nase des feindlichen Gegenübers herum.

„Wer beträgt sich hier schlecht, möchte ich wissen?! Wenn du deine Launen hast, muß unser Hausherr noch vor dir Kotau machen. Die Männer hätscheln dich den ganzen Tag und liegen vor dir auf den Knien, als seien sie im Niangniang-Tempel."

„Unser Hausherr machte den Kotau nur deswegen, weil du mich mit deinem Gekeife krankgebrüllt hast. So was! Zu lärmen, wenn ich in den Wochen liege!"

„Wenn ich gelärmt habe, ist davon bestimmt nichts in deinem Zimmer zu hören gewesen."

„Und ich sage dir: du hast doch schuld! Und dann mußte ich schon am fünften Tag wieder auf dem Acker arbeiten und Essen kochen."

Die Dicke hielt es für angemessen, auf dieses Thema nicht näher einzugehen, und kehrte deshalb wieder zu dem alten umstrittenen Problem zurück, wer den Anlaß dazu geboten habe, daß der Hausherr vor ihrer Schwägerin Kotau gemacht hatte.

Die Dünne beharrte nach wie vor auf ihrem Standpunkt.

„Der Hausherr hat den Kotau deinetwegen gemacht."

„Nein, deinetwegen!" keuchte die Dicke.

Der Dünnen platzte der Kragen.

„Deinetwegen! Weil du im zwölften Monat des vorigen Jahres den Kang im Vorzimmer nicht hast ausmauern lassen."

Auch die Dicke geriet in Wut und vergaß dabei ganz, daß Fremde im Zimmer standen und alles mitanhörten.

„Ist er etwa nicht ausgemauert worden, he? Wer behauptet denn, ich hätte ihn nicht ausmauern lassen?"

Bai Da-sao-dse, die das Gefühl hatte, hinter diesen Worten verberge sich ein Geheimnis, warf Liu Guei-lan einen vielsagenden Blick zu und bahnte sich mit ihr durch die Schar der Neugierigen einen Weg aus dem Zimmer. Während sie durch das Hoftor schritten, dachten sie über das Gehörte nach, und Bai Da-sao-dse meinte:

„Komm, gehen wir zum Verbandsleiter Guo und erzählen ihm alles. Wir müssen noch mehr Einwohner zu Rate ziehen, denn der Menge entsprang ein Han Hsin."

Die beiden Frauen eilten zur Bauernvereinigung.

Nachdem Bai Da-sao-dse Bericht erstattet hatte, klemmte Guo Tsüan-hai seine Pfeife mit der blauen Jadespitze zwischen die Zähne und überlegte. Es währte lange, ehe er sich wieder vernehmen ließ.

„Seit wann läßt man eigentlich den Kang erst im letzten Wintermonat ausbessern?"

Liu Guei-lan unterbrach ihn:

„Seine jüngste Schwiegertochter rief: ‚Ist er etwa nicht ausgemauert worden?' Also wird man ihn wohl doch ausgemauert haben."

„Weshalb wird aber ein Kang erst im letzten Wintermonat ausgebessert?" beharrte Tsüan-hai.

„Das ist ja gerade das Merkwürdige", sagte Bai Da-sao-dse.

Während alle herumrieten, was das wohl alles zu bedeuten habe, grübelte Tsüan-hai immer noch.

„Weicht nicht so weit vom Wesentlichen ab!" rief er schließlich. „Meiner Meinung nach liegt in dem Kang etwas versteckt. Kommt, wir wollen doch einmal nachsehen."

„Es ist schon nachgesehen worden", bemerkte der alte Sun.

„Habt ihr aber den Kang auch auseinandergenommen?" wollte Guo wissen.

Das mußte der Kutscher verneinen.

„Kommt, wir wollen ihn auseinandernehmen. Dou Shan-fas Weiber sollen derweilen ins Nebenzimmer ziehen."

Guo Tsüan-hai führte seine mit Hacken, Schaufeln und Eisenstangen bewaffneten Brigademitglieder zum Dou-Hof. Als sie dort eintrafen, hatten die zankenden Weiber bereits das Feld geräumt und die Gaffer den Heimweg angetreten. Die eine der beiden Schwägerinnen saß im Innenzimmer, die andere im Vorzimmer; die Dünne hatte sich hingelegt, und die Dicke wiegte ihr Kind. Guo Tsüan-hai befahl der Dicken, mit ihrem Sohn und sämtlicher Habe ins andere Zimmer zu ziehen. Dann sprang er auf den Kang, von dem er Dou Shan-fas Schwiegertochter soeben vertrieben hatte, und klopfte mit einer Eisenstange sorgfältig jeden einzelnen Mauerstein ab. Als er an einen dicht am Kleiderspind eingesetzten Ziegelstein kam, gab es einen etwas anderen Klang. Guo legte schnell die Stange beiseite, griff zum Spaten und hob den Stein hoch. Eine kleine Blechschachtel kam zum Vorschein. Alles kletterte nun auf den Kang und umringte Guo Tsüan-hai. Die Blechschachtel wurde geöffnet, und es zeigten sich zwei goldene Halsketten, eine goldene Brosche und eine Haarnadel mit eingesetzten Jadesplittern, ebenfalls aus Gold. Am Boden des Kästchens lag ein Stoß vergilbter Papiere. Darunter befanden sich ein Bündel Bodenbesitzurkunden aus der Zeit des Mandschu-Schattenreiches und außerdem noch zwei engbeschriebene Bogen.

Guo Tsüan-hai schickte den Hirtenknaben zum Dorfarzt, und kurz darauf nahte die schwarze, hagere Gestalt, wieder mit dem Rechenbrett unter dem Arm, in der Meinung, es handele sich abermals um die Ermittlung eines Schuldbetrages. Kaum hatte er die Türschwelle überschritten, als ihm Tsüan-hai auch schon zurief:

„Onkel Schwarz, komm doch schnell einmal her und sieh dir diese Listen an. Was steht denn da drauf?"

Der Doktor setzte sich die Brille auf die Nase, nahm den vergilbten Bogen in die Hand und las vor:

„Im 35. Jahr der Republik, nach dem Mondkalender am 8. Tage des 8. Monats. Der rote Bandit Hsiao Tschiang und sein Trupp erpreßten von mir unter Androhung von Gewalt fünfzig Dang des mir von meinen Ahnen überkommenen Grund und Bodens. Er wurde verteilt an: Li Tschang-yo, Tschu Fu-lin, Tien Wan-shun, Dschang Dsching-tschiang, Sun Yung-fu . . ."

Der Alte konnte nicht weiterlesen. Wie Wasser, das mit Urgewalt die Schleusentore sprengt, brandeten und tosten die Stimmen, und am lautesten ertönte das Organ des Kutschers:

„Das ist ja staatsfeindlich! Daß doch dieser Hund verrecken möge! Selbst mich hat er aufgeschrieben. Was der Kerl doch für einen Mut hat!"

Guo Tsüan-hai war einfach sprachlos vor Wut, und der alte Tien rief empört:

„Unseren Wohltäter, den Lebensretter der Armen, wagt er als einen roten Banditen zu bezeichnen."

Sun fuhr fort:

„Das ist die Sprache eines Verräters. Im zweiten Jahr der Kang-deh, als Dou Shan-fa Führer der Selbstschutztruppe war und mit den Japanern ins Gebirge zog, um gegen die Verbände der Antijapanischen Armee zu kämpfen, hat er sie auch als rote Banditen bezeichnet."

In diesem Augenblick betrat Tschu das Zimmer, und der Kutscher erzählte ihm sofort:

„Du bist mit auf der schwarzen Liste."

Tschu, der schon erfahren hatte, worum es sich handelte, brummte mit seinem gewaltigen Baß:

„Verhaften wir doch den Schuft, und wenn wir ihn totprügeln, sollten wir uns gar kein Gewissen draus machen."

„Wo ist denn der Kerl jetzt eigentlich?" fragte Guo Tsüan-hai hastig, dem erst jetzt auffiel, daß Dou nicht im Hause war.

„Er spielt den einfachen Bauern und ist ins Gebirge gefahren, um Holz zu holen", wurde ihm geantwortet.

Guo Tsüan-hai atmete auf, die Zornröte verschwand aus seinem Gesicht, und er sagte ganz ruhig:

„Wir werden ihn nicht verhaften, doch wir können ihn wiederum auch nicht in aller Freiheit herumlaufen lassen. So weit darf unsere Großzügigkeit nicht gehen, denn seine alte Gesinnung lebt ja noch."

Der alte Sun pflichtete ihm bei:

„So ist es. Auch in der alten Zeit, damals, als der Kaiser Dschou Wen-wang nur zwei Drittel des Himmelreiches[41] unter seiner Macht hatte, wurde Verbrechern, die das Landesgesetz übertraten, nur beschränkte Bewegungsfreiheit zugebilligt."

Alle stimmten den Worten des Kutschers zu:

„Ganz richtig! Wir dürfen eben den Großgrundbesitzern nur beschränkte Bewegungsfreiheit zubilligen."

Mehrere der Anwesenden wollten nun das Zimmer verlassen, doch Guo Tsüan-hai rief sie zurück:

„Nicht so hastig! Hier habe ich noch eine Liste, was steht denn darauf geschrieben, Onkel Schwarz?"

Der Doktor las vor:

„Funktionäre der Bauernvereinigung von Yüanmaotun (Kommunisten): Dschao Yi-lin, Guo Tsüan-hai, Li Tschang-yo, Bai Yi-shan, Dschang Dsching-tschiang..." Der Alte las weiter. Sämtliche Brigadeführer des Dorfes waren namentlich aufgeführt. Darauf folgten die Namen jener Einwohner, denen Eigentum des Gutsbesitzers zugeteilt worden war. Der Gutsherr hatte sich genauestens notiert, wer ein Dan Bohnen, ein Dou Kaoliang, eine Flasche Sojabohnenöl oder einen Trichter aus seinem Besitz erhalten hatte, er hatte sich auch genau aufgeschrieben, wer eines seiner Pferde besaß, ob es Hengst oder Stute war, in welchem Alter und von welcher Farbe. Die Liste konnte gar nicht vollständiger sein. Als der alte Arzt schwieg, sahen die Bauern einander an.

Die Frauen seufzten nur und sagten zueinander:

„Da kann man doch mal wieder sehen, wes Geistes Kind die Gutsbesitzer sind."

„Das Lächeln wich nie aus seinem Gesicht, doch wahrlich, in seinem Lächeln verbirgt sich ein Dolch."

„Sein Herz ist wie ein Wespennest, wehe, wer ihm zu nahe kommt."

„Er hat sich alles aufgeschrieben, damit uns später einmal die Zentralarmee den Hals durchschneidet."

„Die Zentralarmee ist über alle Berge, Sinking wird belagert, wann sollte sie denn kommen?"

Der Kutscher trat unauffällig auf den Arzt zu und fragte flüsternd:

„Bin ich unter den Funktionären auch mit angegeben?"

„Nein. Aber daß du ein Pferdebein von ihm hast, steht drauf. Das Bein eines braunen Wallachs, stimmt das?"

Sun richtete sich kerzengerade auf.

„Stimmt", sagte er, „bestreite ich auch gar nicht. Weshalb steht denn aber unter den Funktionären nicht auch mein Name? Ich habe ja schließlich den Hauptmann mit dem Wagen hergebracht, das war auch eine Funktion."

Der Alte nahm sich die Brille ab und schmunzelte:

„Da hast du recht. Dich hat er versehentlich unterschlagen, aber wenn du es haben willst, kann ich dich sofort noch dazuschreiben."

Guo Tsüan-hai zog Dschang Dsching-jui zur Seite und erteilte ihm den Auftrag, Dou Shan-fas alte Bodenbesitzurkunden und die Verzeichnisse an sich zu nehmen, mit dem Schlitten nach Sandschia zu fahren und den Hauptmann zu fragen, was weiter zu tun sei.

Es dauerte gar nicht lange, da kam Dschang Dsching-jui wieder zurück. Der Hauptmann hatte ihm einen Brief mitgegeben, in dem er vorschlug, eine allgemeine Versammlung der landarmen Bauern, Tagelöhner und Mittelbauern einzuberufen, die aufgefundenen Schriftstücke zu verlesen und die Einwohner entscheiden zu lassen. Niemand dürfe jedoch geschlagen oder gefesselt werden, und die Funktionäre hätten darauf zu achten, daß diese Anordnung befolgt würde. Die Entdeckung der „Schwarzen Liste" gäbe Anlaß zu der Vermutung, daß auch Waffen versteckt worden seien, und man solle daraufhin Nachforschungen anstellen.

Die Versammlung der landarmen Bauern, Tagelöhner und Mittelbauern dauerte bis in die tiefe Nacht hinein. Wieder schlug der Haß so flammend empor wie im vorigen Jahr, als Han Lao-liu bekämpft wurde. Tschu machte den Vorschlag, die Familie Dou von ihrem Gut zu verjagen und ihr eine Hütte als Wohnung zuzuweisen, damit sie einmal die Armut zu schmecken bekäme. „Wir wollen doch mal sehen, ob wir den Kerl nicht klein kriegen", meinte er zum Schluß.

„Auch die übrigen Gutsbesitzer sollen ihre Güter verlassen!" rief Dschang Dsching-jui.

Nun erhob sich Guo Tsüan-hai und fragte die Versammelten, ob sie mit diesen Vorschlägen einverstanden seien.

Alle klatschten zustimmend in die Hände. Einige der Anwesenden drängten sich schon ungeduldig durch die Menge, um unverzüglich zur Tat zu schreiten.

„Nicht so überstürzt!" warnte Guo. „Die Grundbesitzer stellen schwarze Listen auf, vielleicht haben sie auch Waffen versteckt. Dou Shan-fa war Aufseher in der Berg- und Forstgesellschaft und stand mit den Banditen vom Weidscho-Gebirge in Verbindung. Außerdem hat er als Kommandeur einer Selbstschutzabteilung gegen die Vereinigte Antijapanische Armee gekämpft. Meint ihr nicht auch, daß er noch irgendwo Waffen haben könnte?"

„Bestimmt hat er welche!"

„Und nicht wenig, meine ich."

„Weshalb hätte er sich auch sonst vier Wehrtürme gebaut?"

Guo Tsüan-hai fuhr fort:

„Was machen wir aber, wenn er die Waffen nicht 'rausrückt?"

Wie rollender Donner hallte die Antwort:

„Prügeln!"

„Totschlagen!"

„Dann stechen wir ihm beide Augen aus, daß er mit seinen Gewehren nicht mehr schießen kann."

Guo Tsüan-hai schüttelte lächelnd den Kopf und blies eine Wolke Tabaksrauch vor sich hin.

„Wir dürfen keine Gewalt anwenden, sondern müssen friedlich vorgehen", sagte er. „Gewaltmethoden verstoßen gegen Mao Tse-tungs Politik. Zuerst müssen wir ermitteln, ob Dou Shan-fa überhaupt Waffen besitzt."

Der Kutscher fiel ihm ins Wort:

„Er hat bestimmt welche. In dem Jahr, in dem die Mandschurei wieder zu China kam, kehrte Dou Shan-fas zweitältester Sohn zusammen mit Han Lao-lius ältestem Sohn nach Hause zurück. Kurz zuvor war Liu Dso-fei mit seinem Banditenhaufen in Yüanmaotun gewesen, und ich habe damals mit eigenen Ohren gehört, daß auf dem Dou-Hof geschossen wurde."

„Das gibt uns schon einige Anhaltspunkte", meinte Guo Tsüan-hai. „Wir müssen von jetzt an alles prüfen und auf unseren Beratungen das Geheimnis zu lüften versuchen."

ZEHNTES KAPITEL

Achtzig Prozent aller Einwohner von Yüanmaotun beteiligten sich am Kampf, setzten die Suche nach verborgenen Schätzen fort oder übernahmen die Verwaltungsgeschäfte. Seit Dou Shan-fas „Schwarze Listen" der Öffentlichkeit bekannt waren, wußte jeder, daß die Gutsbesitzer nach wie vor ihrer alten Gesinnung treu blieben und nur darauf warteten, sich bei passender Gelegenheit rächen zu können. Ihr Haß hatte sich tief ins Herz gefressen. Tag und Nacht fanden Versammlungen und Beratungen statt. Über dem Dorf ballte sich ein neuer Orkan zusammen und brauste mit Urgewalt gegen die schon erschütterte Feste des Feudalismus.

Zwei Tage waren seit der Entdeckung der „Schwarzen Listen" auf dem Gutshof der Familie Dou verstrichen. Im Versammlungszimmer der Bauernvereinigung flackerten die fünf Flämmchen der Bohnenöllampe, die von einem Querbalken herabhing. Ihr Lichtschein fiel durch Atemdunst und Tabaknebel auf die Schar der Versammelten, die auf dem Kang oder am Boden hockten.

Dou Shan-fa wurde erwartet, war aber noch nicht eingetroffen. Die Anwesenden führten lärmende Gespräche. Dazwischen dröhnte Tschus Baß:

„Wenn wir nichts aus ihm herausholen, ist es auch egal! Dann schicken wir ihn einfach ins Zuchthaus und brauchen uns keine Sorgen mehr zu machen."

Guo Tsüan-hai schwieg, denn er dachte über etwas nach. Kurze Zeit später sprach er im Flüsterton mit mehreren Funktionären, bat dann Bai Da-sao-dse und Liu Guei-lan zu sich und erteilte ihnen den Auftrag, die jüngste Schwiegertochter Dou Shan-fas zu einem Geständnis zu bewegen. Er wollte noch weitersprechen, doch plötzlich wurde hinter ihm gerufen: „Er ist da! Er ist da!"

Vor dem Fenster blitzte eine Laterne auf, und zwei Milizsoldaten, den Gutsbesitzer in ihrer Mitte, drängten sich durch das Menschengewühl hindurch. Dou war aschfahl im Gesicht, er flog am ganzen Körper und konnte sich kaum noch auf den Beinen halten. Zwei Tage zuvor hatte er drei weitere Kellerverstecke preisgegeben; damit wollte er erreichen, daß man ihn nicht weiter nach dem Verbleib seiner Waffen frage, doch gerade auf die Gewehre kam es ja den Bauern jetzt an. Schimpfworte hagelten auf den Gutsbesitzer ein:

„Du Heuchler! Eine lächelnde Fratze, und das Herz ein Dolch."

„Verbrecher, wieviel Blut hast du auf dem Gewissen?"

„Zu Brückenbau und Straßeninstandsetzungen hast du andere für dich in den Einsatz geschickt, du Lump! Die Weihrauchkerzen, die du dem Buddha brennst, leihst du dir aus, und zum Opfern stiehlst du dir fremde Schweine."

Guo Tsüan-hai sagte, jede Silbe betonend:

„Wenn du die Waffen freiwillig herausgibst, verspreche ich dir, daß wir deine Schulden aus früheren Jahren mit einem Pinselstrich für alle Zeiten löschen."

Bei diesen Worten blickte Dou Shan-fa auf und wollte etwas erwidern; er verschluckte es jedoch und senkte seine Blicke wieder. Guo Tsüan-hai flüsterte nun dem Kutscher ins Ohr, er solle doch etwas nachhelfen. Der alte Sun drängte sich nach vorn, konnte es sich aber nicht verkneifen, den Gutsbesitzer erst noch mit höhnischer Feierlichkeit zu begrüßen:

„Unser aller edler Freund mit der strahlenden Güte eines Buddha, sei gegrüßt!"

Dou Shan-fa schaute abermals hoch und sah den grinsenden, augenzwinkernden Kutscher an, der früher bei ihm als Tagelöhner gedient hatte, gab jedoch keine Antwort. Sun Yung-fu fuhr in ruhigem Ton fort:

„Hör zu, was ich dir zu sagen habe: Wir waren jahrelang zusammen, du, der Herr, ich, der Knecht, und ich weiß genau, was du besitzt. Zur Zeit der alten chinesischen Republik hattest du Waffen in deinem Haus. Später, als die Mandschurei wieder an China angegliedert wurde, waren die Gewehre immer noch da. Sprich, aber auf der Stelle! Wenn wir dich wieder freilassen sollen, mußt du dich zumindest auch als gutwilliger Mensch zeigen."

„Ich habe keine Waffen! Was soll ich euch weiter sagen?" entgegnete der Gutsherr.

„Immer wieder das gleiche Hin- und Hergerede! Vier Wehrtürme hast du dir bauen lassen, nicht wahr? Womit wolltest du denn dein Gut schützen, he?"

In die Enge getrieben und von den drohenden Blicken der Menge beobachtet, hüllte sich Dou Shan-fa in Schweigen. Erst nach einer geraumen Weile ließ er sich wieder vernehmen:

„Ich habe einmal eine Flinte gehabt, aber das war auch alles."

„Und was ist aus der Flinte geworden?" forschte Dschang Dsching-jui.

„Die habe ich schon vor langer Zeit an einen Beamten abgeliefert."

„An was für einen Beamten?" wollte Sun Yung-fu wissen.

„An einen von der Kuomintang."

„Du verfluchter Reaktionär! Hast du dich immer noch nicht gebessert! Nur unsere Brüder von der Achten Armee sind richtige Beamte, das müßtest du doch eigentlich bald begriffen haben."

Dschang Dsching-jui schnitt dem Kutscher hastig das Wort ab, weil der vom Thema abzuweichen drohte. Dou Shan-fa hatte jedoch schon angebissen und nickte zustimmend.

„So ist's, ich bin ein Reaktionär. Ich bin ein politisch unreifer Mensch. Ich werde aber jedes von mir begangene Unrecht wiedergutmachen. Ich habe mein Gold verschenkt und bin jetzt fest entschlossen, mit der Bauernvereinigung zu gehen, unerschütterlich auf seiten des Proletariats zu stehen und dem Volk zu dienen."

Die Bauern lachten und schimpften über sein scheinheiliges Gebaren. Dschang Dsching-jui rief wütend:

„Hört auf zu lachen!" Dann wandte er sich wieder Dou zu:

„Wenn du wirklich deine Vergehen wiedergutmachen willst, können wir das nur begrüßen. Aber zuerst mußt du einmal die Gewehre ausliefern."

Der Gutsbesitzer wand sich:

„Wo gibt es denn so etwas auf einem Bauernhof?"

Tschu mischte sich jetzt ein:

„Wenn auch keine Gewehre, so doch mindestens Revolver."

„Revolver habe ich erst recht nicht."

„Dein zweitältester Sohn hatte stets einen Revolver im Stiefelschaft stecken, das ganze Dorf weiß das. Weshalb leugnest du?" entgegnete Tschu scharf.

„Ich besitze so etwas wirklich nicht. Der Himmel soll mit fünf Donnern dreinschlagen, wenn ich nicht die Wahrheit sage."

Tschu schien vor Wut anzuschwellen und schrie:

„Wir werden dir noch die Wahrheit aus dem Leib dreschen!"

Dschang Dsching-jui griff zornig zum Gewehr, der Abzug klickte. Als Dou Shan-fa das sah, zuckte er zusammen und wurde blaß. Tschu fuhr nun, zu den Versammelten gewandt, in ruhigerem Ton fort:

„Wir haben die Wahrheit schon herausbekommen. Er hat die Gewehre und Revolver, doch sie sind versteckt, das bedeutet, er möchte bei günstiger Gelegenheit zurückschlagen. Was sollen wir tun, wenn er nicht spricht?"

„Fesseln!" riefen einige Bauern.

„In den Kerker mit ihm!" schrien andere.

Der kleine Wu versetzte dem Gutsherrn einen Stoß, daß er in laute Klagen ausbrach.

Guo Tsüan-hai, der auf dem Kang saß und bisher geschwiegen hatte, wandte sich jetzt freundlich an den Gutsbesitzer:

„Du mußt endlich die Wahrheit gestehen, dann geschieht dir auch nichts. Sonst aber lassen wir nicht mit uns spaßen."

„Was soll ich euch denn sagen?" erwiderte Dou Shan-fa mit weinerlicher Stimme. „Das Gold und die Silberbarren habe ich doch restlos herausgegeben."

„Wir wollen wissen, wo du deine Gewehre versteckt hältst", drängte Dschang Dsching-jui. „Ob du noch Gold und Silberbarren hast, interessiert uns im Augenblick nicht. Uns interessieren jetzt nur die Schußwaffen."

Dou Shan-fa, der Zeit gewinnen wollte, setzte sich auf den Kang und verlangte eine Schale Wasser. Erst jetzt, den Rücken an die Wand gelehnt, berichtete er langsam und jedes Wort abwägend:

„Im fünften Monat des vorigen Jahres kehrte mein zweiter Sohn zusammen mit Han Lao-lius ältestem Sohn aus Charbin zurück. Han Shih-yüan brachte einen Revolver mit, und er war es auch, der ihn im Stiefelschaft trug, nicht mein Sohn. Han Shih-yüan hatte noch ein Bordellmädchen bei sich und wagte nicht sein Haus zu betreten, weil ihm seine Frau sonst eine Szene gemacht hätte. Deshalb quartierte er sich in unserem Gesindehaus ein. Mit dem Hurenweib hatte er sich aber ständig in den Haaren. Eines Nachts krachten im Gesindehaus mehrere Schüsse, so daß mein kleiner Enkelsohn vor Schreck ganz krank wurde. Wir glaubten schon, Han Shih-yüan wolle die Prostituierte töten. An den folgenden Tagen ging er auf die Jagd und erlegte vor dem Südtor Fasane. Als das die Banditen von Datschingdingdse erfuhren, kamen sie um Mitternacht her und führten ihn gefesselt ab. Seit der Zeit ist er samt seiner Waffe bei den Banditen von der Vorausabteilung ‚Nord'."

„Alles Unsinn!" unterbrach ihn Dschang Dsching-jui.

Auch Tschu entrüstete sich:

„Du sollst nicht immer solch ein Zeug zusammenfaseln!"

Dou hob sein fettgepolstertes Gesicht und bemerkte:

„Es ist Wort für Wort die reinste Wahrheit. Ihr könnt es ja genau nachprüfen. Han Shih-yüans Frau wohnt noch hier im Dorf, geht doch und fragt sie. Wenn ich auch nur ein Wort gelogen habe, könnt ihr mich einfach an die Wand stellen und erschießen. Ich würde es euch nicht einmal übelnehmen."

Der alte Sun zwinkerte Guo zu und erklärte barsch:

„Es ist alles schon genau nachgeprüft worden. Drei Jahre habe ich bei dir als Tagelöhner gedient und weiß bis ins einzelne, was sich bei dir zugetragen hat. Dein zweiter Sohn hat nicht einen Finger krumm gemacht, um zu arbeiten, sondern hat nur immerzu mit seinem Revolver gespielt. Gewiß, Han Shih-yüan hatte einen Revolver, aber dein zweiter Sohn auch. Glaube nur ja nicht, daß ich das nicht wüßte."

Dschang Dsching-jui warf Dou einen drohenden Blick zu.

„Dein Sohn hatte zusammen mit Han Shih-yüan bei der dritten Banditen-Armee gedient. Beide kamen mit einem großen Fuhr-werk von Charbin zurück nach Yüanmaotun. Der Wagen war bis an den Rand mit geplündertem Gut vollgepackt. Wer durfte es damals schon wagen, mit seinem Besitz durch das Land zu reisen? Wäre er etwa mit seinem Zeug nach Hause gekommen, wenn er keine Waffe gehabt hätte?"

„Han Shih-yüan hatte doch eine Waffe", wandte Dou Shan-fa hastig ein, „und die Sachen gehörten ihm auch."

Dschang Dsching-jui wies ihn zurecht:

„Du sollst deine Verbrechen nicht auf einen Toten abwälzen! Wann hat denn Han Shih-yüan in deinem Gesindehaus gewohnt? Dein Sohn hat in demselben Gebäude seine Revolverkugeln in den Ofen gefeuert, daß es sämtliche Nachbarn hören konnten. Das weiß doch jeder."

Nun mischte sich wieder der Kutscher ein:

„Du meinst wohl, wir wüßten über deine Vergangenheit nicht Bescheid, was?"

Tschu Fu-lin verlor jetzt die Geduld. Er krempelte sich die Ärmel hoch und schrie:

„Wenn er den Mund nicht aufmacht, werde ich ihn abführen! Du alter Halunke! Für wen hebst du denn die Waffen auf? Du hast Geheimverzeichnisse geschrieben und Waffen versteckt, damit du dich später einmal rächen kannst. Dir ist wohl das Leben nicht mehr viel wert, was?"

Dou Shan-fa ließ sich jedoch nicht zu einem Geständnis bewegen, sondern winselte nur:

„Ich habe wirklich keine Waffen! Maja! Wie ungerecht seid ihr gegen einen guten Menschen!"

„Du kannst dich wohl auch nicht ein bißchen zusammenreißen?" sagte Wu Dschia-fu lachend. „Solch ein alter Mann, der sogar schon Enkelkinder hat, schreit immer noch ‚Maja‘!"

Guo Tsüan-hai ging unterdessen zu Bai Da-sao-dses Brigade. Als er wieder zurückkam, unterhielt er sich, seinen Rücken dem Gutsbesitzer zugekehrt, leise mit den in der Nähe stehenden Bauern. Dou Shan-fa, der aufgehört hatte zu jammern, lauschte mit gespitzten Ohren. Guo Tsüan-hai drehte sich schließlich zu ihm um und sagte:

„Du Starrkopf! Verstockt bist du bis in den Tod! Dein Schweigen hilft nichts, deine jüngste Schwiegertochter hat schon längst für dich gestanden."

Wie vom Blitz getroffen, zuckte Dou Shan-fa zusammen, er beruhigte sich jedoch augenblicklich wieder und fuhr mit seinem hartnäckigen Leugnen fort:

„Ich habe wirklich keine Waffen! Seit wann gibt es die auf einem Bauernhof?"

Jetzt befahl Guo Tsüan-hai endlich, ihn abzuführen. Zwei Milizsoldaten traten aus der Menge vor. Der eine packte den Gutsbesitzer am Kragen, der andere holte einen Strick aus seiner Tasche hervor und war im Begriff, ihn zu fesseln, als Guo Tsüan-hai abwinkte:

„Wozu willst du ihn fesseln? Fliehen kann er sowieso nicht mehr."

ELFTES KAPITEL

Nach der ergebnislosen Vernehmung des Gutsbesitzers begab sich Guo Tsüan-hai erneut zur Frauenbrigade auf den Dou-Hof. Mondschein erhellte die Nacht, und der Schnee leuchtete. Guo schlug die Ohrenklappen herunter, vergrub beide Hände in den Ärmelausschnitten seines wattierten Rockes und wanderte so zu dem Gutshof, auf dem Dou Shan-fa und seine Angehörigen nicht mehr zu bestimmen hatten. Im ehemaligen Oberhaus des Grundbesitzers unterzogen die Frauen die jüngste Schwiegertochter einem Kreuzverhör nach den versteckten Waffen.

Als der Verbandsleiter das Zimmer betrat, nahm ihm blauer beißender Tabakdunst fast die Sicht. Die Frauen bildeten einen dichten Kreis um die Frau des jüngsten Gutsbesitzerssohnes. Die kleinen Äuglein der Dicken huschten wachsam nach allen Seiten. Einige Bäuerinnen hockten im Schneidersitz auf dem Kang, teils mit langen Tabakspfeifen im Mund, teils mit Säuglingen an der Brust. Tien Wan-shuns Frau, die neben einer Lampionkiste auf einer Holzbank saß, zwirnte Hanfgarn. Dschao Da-sao-dse stand neben ihr und stützte sich mit beiden Armen auf So-dschus Schultern. Bai Da-sao-dse und Liu Guei-lan leiteten das Verhör. Als Guo Tsüan-hai eintrat, schlug Liu Guei-lan die Augen nieder und gab sich den Anschein, als habe sie ihn nicht bemerkt. Bai Da-sao-dse trat schnell auf ihn zu und sagte flüsternd:

„Es ist nichts zu machen, weder im Guten noch im Bösen. Wir bekommen immer nur dasselbe zu hören: ‚Ich weiß nichts‘."

Guo Tsüan-hai zog nachdenklich an seiner Pfeife und trat dann vor die Dicke hin: „Jeder behauptet, du wüßtest Bescheid. Wenn du nicht bald sprichst und wir finden das Gesuchte, ist es schlimm für dich", sagte er streng.

Der Dicken wurde bei diesen Worten klar, daß es sehr schlecht um sie stand. Verstohlen blickte sie ihrem Gegenüber ins Gesicht, dann gab sie sich einen Ruck und fragte leise:

„Was geschieht, wenn ich euch das Versteck verrate, und ihr findet trotzdem nichts?"

Guo Tsüan-hai nahm die Pfeife aus dem Mund, um zu antworten.

„Wir verlangen von dir nur, daß du die Wahrheit sagst. Wenn wir nichts finden, dann geben wir dir keine Schuld." Um ihren Entschluß zu beschleunigen, fügte er noch warnend hinzu: „Wenn du aber nicht sprichst, mußt du die Folgen tragen. Auch die demokratische Regierung hat Gefängnisse, in die man Leute deines Schlages werfen kann. Wenn du erst im Gefängnis bist, kommt deine Reue zu spät."

Die Dicke stellte zögernd die nächste Frage:

„Was geschieht, wenn ich euch alles sage und mein Schwiegervater mich dafür prügeln will?"

„Das soll er nur wagen!" rief Tschu drohend.

„Unsere Frauenbrigade wird dich unterstützen", erwiderte ihr Bai Da-sao-dse. „Wenn er dir auch nur ein Härchen krümmt, lassen wir es ihn kniend wieder geraderichten."

Die Dicke sah Bai Da-sao-dse erleichtert an.

„Wenn ich euch alles erzähle, darf ich doch in den Frauenbund, nicht wahr?" fragte sie zaghaft.

„Wer sollte es nicht aus vollstem Herzen begrüßen, wenn du dich um das Dorf verdient machst?" entgegnete Frau Bai. „Dein Verdienst bleibt aber dasselbe, auch wenn du nicht im Frauenbund bist."

Die Dicke seufzte und, nachdem sie eine Weile schweigend vor sich hingestarrt hatte, erklärte sie:

„Na gut, ich will's euch sagen."

Und sie erzählte, daß der ältere Bruder ihres Mannes zwei Gewehre nach Wudschia geschafft und ihrem dort wohnenden Bruder übergeben habe, damit er sie verstecke. Die beiden Männer gehörten demselben Geheimbund an, außerdem habe der Schwager daraufhin mit ihrem Bruder Blutsbrüderschaft geschlossen. Sie selbst sei damals gerade bei ihrer Mutter zu Besuch gewesen und habe die Waffen, zwei funkelnagelneue neunundneunziger Gewehre, mit eigenen Augen gesehen. Wo sie jedoch versteckt seien, wüßte sie nicht.

Guo Tsüan-hai hörte sich alles ruhig an und erteilte danach sofort seine Anweisungen: Sun, der ebenfalls anwesend war, sollte auf schnellstem Wege einen Schlitten holen; Bai Da-sao-dse, Liu Guei-lan und Wu Dschia-fu sollten mehrere Frauen und Junge Pioniere als Wachen an die vier Eingangstore des Dorfes stellen und die Tore verriegeln. Dschang Dsching-jui erhielt den Befehl, als Wache auf dem Hof der Bauernvereinigung zurück-zubleiben.

Nachdem alle Vorbereitungen getroffen waren, machte sich Guo Tsüan-hai noch in derselben Nacht mit zwei Milizsoldaten und Dou Shan-fas jüngster Schwiegertochter nach Wudschia auf.

Es war eine klare Nacht, die Sterne •flimmerten über der Winterlandschaft. Der Schnee hatte die Schlaglöcher auf der Straße ausgefüllt, und der Schlitten flog mit der Geschwindigkeit eines Autos dahin. Guo Tsüan-hai unterhielt sich während der Fahrt ununterbrochen mit der Dicken und kam dabei nach vielen Umwegen auch auf den Revolver zu sprechen. Die Frau zuckte die Schultern.

„Es ist bestimmt einer da, ich weiß nur nicht, wo. Ich habe erst vor drei Jahren geheiratet und vorher nicht bei der Familie meines Mannes gewohnt. Mein Mann hat auch nie mit mir darüber gesprochen."

Guo Tsüan-hai fragte dann im Verlauf des Gesprächs so ganz nebenbei, weshalb sie sich damals eigentlich mit ihrer Schwägerin in den Haaren gelegen habe. Bei der bloßen Erwähnung dieses Vorfalls geriet die Dicke in Wut. Sie schimpfte lange über die Verwandten ihrer Schwägerin und besonders über ihren Schwager, bis ihr Guo Tsüan-hai schließlich ins Wort fiel und fragte:

„Weiß vielleicht deine Schwägerin Näheres über den Revolver?"

Dieses Aas, weshalb soll ich ihr zuliebe lügen? überlegte die Dicke und sagte:

„Natürlich weiß sie Bescheid. Was mein Schwager trieb, konnte er ihr gegenüber doch nicht verheimlichen."

Bald hatten sie Wudschia erreicht. Der Schlitten hielt vor dem Tor des Gehöfts, in dem die Verwandten der Dicken wohnten.

Tor und Fenster des Hauses waren fest verschlossen. Als sie um Einlaß baten, wurde drinnen eine Lampe angezündet, und der Bruder der Dicken erhob sich von seinem Lager. Als er sich angezogen hatte und herauskam, um das Tor zu öffnen, wechselte seine Schwester flüsternd einige Worte mit ihm. Danach forderte der junge Mann die Ankömmlinge lebhaft auf, mitzukommen.

Guo Tsüan-hai befahl nun dem Kutscher, im Gehöft bei der Schwiegertochter Dou Shan-fas zu bleiben. Er selbst folgte mit den beiden Milizsoldaten dem jungen Mann, der sie aus dem Dorf herausführte. Die Sonne ging gerade auf und rötete mit ihren Strahlen den östlichen Himmel. Funkelnd brach sich das Licht im Schnee und blendete das Auge. Nachdem sie etwa drei Li zurückgelegt hatten, erreichten sie einen Fichtenwald. Unter dem Stamm einer gefällten großen Fichte scharrte der Bursche mit dem Fuß den lockeren Schnee zur Seite, und bald ragte aus der gefrorenen Erde ein Stück braunes Zelttuch heraus. Die Milizsoldaten packten das Tuch und zerrten ein großes, längliches Bündel heraus. Als sie es aufschlugen, erblickten sie zwei neue neunundneunziger Gewehre. Die Schlösser waren eingefettet, doch auf den Läufen lag eine dicke Rostschicht. Der Bursche führte dann die Milizsoldaten zu einer nahen schneegefüllten Mulde und förderte aus diesem Versteck Gewehrmunition zutage, im ganzen einundfünfzig Patronenrahmen.

Als sie wieder in Yüanmaotun anlangten und der Schlitten auf den Hof der Bauernvereinigung fuhr, war es gerade Frühstückszeit. Über den schneebedeckten Dächern kräuselte grauer Rauch empor.

Dschang Dsching-jui, der noch auf dem Kang lag, hörte Pferdegewieher und Menschenstimmen, sprang hastig von seinem Lager und eilte auf den Hof, wo er die Gewehre in Empfang nahm. Alle, die in der Nähe waren, kamen eilig herbei, um sich die Waffen anzusehen. Guo Tsüan-hai befahl nun dem Kutscher und den beiden Milizsoldaten, die ihn begleitet hatten, nach Hause zu gehen und sich schlafen zu legen. Er selbst verspürte keine Müdigkeit.

„Komm mit!" rief er der Schwiegertochter Dou Shan-fas zu. „Wir gehen jetzt zu euch nach Hause."

Unterwegs erkundigte sie sich bei ihm:

„Was meinst du, Verbandsleiter Guo, kann ich eigentlich wieder heiraten? Ich habe doch schon seit zwei Jahren keine Nachricht mehr von meinem Mann."

Guo Tsüan-hai erwiderte nichts darauf, und als sie merkte, daß dieser rechtschaffene Bauer ihren Blicken auswich und schwieg, wagte sie nicht, weiter über dieses Thema zu sprechen.

Auf dem Dou-Hof angelangt, suchte die Dicke sofort ihre Schwägerin auf, machte ihr Vorhaltungen und ermahnte sie, das Versteck des Revolvers anzugeben. Bis zur Mittagsstunde sprach sie auf die dürre Frau ein, doch die verriet sich mit keiner Silbe. Währenddessen waren Bai Da-sao-dse und Liu Guei-lan eingetroffen. Guo schickte nun die Dicke schlafen und bat die beiden Frauen, das Verhör fortzusetzen. Noch war keine Stunde verstrichen, da legte die Dürre schon ein Geständnis ab und gab das Versteck preis: Der Revolver lag unter dem großen Holzstoß auf dem Dou-Hof.

Die Bauernvereinigung mobilisierte daraufhin sofort einen Teil der Bauern, die das Brennholz beiseiteräumten, bis endlich ein achtundzwanziger Revolver zum Vorschein kam.

Nun hatte man endlich nach mühseligen Verhören und eifrigem Suchen alle verborgenen Waffen beisammen und konnte sie in Sicherheit bringen.

Sie wollten gerade den Hof verlassen, als ihnen ein brauner Hengst entgegensprengte. Dschang Dsching-jui schwang sich aus dem Sattel und rief Guo Tsüan-hai keuchend zu:

„Da sind welche gekommen, die in Yüanmaotun Dämonen bannen wollen."

„Aus welchem Dorf? Wo sind sie?" fragte Guo hastig, dem der Schreck in die Glieder gefahren war.

„Aus Minhsintun. Sie sind auf dem Hof der Bauernvereinigung."

Guo ließ seine Begleiter im Stich und rannte zum ehemaligen Han-Gut. Er hatte bereits von den Dämonenbannern gehört.

Es waren landarme Bauern und Tagelöhner, die in fremde Dörfer zogen, um dort den Feudalismus zu beseitigen. So etwas ist ja hier unmöglich, überlegte Tsüan-hai. Seit zwei Generationen lebt meine Familie in Yüanmaotun, und doch hat sie nie gewußt, daß Dou Shan-fa Schußwaffen besaß. Hätten die Schwiegertöchter des Gutsbesitzers nicht alles verraten, würden die Waffen heute noch in ihren Verstecken ruhen. Wenn also die Einheimischen nicht einmal über die Verhältnisse im Dorf richtig Bescheid wissen, um wieviel weniger erst fremde Bauern. O nein, Dämonenbanner würden in Yüanmaotun nur Unheil anrichten, überlegte er.

Mehr als dreißig Schlitten hielten vor dem Tor, und über zweihundert Männer und Frauen, die mit einer flatternden Fahne aus roter Seide unter Gong- und Trommelschlägen auf den Hof gezogen waren, standen vor dem Haus. Guo Tsüan-hai schickte schnell einen der Milizsoldaten nach Sandschia, um dem Hauptmann Bericht zu erstatten, und begrüßte dann lächelnd die Ankömmlinge aus Minhsintun.

„Hier draußen ist es kalt, kommt doch ins Haus, dort ist es warm und gemütlich", forderte er sie auf.

Alles quetschte sich nun ins Haus hinein, und die landarmen Bauern und Tagelöhner aus Yüanmaotun, die sich ebenfalls eingefunden hatten, folgten ihnen neugierig.

Als sich alle im großen Saal versammelt hatten, wandte sich der Leiter des Verbandes der landarmen Bauern und Tagelöhner von Minhsintun an Guo Tsüan-hai.

„Wir haben gehört", begann er, „daß in eurem Dorf die Großgrundbesitzerfamilie Tang bisher noch nicht enteignet worden ist. Auch in unserem Dorf besaß diese Familie ein Stück guten Bodens, und wir wurden ebenfalls von ihr ausgebeutet. Deshalb kommen wir jetzt, um die Dämonen aus eurem Dorf zu bannen. Wir haben zwar gehört, daß die Revolution in Yüanmaotun gut voranschreitet, aber wir müssen euch bitten, keinen ehemaligen Gutsbesitzer in Schutz zu nehmen."

Guos Miene verfinsterte sich. Er war höchst unzufrieden und wußte lange nicht, was er sagen sollte. Das war sein alter Fehler:

wenn er sich mit jemandem stritt oder an etwas zweifelte, versagte ihm die Zunge. Tschu, der etwas abseits stand, zog die Brauen hoch und knurrte drohend:

„Wer nimmt hier die Gutsbesitzer in Schutz?"

Hinter dem Rücken des Verbandsleiter Tschen vom Verband der armen Bauern und Tagelöhner „Minhsintun" kam jetzt ein langer Kerl hervor, der seine Mütze abnahm, so daß seine schweißbedeckte Stirn zu sehen war, und lospolterte:

„Wer ist dafür verantwortlich, daß Tang Tien nicht enteignet wird?"

Guo Tsüan-hai hatte sich wieder etwas gefaßt und entgegnete ruhig:

„Tang Tien wird zur Zeit gerade enteignet."

Der Lange schien es jedoch nicht gehört zu haben.

„Wenn ihr zulaßt, daß die Großgrundbesitzer geschont werden, zeigt ihr damit, daß ihr die Schufte in Schutz nehmt", rief er aufgebracht.

Dschang Dsching-jui hob wütend eines der in Wudschia entdeckten Gewehre hoch, hielt es dem Langen unter die Nase und schrie:

„Hier! Seit wann kommt man zu so was, wenn man Schufte in Schutz nimmt?"

Sun Yung-fu, der erst später auf dem Han-Hof erschien, war erschrocken, als er so viele Schlitten auf einmal sah. Als er dann die fremden Bauern, die ohne Ausnahme Gewehre und Lanzen mit sich führten, immer davon reden hörte, sie wollten Dämonen bannen, packte ihn das kalte Grauen. Er kannte die Bedeutung dieser Worte: Wenn der Geisterbeschwörer die einsamen Seelen und bösen Geister mit Weidenruten und Zweigen des Pfirsichbaums aus dem Haus trieb, so nannte man das „Dämonen bannen". Er überlegte: Da die Bauern von Minhsintun so unerschrocken waren und zu diesem Zweck herkamen, hatte Yüanmaotun sicherlich etwas falsch gemacht, und die hohe Beamtenschaft war darüber so unzufrieden, daß sie jemanden herschickte, der die Sache wieder ins reine bringen sollte.

Er stand hinter einigen Männern verborgen und wagte nicht vorzutreten; als er sich jedoch so nach allen Seiten umblickte und merkte, daß sich niemand fürchtete, ja, daß Dschang Dsching-jui sogar die Kühnheit aufbrachte zu widersprechen, wurde er mutig. Hastig drängte er sich nach vorn, steckte seinen Kopf unter Dschang Dsching-juis erhobenen Armen hindurch, zwinkerte wie üblich mit dem linken Auge und begann dem Verbandsleiter Tschen den Kopf zu waschen.

„Daß du Verbandsleiter geworden bist, ist ein wahres Unglück. Habt ihr denn keinen besseren Ausdruck gefunden als gerade ‚Dämonen bannen'? Wir haben Dou Shan-fas Buddha schon lange in Klumpen gehauen, und ihr gebraucht immer noch Worte aus der Geistersprache. Meiner Meinung nach hinkt euer Dorf um etliche Schrittchen hinter Yüanmaotun her."

Guo Tsüan-hai, der einen Streit vermeiden wollte, trat auf den Verbandsleiter zu, nahm ihn bei der Hand und führte ihn durch die Menge ins Vorzimmer. Dort setzte er sich auf den Kang, zog die Pfeife aus dem Gürtel, stopfte sie, zündete sie am Herdfeuer an und reichte sie seinem Besucher. Die beiden Männer kamen sofort ins Gespräch.

„Im 10. Jahr der Kang-deh war ich bei den öffentlichen Arbeiten am Mudanfluß eingesetzt", begann Guo. „Mir ist, als hätte ich dich dort gesehen."

„Ganz recht", nickte Verbandsleiter Tschen, die Tabakspfeife im Mund. „Du kamst mir auch gleich bekannt vor."

Nachdem die beiden eine Zeitlang Erinnerungen an gemeinsame Erlebnisse ausgetauscht hatten und dadurch etwas vertrauter miteinander geworden waren, begann Guo Tsüan-hai vom Dämonenbannen zu sprechen.

„Daß ihr gekommen seid, um gegen die Grundbesitzer in unserem Dorf zu kämpfen und uns bei der Befreiung vom Feudalismus zu helfen, rechnen wir euch hoch an, doch es besteht die Gefahr, daß ihr dabei Unheil anrichtet, weil ihr mit der Lage in unserem Dorf nicht sehr vertraut seid."

Tschen nickte nachdenklich. Nach einer Weile schlug er vor:

„Wir werden auf einer gemeinsamen Versammlung beider Dörfer alles miteinander besprechen. Einverstanden?"

„Aber selbstverständlich", erwiderte Guo, über den Ausweg erfreut.

Nachdem die beiden Vorsitzenden den Versammlungsraum verlassen hatten, beruhigten sich die erhitzten Gemüter der Bauern allmählich, und freundschaftliche Gespräche wurden begonnen. Da die Bauern von Minhsintun ihre Fahne auf dem Dach gehißt hatten, holten die Yüanmaotuner ihre rote Fahne ebenfalls herbei und steckten sie hoch oben in den Rand des Getreidebehälters. Die Auswärtigen schlugen Gong und Trommel, und die Einheimischen folgten ihrem Beispiel, nur fügten sie den Musikinstrumenten noch Trompeten hinzu.

Die Frauen von Yüanmaotun geleiteten die Frauen von Minhsintun in ein anderes Zimmer, wo sie im Kamin ein Feuer entfachten, damit die Gäste sich aufwärmen und ihre Kleider trocknen konnten. Bald glühten ihre Gesichter vor Hitze. Die Besucherinnen tuschelten eine Weile miteinander und riefen dann im Chor:

„Wir bitten unsere Schwestern von Yüanmaotun um ein Lied."

Liu Guei-lan, vor Verlegenheit feuerrot im Gesicht, stellte sich auf den Kang und schlug den Takt zu dem Lied „Tschiang Kai-scheks Mut bricht im Kampf".

Nachdem sie den Gesang beendet hatten, wollten sie gerade die Aufmerksamkeit ihrer Besucherinnen erwidern und sie bitten, ihnen ebenfalls ein Lied vorzutragen, als Guo Tsüan-hai eintrat und den Beginn der Versammlung verkündete. Alle strömten nun wieder in den großen Saal.

Tsüan-hai begann vom Kang herab zu den Versammelten zu sprechen:

„Die armen Bauern und Tagelöhner aus Minhsintun sind in unser Dorf gekommen, um uns bei der Befreiung vom Feudalismus zu helfen. Sind wir ihnen dafür nicht zu Dank verpflichtet?"

„Ja!" erschallte es aus mehreren hundert Kehlen.

Guo fuhr fort: „Wie sollen wir ihnen aber danken?"

Lange Zeit herrschte tiefes Schweigen im Raum. Endlich ertönte aus einer Ecke die heisere Stimme des Kutschers:

„Ganz einfach: Wir gehen in ihr Dorf, bannen dort die Dämonen und helfen ihnen ebenfalls bei der Befreiung."

Alles lachte, sogar die auswärtigen Bauern.

„Das ist wahrhaftig nicht nötig", erwiderte Tsüan-hai lächelnd. „Minhsintun ist uns um einen Schritt voraus. Sie wollen Tang Tien enteignen, doch ich glaube, die Familie Tang wird kein allzu großes Vermögen mehr besitzen, da wir ihr schon dreimal etwas abgerungen haben. Es ist aber wirklich eine Strapaze für unsere Freunde, bei dieser Kälte den weiten Weg von Minhsintun hierher und wieder zurück zu machen; wir müssen ihnen schon etwas von unseren Sachen abgeben. Tang Tien hat auch in ihrem Dorf Grundbesitz gehabt. Macht Vorschläge: Was wollen wir ihnen von dem Vermögen des Gutsherrn geben?"

„Die Familie Tang hat noch ein paar Meter Holz, das können wir ihnen ja ablassen", sagte jemand.

„Ihr nehmt euch Gold, Silber, Getreide und Kleider und laßt für uns gerade noch Brennholz übrig?" rief der Lange aus Minhsintun erbost. „Ihr schabt das Fruchtmark 'raus, und wir kriegen die Schale, was?"

Die beiden Dörfer gerieten sich wieder in die Haare, und man zankte sich, Mann gegen Mann, Frau gegen Frau, und die Frauen von Minhsintun riefen:

„Wir fordern Yüanmaotun auf, die Gutsbesitzer nicht in Schutz zu nehmen!"

Bai Da-sao-dse sprang wütend vom Kang und schrie:

„Wer nimmt hier wen in Schutz? Heißt das vielleicht ‚in Schutz nehmen', wenn wir die Gutsbesitzer entwaffnen?"

Doch die Bäuerinnen von Minhsintun riefen erneut:

„Wir fordern Yüanmaotun auf, uns bei der Enteignung Tang Tiens zu unterstützen."

Bai Da-sao-dse wollte noch einmal protestieren, doch Guo warf ihr einen Blick zu, der sie veranlaßte zu schweigen. Schließlich trat er an den Rand des Kangs und winkte beschwichtigend.

„Ruhe!" rief er. „Ruhe! Wir Armen sind doch eine Familie, und wir müssen uns immer in Güte einigen. Die Reichen lachen sich nur ins Fäustchen, wenn wir uns zanken. In China ist jetzt alles unser gemeinsames Eigentum; deshalb spielt es keine Rolle, wenn wir Yüanmaotuner etwas von unseren Vorräten abgeben. Eure Pferde haben kein Futter, aber auf Tang Tiens Hof liegen zwei Scheunen voll Reisstroh und zwei- bis dreihundert Bohnenkuchen, die unsere Bauernvereinigung als eisernen Bestand aufgehoben hat. Das könnt ihr erst einmal mitnehmen."

Verbandsleiter Tschen erhob sich von seinem Platz und rief: „Bauern aus Minhsintun, hört mich an! Unsere armen Brüder von Yüanmaotun haben uns begrüßt wie Angehörige ein und derselben Familie, jetzt wollen sie sogar ihre Vorräte an uns verteilen, die sie für den eigenen dringenden Bedarf aufbewahrt haben. Dürfen wir das verlangen?"

Die Bauern aus Minhsintun antworteten einstimmig: „Nein! Auf keinen Fall! Die Erträge denen, die die Felder besitzen, wir haben nichts zu fordern!"

So wurden zwei Dörfer, die noch kurz zuvor aufeinander loszugehen drohten, allmählich vom Geist der Freundschaft und der Solidarität erfüllt.

Die Funktionäre beider Dörfer setzten sich zu einer längeren Beratung zusammen, auf der die Yüanmaotuner ihren Gästen mit vieler Mühe eine Scheune voll Reisstroh und hundert Bohnenkuchen aufnötigten, damit sie ihre Wintervorräte an Viehfutter auffüllen konnten. Schließlich gab Guo Tsüan-hai den Versammelten bekannt:

„Ich hatte vorhin einen Boten zum Hauptmann geschickt. In seiner Antwort auf meine Frage teilt er uns mit, daß Tang Tiens Vermögen von uns selbst verwaltet werden soll. In dem Brief heißt es weiter: ‚Das Dämonenbannen hat sich in Hulan sehr bewährt. Dieses Verfahren läßt sich vielleicht auch noch im Hulaner Bezirk Tschangling anwenden, hier bei uns ist es jedoch nicht am Platz. Dennoch haben die Bauern, die aus Minhsintun in Euer Dorf gekommen sind, die gute Absicht gehabt, Euch zu helfen, und es darf nicht etwa zu Zusammenstößen zwischen Euch kommen. Im Gegenteil, die Einwohner von Yüanmaotun sollen die Gäste bewirten!' — Nun, wir haben das Essen schon bereitet, es ist zwar nichts Besonderes, aber Reis und Sojasoße sind zur Genüge vorhanden. Die Sonne geht bald unter, also bitte, eßt euch satt!"

Nach dem Essen luden die Bauern von Minhsintun die Bohnen-kuchen und das Reisstroh auf die Schlitten und gingen neben ihren Fuhrwerken durch den tiefen Schnee heimwärts. Die Ein-heimischen geleiteten ihre Gäste mit Gongschlag, Trommelschall und Gesang bis zum Westtor.

ZWÖLFTES KAPITEL

Nachdem die Dämonenbanner das Dorf verlassen hatten, verstärkten die Einwohner von Yüanmaotun ihre Suche nach verborgenem Gut. Auf Tang Tiens Besitzungen und auf denen der übrigen Gutsherren machten sie zahlreiche Entdeckungen. In Pferde- und Hühnerställen, unter den Zaunhecken, überhaupt an den unerwartetsten Stellen, wurden Gebrauchsgegenstände aller Art, Getreide und Stoffe zutage gefördert. Einige Guts-besitzer, die sehr genau wußten, daß ihre Zeit ein für allemal vorbei war und deshalb einen glühenden Haß gegen die Armen hegten, ließen lieber ihre Reichtümer in der Erde verrotten, verschimmeln und verfaulen, als daß sie sie ablieferten. Doch es half ihnen nichts, sie verloren auch diese Schlacht, denn ihre Schätze wurden der Reihe nach aus den Verstecken heraus-geholt. Die Köpfe der Besiegten waren eben, wie Dou Shan-fa sich ausdrückte, „so zäh wie eine Schüssel voll Leim".

Der reiche ehemalige Pächter Li Dschen-dschiang, den die Bevölkerung einen „Gutsbesitzerlakaien" nannte, hatte das letzte Jahr über seine ganze Verstellungskunst aufgewandt, um sein wahres Gesicht zu verbergen. Er fütterte seine Schweine, betrieb eifrig eine Gänsezucht und gab sich in allen Dingen fleißig, redlich und bescheiden. Doch den Jungen Pionieren gelang es auszukundschaften, daß er heimlich mit den Gutsbesitzern in Verbindung stand und alle Neuigkeiten über die politische Lage im Dorf an seinen Neffen Li Guei-yung weiterleitete, der sich nicht mehr so hervortat wie früher.

Seit der Ankunft des zweiten Aufklärertrupps waren sechs von Li Dschen-dschiangs acht Pferden an die Futtertröge landarmer Bauern und Tagelöhner geführt worden. Das hatte seinen grenzenlosen Haß noch geschürt. Doch regungslos wie eine Schlange, die sich in ihrem Loch verborgen hält, wartete er auf den Zeitpunkt, wo er wieder hervorschlüpfen durfte. Nachdem man die Einwohner ihrer Klassenzugehörigkeit und der Höhe ihres Besitzes entsprechend eingestuft hatte, entwickelte er wieder ein geschäftiges Treiben. Er freute sich diebisch über die falsche Politik, die einigen Mittelbauern gegenüber betrieben wurde, da er glaubte, in ihnen von jetzt an eine wertvolle Stütze zu finden.

Der wohlhabende Mittelbauer Hu Dien-wen, der in die Klasse der Großbauern eingestuft war, verlor einen Teil seines Vermögens, und die Bauernvereinigung beschlagnahmte zwei seiner vier Pferde. Nun flogen die Gerüchte wieder wie krächzende Raben durch das Dorf. „Die Mittelbauern sind wie die Schweine: früher oder später werden sie abgestochen", hieß es; oder „Die heutige Politik sieht so aus: Wenn die Mastschweine geschlachtet sind, kommen die Läufer an die Reihe".

Da man die Mittelbauern jetzt niemals zu den Versammlungen der landarmen Bauern und Tagelöhner einlud, wurden sie nur noch in ihrem Mißtrauen bestärkt. Wenn ihre Frauen zu den Nachbarinnen gingen, um Feuer zu holen, und in der Küche standen, fing das Tratschen an:

„Bald sind sie mit den Großgrundbesitzern fertig. Der Rahm ist abgeschöpft, jetzt sind nur noch wir übrig."

„Ja, ja, das Gewitter zieht sich über unseren Köpfen zusammen."

Verschiedene Mittelbauern ergaben sich der Faulheit. Wenn die Sonne ihre Strahlen schon ins Zimmer schickte, lagen sie immer noch müßig auf dem Kang. Abends stiegen sie ins Bett, ohne an das Vieh zu denken, so daß die Pferde bald nur noch aus Haut und Knochen bestanden.

Andere wieder, die früher ein sparsames Leben geführt hatten, begannen jetzt zu schwelgen. „Iß nur, stopf dir ruhig alles 'rein, was wir aufgegessen haben, kann uns niemand mehr wegnehmen", redeten sie ihren Frauen und Kindern zu. Sie schlachteten erst die Mastschweine, und danach schnitten sie den Läuferschweinen die Kehle durch. „Für wen sollen wir denn das Vieh noch füttern?" meinten sie resigniert.

Endlich gab es noch Mittelbauern, die sich an den Gutsherren ein Beispiel nahmen und so taten, als seien sie arm. Die etwas besseren Sachen, Bettbezüge, Baumwollröcke, ja, sogar Filzdecken und Strohmatten, versteckten sie in Erdlöchern. So lag bei ihnen trotz des strengen Winters keine Matte auf dem kalten Mauerstein-kang, und zum Zudecken war keine Decke vorhanden. Die Kinder wimmerten nachts vor Kälte, und die alten Frauen wurden krank.

Li Dschen-dschiangs Frau, die sich lange Zeit hindurch nicht aus ihren vier Wänden herausgewagt hatte, ging jetzt öfters zu Besuch. Sie ging unter dem Vorwand, Feuer zu holen oder eine Schüssel auszuleihen, in die Häuser der Mittelbauern, ächzte und seufzte, bis sie scheinbar erstaunt ausrief: „Ach, ach, solch eine Kälte, und ihr habt nicht einmal etwas zum Zudecken?" Ihre Andeutungen flößten den Mittelbauern nur noch stärkere Bedenken ein.

Überall im Land herrschten ähnliche Zustände, deshalb schrieb Hauptmann Hsiao der Bauernvereinigung einen Brief, in dem er bat, ihm einen genauen Bericht über die Lage der Mittelbauern zu geben. Guo Tsüan-hai befahl daraufhin der Frauenbrigade und der Pioniergruppe, deren Lebensverhältnisse gründlich zu untersuchen, während er selbst nach Sandschia ritt, um mit dem Hauptmann zu sprechen. Dort beteiligte er sich auch an einer Funktionärkonferenz, auf der Hsiao Tschiang über die politische Lage sprach und den Genossen dringend riet, die Mittelbauern zu organisieren; weil das zur Zeit eine wichtige Aufgabe sei. Jedes Dorf sollte die Angehörigen der Soldaten und die aktivsten Leute mobilisieren, um den Mittelbauern zu erklären, warum sie mit allen Mitteln verhindern müßten, daß ihr enges Bündnis mit den landarmen Bauern und Tagelöhnern von feindlichen Elementen zerrissen würde.

Ins Dorf zurückgekehrt, machte sich Guo Tsüan-hai unverzüglich daran, die Aufklärungsarbeit zu organisieren.

Nach dem alten Kalender rückte der Jahresschluß heran. Im Dorf brodelte es nach wie vor wie kochendes Wasser. Sämtliche Brigaden waren damit beschäftigt, nach verstecktem Besitz zu forschen und mit den Gutsbesitzern abzurechnen. Auf den Gehöften brannten Abend für Abend die Lampen, manchmal sogar bis zur Morgendämmerung.

Der Mittelbauer Liu Deh-shan stand zusammen mit Li Tschang-yo als Sanitäter an der Front. Seine Frau war fleißig und rechtschaffen und machte bei der Arbeit manchem Mann noch etwas vor. Früher hatte sie sich auch an der Arbeit der Frauenbrigade beteiligt, doch seit ihr die verschiedenen Gerüchte zu Ohren gekommen waren, verlor sie den Mut zur weiteren Mitarbeit. Nachdem man den wohlhabenden Mittelbauern Hu Dien-wen, einen der Dorfoberhäupter aus der Zeit des Mandschureiches, enteignet hatte, quälten die Zweifel sie noch mehr, und sie wagte nun auch nicht mehr, sich im Haus der Bauernvereinigung sehen zu lassen.

In der letzten Zeit besuchte Li Dschen-dschiangs Frau sie häufig. Dieses Weib machte es sich gleich auf dem Kang bequem, schlug das eine Bein unter, stellte das andere auf den Rand und nahm ihre lange Pfeife in den Mund. Dann unterhielten sich die beiden miteinander, und fast nach jedem Satz seufzte die Besucherin:

„Ach! Wer weiß, was morgen geschieht!"

Liu Da-niang entgegnete ruhig:

„Ganz gleich, was geschieht, ich brauche mir keine Sorgen zu machen. Mein Mann ist ja an der Front, und da wird man uns wohl ungeschoren lassen."

„Glaubst du?" Frau Li lachte hämisch. „Sieh dir doch die Leute an, die heute in der Bauernvereinigung sitzen. Sind etwa Mittelbauern darunter?"

„Das ist wahr, Mittelbauern sind nicht darunter", bestätigte Liu Deh-shans Weib betrübt.

Die Nachbarin rückte näher.

„Was sie auf ihren Versammlungen treiben, halten sie so geheim, daß auch nicht das geringste Wörtchen nach außen dringt. Wir Bauern, die wir ein Krümelchen Acker mehr haben als die anderen, tappen völlig im dunkeln."

„Das ist wahr", gab die andere wiederum zu. „Früher bekamen wir wenigstens noch eine Einladung zu den Versammlungen, heute unterlassen sie auch das."

„An dringenden Beratungen dürfen wir nicht teilnehmen, aber Fuhraufträge und Lebensmittellieferungen wälzen sie immer auf uns ab."

„Das ist wahr!" seufte Liu Da-niang zum drittenmal.

Als Frau Li merkte, daß ihre Worte auf fruchtbaren Boden fielen, dichtete sie rasch noch etwas dazu:

„Die Fuhraufträge und Lebensmittellieferungen sind ja zur Not noch zu ertragen, aber in Tschientun werden Mittelbauern sogar ins Gefängnis gesteckt."

Liu Da-niang zuckte vor Schreck zusammen, denn ihre Angehörigen, die ebenfalls Mittelbauern waren, lebten in Tschientun. Nach kurzer Überlegung sagte sie sich jedoch, daß daran nichts Wahres sein könne, denn ihr Bruder war erst gestern hier gewesen, und er hätte sonst sicher etwas davon erzählt.

„Wen hat man denn ins Gefängnis gesteckt?" fragte sie.

„Shih."

Das Weib hatte sich in ihre eigenen Lügen verstrickt. Frau Liu blickte ihr erstaunt ins Gesicht.

„Shih? In unserem Dorf gibt es doch gar keine Familie Shih!"

Obgleich Liu Da-niang schon seit annähernd zwanzig Jahren verheiratet war und in Yüanmaotun lebte, nannte sie ihr Heimatdorf aus alter Anhänglichkeit nach wie vor „unser Dorf". Frau Li merkte, daß sie sich verraten hatte und versuchte hastig, den Fehler wiedergutzumachen.

„Es gibt dort keine Familie Shih? Dann habe ich mir den Namen nicht richtig gemerkt. Aber es mag sein, wie es will: aus der Politik dieser Regierung wird man nicht klug."

Liu Da-niang, die derselben Meinung war, nickte dazu, und die Besucherin ließ andeutungsweise noch einige weitere Bemerkungen fallen. Dann watschelte sie schließlich, die Tabakspfeife im Munde, wieder von dannen.

Auf Liu Da-niangs Gesicht und in ihrem Herzen aber blieb ein dunkler Schatten zurück. Die Bäuerin machte sich große Sorgen: Hu Dien-wen besaß nur ein einziges Pferd mehr als sie, sonst hatten sie beide das gleiche Vermögen, und dennoch wurde er zum Teil enteignet. Vielleicht lag in Frau Lis Worten doch ein Körnchen Wahrheit? Sie überlegte hin und her und konnte die ganze Nacht hindurch keinen Schlaf finden.

Am nächsten Tag führte sie gleich nach dem Frühstück ihre alte Stute und ein Fohlen zur Bauernvereinigung. Um kein Unglück heraufzubeschwören und um „ihr Gesicht nicht zu verlieren"[42], gab sie vor, sie wolle die beiden Pferde verschenken. Die Bauernvereinigung lehnte jedoch ihr Angebot ab. Tschu erklärte: „Behalte sie vorläufig noch."

Als Liu Da-niang das hörte, wurde sie blaß, denn sie erinnerte sich daran, daß auch die Großgrundbesitzer, die seinerzeit zum Schein Ackerland verschenken wollten, von der Bauernvereinigung denselben Bescheid erhalten hatten: „Behalte sie vorläufig noch." Was sollten diese Worte anders bedeuten, als daß später doch das dicke Ende folgen würde?

Während sie mit den Pferden wieder heimkehrte, mußte sie an die Worte der Frau Li denken: Wer weiß, was morgen geschieht!

Die drei Sterne standen schon hoch am Himmel, als sich Liu Da-niang auf den Kang legte. Ruhelos wälzte sie sich von einer Seite auf die andere. Plötzlich hörte sie, wie jemand um Einlaß bat. Es war eine Frauenstimme. Wer wird denn zu so später

Stunde noch kommen wollen? fragte sie sich, und ihr fiel ein, daß sie damals, als sie mit den anderen Einwohnern gegen die Gutsherren vorgegangen war, auch einmal einer Frau den Befehl gegeben hatte, bei einem Gutsbesitzer Einlaß zu fordern. Sie war so verstört, daß sie sich keinen Rat wußte. Das Klopfen an der Tür wurde immer heftiger. Sie erhob sich hastig und warf sich ihren Baumwollrock über. Draußen wurde wieder gerufen: „Liu Da-niang, weshalb machst du denn nicht auf? Ich bin es doch!" Diese Stimme war ihr vertraut, und das gab ihr wieder Zuversicht.

„Bist du es, Dschao Da-sao-dse?"

Sie eilte zur Tür und schob den Riegel zurück. In ihrem Herzen strahlte die Freude. Dschao Yi-lins Frau war ein rechtschaffenes, gutherziges Weib, mit dem sie sich oft unterhielt, denn sie verstanden sich gut. Sie führte Dschao Da-sao-dse ins Zimmer, klopfte ihr eifrig den Schnee von Kleidern und Schuhen und bot ihr einen Platz auf dem Kang an.

Frau Dschao setzte sich mit gekreuzten Beinen ans Kopfende der Lagerstatt, scherzte ein Weilchen mit Liu Da-niangs kleinem Sohn Guo-sheng-dse und sprach schließlich von Haushaltssorgen und Dorfneuigkeiten.

„Seit wieviel Monaten ist dein Mann eigentlich an der Front?" erkundigte sich Dschao Da-sao-dse nach einer Weile und sah Liu Da-niang fragend an.

Liu Da-niang atmete bei dieser Frage erleichtert auf. Sie griff nach einem Bambusschächtelchen und einer Pfeife, zerkrümelte den gelben Tabak und stopfte die Pfeife, während sie freundlich zur Antwort gab:

„Seit mehr als drei Monaten. Die Leute erzählen, daß die Männer, die vier Monate im Kampf gestanden hätten, jetzt zurückkommen würden."

Als Dschao Da-sao-dse sah, daß ihre Gastgeberin ihr die Pfeife herüberreichen wollte, lehnte sie lächelnd ab.

„Rauch nur selber", sagte sie. „Ihr habt euch ja ganz außerordentlich verdient gemacht."

„Das muß doch auch sein", erklärte Liu Da-niang ernst. „Wenn es gegen die Tschiang Kai-schek-Banditen geht, kann man schon mal eine Bürde auf sich nehmen, das macht nichts."

Die Besucherin erging sich nun des langen und breiten über Kochrezepte, Viehfütterung und Handarbeiten, bis sie schließlich lächelnd fragte:

„Weshalb hat man dich denn in den letzten Tagen überhaupt nicht mehr in der Bauernvereinigung zu sehen bekommen?"

Liu Da-niang blies eine Wolke Tabakrauch vor sich hin, stieß einen Seufzer aus und sagte:

„Heute sind doch die armen Bauern und Tagelöhner an der Macht, aber wir sind Mittelbauern, und wir nehmen gerade keine besonders gute Stellung ein."

Dschao Da-sao-dse wehrte eifrig ab:

„Die Mittelbauern nehmen keine gute Stellung ein, sagst du? Wer hat denn das behauptet?"

Liu Da-niang wollte ihr eigentlich verraten, daß sie diese Weisheit von Li Dschen-dschiangs Frau hatte. Doch sie besann sich, denn damit hätte sie sich nur die Feindschaft der Familie Li zugezogen. Sie antwortete deshalb hastig:

„Keiner hat das behauptet. Aber seit die Höhe des Besitzes festgelegt, und die Bauern in Klassen eingeteilt worden sind, kommen wir Mittelbauern nicht mehr von der Stelle. Ihr armen Bauern und Tagelöhner seid jetzt an der Macht, ihr habt zu bestimmen, ihr seid die Herren."

„Was heißt hier Herr und nicht Herr?" unterbrach Dschao Da-sao-dse sie lächelnd. „Hast du immer noch die alten Ideen im Kopf?"

Liu Da-niang ließ das nicht gelten. „Du kannst sagen, was du willst, wir sind in einer ziemlich schlechten Lage. Wir haben überhaupt keinen Halt und wagen es schon gar nicht mehr, etwas zu unternehmen. Wir tappen im ungewissen und wissen nicht, wer enteignet wird und wer nicht. Ich habe den Mut verloren, den Mund aufzumachen und mich in eure Angelegenheiten einzumischen."

Dschao Da-sao-dse versuchte sie zu beruhigen.

„Du bist zu argwöhnisch. Der Vorsitzende Mao Tse-tung hat doch schon vor langer Zeit einmal gesagt, daß man ruhig über alles sprechen soll. Weißt du das nicht?"

Liu Da-niang klopfte die Asche aus dem Pfeifenkopf, stopfte ihn neu und zündete ihn an. Während sie rauchte, klagte sie, ohne ihren Gast anzublicken:

„Überall im Dorf habt nur ihr armen Bauern und Tagelöhner zu bestimmen. Auch im Frauenbund führt nur ihr Frauen aus dieser Schicht das Wort. Wieviele von uns Mittelbauern sind denn schon dabei?"

„Einen Trennstrich zwischen mir und dir zu ziehen", entgegnete Dschao Da-sao-dse, „wäre doch nichts anderes, als wenn Angehörige ein und derselben Familie die Sprache zweier verschiedener Völker sprechen würden. Arme Bauern, Tagelöhner und Mittelbauern bilden eine Familie, und wenn sie heute einander gleich sind, sind sie das zu jeder Zeit, mag da kommen, was will. Hauptmann Hsiao schreibt uns heute in einem Brief, daß er vom Vorsitzenden Mao Tse-tung aus Innerchina eine Depesche[43] erhalten hat, in der es heißt, daß wir die Mittelbauern entschlossen organisieren und keine rechtswidrigen Eingriffe dulden sollten."

Liu Deh-shans Frau blickte bei diesen Worten auf, nahm die Pfeife aus dem Mund, wischte sich mit dem Handrücken über die Lippen und fragte zweifelnd:

„Ist das wahr?"

„Wer wird dir denn etwas vorlügen?" meinte Dschao Da-sao-dse lächelnd.

„Hat der Vorsitzende Mao wirklich uns Mittelbauern gemeint?"

„Wird uns Hauptmann Hsiao etwa belügen? In Charbin haben sie Mao Tse-tungs Telegramm sogar in der Zeitung veröffentlicht."

Frau Liu lächelte befriedigt und zog eine Zeitlang schweigend an ihrer Pfeife.

„Ich sage es ja", ließ sie sich schließlich wieder vernehmen, „der Vorsitzende Mao läßt uns nicht im Stich. Wir Mittelbauern haben ganze Kaiserdynastien hindurch im Dämmerzustand verbracht und wurden von allen Seiten betrogen. In Mandschukuo wälzten die Großgrundbesitzer sämtliche Steuerlasten auf unsere Schultern. Mein Mann haßt die Gutsherren genauso wie ihr, aber weil er so geduldig und ängstlich war, wollte er erst nicht recht mitmachen."

Je länger sie sich unterhielten, um so größer wurde ihre Sympathie füreinander. Liu Da-niang erhob sich, holte ein Tellerchen voll gerösteter Maiskörner und ein Schüsselchen mit Sonnenblumenkernen, die sie auf das niedrige Tischchen stellte und brühte eine Kanne Reiskaffee auf. Während sie die Kerne zerbiß, sagte Dschao Da-sao-dse:

„Beinahe hätte ich es noch vergessen: Hauptmann Hsiao schrieb in seinem Brief, du solltest dich ruhig beschweren, wenn du Schwierigkeiten hättest. Er meint: wir armen Bauern und Tagelöhner bildeten die Knochen und ihr Mittelbauern das Fleisch. Wir wären aufeinander angewiesen wie Fleisch und Knochen, da brauchte man nicht erst lange drum herumzureden. Wer Schwierigkeiten habe, solle kein Blatt vor den Mund nehmen."

Liu Da-niang lächelte.

„Ich habe aber gar keine Schwierigkeiten." Doch nachdem sie einen Augenblick überlegt hatte, fuhr sie fort: „Ich bekomme zu viel Fuhraufträge. Man sollte sie auf alle Bauern, die Pferde besitzen, gerecht verteilen, dann wäre ich schon zufrieden."

Dschao Da-sao-dse versprach, dem Verbandsleiter Guo diesen Wunsch vorzutragen. Nachdem beide noch ein wenig über Alltagssorgen gesprochen hatten, stieg Liu Da-niang plötzlich vom Kang und bat ihren Gast, sich ein wenig zu gedulden, sie käme gleich wieder zurück. Dann verließ sie schnell das Zimmer, ging auf die Veranda und sah zur Tür hinaus. Unberührt lag die weiße Schneedecke des Hofes da, kein Mensch war zu sehen, kein Laut zu hören. Ins Innenzimmer zurückgekehrt, hockte sie sich im Schneidersitz ans Kopfende des Kang und erzählte mit leiser Stimme von Frau Lis häufigen Besuchen und von den Reden, die dieses Weib führte. Sie verschwieg nichts. Dschao Da-sao-dse riet ihr, in solchen Fällen unverzüglich die Bauernvereinigung zu benachrichtigen.

„Der Vorsitzende Guo", sagte sie, „hält morgen nachmittag eine Versammlung der armen Bauern, Tagelöhner und Mittelbauern ab, auf der die Auflösung des Verbandes der landarmen Bauern und Tagelöhner und die Wiederherstellung der Bauern- und Landarbeitervereinigung beschlossen werden sollen. Mittelbauern und wohlhabende Pächter dürfen sich daran beteiligen. Du mußt unbedingt hingehen. Auf der Versammlung soll außerdem über die Verteilung von Schweinefleisch und Getreide beraten werden. Der Vorsitzende Guo meint nämlich, das alte Jahr ginge bald zu Ende, und wir müßten deshalb die sichergestellten Bestände an Schweinefleisch, Weizen und Hühnern an die Einwohner verteilen, damit sie sich Dschiao-dse kochen und den Beginn des neuen Jahres ordentlich feiern können."

Dann stand sie auf und verabschiedete sich. Liu Da-niang wollte einen gläsernen Lampion anzünden, doch Da-sao-dse lehnte es ab.

„Das ist nicht nötig. Durch den Schnee ist es ja ganz hell draußen."

Liu Da-niang geleitete ihren Gast bis vor das Tor und blickte Dschao Da-sao-dse solange nach, bis ihre Gestalt in dem dicht fallenden watteweichen, pfirsichzarten Flockenschleier allmählich verschwamm und schließlich völlig unsichtbar wurde. Dann erst schob sie den Riegel vor die Tür und begab sich zur Ruhe.

DREIZEHNTES KAPITEL

Auf der Organisationsversammlung, die am nächsten Tage stattfand, wurde der Verband der landarmen Bauern und Tagelöhner aufgelöst und die Bauern- und Landarbeitervereinigung, zu deren Vorsitzenden Guo Tsüan-hai gewählt wurde, wiederhergestellt. Unter den sieben leitenden Funktionären befanden sich auch zwei Mittelbauern.

Die Vereinigung ordnete an, daß die Suche nach verstecktem Besitz der Gutsherren einzustellen sei und Vorbereitungen für das Neujahrsfest getroffen werden sollten. Dann wurden Schweinefleisch und Getreide verteilt. Arme Bauern und Tagelöhner erhielten je Person zehn Pfund Fleisch und fünf Sheng[14] Korn, Mittelbauern bekamen je Familienmitglied drei Pfund Fleisch und ein Sheng Getreide. Gegen diese Verteilung hatten auch die Mittelbauern nichts einzuwenden, da sie alle ihre eigenen Schweine geschlachtet hatten und über Getreidevorräte verfügten. Im Vergleich zu den landarmen Bauern und Tagelöhnern hatten die Mittelbauern also nicht schlecht abgeschnitten, besaßen doch die armen Einwohner von Yüanmaotun noch nicht einmal das Saatgut für das kommende Jahr.

Nachdem Schweinefleisch und Getreide verteilt worden waren, kehrten Bai Da-sao-dse und Liu Guei-lan aus der Bauernvereinigung nach Hause zurück. Durch Sturm und Schnee gingen sie die Straße entlang und besprachen, wie sie die Angehörigen der Soldaten beschenken wollten. Liu Guei-lan meinte:

„Wir müssen es diesmal anders machen als sonst. Zum Mondfest bekam jede Familie zehn Pfund Schweinefleisch und zehn Pfund Weißmehl. Das war unüberlegt. Es gibt ja auch Familien, die statt Fleisch lieber Kleidung haben wollen. Und jetzt steht uns so viel zur Verfügung, daß wir den Angehörigen der Soldaten das schenken können, was sie tatsächlich brauchen. Dschao Da-sao-dses Sohn So-dschu zum Beispiel hat keine warmen Schuhe, also werden wir ihm ein Paar warme Schuhe schenken. Das macht keine Schwierigkeiten, und die Soldatenfamilien freuen sich."

„Dein Vorschlag ist gut," erklärte Bai Da-sao-dse. „Morgen werden wir auf einer Versammlung darüber sprechen. Ach, das hätte ich beinahe vergessen! Morgen ist doch der Tag der Herdgötter. Geh doch gleich einmal zu Dschao Da-sao-dse und sag ihr, sie solle doch nicht immer zu Hause bleiben und an den Toten denken. Ich mache inzwischen zu Hause erst einmal Feuer im Herd."

Liu Guei-lan verabschiedete sich von Bai Da-sao-dse und ging zur Familie Dschao. Als sie zur Tür hineintrat, erblickte sie beim trüben Schein der Bohnenöllampe Dschao Da-sao-dses rote, verquollene Augen. So-dschu sprang auf und zerrte Liu Guei-lan am Rockzipfel, denn er wollte sie neben sich auf dem Kang haben. Das Mädchen hockte sich mit untergeschlagenen Beinen ans Kopfende des Lagers und berichtete einige Neuigkeiten aus Yüanmaotun, erzählte, bei welcher Familie der Wolf Läuferschweine aus dem Stall geholt hatte, und wessen Hühner immer nur taube Eier legten. Schließlich erzählte sie das Märchen vom Kampf zwischen dem Berggott[45] und dem Schwarzbären, das sie oft von Sun gehört hatte.

So-dschu jubelte, so gut gefiel ihm diese Fabel. Auch Dschao Da-sao-dse, die ihr Söhnchen von ganzem Herzen liebte, lachte vergnügt, und mit einem Male hielten Freude und Fröhlichkeit Einzug in die Wohnung. So-dschu holte aus dem Kleiderspind eine Schere und ein paar Bogen buntes Papier und legte sie auf den Tisch. Dann zog er Liu Guei-lan an der Hand und bat sie, ihm Bilder auszuschneiden. Sie ließ sich nicht lange bitten und schnitt aus dem blauen Papier eine Ente, aus dem grünen ein Schwein und aus dem roten eine Pfingstrose. So-dschu bat nun seine Mutter, etwas Mehlkleister anzurühren und die Blume an das mittlere Fenster genau in die Mitte, die Ente links und das Schweinchen rechts davon zu kleben. Als die Scherenschnitte gerade am Fenster prangten, trat Wu Dschia-fu ins Zimmer; während er sich noch den Schnee abklopfte, bewunderte er die Bilder und meinte:

„Ente und Schwein staunen über die rote Blume, nicht wahr?"

Alle lachten über diese Deutung.

Als Liu Guei-lan gehen wollte, wurde sie von So-dschu festgehalten.

„Schwester, schneide mir doch noch einen Hirtenjungen aus!" bettelte er. „Das Schweinchen hat keinen Hirten, mach doch, sonst frißt es noch der Wolf!"

Liu Guei-lan zeigte auf Wu-Dschia-fu.

„Ist das etwa kein Hirtenjunge?" fragte sie.

Der Knabe ließ aber nicht von ihr ab. „Den kann ich nicht gebrauchen, der ist mir zu groß", erklärte er.

Endlich gelang es Liu Guei-lan, sich von ihm loszumachen. Auf dem Hof wandte sie sich noch einmal zum Fenster um und rief:

„So-dschu, kleines Brüderchen, sei nicht traurig. Ich komme bald wieder und schneide dir neue Bilder aus."

VIERZEHNTES KAPITEL

Als Bai Da-sao-dse zu Hause ankam, stieß sie schnell die Tür auf. Im Zimmer herrschte ein trübes Dämmerlicht. Sie hatte noch nicht Zeit gefunden, die Lampe anzuzünden, als plötzlich jemand vom Kang herunterpolterte. Das Herz schlug ihr vor Schreck bis zum Hals. Sie machte kehrt und wollte schon davonlaufen, als der Unbekannte rief:

„Da-sao-dse, ich bin's!"

Beim Klang der vertrauten Stimme blieb sie stehen, doch sie konnte kein Wort hervorbringen, denn ihr Herz pochte wie ein Hammer. Der Mann trat auf sie zu und nahm sie fest in seine Arme. Lächelnd schalt sie ihn aus:

„Du Tollkopf, wie kannst du mich nur so erschrecken! Ich dachte schon, ein Einbrecher sei in der Wohnung."

Sie ergriff seine starke, große Hand und strich damit über ihre warme, zarte Brust, in der das Herz immer noch wie rasend schlug. Lange hielten sich die beiden umschlungen, ohne zu sprechen. Endlich brach Bai Da-sao-dse das Schweigen.

„Wann bist du denn gekommen?" erkundigte sie sich.

„Ich mußte so lange auf dich warten, daß mir vom Sitzen beinahe die Hosen durchgescheuert sind. Wo hast du denn nur wieder rumgegluckt, daß du jetzt erst kommst?"

„Du hast aber klug reden", sagte Da-sao-dse lächelnd. „Woher sollte ich denn die Zeit zum Rumglucken nehmen?"

Sie riß sich aus der Umarmung ihres Mannes und eilte in die Stube, um Feuer anzumachen.

Daß er noch vor Jahresschluß auf Urlaub kommen wollte, hatte Bai Yi-shan bereits in seinem ersten Brief erwähnt, trotzdem war seine Ankunft für Bai Da-sao-dse eine unverhoffte, freudige Überraschung. Wenn sie auch sonst oft mit ihrem Mann zankte, so wollte sie sich ihm gegenüber jedoch jetzt, da er nach so langer Zeit auf Urlaub kam, recht freundlich und nett erweisen. Aber ihr guter Vorsatz hielt nicht lange an. Nachdem sie einen brennenden Hanfstengel genommen und die Lampe angezündet hatte, zog sie beim Anblick des freudestrahlenden, kräftigen Mannes ihre schönen, rabenfederschwarzen Augenbrauen in die Höhe, schürzte die Lippen und schmollte:

„Kaum ist er aus dem Haus, da hat er einen schon vergessen! Das ganze liebe Jahr über schickt er mir gerade einen einzigen Brief."

„Habe ich denn keine andere Arbeit, kann ich etwa dauernd nur Briefe schreiben? Bist du immer noch so rückständig?"

Diese Worte drangen ihr wie Pfeile ins Herz. Sie wollte schon aufbrausen, doch sie besann sich: nach seiner Heimkehr gleich einen Streit mit ihm anzufangen, wäre nun doch gar zu ungebührlich. In finsteres Schweigen gehüllt, steckte sie einen Hanfstengel in Brand, ging damit in die Küche, um im Herd Feuer zu machen.

In den letzten Tagen war sie derart beschäftigt gewesen, daß sie sich nicht einmal hatte um die Hauswirtschaft kümmern können. Deshalb fand sie es besonders ungerecht von ihm, daß er sie der Rückständigkeit bezichtigte.

Seit Bai Yi-shan als Funktionär in der Stadt arbeitete, betrachtete seine Frau jeden höheren Funktionär mit Wohlwollen. Die Aufgaben, die ihr die Bauernvereinigung übertrug, erledigte sie mit demselben Eifer wie ein guter Hausherr seine Familienangelegenheiten. Manchmal war sie tage- und nächtelang außer Haus, denn sie war doch inzwischen Leiterin der Frauenbrigade von Yüanmaotun geworden. Und heute kam nun Bai

Yi-shan und nannte sie rückständig. Erbittert und eigensinnig, wie sie war, erzählte sie ihm nichts von ihrer neuen Arbeit, denn sie wollte gar zu gern wissen, wie er sich verhalten würde.

Bai Yi-shan stellte die kleine Bohnenöllampe auf das niedrige Tischchen, griff zum Füllfederhalter und trug etwas in sein Notizbuch ein. Er hatte inzwischen schreiben gelernt und sich einen altmodischen Füllfederhalter gekauft, den er Tag für Tag eifrig benutzte.

Als Bai Da-sao-dse mit dem Feuerbecken in der Hand herein-kam, sah sie ihren Mann mit aufgestützten Armen am Tischchen sitzen und unbeholfen Zeichen in das Buch malen. Er trug eine blaue gefütterte Uniform, durch die seine Arme noch dicker wirkten als sonst. Beim Anblick dieses rechtschaffenen, eifrigen Menschen legte sich ihr Zorn. Während sie sich zu ihm auf den Kang setzte, fragte sie lächelnd:

„Hast du Hunger? Soll ich dir nicht etwas zu essen machen?"

Bai Yi-shan schrieb unbeirrt weiter und schüttelte den Kopf. Ohne aufzublicken sagte er:

„Ich esse nichts . . . Sag mal, hast du eigentlich in der Frauen-brigade mitgemacht?" Da-sao-dse wollte ihn ein wenig zum Narren halten und erwiderte scheinbar verwundert:

„Nein, weshalb sollte ich denn da mitmachen?"

Bai legte den Füllfederhalter beiseite, runzelte die Stirn und sah sie von der Seite an.

„Weshalb du mitmachen sollst? Hast du das immer noch nicht begriffen?"

Seine Frau lachte spöttisch:

„Nein. Du bist ja das ganze Jahr über nicht zu Hause gewesen, und wer hätte mir das sonst beibringen sollen?"

„Kannst du dich denn nicht mit anderen Leuten darüber unterhalten?"

„Wenn ich das mache, heißt es nachher wieder, ich glucke 'rum."

„Du kannst einen wirklich zur Weißglut bringen", seufzte Bai Yi-shan. „Ich glaube kaum, daß in Shuangtscheng die Frau auch nur eines einzigen Funktionärs so denkt wie du. Alle haben den Mund auf dem rechten Fleck und verstehen etwas von der gesellschaftlichen Arbeit. Du müßtest mal mit mir nach Shuangtscheng fahren, aber du würdest mich dort totsicher blamieren. Was soll ich mit dir rückständigen Person bloß anfangen?"

Als Bai Da-sao-dse ihn die Frauen von Shuangtscheng preisen hörte, wurde sie wieder eifersüchtig, machte ein finsteres Gesicht und brummte:

„Ich bin also eine rückständige Person? Aber du kannst ja tun, was dir beliebt. Geh doch zu den Weibern, die den Mund auf dem rechten Fleck haben und von der gesellschaftlichen Arbeit etwas verstehen!"

Yi-shan mußte beim Anblick seiner grundlos eifersüchtigen Frau lächeln.

„Wie soll der Feudalismus gestürzt werden", fragte er, „wenn du nicht im Frauenbund mitmachst? Wir wollen starke Organisationen schaffen. Was nutzt denn ein Lanzenreiter, wenn keine Armee hinter ihm steht? Laß dich belehren, sonst kommst du nicht weiter."

„Starke Organisationen schaffen" — diese Redewendung hörte Bai Da-sao-dse heute zum ersten Male. Die Arbeit im Amt für öffentliche Sicherheit schien es wirklich in sich zu haben. Welche Gewandtheit im Sprechen hatte er doch gegen früher erlangt! Um seine Gelehrsamkeit zu prüfen und sich davon zu überzeugen, ob er es mit Hauptmann Hsiao aufnehmen könne, und um ihre angebliche Rückständigkeit zu zeigen, stichelte sie weiter:

„Was hat es schon für einen Zweck, eine starke Organisation zu schaffen? Die Armen bleiben immer arm, und die Reichen werden niemals schlecht leben. Reich oder arm, das ist eine Fügung des Himmels. Du siehst es ja selbst: die Herrschaften tragen keine Lasten auf den Schultern und keine schweren Körbe in den Händen, das ganze Jahr über essen sie wohlduftende Speisen und trinken würzigen Wein. Der Arme aber kommt von früh bis spät nicht von der Arbeit weg. Seit Generationen hungert und friert er. Sag, ist das Schicksal oder nicht?"

Der Mann lachte. „Du bist wohl unter die Wahrsager gegangen?" Eine direkte Antwort gab er ihr jedoch nicht, sondern nahm die achtunggebietende Haltung eines Lehrers an und richtete an seine Frau die erste Prüfungsfrage:

„Weißt du, was mit dem Wort ‚ausbeuten' gemeint ist?"

„Keine Ahnung", verneinte Bai Da-sao-dse lächelnd.

In Wirklichkeit aber hatte sie das Wort schon zur Genüge gehört und wußte, was es bedeutete. Sie konnte sich noch genau erinnern, wie der Doktor dem Gutsbesitzer Dou Shan-fa das Rechenbrett unter die Nase gehalten hatte, als sie mit ihm über die Ausbeutung abrechneten. Mit ihrem „Keine Ahnung" wollte sie sich nur über ihren Mann lustig machen. Sie konnte sich das Lachen kaum verbeißen, doch er war arglos und erklärte ihr diesen Begriff so, wie er es seinerzeit selbst auf der Parteischule gelernt hatte:

„Man nennt es Ausbeutung, wenn dir der Gutsbesitzer die Früchte deiner Arbeit wegnimmt, dir also sozusagen das Fell über die Ohren zieht."

Bai Da-sao-dse war sich jetzt wirklich nicht ganz im klaren. Das vom Fell über die Ohren ziehen begriff sie. In Mandschukuo hatten die Beamten bei den Bauern Katzenbälge als Steuer eingetrieben. Da ein Balg auf jeden Fall abgeliefert werden mußte, hatte Bai Da-sao-dse einmal eigenhändig einer Katze das Fell abgezogen. Ihre bluttriefenden Hände hatten gezittert und ihr war speiübel zumute gewesen. Doch was hieß „die Früchte deiner Arbeit wegnehmen"? Bai Yi-shan, der merkte, daß sie es nicht verstand, fuhr fort:

„Du erntest zum Beispiel auf gepachtetem Land ein Dan Mais, der Gutsbesitzer aber, der niemals arbeiten geht, verlangt von dir drei bis vier Dou als Pacht. Diese Pacht ist eine Frucht deiner Arbeit und des Schweißes, den du von früh bis spät auf dem Acker vergießt."

„Aber das Land gehört doch ihm?"

„Hast du noch nicht gelernt, daß der Boden seinem rechtmäßigen Besitzer zugeführt werden soll?"

„Nein", antwortete Da-sao-dse unschuldig lächelnd. „Ich war ja auch nicht auf der Parteischule."

„Der Boden ist von armen Menschen gerodet und urbar gemacht worden, und als das Land erschlossen war, belegten die Gutsherren mit ihren glatten, feinen Händen die Äcker mit Beschlag. Deshalb führen wir eine Bodenreform durch, damit der Boden seinem rechtmäßigen Besitzer zurückgegeben wird. Und außerdem: Mit Ackerland allein läßt sich nichts anfangen. Wenn du keine Arbeitskräfte zur Verfügung hast, die ackern, säen, jäten und die Saat pflegen, kannst du tausend Dang guten Boden besitzen, und ich wette mit dir hundert zu eins, daß du auch nicht einen einzigen Kaoliangstengel erntest."

Frau Bai nickte verständig. Jäten und Saat pflegen: das war leicht zu begreifen.

Ihr Mann erklärte weiter:

„Häuser, Getreide und Kleider sind durch Arbeitskraft entstanden. Na ja, und mit dem Schicksal und ähnlichem haben die Gutsbesitzer uns arbeitende Menschen dauernd zum besten gehabt."

Da-sao-dse, die aufmerksam gelauscht hatte, warf nun eine Frage auf, die ihr arg zu schaffen machte:

„Wenn es kein Schicksal gibt, dürfte es ja auch keine Götter geben. Das geht mir noch nicht ganz ein. Wenn es im Himmel keine Wind-, Regen- und Wolkengötter gäbe, könnte es ja niemals stürmen und regnen. Und wie sollte es jemals donnern und blitzen, wenn nicht der Donnergott und die Blitzgöttin dafür sorgten?"

Bai Yi-shan lachte schallend. Dieses Thema hatte er neulich erst in der Schule durchgenommen.

„Wolken und Regen bilden sich aus dem Wasserdampf", belehrte er seine Frau, „der von der Erde aufsteigt. Und Blitze sind Elektrizität, ganz genau dasselbe wie der Kraftstrom im Hsiaofungman-Elektrizitätswerk. Diese Blitzgöttin Hsiaofungman ist von unseren Arbeiterbrüdern erschaffen worden."

Wie ein Windstoß wirbelte plötzlich Liu Guei-lan ins Zimmer. Bai Yi-shan erkannte sie sofort wieder, nur vermißte er ihre beiden Zöpfe, die früher bis auf den Rücken herabgehangen hatten. Ihr Hals verbarg sich unter den kurzen schwarzen Haaren wie unter einem dichten Gespinst aus feiner schwarzer Seide. Sie trug ein graues, gefüttertes Baumwollkleid und aus Schilfrohr geflochtene Schuhe, die mit Elchfell gefüttert waren. Da sie von draußen kam, schimmerten ihre Wangen rot. Ein frohes Lächeln umspielte ihren Mund, als sie Bai Yi-shan begrüßte:

„Ihr seid so fröhlich, daß es überall zu hören ist. Wann bist du denn angekommen, Bai Yi-shan?"

„Es ist noch gar nicht lange her", erwiderte der Mann lächelnd. „Schnell auf den Kang mit dir, da ist's warm. Du wirst ganz schön gefroren haben da draußen."

Liu Guei-lan aber leistete dieser Aufforderung keine Folge, sondern stellte sich nur dicht neben den Kang und sagte:

„Da-sao-dse hat solche Sehnsucht nach dir gehabt. Gestern abend erst schimpfte sie noch: ‚Er hat gesagt, daß er kommen will, aber er läßt sich nicht blicken, nicht einmal einen Brief schreibt er mir. Aus den Augen, aus dem Sinn.' " Dann wandte sie sich herzlich an die Frau:

„Jetzt ist dein Wunsch endlich in Erfüllung gegangen, Da-sao-dse."

Eifrig erzählte sie Bai Yi-shan: „Du wirst es ja noch nicht wissen, Yi-shan, aber Da-sao-dse kann wirklich etwas leisten: sie ist Leiterin unserer Frauenbrigade. Als wir die Gutsherren enteigneten und Gold und Waffen aus ihren Verstecken holten, ging sie uns stets mit gutem Beispiel voran. Sie ist klug und tapfer. Der Kutscher Sun sagt von ihr: ‚Ich bin einundfünfzig Jahre alt und weit in der Welt herumgekommen, doch solch ein schlaues Weib ist mir noch nirgends begegnet.' Und Dschao Da-sao-dse lobt sie auch: ‚Sie ist uns Angehörigen von Soldaten ein Vorbild und verdient es, eine Heldin genannt zu werden'. Sogar der Vorsitzende Guo mußte zugeben, daß sie wirklich noch manch einem Mann etwas vormachen kann."

Sie war noch nicht fertig, doch Bai Da-sao-dse unterbrach sie und schalt freundschaftlich:

„Daß dich doch dieser und jener . . . ! Du bist wohl unter die Schwätzer gegangen?" Sie wollte aufstehen und das Mädchen ins Ohr kneifen, doch Liu Guei-lan bat schalkhaft um Verzeihung:

„Liebe Nachbarin, tu mir bitte nichts! Sag mal, was hast du eigentlich zum Empfang des großen Bruders gekocht? Dschiao-dse macht man zum Abschied und Nudeln zum Empfang. Hast du denn keine Nudeln für ihn?"

Bai lachte: „Sie wird mir gerade Nudeln vorsetzen! Ausgeschimpft werde ich, das ist alles."

„Sie schimpft dich doch nicht aus, wie könnte sie denn das! Sie liebt dich doch", fiel ihm Liu Guei-lan ins Wort.

„Prügeln werd' ich dich!" schalt Bai Da-sao-dse, mußte jedoch lachen. Als sie sich erhob, um das Mädchen zu packen, lief Liu Guei-lan schnell auf den Hof hinaus. Draußen schneite es noch immer. Sie lief zum Fenster zurück und preßte die Nase gegen die frostbeschlagene Scheibe:

„Ich gehe jetzt, Da-sao-dse, daß du mir aber nicht vor Freude überschnappst!"

„Wohin willst du denn?" fragte Frau Bai von der Stube aus.

„Ich schlafe bei Dschao Da-sao-dse."

Liu Guei-lan hatte erst wenige Schritte zurückgelegt, als Bai Yi-shan ihr nachgelaufen kam und ihr eine dünne, mit Hanfwerg gefüllte Bettdecke brachte, die sie sich unter den Arm klemmte. Dann stapfte sie durch den Schnee davon. Ringsum lag alles in tiefem Schweigen, nur der Wind brauste durch das Dorf.

Am nächsten Morgen stand Bai Da-sao-dse als erste auf und ging wie an jedem anderen Tag zur Bauernvereinigung, um dort verschiedene Arbeiten zu erledigen. Guo Tsüan-hai wehrte jedoch lächelnd ab:

„Geh nur wieder heim, hier gibt es heute gar nichts für dich zu tun. Ich weiß, daß du mit deinen Gedanken zu Hause geblieben bist."

Frau Bai protestierte zwar der Form halber noch etwas, doch sie stand schon, zum Fortgehen bereit, neben der Tür, und kurze Zeit später eilte sie bereits wieder über den Hof davon. Guo Tsüan-hai rief ihr noch nach:

„Yi-shan soll sich doch bei Gelegenheit mal hier blicken lassen. Daß er mir nicht immer zu Hause hockt und seine alten Freunde vergißt."

Als Bai Da-sao-dse heimkam, schlief ihr Mann noch fest. Sie krempelte sich die Ärmel hoch, schleppte Holz heran und heizte den Herd. Dann setzte sie Wasser auf und ließ das Fleisch kochen. Frau Bai war hübsch anzusehen mit ihren kurzgeschnittenen Haaren und dem blauen langen Gewand, das sie über einem grünen, gefütterten Baumwollkleid trug. Seit sie Mitglied des Frauenbundes war, hatte sich auch ihr Wesen geändert. Sie zog ihre rabenschwarzen Augenbrauen nicht mehr so oft und drohend zusammen und klagte nicht mehr so viel. Ihre Sehnsucht nach Bai Yi-shan war groß und hatte sie weicher gestimmt. Jetzt, da er wieder bei ihr war, kannte ihr Glück keine Grenzen. Sie lächelte froh, als sie dem Schnarchen ihres Mannes lauschte, das aus dem Innenzimmer zu ihr drang. Während sie das Fleisch zerschnitt, sang sie das Lied von den Windvögeln:

Am ersten Tag im neuen Jahr
tanzten zwei Mädchen Hand in Hand
singend und lachend durchs schöne Land,
wie glücklich waren sie beide.
Und wenn sie so lächelten, lachten und sangen,
zeigten sich Grübchen auf zarten Wangen.
Die ältere trug ein rotes Gewand,
die jüngere einen Faltenrock
aus himmelblauer Seide.
Auf einsamer und weiter Flur
ließen sie große Drachen steigen,
die flogen empor an langer Schnur:
ein bunter, flatternder Schmetterling

und ein Tausendfuß, ein sich windender Wurm,
sie wiegten sich in muntren Reigen.
Nicht lange währte das fröhliche Spiel,
im Nordwesten droht' eine Wolkenwand,
es machte sich auf ein kräftiger Sturm
und rüttelte an der Drachenschnur.
Die Windvögel flogen weit ins Land.
Der Tausendfuß wählte Nanking zum Ziel,
die ferne Stadt Peking aber gefiel
dem schillernden, flatternden Schmetterling.
Ob sich die beiden je wiedersehn?
Ja, aber ja, so warte doch nur:
Im nächsten Jahr am ersten Tag,
steigen sie wieder am langen Band
hoch empor überm gelben Sand.

Bai Yi-shan war inzwischen aufgestanden. Nachdem er sich angezogen und gewaschen hatte, ging er zur Bauernvereinigung, um Guo Tsüan-hai zu begrüßen, und kehrte erst zur Essenszeit wieder zurück. Nach dem Essen zogen die Funktionäre des Dorfes, an der Spitze Guo Tsüan-hai, Dschang Dsching-jui und der Kutscher Sun Yung-fu, zum Gehöft der Familie Bai. Bald herrschte dort ein unaufhörliches Kommen und Gehen.

Die Beziehungen zwischen dem Ehepaar hatten sich gegen früher sehr geändert. Damals verachtete Bai Da-sao-dse ihren Mann, weil er nicht so lebensgewandt und tatkräftig war, sondern gern faulenzte. Was für ein prächtiger Kerl war dagegen jetzt aus ihm geworden! Zwar ließ er sich nachts nach wie vor nicht gern wecken, doch tagsüber war er frisch, munter und fröhlich. Immer wieder ermahnte er Bai Da-sao-dse, die Wachsamkeit zu erhöhen, da die Reaktionäre es auf die Bauern abgesehen hätten. Was er mit den Bauern besprach, hatte Hand und Fuß, und die Einwohner des Dorfes bekamen Hochachtung vor ihm. Nachdem die Gäste das Haus verlassen hatten, holte Bai Yi-shan aus seiner alten ledernen Umhängetasche ein Porträt Mao Tse-tungs und zwei Bilder heraus, die er sich während der Heimreise auf dem

Bahnhof gekauft hatte. Das eine Bild zeigte die große Gegen-offensive der Vereinigten Demokratischen Armee und das andere die Verteilung der beschlagnahmten Güter. Bai rührte etwas Mehlkleister an und klebte die beiden Bilder über dem Kopfende des Kangs an die Wand. Dann ging er in die Küche und riß das vom Herdrauch verrußte Abbild des Hausgottes und das darüber hängende Spruchband von der Wand. Das Spruchband war aus einstmals rotem, jetzt aber schwarz verräuchertem Papier und trug die Inschrift „Familiengott" und den Vers „Rotes Feuer durchzuckt die drei Welten, blauer Rauch durchdringt die neun Himmel". Er zerknüllte alles und warf es in den Ofen. Schließlich kehrte er ins Zimmer zurück und entfernte dort einen Papier-streifen mit dem Hinweis „Die drei Ahnherren der Familie Bai", der über der großen Truhe an der Wand hing. Auf den kahlen Fleck klebte er das Porträt des Vorsitzenden Mao Tse-tung. Dabei erklärte er seiner Frau:

„Unsere Befreiung verdanken wir dem Vorsitzenden Mao, Mao Tse-tung ist unser Gott, unser Verwandter. Ohne die großartigen Pläne, die der Vorsitzende Mao ausgearbeitet hat, hättest du diesem ganzen Plunder ‚Familiengott', ‚Die drei Ahnherren' und ‚Dreimal Kotau am frühen Morgen, einmal Weihrauch am späten Abend' hundert Jahre lang opfern können, und die Gutsbesitzer säßen dir immer noch im Nacken." Dann fügte er noch hinzu: „Wir müssen das kulturelle Niveau heben und den Feudalismus auch aus unseren Gehirnen vertreiben."

Später sprach Bai Da-sao-dse mit den Frauen des Dorfes über diese Neuerung und rief die Bauern auf, neue Bilder und das Porträt des Vorsitzenden Mao zu kaufen und die Herdgötter in Acht und Bann zu tun. Ihre Ausführungen schloß sie stets mit den Worten:

„Wir müssen das kulturelle Niveau heben und den Feudalismus auch aus unseren Gehirnen vertreiben."

Die Frauenbrigade gründete schließlich einen Kursus zum Erlernen der Schrift, zu dem der Dorfarzt als Lehrer berufen wurde.

FÜNFZEHNTES KAPITEL

Liu Guei-lan, die jetzt bei Dschao Da-sao-dse wohnte, ging tagsüber wie immer ihrer Arbeit nach, und wenn sie abends heimkam, flickte sie ihre Kleider oder schnitt für So-dschu Papierfiguren aus. Die Zeit verging froh und ungetrübt, und ehe sie es sich versah, war der letzte Tag des Jahres da.

Als Liu Guei-lan am letzten Tag des alten Jahres vom Kursus nach Hause kam und Dschao Da-sao-dse gerade bei der Zubereitung des Neujahrs-Dschiao-dse helfen wollte, erschien ihre Schwiegermutter und verlangte, sie solle zu ihrer Familie zurückkehren. Frau Yüan-Dou ließ sich auf der Türschwelle zwischen den beiden Zimmern nieder und sagte, eine Tabakspfeife im Mund, zu Guei-lan:

„Du mußt wieder zu uns kommen. Was sollen die Leute denn sagen, wenn du noch nicht einmal zum Neujahrsfest bei uns bist?" Während sie sprach, beobachtete sie Dschao Da-sao-dses Mienenspiel.

Liu Guei-lan aber erwiderte kurz:

„Ich gehe nicht!"

Die Alte machte einen Zug aus ihrer Tabakspfeife und sagte schmeichlerisch lächelnd:

„Wenn du am Jahresende nicht zu deiner Familie zurückkehrst, werden das die Verwandten und Nachbarn für sehr unziemlich halten. Soweit kann doch die Revolution nicht gehen, daß sie die Familienbande zerreißt. Komm zu Neujahr zu uns und warte noch fünf Tage, dann kannst du ja wieder gehen. Liebes Kind, du mußt doch gehorchen! Dschao Da-sao-dse, hilf mir, ihr Vernunft beizubringen."

Dschao Da-sao-dse aber schwieg. Das Mädchen dachte: Zuckermund und Honigzunge kommen jetzt reichlich verspätet. Dann mußte sie wieder an ihren zehnjährigen Mann, diesen kleinen Bettnässer denken und an das stachlige Kinn ihres Schwiegervaters. Ihr fiel auch ein, daß sie bei der Feldarbeit oftmals von ihrer Schwiegermutter mit der Hacke geschlagen worden war, während ihre kleine Schwägerin sie mit Schmähreden überschüttet hatte. Und dann blitzte in ihrer Erinnerung jene furchtbare Nacht auf, als sie aus dem Hause lief, während ein Wolkenbruch zur Erde rauschte und ihr das ferne Heulen der Wölfe durch Mark und Bein drang. Wie verzweifelt hatte sie damals in ihrem düsteren Versteck geweint! Das alles würde sie niemals vergessen. Sie schüttelte deshalb heftig den Kopf und sagte sehr bestimmt:

„Nein, und sollte es mich das Leben kosten — niemals!"

Als Frau Yüan-Dou das Mädchen so fest entschlossen sah, klopfte sie erbost mit dem Pfeifenkopf auf die Türschwelle und zog die Brauen hoch.

„Das hängt doch wohl nicht von dir ab. Du bist mit allen Zeremonien richtig verheiratet worden und hast uns viel Geld gekostet. Ich bin deine Schwiegermutter, und als solche habe ich dir immerhin etwas zu sagen. Wenn du mir nicht gehorchst, übertrittst du die Gesetze!"

Liu Guei-lan legte den Dschiao-dse, den sie gerade mit Fleisch füllte, aus der Hand und kehrte der Alten ihr Gesicht zu.

„Wer übertritt hier die Gesetze?" fragte sie scharf.

Dschao Da-sao-dse kam ihr jetzt zu Hilfe. „Was meinst du mit diesen Worten, Schwägerin Dou? Liu Guei-lan ist stellvertretende Leiterin des Frauenbundes und eine Funktionärin, die sich ganz und gar in den Dienst der Gesellschaft stellt, und du wagst zu behaupten, sie übertrete die Gesetze? Allerdings, sie übertritt die Gesetze der Gutsherren, da hast du recht."

So-dschu saß im Innenzimmer auf dem Kang und spielte mit einem bunten Holzstöckchen. Als er hörte, wie Frau Dou das Mädchen beschimpfte, warf er schnell sein Spielzeug weg, sprang zur Erde, stieß die Alte wütend in den Rücken und schimpfte erbost:

„Hau ab, du alte Hexe!"

Frau Dou rückte und rührte sich jedoch nicht. Sie blies eine Wolke Tabakrauch vor sich hin und gab ihrer Stimme einen etwas milderen Klang.

„Sie gehört nun einmal zu meiner Familie, und zu Neujahr muß ich sie schließlich bitten, zu uns zu kommen."

Dschao Da-sao-dse sagte freundlich, aber mit Nachdruck:

„Ihr habt dem Mädchen das Leben bei euch unmöglich gemacht, und jetzt verlangst du, sie soll zurückkehren? Weiß man denn, ob ihr sie nicht wieder mißhandeln werdet?"

Liu Guei-lan, die wieder begonnen hatte, Dschiao-dse zu füllen, erklärte bestimmt:

„Zu Neujahr gehe ich in die Stadt, um mich zu amüsieren. Was kümmert mich deine Familie?"

Die Alte lachte höhnisch auf:

„Meinst du etwa, du könntest mich dadurch erschrecken? Wir haben Ackerland verschenkt und werden uns **auch** amüsieren."

Das Mädchen blickte hoch:

„Du willst dich auch daran beteiligen? In Mandschukuo standet ihr groß da, und nach der Wiedervereinigung machtet ihr immer noch gemeinsame Sache mit den Großgrundbesitzern. Glaubst du denn, daß von euren Worten und Taten nichts bekannt sei? Unsere Bauern- und Landarbeitervereinigung und der Frauenbund haben eure üble Vergangenheit noch nicht einmal restlos aufgedeckt, und da willst du feiern?"

„Was haben wir getan? Was haben wir gesagt? Das möchte ich gern von dir wissen", keifte die Alte, denn sie glaubte ihre Schwiegertochter, die früher nie gewagt hatte, einen Ton von sich zu geben, auch diesmal mit versteckten Drohungen einschüchtern zu können.

Liu Guei-lan hatte von Hauptmann Hsiao oft gehört, daß nur die Großgrundbesitzer bekämpft werden dürften, während man die kleinen Gutsbesitzer und solche, die nebenbei noch Handel trieben, vorläufig noch unangetastet lassen sollte. Ihr Schwiegervater war so ein kleiner handeltreibender Gutsbesitzer, und sie hatte deshalb bisher geschwiegen. Wie aber jetzt die Alte so allmählich von Schmeicheleien zu Drohungen überging, kannte Liu Guei-lans Empörung keine Grenzen mehr, und sie brachte sämtliche Schandtaten ihrer Schwiegermutter ans Licht:

„Vor zwei Monaten hast du noch gesagt: ‚Macht man ruhig weiter so. Wenn erst die Zentralarmee da ist, schlägt sie euch die Köpfe ab.'"

Frau Yüan-Dous Lippen bebten vor Wut. Sie wußte, daß mit der Ankunft der „Zentralarmee" nicht mehr zu rechnen war.

„Du phantasierst!" rief sie.

Unterdessen hatten sich zahlreiche Neugierige eingefunden, unter ihnen Tschu und der Kutscher, die etwas von dem Besuch der Schwiegermutter hatten läuten hören. Liu Guei-lan, deren Mut dadurch gestärkt wurde, fuhr fort:

„Worte sind wie Pfeile, und das Leugnen nützt nichts. Damals, als du das sagtest, hast du neben dem Herd gehockt und Feuer angemacht. Wenn du dich auch vielleicht nicht mehr daran erinnerst — ich werde es nie vergessen!"

Frau Dou appellierte an die Anwesenden:

„Nachbarn, ihr wißt doch, daß unsere Familie die Achte Armee schon seit langem unterstützt, nicht wahr?"

„Du unterstützt die Achte Armee mit dem Mund", widersprach Liu Guei-lan, „aber insgeheim sehnst du dich nach den Banditen. Damals hast du auch noch die Funktionäre der Bauernvereinigung beschimpft: ‚Diese Ochsen! Sollen sie sich ruhig noch ein paar Tage aufspielen, wenn die Zentralarmee kommt, wird sie so manche Rechnung zu begleichen haben.'"

Als der alte Sun das hörte, knurrte er:

„Solch eine Giftnatter! Das Weib ist ja mehr als gefährlich!"

Auch Tschu entrüstete sich und brummte mit seinem kräftigen Baß:

„In Ketten mit dieser Erzreaktionärin!"

Liu Guei-lan sprach weiter:

„Früher wollte ich alles vergeben und vergessen sein lassen. Schließlich habe ich ja eine Zeitlang bei ihr gewohnt. Laß es sein, sagte ich mir, auch wenn sie dich noch so schimpflich behandelt haben, denn mir war die Zeit zu kostbar, um über verjährtes Leid viel Wesens zu machen. Aber heute will sie mich zwingen, zu ihr zurückzukehren. Hier könnt ihr's sehen..."

Sie hatte unterdessen zwei Knöpfe ihres Kleides aufgemacht und ihre linke Schulter entblößt, auf der eine dunkelrote Narbe zu sehen war. „Im zwölften Jahr der Kang-deh hieb sie mir einmal vor Wut darüber, daß ich so langsam Unkraut jätete, mit der Hacke blindlings auf die Schulter. Seht euch das an! Das Blut ist mir damals über den ganzen Körper gelaufen. Ich mußte gleich nach Hause gehen und mich hinlegen. Sieben Tage lang konnte ich nicht aufstehen."

Nachdem sie das Kleid wieder zugeknöpft hatte, fuhr sie fort: „Nicht einmal der Arzt wurde geholt. Ich hatte solche Schmerzen, daß mir die Tränen nur so aus den Augen schossen, aber sie tobte: ‚Was soll das heißen, immerzu auf dem Kang zu liegen? Auf dem Acker gibt's so viel zu tun, und du machst dir faule Tage. Was sollen wir dich für nichts und wieder nichts durchfüttern? Kannst ruhig die Schmerzen spüren. Kreaturen wie du können von mir aus verrecken...!' Ach ja, in ihren Augen ist der Arme keinen Pfifferling wert."

Von ihrer Erinnerung überwältigt, schwieg das Mädchen einen Augenblick und begann dann wieder:

„Nachdem ich Mitglied der Frauenbrigade geworden war, begegnete ich ihr einmal im Dorf. Sie stellte sich breitbeinig vor mich hin und höhnte: ‚Du bist wohl jetzt fein heraus. Die Bauernvereinigung und der Aufklärertrupp haben ja allerhand für dich übrig. Was kostet dich denn das, he?' Dann überschüttete sie mich mit weiteren Schmähreden und versuchte mir dabei sogar die Kleider vom Leibe zu reißen. Sie haßt mich, weil ich zu viel von den dunklen Machenschaften ihrer Familie weiß."

Die Wut der Anwesenden war so gestiegen, daß sie Anstalten machten, die Alte festzunehmen. In diesem Augenblick erschien Guo Tsüan-hai in der Tür. Als er die Situation erfaßt hatte, riet er den Bauern, Liu Guei-lan erst zu Ende reden zu lassen. Das Mädchen, dem bei seinem Anblick das Blut zu Kopf gestiegen war, setzte nun ihre Anklagen fort:

„Als ich zur stellvertretenden Leiterin der Frauenbrigade ernannt wurde, hatten meine Schwiegermutter und ihre Tochter nur Spott und Hohn für mich übrig, wenn sie mir begegneten. ‚Als was bist du denn jetzt tätig?‘ fragte die Alte eines Tages feixend. ‚Du suchst wohl in der Bauernvereinigung den passenden Liebesvogel?‘ Die Junge sagte beschwichtigend: ‚Sie ist doch Funktionärin! Wie kannst du so was auch nur über die Lippen bringen? Wenn sie dich nun anzeigt, was dann?‘ Die Alte fing nun an zu schimpfen: ‚Dieses verdammte Hurenbalg! Rein verrückt ist sie vor Freude, daß sie den Pöbel auf uns hetzen kann. Soll sie nur! Einmal hat es sich doch ausgepöbelt!‘ Ihre Tochter, die es anscheinend mit der Angst zu tun bekam, schnitt der keifenden Alten schleunigst das Wort ab: ‚Mutter, sei ruhig!‘ flüsterte sie und stieß sie warnend an. Die Alte verbesserte sich auch sofort: ‚Meinst du etwa, ich würde jemandem so etwas nachsagen? Dich meine ich, dich, hast du das nicht begriffen?‘“

Guo Tsüan-hai drängte sich an die Frau heran und fragte:

„Du sagtest: ‚Einmal hat es sich doch ausgepöbelt.‘ Was meintest du denn damit?“

Die Alte warf einen Blick auf die vielen Menschen, die sie von allen Seiten dicht umringten, und begann vor Angst zu zittern. Um keinen Preis würde sie ihre früheren Worte eingestehen. Sie erhob sich hastig und sagte zu Liu Guei-lan: „Na schön, wenn du nicht willst! Ich gehe jetzt.“ Sie wollte sich zur Tür durchdrängen, doch Guo Tsüan-hai vertrat ihr den Weg, warf dem neben ihm stehenden Dschang Dsching-jui einen Blick zu und befahl:

„Laß sie abführen. Die Frauenbrigade soll sich näher mit ihr befassen. Dieses Weib gibt uns eine harte Nuß zu knacken.“

In dem Saal, in dem der Schreibunterricht stattfand, bildeten Bai Da-sao-dse und Liu Guei-lan mit mehr als hundert anderen Frauen eine undurchdringliche Mauer um die alte Frau Yüan-Dou, der vor Angst die Glieder schlotterten. Das Kreuzverhör begann. Man fragte sie über ihre politischen Ansichten aus und wollte wissen, ob sie Waffen versteckt hätte. Bei der letzten Frage verdrehte die Alte vor Wut die Augen und erklärte böse:

„Waffen habe ich nicht, aber..." Sie hatte noch etwas sagen wollen, verschluckte es aber. „Was sollte ich alte Frau ausgerechnet mit Gewehren anfangen?"

Verschiedene Frauen wurden bei diesen Worten hellhörig und fragten:

„Was hast du denn sonst? Sprich!"

„Ich habe ..." Sie hüstelte verlegen und blieb mitten im Satz stecken.

„Was hast du, nun rede schon", erschallte es gleichzeitig von mehreren Seiten.

Die Alte begann zögernd:

„Ich habe von Dou Shan-fa ein paar goldene Ringe bei mir."

Wieder kam es von allen Seiten:

„Wo sind sie? Sprich!"

Die Alte flüsterte Bai Da-sao-dse etwas ins Ohr, woraufhin diese laut bekanntgab:

„Die Männer verlassen jetzt mal für einen Augenblick das Zimmer."

Als nur noch Frauen anwesend waren, unterzog Bai Da-sao-dse die Alte einer Leibesvisitation und fand die beiden Ringe im Saum ihres Hosenbundes. Der Kutscher war als erster wieder zur Stelle, bemächtigte sich der Ringe und nickte, nachdem er sie eingehend betrachtet hatte:

„Die gehörten Dou Shan-fa. Ich habe sie an den Fingern seiner jüngsten Schwiegertochter gesehen. Wo haben denn die Dinger gesteckt?"

„Hier ist nicht der rechte Ort, um dir das zu verraten", erklärte Frau Bai belustigt und auch die anderen Frauen mußten lächeln.

Dschao Da-sao-dse trat auf die Alte zu, die gerade ihre Hosen zuschnürte, und rief zornig:

„So seid ihr alle. Die unglaublichsten Stellen wählt ihr zum Versteck. Geh, wir verhaften dich nicht, wir fesseln dich nicht, doch du mußt deine Ansichten von Grund auf ändern und den Landräubern nicht mehr als Lanzenträger dienen."

SECHZEHNTES KAPITEL

Die Familie Yüan-Dou rechnete zu den handeltreibenden Gutsbesitzern der niederen Klasse. Anfangs hatten die Bauern sie in Ruhe gelassen, denn selbst Guo Tsüan-hai, der die Verhältnisse im Dorf so gut wie seine eigene Tasche kannte, glaubte, daß dort nichts zu holen sei. Als man jedoch bei Frau Yüan-Dou Schmuck fand, den sie für Dou Shan-fa verborgen hatte, wurden die Bauern wütend, und ihre Zweifel wurden wach. Die Funktionäre setzten eine Beratung an und gelangten schließlich zu der Auffassung, daß man den Verwandten- und Freundeskreis der Großgrundbesitzer noch nicht zur Genüge überprüft habe. So kam es, daß sich bald danach alles zu einer neuen Säuberungsaktion vereinigte. Das glimmende Holz schlug nochmals helle Flammen, und die Feuerzungen des Klassenkampfes streckten sich aus nach den unsauberen Elementen, die Verleumdungen in Umlauf setzten und sich als Hehler für die Großgrundbesitzer hergaben, sie leckten nach den Verschwägerten und sonstigen Verwandten, nach den im Geheimbund Verschworenen und den Blutsbrüdern der Gutsherren. Die großen Säulen und das Quergebälk des morschen und faulenden feudalistischen Gebäudes waren bereits eingestürzt, und nun klafften auch in den Mauern, die diesen hinfälligen Bau noch zu stützen versuchten, bereits breite Risse.

Auch während der Neujahrszeit fanden Versammlungen statt. Die politische Gesinnung der kleinen Gutsbesitzer wurde überprüft, Enteignungen wurden vorgenommen, und so ging das Tag und Nacht, ohne Pause. Die Dorfbewohner bildeten sechs große Brigaden, die alle unermüdlich ihre gesellschaftliche Tätigkeit ausübten. Auf sechs Höfen brannte Nächte hindurch Licht, sechs große Bohnenöllampen mit je zwei Dochten flackerten und zischten. Die Brennölverteilung hatte ein alter Junggeselle namens Hou Tschang-shou, mit Nebennamen Hou Tschang-tui, der Langbeinige, übernommen, der unter der alten Gesellschaftsordnung in Armut geraten war. Während er so von einer Lampe zur anderen eilte, murmelte er vor sich hin: „Die sechs Lampen mit den zwei Dochten sind wie sechsmal zwei Drachen und saufen Öl wie Wasser." Oder er seufzte: „Wieder eine Flasche leer! Diese Nacht ist aber lang. Ich muß schon noch einmal nachfüllen, es bleibt mir nichts weiter übrig."

Waffen waren nirgends zu entdecken. Gold, Silber, Kleider und Tuche wurden zwar noch manchmal gefunden, doch sie waren ausnahmslos Plunder und nicht der Beachtung wert. Die Menschen waren durch die schlaflosen Nächte übermüdet. Kaum waren sie morgens nach Hause gekommen, dann sanken sie auch schon bleischwer auf den Kang nieder und waren im Nu eingeschlafen. Viele warteten nicht das Ende der Aktion ab, sondern schlugen sich einfach in die Büsche. Bei drei Brigaden hatten nur noch die Jungen Pioniere ausgehalten, die mit Todesverachtung ihre Nachforschungen fortsetzten. Hou Tschang-shou murmelte: „Wir sind arme Leute, wir können doch das Lampenöl nicht so mir nichts dir nichts vergeuden." Und der alte Sun meckerte: „Das kann man doch nicht mehr als Suchaktion bezeichnen! Eine Abfallsammlung ist das."

Guo Tsüan-hai, dem diese Reden zu Ohren kamen, machte sich seine Gedanken über die politische Lage und schickte schleunigst einen Boten nach Sandschia, um dem Hauptmann Bericht zu erstatten.

Auch Hsiao Tschiang zerbrach sich den Kopf, denn in allen Dörfern der Umgebung war derselbe Leerlauf eingetreten. Es wurde immer weiter geschürft, obgleich keine neuen Funde zu erwarten waren. Und was man zutage förderte, war tatsächlich, wie der Kutscher sagte, eine „Abfallsammlung". Hsiao Tschiang drehte und wendete dieses Wort nach allen Seiten. Es fiel ihm ein Ausspruch ein, er wußte nicht mehr von wem: „Ein umsichtiger Führer muß alles beachten und sei es auch die nebensächlichste Bemerkung einer unwichtigen Person: bisweilen erweist sie sich doch als sehr treffend." Geradeso verhielt es sich mit der „Abfallsammlung". Hsiao kannte den Kutscher genau und wußte, daß dieser Alte nicht ernst zu nehmen war, denn er erregte Gelächter, sobald er nur den Mund auftat. Bei der Erinnerung an seine Bärengeschichten mußte Hauptmann Hsiao unwillkürlich lächeln. „Das ist ja alles Unsinn", murmelte er vor sich hin. „Aber ‚Abfallsammlung' ... das hat was für sich."

Wie immer, wenn sich vor ihm ein neues, schwieriges Problem erhob, wandte Hauptmann Hsiao auch heute die Methode an, die er aus Mao Tse-tungs Schriften gelernt hatte: In Form einer objektiven Darstellung legte er über seine politische Arbeit Rechenschaft ab. Er richtete das Schreiben an das Provinzkomitee der Partei und schrieb anschließend einen Brief, in dem er den beiden anderen Kreiskommissaren über die gegenwärtige Situation berichtete. Brief und Bericht übergab er Wan, der damit auf dem Schimmelwallach des Hauptmanns zur Kreisstadt galoppierte. Dann forderte Hsiao von der Bauernvereinigung „Sandschia" fünf Milizsoldaten an, die die Funktionäre des Bezirks Yüanmao zu einer am nächsten Tag in Sandschia stattfindenden Besprechung einberufen sollten.

Am nächsten Tage, gleich nach dem Frühstück, trafen die Funktionäre der Dörfer des Bezirks Yüanmao aus einem Umkreis von mehr als zehn Li ein. Auch an den Kutscher Sun Yung-fu hatte Hauptmann Hsiao eine Einladung ergehen lassen.

Versammlungsort war das Haus eines Mittelbauern. Da sich noch nicht alle Beratungsteilnehmer eingefunden hatten, sah Hauptmann Hsiao inzwischen im Dorf nach dem Rechten, unterhielt sich mit den Bauern und fragte sie nach ihrer Meinung. Dabei merkte er, daß zweierlei Auffassungen bestanden: die einen betonten, man müsse weitersuchen, es gäbe schon noch hier und dort etwas zu finden, doch die anderen wandten ein, das Suchen lohne sich nicht mehr und sei nur Zeitverschwendung; man solle dafür lieber Matten herstellen, Brennholz besorgen, Dungkörbe flechten und Vorbereitungen für die Feldarbeit treffen.

Auf der Versammlung entbrannten erregte Diskussionen. Auch hier ließen sich die Meinungen in zwei Gruppen zusammenfassen: die einen befürworteten die Fortsetzung der Suchaktion, die anderen drangen auf ihre sofortige Beendigung.

Hauptmann Hsiao, der auf dem Kang neben einem niedrigen Tischchen saß, notierte sich aufmerksam alle brauchbaren Ansichten, die hier vertreten wurden. Dann legte er den Federhalter beiseite und ergriff das Wort:

„Ich möchte auch etwas dazu sagen: Weshalb bekämpfen wir eigentlich den Feudalismus?"

„Um Rache zu nehmen!" „Um den Boden aufzuteilen!" „Weil wir auf einem warmen Kang schlafen, angenehm leben und zu Neujahr genug Dschiao-dse essen wollen!" Die letzte Antwort erregte starkes Gelächter.

„Auch richtig", meinte Hsiao lächelnd. „Die Revolution soll allen Menschen ein gutes Leben bringen. Aber unter welchen Voraussetzungen können wir das erst schaffen?"

Auf beiden Kangs herrschte eine sengende Hitze, und in der Mitte des Zimmers brannte außerdem noch ein Holzfeuer. Tschu Fu-lin stand auf, wischte mit dem Ärmel über die Stirn, schlug die Schöße seines zerrissenen Schafpelzes zurück und rief:

„Wenn wir Häuser, Ackerland, Pferde, Pflüge und Eggen besitzen, brauchen wir uns keine Sorgen mehr zu machen."

„Du sprichst ja gerade so, als ob das einfacher wäre als Wasser trinken", protestierte Dschang Dsching-jui. „Von wegen keine Sorgen! Was willst du denn ohne Saatgut anfangen?"

Sun hatte auch etwas zu bemerken:

„Und Fuhrwerke! Wie willst du denn sonst die Ernte vom Feld holen, he?"

„Wenn du nun schon die Fuhrwerke hinzurechnest, dürfen wir aber auch die Reismühlen nicht vergessen", erinnerte Tschu.

„Die Fuhrwerke sind wichtiger", gab der Kutscher zurück.

„Die Reismühlen sind wichtiger!"

Der alte Sun tobte:

„Ohne Fuhrwerke kannst du doch mit deinen Pferden nichts anfangen."

„Ohne Reismühlen sind deine Pferde einen Dreck wert!"

Hauptmann Hsiao erhob sich und schlug mit der Faust auf den Tisch, worauf sofort Ruhe eintrat.

„Wir brauchen sowohl Reismühlen als auch Fuhrwerke, alles wird dringend benötigt. Unsere Befreiung zeigt sich gerade darin, daß wir den nicht arbeitenden Gutsherren ihre landwirtschaftlichen Geräte, ihr Inventar und Ackerland entreißen und alles der werktätigen Bevölkerung übereignen. Nach der Befreiung wollen wir alle Kräfte daransetzen, um die Felder gut zu bestellen. Doch in unserem Bezirk mangelt es noch an Zugvieh. Wenn wir für das beschlagnahmte Gold und Silber Pferde anschafften, wäre dieser Mangel behoben."

Guo Tsüan-hai, der mit der Tabakspfeife im Mund auf dem Kang hockte, ließ sich vernehmen:

„Wenn wir uns in Yüanmaotun fünfzig bis sechzig Zugtiere anschaffen, können wir den aktivsten Bauern je eins zur Verfügung stellen."

Hauptmann Hsiao fuhr fort:

„Wenn wir Pferde haben, sind alle Schwierigkeiten beim Transport, Reisschälen und Pflügen behoben! Wir müssen unverzüglich alles vorhandene Inventar und Ackerland verteilen und Vorbereitungen zur Frühjahrsbestellung treffen, sonst kommt die Schneeschmelze, und wir schaffen es nicht mehr, denn das Wetter richtet sich nicht nach den Menschen. Es ist schon möglich, daß die Gutsherren noch verschiedenes versteckt halten, doch die Hauptsache ist, daß sie uns keinen Schaden mehr zufügen können. Wir brauchen uns deshalb nicht mehr mit ihnen zu befassen."

Guo Tsüan-hai nahm die Pfeife aus dem Mund.

„Und was sie noch haben, taugt sowieso nichts", meinte er.

„Was sollen wir also tun?" fragte Hsiao.

In diesem Augenblick erschien ein Bote aus der Kreisstadt, der ein Schreiben des Provinzkomitees aus der Tasche zog und es dem Hauptmann überreichte. Hsiao Tschiang übertrug Guo Tsüan-hai den Vorsitz und entfaltete den Brief, der etwa folgenden Inhalt hatte: Die Angriffsfront der Bodenreformbewegung sei zu breit. Um diese Front zu verkürzen, müßten die an den Mittelbauern begangenen Übergriffe wiedergutgemacht werden. Sämtliche Bestände an Getreide usw. sollten sofort restlos verteilt und das Ackerland unverzüglich den neuen Besitzern übergeben werden, damit die Frühjahrsbestellung rechtzeitig begonnen werden könne. Das Provinzkomitee empfahl abschließend den Kreis- und Bezirksfunktionären, einen in der „Nordostzeitung" über dieses Thema erschienenen Artikel eingehend zu studieren und zu erörtern.

Hauptmann Hsiao schrieb schnell eine Antwort und entließ dann den Boten. Die Konferenz war unterdessen fortgesetzt worden. Hsiao Tschiang rechnete nun zusammen mit den anwesenden Funktionären die Zahl der am Kampf gegen die Gutsbesitzer beteiligten Personen aus; es waren rund achtzig Prozent aller Dorfbewohner. Waren die übrigen zwanzig Prozent nun alles Gutsbesitzer? Sie überlegten lange, und Guo Tsüan-hai meinte schließlich:

„Es gibt immer noch so viele Gleichgültige. In unserem Dorf zum Beispiel ist die alte Frau Wang noch nicht ein einziges Mal zur Versammlung erschienen."

„Wer ist diese Frau Wang?" wollte Hsiao sofort wissen.

„Sie ist arm", erklärte Tsüan-hai. „Ihr ältester Sohn hat sich sogar nicht einmal eine Frau nehmen können."

„Meinst du die Familie Wang vom Ostdorf?" fragte der Kutscher. „Die war früher wirklich mehr als arm. Für die fünf Mäuler reichte es das ganze Jahr über nicht hin und nicht her, und als der Alte starb, mußten sie ihn in eine Matte eingewickelt begraben, weil sie sich keinen Sarg leisten konnten. Aber der jüngste Sohn hat geheiratet."

„Was ist der jüngste Sohn?" erkundigte sich Hsiao Tschiang.

Sun erzählte:

„Er ist Schuhmacher. Seine Frau sagt: ‚Er hat ein Handwerk erlernt, deshalb werde ich mit ihm niemals in Not geraten.' Seinem älteren Bruder aber, der jetzt ungefähr dreißig Jahre alt ist, wollte seiner Armut wegen niemand seine Tochter zur Frau geben."

Hauptmann Hsiao blickte zu Guo Tsüan-hai hinüber: „Hat sich diese Familie etwas zuschulden kommen lassen?"

Tsüan-hai schüttelte den Kopf: „Es sind ehrliche und recht-schaffene Leute, die keiner Fliege etwas zuleide tun. Sie sind eben nur rückständig. Die Familie Wang ist entfernt mit Han Lao-liu verwandt, aber der Gutsherr verachtete sie."

„Habt ihr in jedem Dorf solche Leute?" wandte sich Hsiao an die Anwesenden.

„Aber ja. Ein paar schon", riefen die Funktionäre.

Während alle durcheinanderriefen, überlegte Hauptmann Hsiao. Dann erhob er sich von seinem Platz.

„Die Versammlung ist geschlossen. Geht nach Hause und über-legt euch Mittel und Wege, wie ihr die Abseitsstehenden mobili-sieren und die Prozentzahl der an der Bewegung beteiligten Personen auf zweiundneunzig von hundert Einwohnern herauf-setzen könnt. Außer den Großgrundbesitzern, die noch immer nicht kapituliert und sich nicht gebessert haben, müssen wir alle Menschen in der Bauernvereinigung organisieren oder zumindest um die Bauernvereinigung scharen. Morgen werde ich dann in Yüanmaotun die Verhältnisse studieren und sehen, wie wir die rückständigen Einwohner mobilisieren können."

Der Kutscher meinte erfreut:

„Das ist schön, daß der Herr Hauptmann wieder zu uns ins Dorf kommt. In unserer Bauernvereinigung haben wir geräumige und warme Zimmer, da ist es anders als in diesem dürftigen Nest. Mit meinem Schlitten bringe ich Sie in der Zeit von zwei Pfeifen Tabak nach Yüanmaotun, das garantiere ich Ihnen."

Tschu unterbrach ihn:

„Red nicht solchen Blödsinn! Hauptmann Hsiao, nehmen wir eigentlich auch Tagediebe und ähnliches Gesindel bei uns auf?"

„Ja", erwiderte Hsiao Tschiang. „Aber wir müssen sie allmählich auf den richtigen Weg führen."

Die Versammlung war beendet. Hauptmann Hsiao nahm sein Bettzeug, das er zu einem Bündel zusammengerollt hatte, und fuhr mit Sun Yung-fus Schlitten nach Yüanmaotun, wo er sich bei Guo Tsüan-hai einquartierte. Die beiden sprachen noch lange darüber, wie sie die noch abseitsstehenden Einwohner für die

Sache der Revolution gewinnen könnten, und stellten eine Namensliste der rückständigen Personen auf. Doch wie sollte man an diese Menschen herankommen? Während er auf dem Kang lag, dachte Hauptmann Hsiao immer noch darüber nach und fand keinen Schlaf. Er zog den Lampendocht etwas höher und überflog die letzte Ausgabe der „Nordostzeitung", bis er plötzlich auf der zweiten Seite einen Artikel aus Lalin entdeckte, in dem über Erfahrungen und Methoden bei der Mobilisierung der rückständigen Einwohner berichtet wurde. Er weckte Guo Tsüan-hai, mit dem er dann die in Lalin durchgeführten Maßnahmen erörterte, die Lage dort mit der in Yüanmaotun verglich und mehrere Pläne ausarbeitete, die sie am nächsten Tag schon in die Tat umsetzen wollten.

SIEBZEHNTES KAPITEL

Die Sonnenstrahlen fielen durch die obere Hälfte des Fensters. Draußen hüpften die Spatzen im Weidengebüsch herum und schilpten. Hauptmann Hsiao stand auf und kleidete sich an. Während er sich wusch, sprach er mit Guo Tsüan-hai über die Vorbereitungen für eine gemütliche Zusammenkunft der alten Einwohner des Dorfes im Innenzimmer der Bauernvereinigung und für ein Stelldichein der Taugenichtse im Nebengebäude. Den alten Leutchen sollten die beiden Ehepaare Sun und Tien Gesellschaft leisten, während Guo Tsüan-hai und Dschang Dsching-jui das Lumpenproletariat bewirten sollten. Sämtliche anderen Beratungen fielen an diesem Tage aus.

Die übrigen Funktionäre der Bauernvereinigung sichteten die zur Verteilung bestimmten Vorräte, stuften die Einwohner in Klassen ein, setzten Preise fest und zeichneten die einzelnen Gegenstände damit aus.

Nach dem Frühstück trafen die Gäste ein. Für die alten Leute, denen das Laufen schwerfiel, hatte die Bauernvereinigung mehrere Schlitten bereitgestellt.

Als die Nichtstuer aus allen Teilen des Dorfes sich gegenseitig betrachteten und feststellen mußten, daß sie sich hier unter ihresgleichen befanden, konnten sie sich das Lachen kaum verbeißen. Da sie alle in demselben Dorf lebten, war ihnen das Treiben eines jeden ihrer Kumpanen kein Geheimnis. Auf dem Tisch lagen eine Menge Sonnenblumenkerne, eine Schachtel voll Tabak und ein Stoß Zigarettenpapier. Die Gäste ließen sich die gerösteten Kerne schmecken, drehten sich Zigaretten und rauchten. Einer namens Li Mao-lu, Li, der Esel, stand auf, legte den Kopf schief und fragte:

„Vorsitzender Guo, was verschafft uns eigentlich die Ehre?"

„Ihr sollt euch zum neuen Jahr einmal hier zusammenfinden und ein bißchen unterhalten", erklärte Tsüan-hai. „Sagt ruhig eure Meinung, wenn ihr an der Bauernvereinigung etwas auszusetzen habt."

Li Mao-lu verzog sein Gesicht zu einer Fratze und krächzte: „Nichts haben wir auszusetzen. Es ist alles in bester Ordnung."

Das finstere Pack schaute grimmig drein, lümmelte sich herum und paffte blaue Rauchkringel in die Luft. Li Mao-lu, den Rücken gegen die Wand gelehnt, döste mit geschlossenen Augen vor sich hin. Um die Leute zum Sprechen zu bewegen, fragte Guo Tsüan-hai:

„Weshalb kommt ihr eigentlich nie zu den Dorfversammlungen?"

Keiner antwortete, nur Li Mao-lu schlug die Augen auf und sagte grinsend:

„Ich habe bei der Klasseneinteilung schlecht abgeschnitten, es hat ja doch keinen Zweck, wenn ich was sage."

„Zu welcher Klasse willst du denn gehören?" wunderte sich Dschang Dsching-jui.

„Na, zu den Großgrundbesitzern immerhin", meinte Li Mao-lu feixend.

„Alles will tiefer eingestuft werden, die Grundbesitzer als reiche Bauern, die Großbauern als Mittelbauern, und du willst nach oben. Was ist denn mit dir los?"

Li Mao-lu mußte selber lachen:

„Wie du willst, aber früher, als es den Armen dreckig ging, war ich ein armer Schlucker, und heute geht es den Gutsbesitzern dreckig, also bin ich jetzt ein Gutsbesitzer. Aber ihr seid mir geistig noch zu sehr überlegen, ich werde bis zur nächsten Versammlung deshalb ein bißchen trainieren. Darf ich jetzt gehen?"

Das mußte Guo Tsüan-hai auf jeden Fall verhindern, und er erzählte schnell ein paar Witze, um die versammelten Burschen bei guter Laune zu halten. Das eigentliche Problem berührte er noch nicht. Als Hauptmann Hsiao das Zimmer betrat, redete er immer noch. Hsiao Tschiang sah sich im Zimmer um, und sein Blick blieb an Li Mao-lu haften, der sich besonders auffällig benahm. Er fragte leise: „Wer ist das?"

„Li Mao-lu", gab Tsüan-hai ebenso leise zur Antwort.

„Weshalb solch ein komischer Name?"

„Das ist sein Spitzname. Eigentlich heißt er Li Fa. Im fünften Jahr der Kang-deh kam er aus Innerchina mit zwei Eseln in unser Dorf. Auf dem einen ritt seine Frau mit seinem fünfjährigen Sohn, der andere Esel trug Pfannen, Geschirregale und Öltrichter. Das hat vielleicht geklimpert und geklappert, kann ich Ihnen sagen. Dou Shan-fa verpachtete ihm dann fünf Dang Land. Da hier bei uns Esel sehr selten sind und er gleich zwei davon mitbrachte, hatte er seinen Spitznamen weg. Zwei Jahre später mußte er die beiden Esel dem Grundherrn als Bezahlung für seine Pachtschulden abliefern, aber diesen Namen hat er behalten. Nachdem sein Kind an Typhus gestorben war, und seine Frau ihn verlassen hatte, gab er die Landwirtschaft auf und lebt seitdem von der Hand in den Mund. Er treibt sich mit Huren herum, betrinkt sich, spielt um Geld und gibt sich mit Wahrsagereien ab. Weil er keine ganz sauberen Finger hat, wollte die Bauernvereinigung ihn nicht aufnehmen, er wäre aber sowieso nie erschienen."

„Verabrede dich nachher mit ihm für einen späteren Termin", schlug Hsiao vor.

Als der Hauptmann in die Mitte des Zimmers trat, verstummte alles, sogar Li Mao-lu hemmte seinen Redestrom.

„Wir haben euch anläßlich des neuen Jahres eingeladen, damit wir miteinander Fühlung bekommen und uns kennenlernen", begann Hsiao. „Wir sind alle Landsleute, wir alle sind gleich arm, keiner von uns heißt Reich, oder ist etwa einer dieses Namens unter euch? Wenn euer Gewissen auch nicht ganz rein ist, so wird euch doch niemand deswegen verachten, denn die Schuld trägt einzig und allein die feudale Gesellschaft, die Gesellschaft der Gutsbesitzer."

Ein berüchtigter Spieler, der auf dem Kopfende des Kang saß, nickte zustimmend.

„Ganz recht", sagte er. „Die Sitten in diesem Dorf waren früher einfach fürchterlich. Bei Regenwetter war der Großgrundbesitzer immer der erste beim Glücksspiel. Wie der Herr, so's Gescherr. Spielen mußte man, ob man wollte oder nicht. Wer ihm nicht gehorchte, dem zerschmiß er die ganze Wohnungseinrichtung."

„Ich möchte ein Beispiel anführen", fuhr der Hauptmann fort. „Li..." Er stockte, denn beinahe hätte er „Mao-lu" gesagt, und fuhr dann fort: „Li Fa..."

Als Li Mao-lu diese Anrede aus dem Munde des Hauptmanns hörte, stutzte er. Seit langen Jahren hätte ihn im Dorf niemand anders als mit seinem Spitznamen angesprochen. Nun war er erstaunt und gerührt zugleich. Erstaunt deshalb, weil der Hauptmann überhaupt seinen Vornamen kannte und gerührt, weil dieser Offizier der Achten Armee ihn wie einen anständigen Menschen behandelte. Seit seine Frau ihn verlassen hatte, und das war nun schon einige Jahre her, war es ihm zur Gewohnheit geworden, sich selbst zu verachten. Er zerschlug, was sowieso schon entzwei war — sein Leben, und er dachte nicht daran, sich jemals wieder zu bessern. Daß ihm jemand auch nur die geringste Achtung entgegenbringen würde, hätte er für unmöglich gehalten. Aufmerksam lauschte er Hauptmann Hsiaos Worten:

„War Li Fa, als er in dieses Dorf einzog, etwa kein braver Bauer? Er pachtete von Dou Shan-fa Land, das er fleißig bestellte, bis er schließlich seine beiden Esel weggeben mußte, bis sein

Kind krank wurde und starb und seine Frau, die er nicht mehr ernähren konnte, ihn verließ. Hat er etwa damals um Geld gespielt?"

Li Mao-lu schlug die Augen nieder. Er dachte an die beiden Esel, an sein armes Kind und seine Frau, er erinnerte sich an jene furchtbare Nacht, nachdem seine Frau ihn verlassen hatte, und er entsann sich, wie er einmal bis zur Bewußtlosigkeit gepeitscht worden war, weil man ihn dabei erwischt hatte, daß er, von Hunger gequält, auf dem Felde eines Nachbarn einen Maiskolben abgebrochen hatte. Was hätte er damals tun sollen? Der Mensch will leben, und wenn er nichts mehr zu essen hat, gerät er auf die schiefe Bahn. Beim ersten Mal hatte er noch ein schlechtes Gewissen, doch mit der Zeit gab sich das. Daß ihn seine Mitmenschen verachteten, ließ ihn gleichgültig, denn er selbst verachtete sich am meisten.

Als jetzt der Hauptmann so achtungsvoll von ihm sprach, wußte er nicht recht, wie er sich dazu verhalten sollte. Hsiao Tschiang sprach immer noch, und was er sagte, machte Li Mao-lu hoffnungsvoll.

„Bisher wurden wir von den Grundbesitzern zu unseren Vergehen gezwungen, es war nicht unsere Schuld. Wer aber jetzt, da wir diese Menschenfresser unschädlich gemacht haben, weiter im alten Trott geht, hat selbst Schuld daran, wenn wir ihn beiseite schieben. Die Zeiten ändern sich, und die Menschen müssen sich dieser Veränderung anpassen. Wenn das Ackerland verteilt ist, beginnt die Arbeit, bei der jeder einzelne ein Vorbild sein muß ... Also, unterhaltet euch ruhig weiter, ich will mal sehen, was die anderen machen."

Hauptmann Hsiao verließ diese Gesellschaft und ging hinüber zur Versammlung der Alten. Er setzte sich vor die Tür, so daß er vom Zimmer aus nicht gesehen werden konnte und hörte, wie Sun Yung-fu gerade sagte:

„Wir armen Kerle müssen unsere ganze Kraft für unsere Befreiung einsetzen wie die acht Helden aus der Sage, die über das Meer fuhren. Erzählt mir nicht, ihr wäret schon zu alt dazu!

Der Kanzler Tai-gung war achtzig, als er zum Kaiser Wen-wang gerufen wurde. Wir sind alle so um die fünfzig rum, können wir da etwa behaupten, daß wir zu alt seien? Übrigens haben alte Leute viel Erfahrung und ein treffendes Urteil. Ich muß dazu sagen, daß sich selbst der Hauptmann manchmal bei mir Auskunft holt, wenn er nicht ganz genau Bescheid weiß. Kürzlich, auf der Versammlung in Sandschia habe ich gesagt, daß nach den Pferden die Fuhrwerke am wichtigsten seien und Tschu behauptete, Reismühlen seien notwendiger, aber der Hauptmann hat mir recht gegeben. Wer ist denn schon Tschu Fu-lin? Ich bin über mehr Brücken gefahren als er über Straßen gelaufen ist..."

Tien Wan-shun unterbrach seinen Nachbarn, als der gänzlich vom Thema abzuschweifen drohte und sprach selber weiter:

„Wenn die Kommunistische Partei nicht wäre, hätten wir heute nicht solch ein schönes Leben. All das verdanken wir dem Führer der Kommunistischen Partei, dem Vorsitzenden Mao Tse-tung. Wer von uns hier hat wohl noch keine Vorteile von der Kommunistischen Partei gehabt?"

Eine alte Frau mit silberglänzendem Haar nahm die Pfeife aus dem Mund und stimmte eifrig zu:

„Wer ist der Kommunistischen Partei und dem Vorsitzenden Mao wohl nicht zu Dank verpflichtet? Jahrelang blieb der Deckel auf dem Kessel liegen, so wenig hatten wir zu essen. Heute aber sind wir armen Menschen geradezu wie neugeboren. Hundertmal kräftiger fühlen wir uns als früher. Nun müssen wir aber auch beweisen, daß wir Kräfte haben."

„Weshalb zeigst du sie denn nicht?" spottete ein Graukopf. „Warum sollen ausgerechnet die anderen ihre Kräfte zeigen? Als dein Sohn im vorigen Jahr zur Achten Armee gehen wollte, hast du ihm eine Szene gemacht."

Die Weißhaarige war entrüstet.

„Unsinn! Wem habe ich eine Szene gemacht? Ich habe ihm sogar gesagt, er solle sich keine Sorge um die Familie machen, sondern brav seinen Mann stehen. Auf die Grundbesitzerdespoten brauchen wir keine Rücksicht zu nehmen. Sie hassen uns, weil wir ihnen an den Kragen gegangen sind. Deshalb müssen wir auf der Hut sein und unermüdlich kämpfen."

„Reden kannst du ganz gut", erwiderte der Graukopf hämisch.

Hauptmann Hsiao stand schnell auf, trat ins Zimmer und gab dem Gespräch eine andere Wendung, um die Greisin vor weiteren Kränkungen zu bewahren:

„Ich bitte euch für wenige Minuten um Gehör. Die Bauernvereinigung hat euch heute zu einer Zusammenkunft eingeladen, um eure Meinung zu erfahren. Die Gutsherren haben wir zwar ohne eure Mithilfe unschädlich machen können, doch es bleibt immer noch viel zu tun übrig. Da alte Menschen eigene Interessen haben, wollen wir eine Organisation der alten Einwohner gründen, die fest auf seiten der Kommunistischen Partei und der Bauernvereinigung steht. Wer aus überlebten Vorstellungen heraus seinen Söhnen und Töchtern immer noch die Teilnahme an der gesellschaftlichen Arbeit verbietet, soll auf den Versammlungen öffentlich kritisiert werden. Seid ihr damit einverstanden?"

Alles rief: „Einverstanden!" Die alten Leutchen hörten auf, ihre Sonnenblumenkerne zu kauen, steckten gruppenweise die Köpfe zusammen und sprachen über die Gründung einer Organisation der alten Einwohner.

Hsiao Tschiang, der sich an die von Guo Tsüan-hai erwähnte Frau Wang erinnerte, fragte den Kutscher:

„Ist Frau Wang nicht gekommen?"

„Nein", erklärte Sun Yung-fu nach einem Blick auf die Anwesenden. „An der ist Hopfen und Malz verloren."

Als die Versammlung beendet war, machte sich Hauptmann Hsiao gemeinsam mit Guo Tsüan-hai auf den Weg, um der Frau Wang einen Besuch abzustatten. Als sie das Haus betraten, erblickten sie in der Stube die Alte, die mit gekreuzten Beinen am Kopfende des Kang saß und mit einer Handarbeit beschäftigt war. Sie trug ein flickenbesetztes gefüttertes Gewand aus dunkelblauer Baumwolle. Als sie die Gäste eintreten sah, grüßte sie kurz und förmlich:

„Ah, der Hauptmann! Bitte, nehmt Platz."

Sie ließ sich jedoch nicht in ihrer Arbeit stören. Die beiden Männer setzten sich auf den Bettrand. Während Guo mit der Alten ein Gespräch anzuknüpfen suchte, schaute sich Hauptmann Hsiao im Zimmer um. Die Bastmatte war zerlöchert, an dem Tischchen fehlte ein halbes Bein, auf dem Spind lagen zwei zerrissene schmutzige Decken aus Hanfwerg, die schon ein beträchtliches Alter erreicht zu haben schienen. Ein schätzungsweise dreißigjähriger Mann mit buschigen Augenbrauen, sicherlich ihr ältester Sohn, der nicht hatte heiraten können, lümmelte sich quer über das Kopfende des Lagers. Er hielt die Augen fest geschlossen und tat, als schlafe er. Über den zweiten Kang war eine neue Bastmatte gebreitet, und in den beiden, mit roten Lackmalereien verzierten Glastruhen am Fußende dieses Lagers türmten sich zwei Decken aus dreierlei Stoff und zwei große Kissen, die funkelnagelneu aussahen. Während Guo seine Stummelpfeife mit dem blauen Jademundstück aus dem Gürtel holte und stopfte, erkundigte er sich bei der Alten nach ihrer Schwiegertochter.

„Wer weiß, wo die wieder steckt", brummte Frau Wang, ohne auch nur den Blick von ihrer Arbeit zu heben.

Sie hatte kaum zu Ende gesprochen, als eine ungefähr zwanzigjährige Frau zur offenen Tür hereintrat. Sie trug ein abgenutztes, gefüttertes Kleid aus blauer Baumwolle. Zwischen ihren schwarzen Haaren hervor blitzten zwei silberne Ohrringe. Sie grüßte niemanden, sondern schürzte nur verächtlich die Lippen. Die Alte warf ihr einen scheelen Blick zu und brabbelte:

„Was fällt dir eigentlich ein, so lange wegzubleiben? Die Schweine verhungern ja!"

Während sich die junge Frau in die Küche zurückzog, rief sie schnippisch:

„Was treibt ihr denn die ganze Zeit zu Hause?"

Frau Wang schwollen bei diesen Worten die Stirnadern an. Sie schleuderte ihre Handarbeit beiseite, sprang auf und schimpfte jähzornig:

„Was geht dich das an? Das ist ja wirklich allerhand!"

Die Junge zog sich ihr gefüttertes Gewand aus, schürte das Feuer und setzte Fleisch zum Kochen auf.

„Na, und wenn schon, dann ist es eben allerhand!"

„Hauptmann Hsiao, hören Sie sich das an! Was soll man davon halten?" schrie die Alte mit zornbebenden Lippen.

Der älteste Sohn erhob sich nun aus seiner bequemen Ruhelage und versuchte seine Mutter zu beschwichtigen:

„Nicht doch, nicht doch! Laß sie reden, ihr beide bleibt sowieso nicht mehr lange in einem Haushalt."

Auch Hauptmann Hsiao und Guo Tsüan-hai legten sich ins Mittel, aber bald verabschiedeten sie sich und verließen das Haus.

Auf dem Hof trafen sie die im Nebengebäude wohnende Frau Li, deren Mann im Felde stand. Lächelnd bat sie die beiden Männer zu sich in die Wohnung. Dort gab sie ihnen Tabak und Feuer, zündete sich selbst eine Pfeife an und erzählte im Flüsterton ausführlich den Grund für das jähzornige Verhalten der alten Frau Wang.

Frau Wangs jüngster Sohn hatte seinerzeit mit Hilfe eines netten Sümmchens, das ihm sein Schuhmacherhandwerk eingebracht hatte, die Tochter eines reichen Bauern geheiratet. Daß der Jüngste geheiratet hatte, während sein älterer Bruder immer noch Junggeselle war, konnte die Mutter nicht verwinden. Der Älteste war ein rechtschaffener Bauer und ein fleißiger Mensch, nur etwas unbeholfen. Außerdem besaß er kein Vermögen, und wenn er sich auch jedes Jahr verlobte, so war an eine Ehe trotzdem nicht zu denken.

Während der Bodenreform beschloß nun der reiche Bauer Li aus Furcht vor der Enteignung schnell Verwandtschaftsbande mit armen Einwohnern zu knüpfen und versprach deshalb dem älteren Wang seine Tochter. Auch eine Mitgift setzte er fest. Es wäre auch alles in Ordnung gewesen, wenn der reiche Bauer nicht kurz darauf erfahren hätte, daß man mit seinesgleichen milder verfahre als mit den Gutsherren. Jetzt bereute er die voreilig angesetzte Hochzeit. Als dann die Familie Wang eine Wolldecke als Mitgift schickte, lehnte die Familie Li sie ab.

Entweder eine Decke aus Hanfwerg hieß es, oder es werde alles wieder rückgängig gemacht. Eine Wolldecke war wertvoller als eine aus Hanfwerg, also sollten der Familie Wang offensichtlich Schwierigkeiten bereitet werden, denn sie wäre jetzt niemals in der Lage gewesen, noch eine Hanfwergdecke wegzugeben. So war denn also ein Anlaß gegeben, um die Hochzeit zunichte zu machen.

Als Hauptmann Hsiao und Guo Tsüan-hai zu Besuch kamen, war Frau Wang deswegen gerade in finsterer Stimmung. Daß sie gegen ihre Gäste so gleichgültig war und sich mit ihrer Schwiegertochter stritt, war nur ihrem übergroßen Kummer zuzuschreiben.

Auf dem Heimweg vereinbarte Hauptmann Hsiao mit Guo Tsüan-hai, der Frau Wang aus den beschlagnahmten Vorräten eine Hanfwergdecke auf Vorschuß zu geben und ihren Wert später bei der Verteilung in Rechnung zu stellen.

Als einer der Milizsoldaten die Decke bei der alten Frau Wang ablieferte, geriet diese vor Freude außer sich. Wenn sie von jetzt an einen Bekannten traf, so sagte sie begeistert: „Die Bauernvereinigung hilft uns wie ein Freund; es ist ein Glück, daß wir sie haben."

Die alte Frau Wang bat nun eine Heiratsvermittlerin, die Decke bei der Familie Li abzugeben; sie selber wanderte durch Sturm und Schnee zur Bauernvereinigung, um sich bei Hauptmann Hsiao zu bedanken.

Hsiao unterhielt sich gerade mit Li Mao-lu, dessen krächzende Stimme die Alte gleich erkannte:

„Bastmatten könnte ich zur Not noch zusammenkriegen, aber wie soll ich eine Brigade auf die Beine stellen und Chef einer solchen Bande von Nichtstuern werden? Ihr verlangt ja allerhand von mir!"

„Was steht denn dem im Wege?" fragte der Hauptmann erstaunt.

„Meine gesellschaftliche Stellung! Und einen guten Ruf habe ich außerdem auch nicht gerade."

Hsiao lächelte:

„Wenn du ehrlich arbeitest, wird sich deine gesellschaftliche Stellung schon ändern, und du kannst dir einen guten Ruf erwerben. Hast du sonst noch etwas auf dem Herzen?" fragte er, da sein Gegenüber noch unschlüssig stehenblieb. Li Mao-lu schaute sich vorsichtig nach allen Seiten um und flüsterte:

„Ich möchte Ihnen ein Geheimnis verraten: Tang Tien hat bei mir zu Hause fünf Kisten untergestellt. ‚Du bist so bettelarm', sagte er damals zu mir, ‚daß sie dir bestimmt nichts wegnehmen. Hilf mir doch jetzt mal aus der Klemme.' Was der Herr Hauptmann gestern gesagt hat, ist mir tief ins Herz gedrungen. Ich bin doch auch ein armer Schlucker, und wenn ich geschwiegen hätte, wäre das eine Gemeinheit gegenüber der Kommunistischen Partei, gegenüber der demokratischen Regierung und Ihren persönlich gewesen."

Hsiao Tschiang klopfte ihm auf die Schulter.

„Es ist gut, daß du uns das sagst. Mit deinem Geständnis beweist du, daß du dich wirklich mit der Bauernvereinigung verbunden fühlst."

Guo Tsüan-hai, der zugehört hatte, fragte lächelnd:

„Du bist doch auch ein armer Bauer, weshalb gabst du dem Gutsherrn dein Haus als Versteck her?"

„Wenn ich das nicht getan hätte, könntet ihr mich ja heute auch nicht aufklären", erklärte Li Mao-lu trocken.

Selbst Hauptmann Hsiao mußte über diese schlagfertige Antwort lachen.

„So ist's, du hast recht", sagte er. „Die Kisten kannst du uns mal bei Gelegenheit herbringen. Beeil dich, daß du bald deine Brigade zusammenbekommst. Das war alles, du kannst wieder gehen."

Nachdem er Li Mao-lu fortgeschickt hatte, begrüßte Hsiao die alte Frau Wang: „Na, was führt dich her? Will die Familie Li immer noch nichts von einer Hochzeit wissen?"

Die Alte schüttelte den Kopf und zog den Hauptmann wortlos am Rockzipfel ins Vorzimmer. Dort stellte sie sich auf die

Zehenspitzen und flüsterte ihm so leise etwas ins Ohr, daß er nur mit Mühe ihre Worte verstehen konnte. Schließlich sprach sie etwas lauter weiter: „Da wir entfernt miteinander verwandt sind, und ich mir früher nie so recht Gedanken darüber gemacht habe, wollte ich es erst niemandem verraten. Seit dem vorigen Jahr hält er sich dort . . ."

„Gut, gut", schnitt ihr Hsiao, der jemanden vor dem Fenster zu sehen glaubte, hastig das Wort ab.

Nachdem Frau Wang sich verabschiedet hatte, kehrte Hauptmann Hsiao ins Innenzimmer zurück und teilte Guo Tsüan-hai mit, was er von der Alten erfahren hatte.

„In diese Angelegenheit sind Einwohner Yüanmaotuns verwickelt", fuhr er leise fort. „Wir müssen ihn unter allen Umständen verhaften. Dazu brauchen wir zwei tatkräftige Männer. Der erste wärest du selber, aber wer käme als Begleiter in Frage? Dschang Dsching-jui kann nicht abkommen, weil wir sonst im Dorf niemanden haben, der für Ruhe und Ordnung sorgt. Tschu Fu-lin ist ein Tolpatsch, und schießen kann er auch nicht. Wer eignet sich bloß dafür?"

Guo Tsüan-hai überlegte angestrengt, bis er endlich eine Lösung gefunden hatte:

„Bai Yi-shan ist doch noch im Dorf, wie wäre es mit ihm? Er weiß außerdem mit solchen Sachen Bescheid."

Hsiao nickte zustimmend.

„Ausgezeichnete Idee. Aber er hat Urlaub, wir müssen ihn erst fragen, ob er freiwillig mitmacht. Schick ihn her, damit wir mit ihm darüber sprechen können, denn die Angelegenheit duldet keinen Aufschub, sonst wird zu guter Letzt noch alles verraten, und wir finden das Nest leer."

Als die Dunkelheit hereinbrach, setzte sich Hauptmann Hsiao mit Guo und Bai zu einer Besprechung zusammen. Eilig wurden Vorbereitungen getroffen, und als die beiden ihre Bündel geschnürt, Passierscheine, Empfehlungsschreiben und Fahrgeld in der Tasche hatten, schrieb Hsiao schnell noch einen Brief, den sie in der Kreisstadt bei der Verwaltung für öffentliche Sicherheit abgeben sollten, damit man ihnen die Akten aushändigte. „Am besten wäre es, wenn euch die Verwaltung einen Begleiter mitgibt", meinte er.

Noch in derselben Nacht jagten Guo und Bai mit einem Schlitten zur Kreisstadt.

ACHTZEHNTES KAPITEL

Nach Bai Yi-shans und Guo Tsüan-hais Abreise fanden in Yüanmaotun die Vorbereitungen für die letzte große Verteilungsaktion statt. Auf die Erfahrungen verschiedener anderer Kreise gestützt, beschloß man, eine Liste aufzustellen, in die die Einwohner ihren Verdiensten und ihrer Bedürftigkeit entsprechend in der Reihenfolge eingetragen werden sollten, in der sie bei der Verteilung der Gutsbesitzersachen zu berücksichtigen waren.

Eines Abends strömten die Dorfbewohner in die Bauernvereinigung, denn die Verteilungsliste sollte öffentlich aufgestellt werden. Die Menschen kamen, entweder um sich einstufen zu lassen oder um durch ihre Anwesenheit zum Glanz dieses Ereignisses beizutragen. Auch jene Bauern, die schon von sich aus zugeben mußten, daß sie bei der Verteilung nichts zu fordern hatten, erschienen, um sich das einmalige Erlebnis nicht entgehen zu lassen. Die alte Frau Wang und Li Mao-lu waren ebenfalls darunter.

In der Mitte des Saales brannten zwei Holzfeuer aus trockenen Fichtenkloben. Die Flammen züngelten hoch und Harzduft zog durch den Raum. Die Menschen saßen dichtgedrängt auf den Kangs und auf der Erde; auf der einen Seite die Männer, auf der anderen die Frauen, und die Nachzügler mußten draußen stehenbleiben. Von der Decke herab pendelten zwei Bohnenöllampen im Rauch des Fichtenfeuers hin und her und spendeten strahlendes Licht. Die Männer rauchten Pfeife oder kauten Sonnenblumenkerne, die Frauen lachten und scherzten, und der alte Sun erzählte wieder seine berühmten Geschichten. Es ging lustig zu wie auf einer Hochzeit, und nichts erinnerte mehr an eine der Dorfversammlungen zur Zeit der großen Suchaktion.

Die Bewerber auf einen Platz in der Verteilungliste sprangen vor, einer dicht auf den anderen folgend, wie tapfere Soldaten, wenn die Trommeln zum Angriff schlagen. Sie nannten ihren Namen, erzählten ihren Lebenslauf und gaben ihre gesellschaftliche Stellung an.

Vor Hauptmann Hsiao, der auf einer Bank neben der Tür saß, bildeten die Rücken der Menschen eine feste Mauer. So konnte er auch nicht das Gesicht des Bauern erkennen, der jetzt gerade vortrat, sondern hörte nur seine Stimme:

„Ich heiße Tschu Fu-lin. Meine Vorfahren haben seit drei Generationen als Tagelöhner gearbeitet. Wer kann wohl höhere Ansprüche stellen als ich?"

Ein Mitglied des Präsidiums, das an einem langen rechteckigen Tisch Platz genommen hatte, fragte die Versammelten:

„Was meint ihr, können wir ihn in die erste Klasse einreihen?"

Ein junger Mann rief vom Kang aus in den Saal:

„Tschu ist ein ehrlicher Bauer, und im Herbst geht er außerdem auf Fischfang. Im vorigen Jahr ist ihm sogar ein Hundsfisch ins Netz gegangen." Alles lachte, denn man wußte, daß mit dem Hundsfisch Han Lao-liu gemeint war. Der Sprecher fuhr fort: „Tschu ist ein vielversprechender Bauer, der sich sehr verdient gemacht hat und deshalb auch in die erste Klasse eingereiht werden kann."

Ein älterer Mann strich sich über seinen Bart und erklärte:

„Ich habe seinen Vater gekannt; er war ein guter Bauer, der sein ganzes Leben lang auf dem Acker gearbeitet hat."

„Hat sich Tschu irgend etwas zuschulden kommen lassen?" fragte der Vorsitzende weiter.

Ein vielstimmiges „Nein" war die Antwort.

Die Stimmen waren noch nicht verhallt, als ein Mann mittleren Alters, der am Fußende des Kangs im Dunkeln saß, hinter den Rücken seiner Vordermänner versteckt bekanntgab, er habe an dem Bewerber etwas auszusetzen.

„Steh auf, wenn du etwas sagen willst, man kann dich ja überhaupt nicht verstehen!" ertönte es von allen Seiten.

Dem Mann war das peinlich, denn er wollte nicht vortreten. Deshalb versuchte er auszuweichen:

„Ist ja schon gut, es fällt sowieso nicht ins Gewicht."

„So geht das nicht", verwies ihn der Vorsitzende.

„Sprich!"

Da begann er endlich zu reden:

„Tschu hat als Kind beim Schweinehüten auf den Feldern der Gutsherren Mais und Kartoffeln gestohlen."

Tschu Fu-lin, der einen roten Kopf bekommen hatte, reckte sich hoch:

„Das stimmt. Damals habe ich bei den Gutsbesitzern Mais gestohlen. Aber ich mußte in aller Frühe mit den Schweinen auf die Weide, ohne daß mir der Gutsherr etwas zu Essen mitgegeben hätte, da habe ich mir eben ein- oder zweimal Maiskolben abgebrochen. Außerdem war ich damals noch jung und wußte nicht, daß ich etwas Schlechtes tat."

Der Alte mit dem graumelierten Bart legte sich ins Mittel:

„Das kann man nicht als Vergehen bezeichnen. Die Gutsherren haben uns arme Schlucker jahrhundertelang ausgebeutet, und das war noch schlimmer als stehlen und plündern. Ihnen hat man keinen Schaden zugefügt, wenn man ein paar Maiskolben oder Kartoffeln stahl. Wer würde wohl als acht- oder neunjähriger Hütejunge vor Hunger nicht mal so gelegentlich zwei Maiskolben vom Ackerrain mitgehen heißen?"

Ein Milizsoldat pflichtete ihm bei:

„Ganz recht, das kann man nicht als Stehlen bezeichnen. Ich habe es ebenfalls getan. Den Gutsbesitzern etwas wegzunehmen bedeutet doch nur, sein Eigentum zurückzuholen. Sowas kann man niemals stehlen nennen. Aber was den Armen gehört, was unserem demokratischen Staat gehört, das darf nicht angetastet werden ... Ich habe aber an dir etwas anderes auszusetzen, Tschu: als du bei Tang, dem Greifer, Vorarbeiter warst, hast du nicht richtig gehandelt. Wenn wir mit einer Furche fertig waren

451

und am Rain eine Pause machten, um nach alter Sitte ein Pfeifchen zu rauchen, brauchtest du nur von weitem den Gutsbesitzer mit seinem Knüppel zur Feldbesichtigung herankommen zu sehen, dann hast du auch schon geschrien: ‚Beeilt euch mit dem Rauchen! Der Herr naht, wir müssen noch eine halbe Furche durchgehen.' Weshalb hast du uns zur Arbeit angetrieben, wenn Tang Tien auftauchte? Du wolltest dich lieb Kind machen, nicht wahr? Sagt Freunde, kann man das nicht als einen kleinen Makel bezeichnen?"

„Ist das wahr?" wandte sich der Vorsitzende an Tschu.

Tschu Fu-lin, Schamröte im Gesicht und Schweißperlen auf der Stirn, trat in die Mitte des Zimmers und sagte fest und ehrlich:

„Ich kann mich nicht mehr so genau daran erinnern, doch es wird wohl so gewesen sein. Damals habe ich mir keine Gedanken darüber gemacht, ich war noch nicht wachgerüttelt worden. Heute ist das anders, heute lehrt und leitet mich die Kommunistische Partei."

Tschus Worte lösten eine allgemeine Diskussion aus. „Das kann man nicht als Makel bezeichnen", sagte jemand. „Wer hätte sich wohl unter der alten Gesellschaftsordnung gegen die Gutsherren zu stellen gewagt?"

„Aber er hätte sich wenigstens nicht bei den Gutsbesitzern einschmeicheln sollen", wurde darauf entgegnet.

„Das hat er ja gar nicht getan", scholl es zurück.

Einer der Ruhigeren bemerkte:

„Man muß unterscheiden, für wen gearbeitet wird. Als Tagelöhner eines Gutsbesitzers durfte man faulenzen. Wenn wir aber zu unserem eigenen Nutzen aufs Feld gehen, wenn wir für unseren demokratischen Staat arbeiten, darf nicht eine einzige Minute gebummelt werden. Die gleiche Arbeit, doch zweierlei Methoden, je nachdem, für wen man arbeitet."

Auch hinter Hauptmann Hsiaos Rücken sprachen alle durcheinander:

„Für einen, der was verbrochen hat, kommt jetzt die Reue zu spät."

„Unser demokratischer Staat hat gute Methoden. Bei solch einer öffentlichen Gewissensprüfung geht es ja wirklich noch unbestechlicher zu als beim Richter Lao Bao."

„Das Auge der Demokratie ist ein tausendäugiger Buddha. Ob gut oder schlecht, dem Volk entgeht nichts. Findest du nichts, so bemerkt es der nächste, kann der ebenfalls nichts finden, so entdeckt es gewiß ein anderer."

„Ausgezeichnet! Ob klein wie eine Nadel oder groß wie eine Tür, alles wird ans Licht gezogen."

„Na, wer wird wohl diese Kaiserprüfung[46] bestehen?"

„Hältst du das etwa für einen Witz? Ein Ereignis ist das, wie es unsere Ahnen nicht erlebt haben."

Tschu Fu-lin stand in der Mitte des Zimmers. Niemand kam, um ihm den Platz streitig zu machen. Nach einiger Zeit trat Dschao Da-sao-dse aus der Gruppe der Frauen heraus und ging langsam in die Mitte des Saales. Sie hatte noch nicht zum Sprechen angesetzt, als jemand rief:

„Dschao Yi-lins Frau, die ist wirklich die erste."

Dschao Yi-lin lebte in der Erinnerung der Bauern fort. Er hatte für die Gemeinschaft gegen die Banditen gekämpft und dabei sein Leben geopfert. Seine Frau nahm sich trotz des kleinen So-dschu keinen zweiten Mann. Sie hatte den feierlichen Schwur geleistet, den Waisenknaben zu einem tüchtigen Menschen zu erziehen. Sie war tugendhaft und stand den Nachbarn stets mit Rat und Tat zur Seite.

Bai Da-sao-dse, die auf dem Kang saß, schlug vor:

„Nehmt sie als erste, denn unter hundert Frauen findet ihr eine Dschao Da-sao-dse nur einmal."

Nachdem der Vorsitzende die Anwesenden nach ihrer Meinung gefragt hatte, schrieb er den Namen der Frau Dschao Yi-lins in die erste Rubrik. Tschu rückte dadurch an die zweite Stelle. Ohne ein Wort zu sagen, setzte er sich wieder hin.

Währenddessen war der alte Sun vom Kang herabgesprungen und hatte sich in der Mitte aufgestellt. Dort schüttelte er sich erst einmal bedächtig die Schalen der Sonnenblumenkerne aus seinem zerschlissenen Gewand. Ehe er überhaupt den Mund auftun konnte, rief ihm Tschu die Frage zu:

„Willst du etwa auch in den Wettbewerb treten?"

Alles lachte. Einer der Anwesenden witzelte:

„Komm, Kutscher, erzähl uns eine Bärengeschichte."

„Im vorigen Jahr wollte er noch nicht einmal ein Pferd aus der Verteilung haben, und jetzt drängelt er sich gleich auf den dritten Platz."

„Darauf kann er aber lange warten."

Sun zwinkerte bedächtig, und ohne die Spötteleien zu beachten, ohne sich aus der Ruhe bringen zu lassen, begann er zu sprechen:

„Überlegt einmal, wen wir übergangen haben! Ich meine einen Mann namens Guo Tsüan-hai. Erst war er unser stellvertretender Vorsitzender, dann rückte er zum Verbandsleiter auf, und wieder einige Zeit später wurde er unser neuer Vorsitzender. Augenblicklich führt er einen Sonderauftrag aus. Sollte er bei der Verteilung nicht mehr Recht haben als du, Tschu Fu-lin?"

Tschu trat freiwillig zurück:

„Das brauchst du nicht erst zu fragen. Er ist der Führer unseres Dorfes. Keinem anderen würde ich weichen, nur dem Vorsitzenden Guo."

„Der Vorsitzende Guo soll zweiter werden, Tschu dritter", rief es von allen Seiten.

Indessen war ein winziges Bürschlein vom Kang gesprungen. Es war der vierzehnjährige Hirte Wu Dschia-fu.

„Ich heiße Wu Dschia-fu. Seit drei Generationen sind meine Vorfahren Tagelöhner. Mit acht Jahren habe ich bei der Familie Han Schweine gehütet. Mit dreizehn Jahren wurde ich von Han Lao-liu mit der Peitsche geschlagen. Hier, seht euch die Narben an." Er wollte die Bluse öffnen, doch die Bauern winkten ab:

„Nicht nötig, wir wissen es alle."

In Gedanken sahen die Bauern den bluttriefenden Rücken des Schweinehirten vor sich. Sie alle haßten Han Lao-liu und hegten Mitgefühl für den Knaben.

„Schreibt ihn als dritten auf", wurde gerufen.

„Ganz recht", meinte der nächste.

Ein anderer fügte noch hinzu:

„Bei diesem kleinen Spatzen braucht man nicht erst lange zu überlegen."

„Der Hirtenknabe wird also als dritter eingestuft, Tschu rückt auf den vierten Platz", gab der Vorsitzende bekannt. „Wer hat weitere Vorschläge?"

Seine Stimme war noch nicht verhallt, als sich Bai Da-sao-dse an die versammelten Frauen wandte:

„Tanten und Schwestern..."

„Oho", unterbrach sie ein Bauer, der grinsend die Tabakspfeife zwischen den Zähnen hielt. „Wenn sie nur an die Weiber appelliert, wollen wir Männer sie nicht unterstützen."

„Wir Männer dürfen nicht so kleinlich sein", verwies ihn sein Nachbar.

„Seid still und hört zu, was sie sagt!"

„Mein Mann", fuhr Bai Da-sao-dse fort, „war erst auf der Parteischule von Hulan und wurde anschließend nach Shuang-tscheng abkommandiert. Kaum, daß er mal auf Urlaub hier ist, hat er schon wieder einen Sonderauftrag übernommen. In Mandschukuo war er ein fauler Kerl und lebte von dem, was ihm der Wind zuwehte, aber seit der Aufklärertrupp da war, ist aus ihm ein fleißiger Mann ge..."

Eine Männerstimme schnitt ihr das Wort ab:

„Der Greis preist seine eigenen Vorzüge, wenn er Kürbisse verkauft."

Bai Da-sao-dse zog ihre rabenschwarzen Augenbrauen hoch und schalt:

„Du Sabbermaul! Preise ich denn meine eigenen Vorzüge?"

„Ich habe doch von einem Greis gesprochen, dich habe ich ja gar nicht gemeint", war die Antwort. Die Männer lachten und schlugen sich vor Vergnügen auf die Schenkel.

„Ruhe!" mahnte der Vorsitzende. „Laßt sie ausreden!"

Bai Da-sao-dse begann von neuem:

„Mein Mann, der im vorigen Jahr Kommissar für Bewaffnung wurde und später ins Amt für öffentliche Sicherheit kam, kommt mitunter tage- und nächtelang vor Arbeit nicht zur Ruhe, so daß er dabei sogar seine Familie vergißt."

„Bai Yi-shan leistet wirklich gute Arbeit", erklärte der Vorsitzende. „Wer von euch ist anderer Ansicht? Was meint ihr zu Bai Da-sao-dse?"

Aus den Reihen der Frauen antworteten sofort mehrere Stimmen zugleich:

„Bai Da-sao-dse ist ein großartiger Mensch."

„Und tüchtig."

„Sie drückt sich vor keiner Arbeit."

„Außer, daß sie Haare auf den Zähnen hat", bemerkte einer der Männer, „ist an ihrem Charakter nichts auszusetzen."

Dann aber wurde zu bedenken gegeben, daß Bai Da-sao-dse zu den armen Bauern rechne, die Tagelöhner jedoch den Vortritt vor diesen hätten.

Nachdem sich das Präsidium eine Weile beraten hatte, gab der Vorsitzende bekannt:

„Landarme Bauern und Tagelöhner bilden eine Familie. Wir dürfen da keine Unterschiede machen. Jeder wird nach seiner Leistung und seiner Einstellung zur revolutionären Sache eingestuft. Soll Bai Da-sao-dse die vierte werden? Ist keiner dagegen? Gut: Sie ist die vierte. Tschu rückt wieder einen Platz tiefer auf Nummer fünf."

„Na, schon wieder abgebaut worden?" spottete ein Bauer, der neben Tschu saß. „Warte nur, du rutschst noch tiefer."

Währenddessen war Tien Wan-shun aufgestanden:

„Wir haben noch jemanden übersehen, einen Mann, der als Sanitäter an die Front gegangen ist und jetzt über Schnee und Eis Verwundete transportiert. Ihn dürfen wir nicht vergessen. Er heißt Li Tschang-yo, mit Nebennamen Li Da-go-dse. Wer hat wohl noch nicht von Li dem Schmied gehört? Als wir im vorigen Jahr gegen Han Lao-liu kämpften, hat er Tag und Nacht für die Selbstschutztruppe Lanzenspitzen geschmiedet. Seine Einstellung zur Revolution ist hervorragend, auch sein Charakter läßt nichts zu wünschen übrig."

Ehe der Alte einen neuen Anlauf nehmen konnte, riefen Männer und Frauen von verschiedenen Seiten:

„Setzt ihn als fünften auf die Liste!"

„Tschu rückt eins tiefer auf Nummer sechs."

Ein Bauer mittleren Alters, der neben dem Hauptmann saß, stemmte das Rohr seiner Tabakspfeife auf den Fußboden und rief:

„Ich schlage Tien Wan-shun als sechsten vor. Seine Tochter Tien Tschün-dse hat in Mandschukuo ihren Bräutigam nicht verraten, trotzdem sie den Tod vor Augen hatte. Sie besaß die Tugend armer Menschen, sie hat sich für die Sache der Revolution aufgeopfert. Vergelten wir diese große Tat an ihrem Vater!"

Donnernder Beifall brauste durch den Saal. Alle Anwesenden erklärten sich damit einverstanden, daß Tien Wan-shun als sechster aufgeschrieben wurde. Tschu rückte auf Nummer sieben, und jetzt erst stand er fest. Anschließend wurde der alte Sun vorgeschlagen. Man pflichtete allgemein dem Hauptmann bei, der erklärte: Wenn der Alte auch keine besonderen Verdienste aufzuweisen habe, hätte er doch viel Leid und Mühe auf sich nehmen müssen. So kam der Kutscher als achter auf die Liste.

Nun begannen die Bauern, die um Sun herumsaßen, ihre Witze über ihn zu reißen, aber der Alte antwortete so schlagfertig, daß sie sich vor Lachen bogen. Wie Meereswellen tosten die Lachsalven durch den Saal, kaum war die eine verebbt, folgte schon eine neue. Die um ihn Sitzenden lachten über den Kutscher, die nächsten wieder über dieses Gelächter, und die am entferntesten saßen und nicht wußten, worüber gelacht wurde, waren so heiterer Stimmung, daß sie zur Gesellschaft mitlachten. Nur ein langer, hagerer Mann, der neben dem Hauptmann saß, starrte schweigend vor sich hin und verzog keine Miene.

Die Versammlung ging weiter. Hauptmann Hsiao kam mit seinem langen Nebenmann ins Gespräch, wobei er dessen Namen erfuhr: Hou Tschang-shou, genannt Hou, der Langbeinige. Auf dem Felde arbeitete Hou Tschang-shou für zwei; deshalb hatten die Gutsbesitzer ihn früher gern als Tagelöhner beschäftigt. Der jetzt Sechsundvierzigjährige hatte sechsundzwanzig Jahre seines Lebens im Tagelohn gestanden. Seine Klassenzugehörigkeit stand also fest, doch da er von keiner Seite vorgeschlagen wurde, wagte er nicht, selbst vor die Öffentlichkeit zu treten und Forderungen zu stellen.

„Wie ist es denn mit dir?" fragte ihn der Hauptmann. „Warum vertrittst du nicht deine Interessen?"

Hou Tschang-shou gab keine Antwort, so daß Hsiao nicht recht aus ihm klug wurde. Erst am vierten Versammlungstage sollte er die Lösung des Rätsels erfahren.

NEUNZEHNTES KAPITEL

In der vierten Dorfversammlung wurde über drei Sonderfälle verhandelt: über Li Mao-lu, über die alte Frau Wang, und über Hou Tschang-shou. Zwar gehörten sie zur Dorfarmut, doch mit jedem hatte es einen Haken. Zunächst befaßte man sich mit Li Mao-lu und Frau Wang, da aber über die beiden viel zu sagen war, wurde Hauptmann Hsiaos Vorschlag, diese Frage später zu regeln, angenommen, und das Präsidium stoppte die Diskussion.

Jetzt war die Reihe an Hou Tschang-shou. Seiner Klassenzugehörigkeit nach hätte er eigentlich zu den ersten zählen müssen. Doch da Hou mit Tang Tiens Nichte Li Lan-ying in freier Ehe lebte, war niemand mit seiner Aufnahme in die Liste einverstanden.

Während der Enteignung des Großgrundbesitzers Dou Shan-fa hatten die Familienangehörigen der Gutsherren aus Furcht davor, daß die Flammen des Volkszornes auch sie ergreifen würden, zu den verschiedensten Maßnahmen gegriffen, um dieser Gefahr zu entgehen.

Die Nichte Tang Tiens, Li Lan-ying, deren Mann vor einiger Zeit gestorben war, nahm in einer finsteren Nacht ein Bündel mit den notwendigsten Sachen unter den Arm und ging einfach zu der kleinen Hütte, in der Hou Tschang-shou wohnte. Hou war sechsundvierzig Jahre alt, sie erst dreißig, und sie glaubte, der Erfolg ihres kühnen Entschlusses könne nicht ausbleiben. Wie hätte sie auch ahnen können, daß sie nur knapp der Prügel entgehen würde?

Hou Tschang-shou haßte die Gutsbesitzer, und besonders der Familie Tang hatte er Rache geschworen. Niemals würde er die kalten, harten Gesichter der Männer und die verabscheuungswürdige Handlungsweise der Frauen der Familie Tang vergessen, für die er viele Jahre gearbeitet hatte. Eines Tages hatte er sich ein schweres Augenleiden zugezogen und mußte infolgedessen seinen ganzen Verdienst opfern. Als er am Jahresende wieder gesund wurde, hatte er nicht ein einziges Körnchen Reis mehr in der Hütte. Als er den Gutsbesitzer um Vorschuß bat, rollte der Greifer nur die Augen und sagte: „Kannst du mir vielleicht verraten, woher ich den Reis nehmen soll?" Im Innenzimmer schalt eine Frauenstimme: „Jag ihn doch hinaus!" Diese Worte blieben tief in seinem Gedächtnis haften.

Und jetzt wagte es ein Weib dieser Familie, bei ihm Zuflucht zu suchen, jetzt, da Tang Tiens Macht gebrochen war! Zornig hob er die Hand zum Schlag, doch die klägliche Gestalt, die neben der Tür stand, flößte ihm plötzlich Mitleid ein. Er ließ die Hand sinken und schrie sie an: „Was suchst du hier? Früher hast du an unsereinem vorbeigeguckt, und heute kommst du zu mir ins Haus?! Verschwinde, oder ich vergesse mich!"

Li Lan-ying mußte nun wohl oder übel das Weite suchen, sie ließ jedoch ihr Bündel zurück, in dem sich Spiegel, Taschentuch und sonstige Dinge befanden, die einer Frau unentbehrlich sind. Da lagen also diese Sächelchen auf dem Kang eines sechsundvierzigjährigen Junggesellen, der zwar Frauen kannte, sie aber bisher nicht erkannt hatte. Er fand diese Nacht keinen Schlaf. Als die Hähne krähten und der Morgen graute, erhob sich Hou Tschang-shou fluchend vom Lager. „Verdammte Kebse, was hat sie mir da ins Haus geschleppt?" murmelte er vor sich hin.

Als er am nächsten Abend von der Bauernvereinigung heimkam und die Lampe anzündete, erblickte er wiederum das Bündel dieses Weibes. Ein Gedanke blitzte in ihm auf: Ihr Bruder soll doch genau so ein armer Schlucker sein wie ich! Kaum hatte er das gedacht, da schalt er sich sofort wieder aus: Du Kerl, was schmiedest du für Pläne?! Nach einer Weile wagte sich wieder der erste Gedanke vor: Vielleicht kommt sie heute zu mir, um ihre Sachen abzuholen!

Doch sie kam nicht.

Am folgenden Abend überlegte er auf dem Heimweg von der Bauernvereinigung, daß es doch am besten wäre, wenn sie ihr Bündel im Laufe des Tages abgeholt hätte. Zu Hause angelangt, überzeugte er sich sofort mit einem Blick, daß ihre Sachen immer noch da waren. Doch dann schien es ihm, als läge auch noch ein Mensch auf dem Kang. Als er näher trat und sie erkannte, war er gar nicht erstaunt.

„Du Bastard, bist du schon wieder hier?" tobte er und stampfte mit dem Fuß auf.

Lan-ying richtete sich auf und setzte sich mit verschränkten Beinen ans Kopfende des Kangs.

„Ich wollte nur meine Sachen holen", erklärte sie und warf ihm einen verführerischen Blick zu.

„Na und? Weshalb bist du noch nicht weg?"

„Ich bleibe hier", sagte Lan-ying lächelnd. „Ich will für dich kochen, damit du etwas Warmes zu essen hast, wenn du vom Acker nach Hause kommst. Was meinst du dazu?"

„Wahnsinn!" entfuhr es Hou Tschang-shou. „Red nicht solchen Quatsch! Geh mir schleunigst aus den Augen!" Aber je mehr er schimpfte, um so leiser wurde seine Stimme.

Li Lan-ying bemerkte das sofort.

„Die Frauen der Gutsherren sind sehr verschieden", sagte sie ganz sanft und zärtlich. „Es gibt schlechte, die den Gutsherren helfen, und es gibt gute, die die armen Menschen lieben. Mein Vater ist auch nur ein armer Bauer, und mein Bruder arbeitet sogar als Tagelöhner. Weil aber mein Vater eines Tages der

Familie Tang die Schulden nicht bezahlen konnte, hat er mich als Pfand zu Tang, dem Greifer, geschickt."

„Was faselst du da?" rief Hou Tschang-shou. „Deinen Vater kennt jeder im Dorf als reichen Bauern."

Die Frau lächelte ihn wieder verführerisch an. „Reich? Bin ich nicht arm, wenn ich bei dir bin?"

„Red nicht soviel, sondern geh lieber, es ist schon spät."

Als Lan-ying merkte, daß Hou nicht mehr so grob zu ihr war wie vorher, lächelte sie noch bezaubernder. „Ich will nicht, ich habe Angst."

„Wovor denn?"

„Vor den Wölfen."

„Aber draußen scheint doch der Mond und es ist hell."

„Ich gehe nicht", antwortete sie bestimmt. „Du kannst mit mir machen, was du willst. Wenn du mich nicht auf dem Kang schlafen läßt, lege ich mich eben auf die Erde."

Hou rang vergeblich nach Worten. Er verspürte im Herzen ein seltsames Mitleid mit dieser Frau, die bei ihm auf dem Fußboden schlafen wollte. Aus dem Haus werfen ließ sie sich nicht, aber konnte er sie etwa auf dem eiskalten Fußboden schlafen lassen? Eine Welle des Mitgefühls überspülte die Welle seines Hasses gegen den Gutsherrn, und sein Herz wurde mild. Verstohlen betrachtete er ihr abgetragenes gefüttertes Kleid aus blauer Baumwolle und ihre lächelnde Miene. Ihm fiel ein altes Sprichwort ein: Ein guter Mann wird nicht mit Frauen streiten, man schlägt nicht in ein lächelndes Gesicht.

„Ach! Was soll ich nur mit dir tun?" meinte er seufzend, doch seine Stimme klang freundlich.

Das Weib, strahlend vor Freude, ließ ihn kaum ausreden. „Was gibt's da groß zu überlegen? Auf dem Kang ist doch Platz genug. Du schläfst am Kopfende, ich am Fußende, so stören wir uns nicht, und wenn es hell wird, bin ich schon fort. Du brauchst dir keine Sorgen zu machen."

Als es hell wurde, war sie jedoch immer noch da, und dabei blieb es.

Die Neuigkeit wurde bald in ganz Yüanmaotun bekannt. Die werktätigen Bauern des Dorfes ließen es an Schmähungen nicht fehlen. Selbst die Mittelbauern stimmten in den Chor mit ein. Es wurde vorgeschlagen, dem langbeinigen Hou den Zutritt zur Vereinigung zu verbieten, denn er sei ja zehnmal schlimmer als Yang Fu-yüan.

In der vierten Einstufungsversammlung tobte das Volk, als Hou Tschang-shous Name aufgerufen wurde, und es fällte ein vernichtendes Urteil. Die Bauern verfluchten ihn, und es herrschte ein solcher Tumult, daß sog... das Präsidium nichts dagegen tun konnte. Man schrie, schimpfte und höhnte wild durcheinander, so daß man kaum ein Wort verstehen konnte.

„Hou Tschang-shou, was bist du: arm oder reich?"

Ehe Hou Tschang-shou eine Antwort finden konnte, erscholl es hinter seinem Rücken:

„Du bist zwar arm geboren, aber willst wohl reich sterben, was?"

Wieder hatte Hou noch keine Zeit gefunden, zu antworten, da drang ihm schon eine neue Frage ans Ohr:

„Hast du vor den Gutsbesitzern kapituliert?"

Noch hatte Hou nicht ganz begriffen, als eine neue Frage ertönte:

„Dir ist wohl die Armut zu viel geworden?"

Dschang Dsching-jui stellte sich vor ihn hin:

„Kannst du immer noch nicht unterscheiden, wer unser Feind ist, und wer zu uns gehört? Eheleute leben eng zusammen, kann da der Ehemann auch nur das Geringste vor seiner Frau geheimhalten? Wir können dich doch jetzt nicht mehr an unseren Versammlungen teilnehmen lassen! Denn, bist du nicht unser Feind geworden, seit eine Gutsbesitzersfrau bei dir im Hause wohnt?"

„Geh heim und umarme die Wölfin", brummte Tschu. „Das Kind, das dann geboren wird, ist eine Wolfsbrut."

Auch der Kutscher drängte sich nach vorn, stellte sich breitbeinig hin und höhnte:

„Nun hast du schon soviele Jahre gewartet und konntest es die letzten paar Tage nicht mehr alleine aushalten? Du bist ihr ja richtig ins Garn gegangen."

Vor dem alten Sun hatte Hou Tschang-shou nun keine Angst. „Sie ist zu mir ins Haus gekommen", protestierte er. „Was heißt da, ich sei ihr ins Garn gegangen?"

„Sie ist doch ganz anders als du", meinte Yung-fu. „Gehört das Kind, das ihr einmal haben werdet, zu den armen Bauern und Tagelöhnern oder zu den Gutsbesitzern? Was willst du tun, wenn dein Sohn als erwachsener Mensch gegen die Gutsbesitzer kämpfen möchte und seine Mutter verbietet es ihm?"

Dschang Dsching-jui aber gab zu bedenken:

„Darüber braucht man sich nicht den Kopf zu zerbrechen. Wenn sein Sohn groß ist, gibt es keine Gutsbesitzer mehr."

„Wenn es keine Gutsbesitzer mehr gibt, sind auch die Reaktionäre von der Tschiang Kai-schek-Clique nicht mehr da, stimmt das?" schlußfolgerte der Kutscher.

„So ist's", stimmte Tschu ihm zu. „Dann kann es auch keine Tschiang Kai-schek-Reaktionäre mehr geben."

Sun schüttelte den Kopf:

„Es ist trotz allem nicht das Rechte. Sie sind nun einmal charakterlich zu sehr verschieden. Er will sauer, sie will pfeffrig, er tobt, daß der Kang zu heiß ist, sie tobt, weil der Kang zu kalt ist, er will fahren, sie will laufen — daraus wird im Leben nichts. Lieber bliebe ich allein, als daß ich mir eine solche Frau nähme."

„Wie weise du daherredest!" höhnte Dschang Dschiang-jui. „Ich wette: wenn deine Alte nicht wäre, hättest du noch unüberlegter geheiratet als er."

Tschu Fu-liu lenkte die Aufmerksamkeit wieder auf Hou.

„Jage Li Lan-ying aus dem Haus", forderte er, „wenn du noch Ehre im Leib hast; sonst verfahren wir mit dir wie mit einem Gutsbesitzer."

Hou legte bittend beide Hände vor die Brust: „Brüder! Li Lan-ying ist doch aus freien Stücken zu mir gekommen! Und weil sie für mich zu Hause kocht, heizt, Stroh häckselt und Schweine füttert, habe ich sie eben bei mir behalten."

Tschu aber blieb hart und sagte:

„Das interessiert uns wenig. Sag uns lieber, ob du sie aus dem Haus jagen wirst oder nicht!"

Plötzlich richtete sich Hauptmann Hsiao auf und entschied: „Laßt ihn doch reden! Sprich, Hou!"

„Ich bin jetzt sechsundvierzig Jahre alt...", begann Hou, doch der Kutscher fuhr ihm schon wieder dazwischen:

„Dann bist du aber noch reichlich jung. Ich bin jetzt einundfünfzig, im nächsten Jahr werde ich zweiundfünfzig, und arbeiten und kutschieren kann ich immer noch besser als der Beste von allen."

„Bring uns nicht vom Thema ab!" wies ihn der Hauptmann zurecht. „Laß Hou erzählen."

Hou Tschang-shou blickte mit einem Seufzer von der Erde auf und fuhr fort:

„Ich habe mir sechsundzwanzig Jahre lang als Tagelöhner den Buckel krumm geschuftet und nicht einmal heiraten können. Als meine Eltern lebten, versuchten sie mir Jahr für Jahr eine Frau zu vermitteln, doch niemals klappte es. Welches Mädchen möchte sich wohl an einem Tagelöhner zugrunde richten, der nicht einmal für Nahrung und Kleidung sorgen kann? Einmal, das weiß ich noch genau, wurde für mich eine Hochzeit vertraglich abgeschlossen. Der Vater des Mädchens hieß Dschang und war ein armer Bauer. ,Der Bursche ist in Ordnung', sagte er damals zu den Heiratsvermittlern. ,Kräftig, gutmütig, ein ausgezeichneter Arbeiter, dem keine Last zu schwer ist. Die Familie ist zwar arm, aber meine Tochter wird es schon nicht schlecht bei ihm haben. Sagt seinem Vater, er solle uns zwei Ballen Stoff schicken. Wir sind beide nicht reich, was sollen wir da erst groß über die Mitgift verhandeln?' Mein Vater war vor Freude außer sich und lief, so schnell er konnte, zu Dou Shan-fa, um sich bei ihm Geld zu leihen. Dou Shan-fa empfing meinen Vater höflich und freundlich; nachdem er ihn angehört hatte, sagte er: ,Ich bitte sehr um Vergebung, ich sehe ein, es wäre schicklich, einem Nachbarn aus der Verlegenheit zu helfen, aber wie es nun einmal so ist: die Schwierigkeiten während der letzten Jahre, die Mißernten, die vielen Ausgaben, ach! — Ich könnte jetzt nicht einmal das Geld für einen einzigen Meter Stoff zusammenkratzen, viel weniger gleich für zwei Ballen.' Mein Vater wollte das nicht glauben: ‚Für Sie ist doch das Geld für zwei Ballen Stoff nur soviel wie ein Härchen von der Kuh oder ein Körnchen aus dem Speicher, aber Sie würden damit meinen Sohn für sein ganzes Leben glücklich machen.' Aber wie er auch reden mochte — Dóu Shan-fa lieh ihm nichts, und die Hochzeit fiel ins Wasser. Die Eltern des Mädchens hatten ja auch recht! Schließlich braucht die Frau eine Mitgift, damit sie sich einkleiden kann. Es geht doch nicht, daß sie in Lumpen gehüllt in den Ehestand tritt. Brüder und Schwestern! In der alten Gesellschaft als armer Mensch zu heiraten, war fast so unmöglich wie die Wildgans in der Luft und den Fisch auf dem Grunde des Meeres zu fangen." Hou Tschang-shou stockte und wischte sich mit dem Handrücken über die Augen.

Auch von den Frauen weinte eine. Es war Liu Guei-lan, deren Vater einst der Familie Yüan-Dou die Schulden nicht abzahlen konnte und deshalb seine Tochter dem reichen Bauern als Pfand schicken mußte. Hou flößte ihr Mitleid ein, und als sie dabei an ihr eigenes Schicksal dachte, würgte es sie in der Kehle, und sie schluchzte. Dschao Da-sao-dse, die ihr zur Seite saß, rieb sich ebenfalls mit dem Ärmel ihre tränenden Augen.

„Weint nicht, Schwestern", fuhr Hou fort. „Hört mich an bis zuletzt. — Das erbärmliche Los eines Junggesellen läßt sich kaum schildern. Niemand flickt ihm die zerrissenen Kleider, und wenn der Schnee taut, muß er barfuß laufen."

Einer der Bauern, der ebenfalls einsam lebte, pflichtete ihm bei:

„Wenn ein Junggeselle abends vom Felde heimkehrt und sich vor Müdigkeit kaum noch geradehalten kann, muß er erst Feuer anmachen, sonst kann er kein Essen kochen; der Kang ist eisig, und er selbst ist durchgefroren."

„Ich hatte mich schon dreingefunden", berichtete Tschang-shou weiter, „als letztes Glied meiner Familie zu sterben. Nach meinem Tode würde niemand das Grab pflegen und mir Opfer darbringen, keiner würde um mich Trauer tragen."

„Du bist mir ein Feudalist!" rief Dschang Dschiang-jui. „Es ist doch ganz egal, ob man dir nach dem Tode opfert oder nicht!"

Hou beachtete diesen Zwischenruf nicht und fuhr fort:

„Seit unserer Befreiung bin ich in der Lage, eine Mitgift zusammenzubringen, aber seht her: meine Schläfen sind schon weiß..." Er zog die Mütze ab. Sein kurzes graues Haar glänzte im Lampenlicht. Den Blick auf die Versammelten geheftet, setzte er die Mütze wieder auf und erzählte weiter:

„Und wenn ich schon heiraten wollte — welche Frau sollte ich nehmen? Die armen Bauern haben nicht viel Kinder, junge Mädchen sind rar. Und die wenigen Mädchen, die gern zu mir kämen, kann ich nicht heiraten. Denn seht mal, wenn ich nun bald sterbe? Ich kann doch ein armes fünfzehn-, sechzehnjähriges Mädchen nicht für ihr ganzes Leben zur Witwe machen? Dagegen sträubt sich mein Gewissen."

„Du schaust viel zu weit in die Zukunft", ließ sich der Kutscher vernehmen.

Hou Tschang-shou hörte nicht auf ihn. „Mit einem Wort: Ich wollte keine Frau mehr haben. Aber was sollte ich damals tun, als das Weib nachts zu mir ins Haus kam und sich lieber auf den Fußboden gelegt hätte, als wieder heimzugehen? Mit der Peitsche wollte ich sie schlagen, aber dann mußte ich mir wieder sagen: ein guter Mann wird nicht mit Frauen streiten, man schlägt nicht in ein lächelndes Gesicht. Also habe ich ihr den Willen gelassen."

Er ließ den Kopf sinken. Im Zimmer war es still.

„Heute abend mußte ich gleich zu Beginn der Versammlung daran denken, daß ihr ja gerade mit den Großgrundbesitzern abgerechnet habt, und daß ich an euch schuldig geworden bin, weil ich eine Gutsbesitzersfrau geheiratet habe. Aber was tun? Gekochter Reis läßt sich nicht mehr in ein Saatkorn verwandeln."

Immer noch blieb alles still, sogar das Husten und Räuspern war verstummt.

„Wegjagen kann ich sie nicht, denn sie ist krank. Seit Tagen liegt sie auf dem Kang und spuckt sich rein die Seele aus dem Leib. Die Nachbarinnen behaupten, sie sei schwanger. Sagt doch nur: Was soll ich tun?"

Noch immer sprach kein einziger der Anwesenden. Hauptmann Hsiao setzte sich an den Präsidiumstisch und flüsterte mit dem Vorsitzenden. Dann stand er auf, als wolle er eine Rede halten. Alles rückte gespannt näher. Die Frauen drängten sich in die vorderste Reihe und starrten erwartungsvoll auf Hsiao Tschiangs Lippen. Den Blick auf Hou Tschang-shou gerichtet, verkündete der Hauptmann endlich:

„Es bleibt so, wie es ist. Du sollst sie bei dir behalten."

Die Frauen atmeten erleichtert auf, einige lächelten sogar. Unter den Männern entbrannten jedoch aufgeregte Diskussionen. „Das ist richtig!" meinten einige; andere wiederum empörten sich: „Das ist ein starkes Stück! Jetzt gehört sie also auf einmal zu uns Tagelöhnern!" Dschang Dsching-jui beschwichtigte: „Wir armen Menschen haben kein hartes Herz, und Unannehmlichkeiten entstehen uns daraus bestimmt nicht." Und Sun erklärte: „Unsere Brüder von der Achten Armee sind wirklich die Großzügigkeit selber."

„Gegen Feinde, die sich ergeben haben, sind wir immer großzügig", bestätigte der Hauptmann. Er drehte sich wieder zu Hou Tschang-shou um und ermahnte ihn: „Sei aber vorsichtig und sage ihr nichts, was nicht für ihre Ohren bestimmt ist. Suche zu erfahren, wie sie denkt, ob sie zu den Armen hält oder zu den Gutsherren. Nicht nur ihre Worte sollst du beachten, sondern sieh, wie ihre Arbeitsauffassung ist, ob sie fleißig ausführt, was du ihr sagst. Eheleute, die Tag für Tag unter demselben Dach, im selben Zimmer leben, können einander nichts verheimlichen. Arbeit kann die Welt verwandeln, aber auch den Menschen. Sag ihr: wenn sie drei Jahre lang gearbeitet hat, wird sie von niemandem mehr wie eine Gutsbesitzersfrau behandelt werden.

Doch sei auf der Hut, laß dich nicht von ihr auf Abwege bringen, denn du sollst es sein, der sie leitet."

Alle Versammlungsteilnehmer erklärten sich einverstanden mit dem vom Hauptmann Hsiao und dem Präsidium gemachten Vorschlag, Li Lan-ying nicht gewaltsam von Hou Tschang-shou zu trennen und Hou aufzutragen, die Frau in einem neuen Geiste zu erziehen und sie zur Arbeit anzuhalten. Bei der Verteilung sollte Hou Tschang-shou berücksichtigt werden. Er stand als hundertundzwanzigster auf der Liste. Li Lan-ying durfte Ackerland für sich beanspruchen, jedoch keinerlei bewegliche Habe.

Nach der Versammlung bat Hou den Hauptmann zu sich in die Wohnung. Da Hsiao schon längst den Wunsch hegte, die junge Frau kennenzulernen, begleitete er ihn sehr gern. Schon von weitem sahen sie Lan-ying vor der Hütte stehen; sie trug ein altes, gefüttertes Gewand aus blauer Baumwolle, die Ärmel hatte sie hochgeschlagen. Sie war gerade dabei, ein Schwein zu füttern. Tschang-shou deutete mit dem Kopf zu ihr hin und erklärte:

„Das ist sie."

Li Lan-ying hob den Kopf und warf dem Hauptmann einen kurzen Blick zu, dann widmete sie sich wieder ihrer Arbeit. Beim Betreten des Zimmers sah Hsiao auf dem Kang einen zerrissenen Rock liegen, an dem wohl gerade geflickt worden war. Alles war sauber und ordentlich aufgeräumt. Am Fußende des Lagers lagen zwei Decken, an den Fenstern klebten Scherenschnitte aus rotem Papier. Als sich der Hauptmann auf den Rand der Schlafbank setzte, kam Li Lan-ying herein, um sich Streichhölzer zu holen. Verstohlen betrachtete sie den Gast aus ihren Augenwinkeln. Sie hatte Angst vor ihm und erst, als sie den Hauptmann freundlich lächeln sah, legte sich ihre Furcht. Sie wollte in die Küche, um Feuer anzumachen, doch Hsiao Tschiang erhob sich und wehrte hastig ab:

„Du brauchst nicht extra Teewasser aufzusetzen, ich will ja schon wieder gehen." Dann sagte er zu Tschang-shou: „Nach dem Lampionfest[47] wird es noch zu früh zum Düngerstreuen sein.

Ihr müßt euch noch eine Nebenarbeit suchen, meint ihr nicht auch? Was kann sie?"

Die Frau hörte von der Küche aus aufmerksam zu, sagte aber kein Wort.

„Sie kann Strohhüte flechten. Gleich nach der Schneeschmelze wird sie Schilf schneiden und mit der Arbeit beginnen."

Während die beiden langsam zum Tor gingen, unterhielten sie sich über den Haushalt und die Feldarbeit.

„Hauptsache, sie arbeitet gut", meinte Hsiao. „Aber ich kann dir nur immer wieder raten: Sei auf der Hut! Warte, bis die schlimmste Zeit vorüber ist. Vielleicht hat sie dann doch keine Lust mehr zur Arbeit und will nichts mehr von dir wissen. Die Familienangehörigen der Gutsbesitzer haben sich zu sehr an Luxus und Müßiggang gewöhnt."

„Wehe ihr!" erklärte Tschang-shou drohend. „Wenn diese Hundebrut nicht gehorcht, kriegt sie Prügel, und wenn sie sich auch danach nicht bessert, schmeiße ich sie 'raus."

Hsiao Tschiang lachte:

„Du brauchst sie bestimmt nicht zu schlagen, denn sie macht einen rechtschaffenen Eindruck. Bring ihr nur Vernunft bei."

Zum Abschied mahnte er noch: „Vergiß nicht, wem du es zu verdanken hast, daß du eine Familie gründen konntest, und daß du jetzt glücklich und frei arbeiten kannst."

„Das werde ich nie vergessen!" beteuerte Hou. „Ich bin der Kommunistischen Partei von ganzem Herzen dankbar. Ich wäre bis an mein Lebensende Tagelöhner geblieben, ohne daß ich jemals auch nur eine einzige Ackerfurche oder ein halbes Zimmerchen besessen hätte, geschweige denn, daß ich hätte heiraten können, wenn nicht der Vorsitzende Mao von der Kommunistischen Partei die Bodenreform befohlen hätte. Seien Sie nur unbesorgt, Herr Hauptmann, ich bin nicht undankbar wie Hua Yung-hsi."

Bei der Erwähnung dieses Namens kam Hsiao Tschiang auf den Gedanken, Hua Yung-hsi doch auch einmal zu besuchen, und er verabschiedete sich daher schnell von Hou Tschang-shou.

ZWANZIGSTES KAPITEL

Dunkelgraue Schleier wallten vom Himmel herab. Es war kälter als an den Vortagen, und an den Zweigen der Pappeln, in den Kronen der Weiden und an den Zaunhecken hingen glitzernde weiße Reiffäden wie silberne Bartsträhnen. Es war die Zeit des „Baumbehangs".

Hauptmann Hsiao ging geradenwegs von Hou Tschang-shous Hütte zu dem kleinen, von Weidenhecken umzäunten Gehöft der Familie Hua. Als er das Hoftor aufstieß, flatterten zwei weiße Gänse aufgeschreckt über den Hof. Der Gänserich streckte den Hals weit vor und watschelte schnatternd und gravitätisch wie ein vornehmer Greis von dannen. Willst du mir zu nahe treten, lasse ich es auf ein Gefecht ankommen, schien er zu sagen.

Der Schnee auf dem Hof war zur Seite gefegt, und die trockene Erde war zum Vorschein gekommen. Ein kahlschwänziger Hahn ließ auf einem Heuhaufen sein Kikeriki erschallen und flatterte dann wieder herab, um gemeinsam mit einer kleinen Schar gackernder Hennen im trockenen Heu und in den Schneeresten scharrend nach etwas Nahrhaftem zu suchen. Im Stall fraß ein wohlgenährter brauner Wallach Heu aus der Futterkrippe, während sich unter dem vorspringenden Dach des Nebengebäudes eine alte Muttersau und fünf kleine Läuferschweine an einem Futtertrog um den Fraß balgten. Auf der Veranda des Hauses war bis zur Decke hinauf Brennholz aufgestapelt.

Als der Hauptmann das Haus betrat, stand die Witwe Dschang gerade in der Küche neben dem Herd. Aus dem Kessel strömte heißer Dampf, der die Küche vernebelte. Frau Dschang wechselte mit Hsiao einen gleichgültigen Gruß und ging, ohne weitere Worte zu verlieren, mit einem großen Gefäß hinaus, um Wasser zu holen. Nun kam Hua aus dem Zimmer, begrüßte den Gast und bat ihn auf den Kang.

Hua Yung-hsi war hinter den anderen zurückgeblieben, dennoch bestand ein Unterschied zwischen ihm und der Witwe Dschang, denn er vertrat den Grundsatz: „Was mein ist, gehört mir, doch was die anderen besitzen, gehört den anderen." Die Witwe dagegen huldigte der Anschauung: „Was mein ist, gehört mir, und was die anderen haben, gehört mir auch zum Teil."

Hua Yung-hsi fürchtete seine Frau und gab ihr in allen Dingen nach, bis er sich schließlich völlig zu ihrem Knecht machte. „Hua", pflegte Guo Tsüan-hai zu sagen, „ist ein jämmerlicher Kerl und steht unter dem Pantoffel."

Hua Yung-hsis Ehegespons und Hou Tschang-shous Li Lan-ying hatten nichts miteinander gemein. Hou Tschang-shous Frau war furchtsam und ängstlich, gehorchte ihrem Mann und arbeitete von früh bis spät, ohne zu murren. In diesem Haushalt regierte der Mann, der Ostwind war stärker als der Westwind. Ganz anders bei Hua Yung-hsi. Sein Weib war mutig und unerschrocken, hatte eine spitze Zunge und Haare auf den Zähnen. So war Hua ihr unterlegen und mußte bei einem Ehekrach stets den kürzeren ziehen. Selbst wenn es im Hause nichts für ihn zu tun gab, ließ ihn seine Frau nicht heraus, ja sie untersagte ihm sogar, seine Freunde zu besuchen. Mochte draußen die Welt untergehen — sie kümmerte sich nicht darum, und er war schon längst daran gewöhnt, ihre Befehle aufs Wort zu befolgen: hier war der Westwind stärker als der Ostwind.

Anfangs hatte Hua Yung-hsi mehr Rückgrat bewiesen. Zur Zeit der Aufklärungsarbeit war er jeden Tag zur Bauernvereinigung gegangen und hatte den Haushalt Haushalt sein lassen.

Einmal, als seine Frau Essen kochen wollte, waren keine trockenen Scheite da, und sie mußte frisches, feuchtes Holz verwenden, das schlecht brannte, dafür aber entsetzlich qualmte.

„Was ist dir nun eigentlich lieber", schrie sie damals ihren Mann an, als er abends heimkehrte, „die Familie oder die Vereinigung? Entweder du läßt dich von der Bauernvereinigung versorgen, oder wir sind geschiedene Leute. Du Faulenzer treibst dich dauernd woanders 'rum, soll ich mir vielleicht einen Hausfreund anschaffen, damit der deine Arbeiten verrichtet?"

Hua ließ sich das nicht gefallen und brüllte zurück. Da rang das Weib die Hände, schlug sich vor die Brust und heulte den

Himmel voller Tränen. Das Kind hinter sich herziehend, wollte sie aus dem Haus rennen, doch Hua versperrte ihr den Weg und bat sie flehentlich um Verzeihung. Er mußte sich allerdings den Mund fußlig reden, ehe sie von ihrem Vorhaben absah. Seit dieser Zeit hielt die Witwe Dschang das Heft in der Hand. Nur des Abends behandelt ihn das Weib etwas milder, bedauerte ihn, umschmeichelte ihn und sprach zu ihm mit süßen Worten:

„Welche Familie hat wohl in ihrem Leben nicht mancherlei Mühsal zu ertragen? Willst du denn, daß wir betteln gehen, wenn du deine Familie so völlig außer acht läßt? Das kannst du nicht. Auch Kung Fu-tse[48] mußte für seine Familie sorgen.

Hua Yung-hsi gab ihr recht. Er blieb von da an zu Hause, arbeitete fleißig und ging nur noch selten zur Bauernvereinigung. Als Guo Tsüan-hai von dem neuen Funktionär der Bauernvereinigung Dschang Fu-ying seines Amtes enthoben und aus der Vereinigung ausgeschlossen wurde, schwieg Hua Yung-hsi, obwohl er genau wußte, daß dieser Ausschluß eine Gemeinheit war.

Die aktivsten Einwohner des Dorfes verurteilten den Pantoffelhelden und seine Frau aufs schärfste. Sie sagten:

„Einer alten Kuh wegen verrät er die Allgemeinheit und verschludert sein Leben." Oder: „Gutes tut er nicht, Böses tun will er auch nicht — so verkommt er in Trägheit." „Das Weib ist seine Göttin, er betet sie an, und wenn darüber der Himmel einstürzt."

Hauptmann Hsiao unterhielt sich geduldig mit Hua, ohne Spott und Vorwürfe, und erklärte ihm, daß es seine Pflicht sei, sich um die Vorgänge im Dorf zu kümmern. Als er den Kampf gegen die Banditen erwähnte, um damit Hua seine ruhmvolle Vergangenheit ins Gedächtnis zurückzurufen, sah er, daß es ihn traf. Ohne Rücksicht auf seine Frau, die ihn von der Tür aus anstarrte, sagte Hua nach einer Weile zum Hauptmann:

„Ich komme einmal zu Ihnen in die Vereinigung."

Hsiao Tschiang verabschiedete sich, ohne auch nur mit einer Silbe das Thema „Parteizugehörigkeit" berührt zu haben. Sein

Grundsatz lautete: „Strenge gegen Parteimitglieder, Nachsicht mit Außenstehenden." Er konnte es nur begrüßen, wenn Hua auf seinen früheren Posten zurückkehren würde, doch um sich wieder der Partei würdig zu erweisen, mußte Yung-hsi erst einen weiteren Beweis seiner Aufrichtigkeit erbringen.

EINUNDZWANZIGSTES KAPITEL

Nach seiner Rückkehr in die Bauernvereinigung setzte sich Hauptmann Hsiao an den Tisch, holte den Füllfederhalter heraus und schrieb einen Brief an den Leiter des Organisationsbüros des Kreiskomitees.

„ ... Einmal sehen ist besser als tausendmal hören, deshalb habe ich einmal bei Hua Yung-hsi nach dem Rechten gesehen und konnte dort so mancherlei erfahren. Daß Funktionäre häufig durch ihre Angehörigen gehemmt werden, ist eine allgemeine Erscheinung. Auch in Sandschia lassen sich Vorkommnisse dieser Art verzeichnen."

Plötzlich ging die Tür auf, jemand wirbelte wie ein Windstoß ins Zimmer und stellte sich vor den Hauptmann· hin. Es war Liu Guei-lan. Hsiao klappte seinen Block zu und hieß sie lächelnd willkommen:

„Hast du einen Klumpen Gold gefunden, daß du so fröhlich bist?"

Liu Guei-lans Wangen waren rosig angehaucht von der Kälte. Sie trug Schuhe aus Schilf und ein schon etwas geflicktes gefüttertes Gewand aus blauer Baumwolle. In ihrem schwarzen Haar glänzte als einziger Schmuck eine winzige Nadel. Was die ganze Erscheinung des Mädchens auszeichnete, war die augenfällige Schlichtheit und Sauberkeit, die allen heiratsfähigen Mädchen im Dorfe eigen war.

„Ich habe eine große Bitte", begann sie verlegen und lachte verschämt.

„Nun, worum handelt es sich denn?"

Liu Guei-lan warf mit einer Kopfbewegung eine kurze Haarsträhne, die ihr über der linken Wange hing, in den Nacken zurück und sagte:

„In unserer Gruppe wurde ich von jemandem gebeten, mir bei Ihnen eine Auskunft zu holen. Sie will sich nämlich scheiden lassen und möchte wissen, ob das möglich ist."

Liu Guei-lan mochte nicht zugeben, daß es sich hierbei um sie selber handelte und schob deshalb eine Unbekannte vor, doch sie lief dabei rot an. Dem Blick des Hauptmanns ausweichend, senkte sie den Kopf und ließ sich am Rande des Lagers nieder.

Hsiao Tschiang hatte bereits erraten, um wen es sich handelte, und als Guei-lan ihre Frage wiederholte, antwortete er:

„Das hängt ganz davon ab, wer sich scheiden lassen möchte, und von wem." Lächelnd fügte er noch hinzu: „Eine Frau, deren Mann minderjährig ist, darf sich natürlich nicht scheiden lassen."

„Was?!" rief Liu Guei-lan und fuhr erschrocken auf. „Wollen Sie mich zum besten halten?"

Als sie sich so verraten hatte, lachte Hsiao laut auf:

„Was hast du dagegen einzuwenden? Du bist doch bei deinen Schwiegereltern aufgewachsen?"

„Aber umsonst haben sie mir das Essen nicht gegeben. Schon mit elf Jahren mußte ich für sie schuften. Alle Arbeiten in Haus und Hof hatte ich zu verrichten. Und der Kleine da ist heute erst elf Jahre alt. Der Vater ist ein Vieh und die Mutter ein Wespennest, dem keiner zu nahe kommen darf. Und bei solch einer Familie soll ich bleiben? Für eine junge Frau gibt es wohl keine gräßlichere Schwiegermutter als dieses Weib."

Liu Guei-lan erinnerte sich an all das Leid, das sie fünf Jahre lang bei der Familie Yüan-Dou erdulden mußte. Fünf Jahre lang hatte sie keine warme Mahlzeit zu essen bekommen und nie ein ordentliches Kleid anzuziehen gehabt. Eigentlich wollte Guei-lan dem Hauptmann noch erzählen, wie sie damals von ihrer Schwiegermutter mit der Hacke mißhandelt wurde, doch da er sicherlich schon davon wußte, ließ sie diese Begebenheit unerwähnt. Schmerzlich verzog sie den Mund.

„Fünf Jahre lang habe ich durchgehalten, und heute sagen Sie mir, ich dürfe mich nicht scheiden lassen. Wenn selbst die Revolution nicht mit diesem Elend Schluß machen kann, bleibt mir nichts als der Tod." Während sie sprach, liefen ihr Tränen über die Wangen. Sie rieb sich die Augen, sprang auf und wollte hinauslaufen.

„Bleib!" rief der Hauptmann, der ihr sofort nachgeeilt war. „Ich habe doch nur Spaß gemacht! Unter einer demokratischen Regierung kannst du dich selbstverständlich scheiden lassen und den heiraten, den du liebst. Sag dem Dorfarzt, er solle eine Bittschrift aufsetzen und sie beim Bezirksbürgermeister einreichen. Der Bürgermeister wird eine Verhandlung mit dir und deinen Schwiegereltern anberaumen, und wenn das Recht auf deiner Seite steht, ist aller in bester Ordnung."

Liu Guei-lan strahlte wieder.

„Wen möchtest du denn heiraten?" wollte Hsiao nun wissen.

„Das kann ich nicht verraten."

„Wenn du es mir nicht sagst, wird aus der Hochzeit schwerlich etwas werden."

„Ich sage es ja schon!" rief Guei-lan ängstlich. „Aber Sie dürfen es niemandem weitererzählen."

„Das ist doch klar."

Guei-lans Wangen glühten feuerrot. Nach geraumer Weile erst sprach sie, doch nur in Andeutungen.

„Wir passen gut zusammen. Da ich selbst nicht schreiben kann, muß ich mir einen Mann aussuchen, der auch keine Ahnung davon hat."

Hsiao Tschiang lachte:

„Vielleicht ist es gar der alte Sun?"

Als das Mädchen empört davonlaufen wollte, wurde der Hauptmann wieder sachlich.

„Ich bitte um ehrliche Auskunft: Ist der Mann, der dir gefällt, ein guter Arbeiter? Zu welcher Klasse gehört er? Wie ist er als Mensch einzuschätzen? Wenn alles in Ordnung ist, wird ein Ehevermittler beauftragt, die Hochzeit vorzubereiten."

Liu Guei-lan ließ ihre Blicke durch das Zimmer schweifen. „Er ist Tagelöhner", sagte sie. „Würden ihn die Bauern denn achten, wenn er ein schlechter Arbeiter wäre? Und charakterlich..." Das Mädchen lächelte verlegen, ehe sie nach kurzer Pause weitersprach: „Was weiß ich, wie man über ihn denkt? Er gefällt mir, und das sollte genügen. Wir beide haben nichts aneinander auszusetzen, also bitte!"

Der Hauptmann stichelte:

„Wen meinst du denn mit ‚wir beide'? Noch nicht einmal der Heiratsvermittler ist da, und schon heißt es ‚wir beide'!?"

Guei-lan wurde vor Scham noch röter im Gesicht und fragte:

„Was ist denn heute mit Ihnen los? Haben Sie zuviel getrunken?" Hauptmann Hsiao war wirklich zum Scherzen aufgelegt, denn er hatte alle Arbeiten zu seiner vollen Zufriedenheit erledigen können. „Jetzt aber ehrlich", sagte er. „Der Mann, der dir gefällt, hat schon eine Liebste."

Liu Guei-lan drehte sich wütend zu ihm um:

„Wer ist das? An wen hat er seinen Verstand verloren?"

„Erst mußt du mir sagen, wer ‚er' ist. Vielleicht irre ich mich."

„Ich will aber erst wissen, wer sie ist!"

Der Hauptmann blieb hartnäckig:

„Es weiß doch aber niemand, wer dein ‚er' ist."

Da schrillte plötzlich das Telefon. Hsiao eilte zum Apparat und nahm den Hörer ab. Liu Guei-lan blieb, denn sie wollte das Geheimnis gar zu gern erfahren. Sie hörte, wie der Hauptmann in die Sprechmuschel rief:

„Was? Ein Anruf von Guo Tsüan-hai?"

Bei diesem Namen trat das Mädchen näher und spitzte die Ohren. Hsiao Tschiang sprach anscheinend mit irgendeiner Behörde der Kreisstadt.

„Was? Man hat ihm keine Erlaubnis gegeben?" Seine Stimme verriet Unwillen. „Angehörige einer Bauernvereinigung sollen also nicht in anderen Dörfern Verhaftungen vornehmen, wegen etwaiger Unruhen? Etwas lauter bitte, ich kann Sie nicht verstehen...! Ich höre immer noch nichts...! So, jetzt geht's.

Die öffentlichen Sicherheitsbehörden sollen laut Anordnung gemeinsam vorgehen — selbstverständlich ist das richtig. Wie? Ich verstehe nicht ... ! Rufen Sie die Verwaltung für öffentliche Sicherheit an und machen Sie denen dort begreiflich, daß es sich um einen Spion handelt, auf den hier bei uns ein Prozeß wartet. Wir können aber die Verhandlung erst anberaumen, wenn wir ihn haben. Außerdem wird sich die Bevölkerung nicht eher beruhigen, bis sie sich nicht mit eigenen Augen überzeugt hat, daß der Verbrecher unschädlich gemacht ist. Die Verwaltung soll also Guo Tsüan-hai jemanden zur Unterstützung mitgeben und veranlassen, daß er in ihrem Namen die Verhaftung rechtmäßig vornehmen kann. Er bringt dann den Verbrecher hierher nach Yüanmaotun zum Verhör. Wir selbst werden keinerlei Maßnahmen weiter treffen, sondern ihn wieder zurückschicken. Teilen Sie dem Verwaltungschef Tschen unsere Ansicht mit. Augenblick bitte ... !", rief Hsiao, als der Gesprächspartner am anderen Ende des Drahts abhängen wollte. „Wenn Guo Tsüan-hai in die Kreisstadt zurückkommt, dann soll er sich dort nicht lange aufhalten, sondern so schnell wie möglich den Heimweg antreten, zu Hause erwartet ihn ein großes Ereignis. Was für eins? Na, eine Hochzeit."

Der Hauptmann legte den Hörer auf und blickte schmunzelnd zu Liu Guei-lan hinüber. Das Mädchen fragte ihn sofort wieder erregt:

„Wer ist sie?"

Hsiao setzte sich an den rechteckigen Tisch und antwortete bedächtig:

„Sie ist ein nettes Mädchen, die in Yüanmaotun wohlbekannte Frau eines elfjährigen Kindes und heißt Liu Guei-lan."

„Liu Guei-lan! Liu Guei-lan!", schrie in diesem Augenblick Bai Da-sao-dse aus voller Kehle draußen auf dem Hof. Das verlegene Mädchen nahm die Gelegenheit wahr und flüchtete aus dem Zimmer.

„Hier steckst du also?" rief Bai Da-sao-dse vorwurfsvoll. „Und ich habe schon das ganze Dorf nach dir abgesucht. Alle warten schon, denn wir wollen endlich mit der Versammlung anfangen. Weshalb vertrödelst du hier deine Zeit?"

Der Hauptmann gab ihr vom Fenster aus Bescheid:

„Sie hat sich mit mir über das größte Ereignis ihres Lebens unterhalten."

Frau Bai trat lächelnd ins Zimmer. „Über ihre Hochzeit mit dem Vorsitzenden Guo, nicht wahr? Herr Hauptmann, wie ist es, wollen Sie vermitteln?"

Hsiao lehnte lachend ab. „Das ist Suns Aufgabe. Da-sao-dse, was meinst du: Passen die beiden zusammen?"

„Und ob! Der Drache vermählt sich dem Phönix[49], ist das nicht eine großartige Sache? Am Hochzeitstag werden wir ein großes Fest mit Gong und Trommeln veranstalten. Aber jetzt schnell, man wartet auf uns."

Als Bai Da-sao-dse, das Mädchen an der Hand, zur Tür hinauseilte, stob eine Schar beschlagnahmter Gänse entsetzt nach allen Seiten auseinander. In ihr Geschnatter mischte sich von fern her das fröhliche, ungetrübte Lachen junger Männer und Frauen.

ZWEIUNDZWANZIGSTES KAPITEL

Vor kurzem hatte Hauptmann Hsiao durch die alte Frau Wang erfahren, daß sich Han Lao-lius älterer Bruder, der Spion Han Lao-wu, in einem am Fuße der Berge liegenden Dorf des Kreises Yüshu verborgen hielt. Hsiao hatte daraufhin Guo Tsüan-hai den Befehl gegeben, in dieses Dorf zu fahren und Han Lao-wu zu verhaften. Bai Yi-shan, der in Yüanmaotun seinen Neujahrsurlaub verbrachte, war freiwillig mitgegangen.

Die beiden trafen gerade in der Provinzhauptstadt ein, als eine Verordnung bekannt wurde, daß den Bauern die Einreise in andere Verwaltungskreise sowie das Betreten fremder Ortschaften zum Zwecke der Verhaftung flüchtiger Personen verboten sei. Der Besonderheit des Falles wegen erteilte die Provinzverwaltung jedoch schließlich die Einreisebewilligung nach Yüshu, und das Amt für öffentliche Sicherheit gab ihnen drei ihrer Leute zur Verstärkung mit. Dadurch war aber ein Zeitverlust von mehreren Tagen entstanden und Guo Tsüan-hai, der befürchtete, ihr Plan könnte verraten worden sein, quälte sich mit dem Gedanken, daß Han Lao-wu geflohen sei, und er sei e Aufgabe nicht mehr erfüllen könne. Dann wieder beschäftigte er sich mit der Lage in Yüanmaotun: klappte auch alles mit der Verteilung? Wenn nun etwa feindlich gesinnte Elemente die zur Verteilung bestimmten Vorräte in Brand steckten? Vor lauter Sorgen schmeckte ihm das Essen nicht mehr, und er fand keinen Schlaf. Bai Yi-shan jedoch machte sich keine Gedanken. Er schlief fest und aß, soviel er nur konnte.

In der Kreisstadt Yüshu angelangt, nahmen sie Vollmachten in Empfang und wanderten alle fünf zu Fuß — einen Schlitten hatten sie abgelehnt — in derselben Nacht ihrem Bestimmungsort entgegen. Als die drei Sterne die Mitternachtsstunde anzeigten, erreichten sie das Dorf. Tsüan-hai befahl Bai Yi-shan, sich mit der Bauernvereinigung in Verbindung zu setzen, während er selbst mit den Sicherheitsbeamten geradenwegs zu Han Lao-wus Gehöft eilte, nach dem sie vorher schon genaue Erkundigungen eingezogen hatten.

Guo wußte, daß Han Lao-wu ein guter Schütze war, der mit beiden Händen gleichzeitig zwei Revolver zielsicher abzuschießen verstand. Er riet deshalb seinen Begleitern, sich kampfbereit zu machen, die Bajonette aufzupflanzen und die Gewehre zu entsichern. Er selbst betastete unterdessen seine Taschen, um sich zu vergewissern, daß die Streichhölzer und Kienspäne, die er wohlweislich eingesteckt hatte, noch vorhanden waren.

Das aus drei strohgedeckten Häusern bestehende Gehöft der Familie Han lag abseits von den anderen Höfen am Fuße eines ansteigenden Berges. Die Rückseite lehnte sich an den Berg, der unten öd und kahl, oben jedoch mit dichtem Mischwald bewachsen war. Vor dem Tor breitete sich eine Ebene aus. Sollte sich also jemand seinem Haus nähern, so konnte der Besitzer ihn schon von weitem erblicken.

Die vier Männer verbargen sich hinter einem Strohschober und blickten zu dem Hof hinüber. Flüsternd beratschlagten sie, wie sie sich dem Gehöft nähern könnten, ohne entdeckt zu werden. Glitzernder Schnee bedeckte alles. Ringsum herrschte Stille, kein Mensch war zu sehen. Guo Tsüan-hai schickte einen der Sicherheitsbeamten als Flankendeckung nach links, so daß der hintere Ausgang des Hofes bewacht war, und ging mit den beiden anderen auf das Vordertor los.

Kaum hatten sie sich aus dem Schutz des Strohschobers hervorgewagt, als auch schon die Hunde auf dem Han-Hof und auf den Nachbargehöften loskläfften. Wie leicht konnte Han Lao-wu durch das Gebell aus dem Schlaf geschreckt werden, aufstehen und entweder Widerstand leisten oder Hals über Kopf fliehen!

„Los! Wir müssen schnell handeln!" flüsterte Guo Tsüan-hai, der schon ganz aufgeregt war, seinen Begleitern zu.

Als erster kam er vor dem Eingang an. Das aus Weidenruten geflochtene Tor war fest verschlossen. Die Hunde jaulten und im Hauptgebäude regte es sich: dort stand jemand von seinem Lager auf! Guo Tsüan-hai stieß wütend mit dem Gewehrschaft eine Öffnung in das Weidengeflecht, so daß die drei Männer hindurchschlüpfen konnten. Als sie auf dem Hof standen, ordnete Guo an:

„Ihr bleibt hier draußen, ich gehe allein. Dann wird wenigstens nur einer geopfert, falls der Kerl schießen sollte." Behende lief er zum Eingang des Wohngebäudes vor und stieß mit einem Tritt die Tür auf.

Im Zimmer war es stockfinster. Durch den schnellen Wechsel von der Helligkeit des schneeglitzernden, vom Sternenlicht erhellten Hofes zu der Dunkelheit der Wohnung konnte er zuerst nichts erkennen. Im Innenzimmer knarrte es; sicherlich bewegte sich dort jemand auf seinem Lager. Guo Tsüan-hai tastete sich nun zum Eingang des Innenzimmers vor; ein Tritt — und auch diese Tür flog auf. Im schwachen Licht, das durch die Fensterscheiben fiel, glaubte er auf dem Kang mehrere

Personen zu erkennen, die sich aufgesetzt hatten. Guo richtete sein Gewehr auf das Lager, ließ den Abzugshahn klicken und rief: „Niemand rührt sich vom Fleck!"

Das Gewehr unter den linken Arm geklemmt, zog er mit der rechten Hand die Streichhölzer und einen Kienspan aus der Tasche und wollte gerade Licht machen, als er sich noch rechtzeitig auf die Gefährlichkeit seiner Lage besann, denn mit einem brennenden Kienspan in der Hand wäre er eine prächtige Zielscheibe für den Gegner gewesen, für den es ja nichts Vorteilhafteres geben konnte als aus dem Dunklen heraus auf ein beleuchtetes Ziel schießen zu können. Doch Licht mußte sein, wie sollte er sonst Han Lao-wu finden? Das Gewehr drohend gegen einen auf dem Kang sitzenden Schatten erhoben, schrie er: „Mach Licht!"

Eine Frauenstimme rief:
„Wir haben keine Streichhölzer!"

Guo warf seine eigenen hinüber. Ein Zündholz strich über die Reibfläche, die Frau kroch zum Kopfende des Lagers vor und zündete die auf einer Kiste stehende Bohnenöllampe an. Im Zimmer wurde es hell. Nun sah Guo auf dem Kang zwei Frauen, eine ältere und eine jüngere, einen Knaben und ein etwa achtjähriges Mädchen. Sie hockten in einer Reihe, mit den Rücken ans Fensterbrett gelehnt. Sie waren nicht erschrocken, ja nicht einmal erstaunt, oder auch nur im geringsten erschüttert, so, als hätten sie sich schon mit dem Gedanken an solch einen überraschenden Besuch vertraut gemacht. Han Lao-wu aber war nicht zu sehen. Guo lief nun hastig zu einer großen Truhe und öffnete den Deckel: sie war vollgepropft mit Bettbezügen, Kleidern und Baumwollflocken. Darin konnte unmöglich noch jemand versteckt sein. Er untersuchte sämtliche Winkel, Kisten und Kästen — doch ohne Erfolg.

„Han Lao-wu ist fort!" schrie er zum Fenster hinaus.

Die drei Sicherheitsbeamten stürzten gleichzeitig ins Zimmer und fragten im selben Atemzug:
„Geflohen?"

Noch hatten sie den ersten Schreck nicht überwunden, als sie ein Knarren an der Zimmerdecke vernahmen. Guo Tsüan-hai blickte hoch. In der Decke gähnte ein großes Loch, durch das ein nackter Fuß herabhing. Guo legte das Gewehr an und schrie: „Herunter mit dir!"

Draußen hatte währenddessen Bai Yi-shan und der Vorsitzende der hiesigen Bauernvereinigung mit nahezu dreißig Milizsoldaten das Gehöft von allen Seiten eingeschlossen. Als Yi-shan im Hause rufen hörte: „Wir haben ihn!" rannte er als erster hinein und erblickte einen Mann, der vorsichtig von der Decke auf eine Truhe herabstieg. Es war Han Lao-wu. Ein großer Kopf, ein feister Nacken, zwei kahle Schläfen: ganz und gar Han Lao-lius Ebenbild. Da er nur einen bestaubten weißen Pyjama anhatte, schlotterte er vor Kälte.

Han Lao-wu hatte sich in die Bauernvereinigung einzuschleichen vermocht, war Sekretär geworden und besaß zahlreiche Freunde im Dorf. Da er außerdem aber auch noch zwei Revolver versteckt hielt, glaubte er sich völlig sicher. Der von ihm angelegte, sich rings um das Gehöft hinziehende Graben war bis obenhin zugeschneit, und er dachte nicht daran, den Schnee wegzuräumen. Wenn der Winter vorbei ist, und die Bäume zu knospen beginnen, kann man immer noch weitere Sicherungsmaßnahmen treffen, dachte er, bis dahin wird ja nicht gerade etwas passieren. Aber noch hatten die Bäume keine Knospen getrieben, da war er schon ins Netz geraten und hatte noch nicht einmal Zeit gefunden, Kleider, Strümpfe und Schuhe anzuziehen.

Während Guo Tsüan-hai den Spion mit der Waffe in Schach hielt, löste Bai Yi-shan den Fesselstrick von seinem Hosenriemen.

„Verzeihung", grinste er, „aber ich muß dir ein bißchen weh tun."

„Macht nichts. Walte deines Amtes!" erklärte Han Lao-wu lächelnd, der unterdessen in Rock und Hose schlüpfte.

Guo Tsüan-hai begrüßte nun den Vorsitzenden der hiesigen Bauernvereinigung und entschuldigte sich:

„Verzeiht, daß ich nicht erst die Bauernvereinigung aufgesucht habe, um die Angelegenheit mit euch zu besprechen, aber er wäre uns sonst entwischt."

„Oh, keine Ursache", versicherte Dschang eifrig. Er sah etwas beschämt drein, denn es war doch eine Schande, daß sich ein solcher Verbrecher in ihrem Dorf verstecken, ja sogar in die Bauernvereinigung einschleichen und deren Sekretär werden konnte.

Während er die Fremden hinausgeleitete, entschuldigte er sich: „Wir waren schon früher mißtrauisch ihm gegenüber, denn seine Herkunft lag im Dunkeln, aber wir hatten soviel mit anderen Dingen zu tun, daß wir gar nicht dazu kamen, genauere Erkundigungen einzuziehen. Ihr habt uns jedenfalls vor großem Unheil bewahrt. Bitte, kommt doch mit zur Bauernvereinigung, dort ist es warm und gemütlich. Ich werde einen Schlitten bestellen."

„Das ist nicht nötig", wehrte Guo hastig ab, denn er wollte sich sofort auf den Heimweg machen, um keine unliebsamen Zwischenfälle heraufzubeschwören.

Der Vorsitzende Dschang beharrte nun wenigstens darauf, einen Schlitten holen zu dürfen, und ging.

Guo Tsüan-hai machte sich seine Gedanken über die Situation. Bestimmt hatte Han Lao-wu in diesem Dorf gute Freunde, sonst hätte sich ein solch berüchtigter Spion des Mandschustaates nicht über ein Jahr hier verborgen halten können. Zwar war die Banditenarmee vernichtet, aber vereinzelte zersplitterte Banden bestanden sicherlich noch. Aus Gründen der Vorsicht befahl er Bai Yi-shan und zweien der Sicherheitsbeamten, mit Han Lao-wu vorauszugehen, während er selbst in Begleitung des anderen Beamten in einigem Abstand folgte. Von Zeit zu Zeit schaute er sich um. Von weit hinten nahte ein Schlitten, dessen Kufen knirschend über den verharschten Schnee glitten. Bald hatte er sie eingeholt. Schneidend gellte Guo Tsüan-hais Stimme durch die Luft:

„Halt! Wer da!"

Vom Schlitten erschallte die Antwort: „Bauernvereinigung Kaoshantun!"

„Egal, wer da ist. Anhalten!"

Der Schlitten hielt ungefähr zwanzig Schritt von ihnen entfernt. Ein Mann mittleren Alters, in einen Schafpelz gehüllt, eilte herbei:

„Unser Vorsitzender läßt euch bestellen: Da ihr sicher müde und erschöpft seid, soll ich euch mit dem Schlitten zur Kreisstadt fahren."

Guo Tsüan-hai betrachtete beim Sternenlicht sein Gegenüber von Kopf bis Fuß und überzeugte sich davon, daß auf dem Gefährt niemand weiter saß. Jetzt erst beruhigt, rief er Bai Yi-shan zurück. Alles kletterte auf den Schlitten, und gleich darauf jagten die drei starken Pferde mit ihnen über das glatte Eis der Kreisstadt Yüshu entgegen.

„Wo der Kerl herkam, war uns ein Rätsel", erzählte der Kutscher unterwegs. „Keine Angehörigen, kein gar nichts. Er behauptete, seine Familie lebe in Dschiamudse und er heiße Li Po-shan. Einmal, als sein Sohn mit meinem Kleinen Streit hatte, schwor der Junge: ‚Wenn auch nur ein Wort gelogen ist, möge der Himmel gleich mit fünf Donnern dreinschlagen, so wahr ich Han heiße'. Mein jüngster Sohn fragte ihn erstaunt, seit wann er Han heiße. ‚Ja, meine Mutter ist eine geborene Han', sagte der kleine Galgenstrick erschrocken. Damals hatten wir alle mit den Gutsbesitzern zu tun und kümmerten uns nicht weiter um diese Sache. Was sind wir jetzt froh, daß dieser heimtückische Bandit in Fesseln liegt, daß wir vor einem bösen Schicksal bewahrt bleiben." Der Mann drehte sich um und grinste Han Lao-wu an. „Na, weißt du es denn jetzt? Heißt du nun Li oder Han?" fragte er spöttisch.

Im Osten zeigte sich am Himmel der erste blaue Schimmer, der sich kurze Zeit später gräulich-weiß verfärbte und schließlich in mattes Rot überging. Die Sonne ging auf, und ein eisiger Morgenwind strich pfeifend über die Ebene und ließ die Menschen vor Kälte erschauern.

Der Schlitten hatte bald Yüshu erreicht, und die drei Sicherheitsbeamten trennten sich hier von ihnen. Nachdem Guo Tsüan-hai sämtliche Formalitäten erledigt hatte, bestieg er ohne Aufenthalt mit Bai Yi-shan und dem verhafteten Spion den nach Osten abgehenden Zug.

In der Kreisstadt angelangt, mieteten sie sich einen Schlitten und jagten ohne Rast weiter, dem heimatlichen Dorf entgegen.

DREIUNDZWANZIGSTES KAPITEL

Als der Schlitten mit Guo Tsüan-hai, Bai Yi-shan und Han Lao-wu durch das Westtor von Yüanmaotun glitt, wußte bereits das ganze Dorf von ihrem Kommen. Die Bauern versperrten die Straße, hießen die beiden Funktionäre willkommen und umringten lärmend den Gefangenen.

„Gebt den Weg frei!" befahl ihnen Dschang Dsching-jui, der Verantwortliche für die innere Sicherheit. „Laßt ihn durch, wir werden uns später mit ihm befassen."

Der kleine Wu schlüpfte trotzdem nach vorn, blickte dem Verhafteten prüfend ins Gesicht und stellte fest:

„Genau wie Han Lao-liu, er hat auch diese Bohnenaugen und die kahlen Schläfen."

Auch Sun drängte sich zum Schlitten durch und mimte augenzwinkernd den Erstaunten:

„Aber nein, ist das nicht unser gnädiger Herr Wu? Wie haben denn Euer Hochwohlgeboren die beschwerliche Reise hierher überstanden?"

Han Lao-wus Herz klopfte zum Zerspringen beim Anblick dieser unübersehbaren Menschenmenge. Sein Gesicht glich in seinem fahlen Weiß dem Ölpapier, das zwischen die Fensterrahmen gespannt wird. Er zwang sich jedoch zu einem Lächeln und entgegnete dem Kutscher mit gespieltem Gleichmut:

„Der Marder ist ihnen entwischt, nur mich, das Eichhörnchen, haben sie gefangen."

Han Lao-wu wurde in ein leeres Zimmer neben den Büroräumen der Bauernvereinigung gesperrt. Die Bauern standen noch lange auf dem Hof um die beiden Rückkehrer herum und fragten sie bis ins kleinste über ihre Erlebnisse aus. Als der Kutscher hörte, daß die Bauernvereinigung von Kaoshantun extra einen Schlitten zur Verfügung gestellt hatte, lobte er: „Anerkennenswerte Leute dort, wirklich anerkennenswert."

„Wären sonst Arbeiter und Bauern eine Familie, wenn sie sich nicht gegenseitig helfen würden?" rief Dschang Dsching-jui.

„Wir müssen uns daran ein Beispiel nehmen", mahnte Tsüan-hai, „und anderen Dörfern ebenfalls stets behilflich sein."

Erst nachdem sie ihre Wißbegierde restlos befriedigt hatten, verabschiedeten sich die Bauern und gingen heim. Dschang Dsching-jui vereinbarte mit Wu Dschia-fu, daß der Pionierverband Han Lao-wu tagsüber bewachen und abends von Milizsoldaten abgelöst werden sollte.

Als Guo Tsüan-hai und Bai Yi-shan das Zimmer der Bauernvereinigung betraten, fanden sie den Hauptmann und die aktiven Dorfbewohner damit beschäftigt, die kürzlich bei Gutsbesitzern und reichen Bauern beschlagnahmten und die durch Kauf erworbenen Pferde und Zugtiere zu erfassen und Vorschläge für ihre Verteilung zu machen. Hsiao riet den beiden, sich erst einmal auszuruhen, um die Verteilung brauchten sie sich nicht zu kümmern.

Guo Tsüan-hai aber blieb sitzen und fragte bei günstiger Gelegenheit leise den Hauptmann:

„Was soll denn das eigentlich bedeuten, was mir Sekretär Hsü vom Kreiskomitee erzählt hat? Sie sollen angerufen und gesagt haben, ich solle mich nicht erst in der Kreisstadt aufhalten, sondern sofort zurückkommen, weil hier etwas Besonderes auf mich warte."

Hsiao Tschiang sagte lächelnd:

„Eine Hochzeit. Aber schlaf dich erst aus, ich erzähle es dir später."

„Wenn Sie es mir jetzt nicht sagen, kann ich nicht einschlafen."

„Und wenn ich's dir sage, schläfst du erst recht nicht. Geh, leg dich hin ... Tschu, wir wollen weitermachen. Du meinst also, wir sollten in erster Linie die Lücken ausfüllen? Gut, wird gemacht. Aber wo bestehen solche Lücken?"

„Na, der kleine Wen zum Beispiel hat keine Bettdecke, das wäre schon eine Lücke."

Guo, der sich widerstrebend auf den Kang gelegt hatte, hörte noch eine Weile zu und schlief dann ein, denn er hatte zwei Nächte lang nicht geschlafen. Ohne sich zugedeckt zu haben, hatte er sich auf dem Kang ausgestreckt und schnarchte nun leise vor sich hin. Als Liu Guei-lan das Zimmer betrat und ihn so liegen sah, faltete sie eine auf dem Bettrand liegende rote Decke auseinander und breitete sie sacht über den Schlafenden.

Bai Yi-shan wurde zu Hause herzlich von seiner Frau empfangen. Während er sich das Gesicht wusch, saß sie am Tisch, besserte Schuhsohlen aus und erzählte ihm den neuesten Dorfklatsch. Ohne sich erst erkundigt zu haben, wie es ihrem Mann auf der Reise ergangen war, berichtete sie gleich das Allerneueste:

„Liu Guei-lan möchte sich mit Guo Tsüan-hai verheiraten. Sie hat wegen ihrer Scheidung von dem Bettnässer der Familie Yüan-Dou schon an den Bezirksbürgermeister geschrieben."

Yi-shan zog sich Rock und Hemd aus. Kupfern glänzte seine muskulöse Brust, die er sich mit heißem Wasser wusch.

„Hat der Bezirksbürgermeister seine Einwilligung gegeben?" fragte er.

„Natürlich! Das Mädel ist doch wie geschaffen für Guo. Sie ist immer aktiv bei der gesellschaftlichen Arbeit, und charakterlich passen die beiden auch zusammen. Liu Guei-lan fragte heute immerzu ganz aufgeregt: ‚Was wird er wohl dazu sagen? Ob er mich überhaupt haben will?' "

Bai Yi-shan hatte sich unterdessen gewaschen und sich wieder angezogen. Nun holte er aus seiner alten ledernen Umhängetasche Zahnbürste und Zahnkreme heraus und begann sich die Zähne zu putzen. Dabei fragte er:

„Wer vermittelt denn die Hochzeit?"

„Auf die Bitte des Hauptmanns hin übernimmt das der alte Sun, aber der Kutscher meint, daß bei einer roten Hochzeit[50] zwei Heiratsvermittler sein müßten."

Bai Yi-shan spülte seine Zahnbürste umständlich im Wasserglas aus und rief erstaunt:

„Liu Guei-lan macht rote Hochzeit? Ich dachte, sie würde weiße Hochzeit feiern."

„Sie ist doch mit dem kleinen Dou noch nicht richtig verheiratet gewesen."

„Wer ist der zweite Heiratsvermittler?" wollte Yi-shan weiter wissen.

„Tschu Fu-lin. Aber was sollen wir ihnen bloß schenken?"

„Was schlägst du denn vor?"

„Wenn es nach mir ginge, würden wir etwas kaufen. Bloß kein Geld schenken! Auch nichts von der beschlagnahmten Ware, die stammt von den Gutsbesitzern und ist obendrein nicht mehr neu."

„Nun gut! Ich werde ein Bild besorgen: ,Bei der Verteilung' oder ,Die große Gegenoffensive der Vereinigten Demokratischen Armee', die sind beide nicht übel."

„Mann", lachte Bai Da-sao-dse, „seit wann machst du solche Witze? Zur Hochzeit willst du ,Die Gegenoffensive der Demokratischen Vereinigten Armee' schenken?"

„Ohne Gegenoffensive wäre nichts aus der Hochzeit geworden. Ohne unseren Kampf bestünde das ,Zweite Mandschureich' immer noch, und du willst doch nun nicht etwa behaupten, daß ein armer Schlucker wie Guo dann überhaupt hätte heiraten können?"

Frau Bai gab sich lächelnd geschlagen. „Du hast recht, machen wir es so. Aber wir müssen noch etwas dazu kaufen."

„Können wir nachher noch besprechen. Was gibt's denn zu futtern?"

„Ich habe für dich ein paar Dschiao-dse im Schnee kaltgestellt. Ruh dich erst einmal aus, ich will unterdessen das Essen fertigmachen."

Yi-shan legte sich auf den Kang und gab bald darauf gleichmäßige, schnaufende Geräusche von sich. Als Da-sao-dse, die gerade im Küchenherd Feuer anmachte, ihren Mann schnarchen hörte, eilte sie schnell ins Zimmer, nahm eine Decke aus dem Schrank und deckte den Schlafenden sorgfältig zu.

Im Innenzimmer der Bauernvereinigung herrschte währenddessen Hochbetrieb. Die Bauern umringten den Hauptmann und diskutierten lärmend darüber, wie das beschlagnahmte Gut verteilt werden sollte. Tschu hatte den stärksten Baß, und Sun die schrillste Stimme, deshalb übertönten sie alle anderen. Durch das Geschrei wurde Guo aus seinem kurzen Schlaf gerissen; er setzte sich auf und rieb sich mit dem Handrücken die Augen. Als er auf die Erde sprang und sich zu den anderen stellte, kam Liu Guei-lan, die ihn die ganze Zeit über nicht aus den Augen gelassen hatte, herbeigehuscht, zeigte auf das Nebengebäude und flüsterte ihm zu:

„Leg dich dort hin, dort drüben hast du Ruhe."

Guo schüttelte jedoch den Kopf, denn er wollte nicht mehr schlafen. Während er sich zu dem großen Tisch durchdrängte, um sich an der Diskussion zu beteiligen, hörte er Tschu brummen:

„Gut, machen wir es so, wie der Hauptmann vorschlägt: erst werden die Allerärmsten berücksichtigt und die Lücken ausgefüllt. Jeder, ohne Ansehen der Person, bekommt, was ihm fehlt."

„Die Mittelbauern auch?" unterbrach ihn Frau Liu Deh-shan.

„Die bedürftigen Mittelbauern genauso wie die landarmen Bauern und Tagelöhner", erklärte Tschu. „Wer kein Getreide hat, bekommt welches, wer nichts anzuziehen besitzt, erhält Kleidung. Wir legen diesmal bei der Verteilung andere Maßstäbe an als im vorigen Jahr. Wenn wir auch ein bißchen freigebiger sind, das macht nichts. Ist jemand dagegen?"

Alle waren dafür.

„Du sagst: Jeder bekommt, was ihm fehlt", rief der Kutscher. „Mir fehlt aber ein ganzer Sack voll. Im vorigen Jahr habe ich bloß ein einziges Pferdebein bekommen. Außer Fuhrwerk und Zügel fehlen mir aber zum Beispiel noch Halfter, Kupferringe, Kandare, eine Decke und so weiter. Kann das alles aufgefüllt werden?"

„Ein Fuhrwerk können wir dir nicht geben", erwiderte Tschu. „Wo kämen wir denn da hin? Von den zehn Wagen, die wir im Schuppen haben, können wir doch nicht dir allein gleich einen zuteilen! Doch das andere kannst du bekommen."

Dschang Dsching-jui spottete:

„Kannst du dir denn die Decke nicht selber anfertigen? Lange genug bist du ja schließlich schon Kutscher."

„Glaubst du etwa, ich könnte mir die nicht selber machen? Aber wozu denn, wenn alles da ist?"

„Ruhe!" brummte Tschu. „Unsere Brigade hat gestern abend beschlossen, die Angehörigen der Gefallenen und der im Felde stehenden Soldaten eine Klasse höher einzustufen. Dschao Da-sao-dse zum Beispiel ist in der ersten Klasse; wenn sie jetzt eins 'raufrückt, kommt sie in die Sonderklasse. Die völlig besitzlosen Familien, die ordentlich gearbeitet haben, gehören in die erste Klasse."

Alle erklärten sich für diesen Vorschlag.

„Unsere Brigade", fuhr Tschu fort, „hat außerdem beschlossen, an die völlig Besitzlosen neben einer größeren Menge von Lebensmitteln und Kleidung auch starkes Zugvieh zu verteilen. Und Familien mit etwas mehr Vermögen sollen die feineren, nicht so dauerhaften Kleidungsstücke bekommen."

„Unsere Brigade ist damit einverstanden", rief der alte Sun dazwischen. „Aber unter einer Bedingung: Kutscher, die kein eigenes Zugvieh besitzen, dürfen sich die Pferde zuerst aussuchen."

Alles lachte.

„Wir werden dich schon nicht übergehen, alter Freund", meinte Dschang Dsching-jui lächelnd.

„Ruhe!" befahl Tschu. „Wir beginnen jetzt mit der Verteilung. Die Sachen liegen auf dem Sportplatz. Kommt, folgt mir."

Die Bauern drängten aus dem Zimmer. Ihre Füße trappelten über den festgetretenen Schnee des Hofes. Die Kinder waren schon weit voraus, als die alten Frauen erst langsam durch das Hoftor humpelten.

Hauptmann Hsiao, der auf dem Bettrand neben dem langen Tisch saß, rief Guo Tsüan-hai zurück. Der zog seine Pfeife aus dem Gürtel, stopfte sie und ging ins Vorzimmer. Nachdem er sie am Herd angeraucht hatte, ließ er sich mit untergeschlagenen Beinen am Kopfende des Kangs nieder und fragte ungeduldig: „Was wartet denn nun eigentlich Gutes auf mich?"

Ein freundliches, gütiges Lächeln, aus dem die Hoffnung leuchtete, daß andere Menschen glücklich werden mögen, umspielte das hagere Gesicht des Hauptmanns. Darauf hatte Guo Tsüan-hai früher nie geachtet. Seit mehr als einem Jahr glaubten sie sich nun zu kennen, doch die ganze Zeit über waren sie so stark durch die Arbeit beansprucht gewesen, daß sie nicht dazu gekommen waren, über sich selbst zu sprechen. Tsüan-hai hielt den Hauptmann für einen Weisen, für einen ehrlichen Menschen, der den werktätigen Bauern alles opferte und nie auf den eigenen Vorteil bedacht war. Niemals ließ er private Interessen mitspielen, niemals sprach er über seine eigenen Wünsche und Hoffnungen.

Doch diesmal drückte Hsiaos Lächeln noch etwas Neues aus, es schien, als wolle er über persönliche Dinge sprechen. Guo, verwundert und freudig berührt zugleich, blies den Tabakrauch vor sich hin, sah den blauen Rauchwolken nach und wartete auf Antwort.

Hsiao Tschiang hatte den jungen Bauern ins Herz geschlossen. Schon lange trug er sich mit dem Gedanken, ihn zum Sekretär des Bezirkskomitees zu erziehen. Er hatte ein gutes Klassenbewußtsein und war außerdem jung, klug, strebsam, mutig und gewissenhaft und hatte sich, durch die Partei in seiner Anschauung gefestigt, zu einem ihrer vorbildlichsten Mitglieder in dieser Gegend entwickelt. Wenn er sich jetzt noch etwas Allgemeinwissen aneignen könnte und noch etwas mehr politische

Schulung bekäme, könnte aus ihm ein ausgezeichneter Bezirkssekretär werden.

Jetzt wollte Hsiao den jungen Mann dazu ermuntern, einen Haushalt zu gründen, ein gutes Mädchen zu heiraten, damit er ein glückliches Leben führen und freudig seiner Arbeit nachgehen könne. Ohne Tsüan-hais Frage zu beantworten, erkundigte er sich vorerst:

„Möchtest du nicht eine Familie haben und heiraten?"

Guo Tsüan-hai, dessen Gesicht sich leicht verfärbte, rauchte schweigend seine Pfeife. Hsiao rückte etwas näher und sprach mit gedämpfter Stimme weiter:

„Charakterlich paßt sie zu dir, unbekannt ist sie dir auch nicht, und arbeiten kann sie für zwei."

Guo ahnte schon, wen der Hauptmann meinte, doch er schwieg.

„Wenn du nichts dagegen hast, werden Sun und Tschu für dich vermitteln."

Feuerrot im Gesicht, mit wild klopfendem Herzen, nahm Tsüan-hai die Pfeife aus dem Mund. Seine Stimme zitterte leicht, als er zu bedenken gab:

„Aber das Geklatsche und Getratsche."

„Wieso? Eine Heirat ist doch nichts Unrechtes."

„Man wird sagen, daß ich in der Bauernvereinigung für meinen eigenen Vorteil gearbeitet hätte."

„Sei nicht so argwöhnisch! Das kann keiner von dir behaupten. Es bleibt also dabei, nicht wahr? Gehen wir jetzt mal nachsehen, was sich auf dem Sportplatz tut."

Als sie auf dem Sportplatz ankamen, sahen sie die Dorfbewohner in einem großen Kreis um ein riesiges Warenlager stehen. Kleider der verschiedensten Art, Bettdecken, Tuche, Schuhe und Mützen türmten sich zu mannshohen Stapeln. Das Lager war zehnmal so umfangreich wie im vergangenen Jahr. Der alte Arzt, eine Liste in der Hand, gab gerade den ersten Namen bekannt: Dschao Da-sao-dse, die Frau des gefallenen Kämpfers Dschao Yi-lin.

Dschao Da-sao-dse schritt langsam durch die Gasse, die die Menge bildete, nach vorn. Tausend Augen ruhten auf ihr. Sie trug ein wattiertes Kleid aus dunkelblauer Baumwolle, darüber ein helleres blaues Gewand. Ihre Füße steckten in weißen Schuhen.

Die Umstehenden flüsterten sich zu:

„Seht doch, sie geht immer noch in Trauer."

„Wie mager sie geworden ist!"

„Das ist doch wenigstens noch eine anständige Frau! Wenn man dagegen die Weiber heutzutage sieht, äh! Was heißt bei denen ein Jahr trauern?! Der Mann hat kaum die Augen geschlossen, da haben sie sich schon wieder einen anderen angeschafft."

„Das hat Dschao Yi-lin auch durch seinen tugendhaften Lebenswandel verdient. Ein guter Kessel paßt zum guten Herd."

„Was sollte man sonst auch von dem alten Mondmann[51] denken? Er wäre doch sonst bestimmt schon vom allerhöchsten Gott abgesetzt worden."

„Seid ruhig! Seht doch, was sie sich nimmt."

Dschao Da-sao-dse stand zwischen den Kleiderstapeln, die wie zahllose Hügel aussahen. Ihr selbst fehlte eine Bettdecke und für das Söhnchen So-dschu brauchte sie einen Anzug, Schuhwerk und eine Kopfbedeckung. Sie suchte sich als erstes eine schon ziemlich abgenutzte Steppdecke mit Hanfwergfüllung heraus.

„Die ist schlecht, such dir eine andere!" rief Tschu von der Seite her.

„Die genügt schon", erwiderte Da-sao-dse. „Ich kann doch nicht das Mark rausklauben und euch die Schale übriglassen. Das wäre schlecht gehandelt."

Wu Dschia-fu rief ihr ärgerlich zu:

„Tante, such dir doch was Besseres aus! Wir haben dich als erste genannt, da mußt du das wenigstens ausnutzen und nicht undankbar sein!"

„Die genügt mir", erklärte Frau Dschao. „Die Hauptsache ist, ich habe was zum Zudecken."

Dann suchte sie weiter: eine Hundsfellmütze, ein Paar wattierte Schuhe und einen noch einigermaßen guterhaltenen gefütterten Knabenanzug. Wieder rief Tschu:

„Da-sao-dse, die Mütze taugt nichts. Dort, neben deinem Fuß die — warte, ich will dir helfen."

Er eilte zu ihr, um ihr behilflich zu sein.

„Sie soll allein auswählen, andere haben sich nicht darum zu kümmern" regte sich einer der Bauern auf.

Tschu Fu-lin warf ihm einen giftigen Blick zu:

„Darf man einer Heldenwitwe nicht einmal beim Suchen helfen?!"

Nachdem er eine Weile zwischen Kleidern, Schuhen und Mützen gewühlt hatte, entschloß er sich zu einem Fuchspelzmantel für den Kleinen, einer Mütze aus Fischotternfell und einem Paar derber, gefütterter Schuhe aus blauem Baumwollstoff. Alles war noch fast neu. Dann wählte er nach längerem Suchen aus dem Deckenstapel eine funkelnagelneue weiche Wolldecke aus, packte alles zusammen und schleppte es ins Schulzimmer, um dort die notwendigen Eintragungen in die Liste zu machen.

„Tschu findet immer das Beste, er hat scharfe Augen", wurde gemurmelt.

Tschu Fu-lin blickte sich drohend um:

„Es war ja schließlich nicht zu meinem Vorteil!"

Inzwischen hatte der Doktor Guo Tsüan-hai aufgerufen. Guo, der neben dem Hauptmann stand, verspürte keine Lust zum Suchen und erklärte gleichgültig:

„Man soll mir irgend etwas geben, wie es gerade kommt."

„Ich such dir was 'raus, wenn du dich nicht getraust", rief der Kutscher und besorgte für ihn einen Lammfellrock, eine Steppdecke aus dreierlei Tuch und dazu einen dattelroten, blumenbestickten Atlasvorhang.

Dschang Dsching-jui wies mit dem Finger auf den riesigen Vorhang und fragte erstaunt:

„Was willst du denn damit?"

„Das wird schon noch gebraucht werden", erklärte Sun und zwinkerte verschmitzt mit dem Auge. „Wenn er keine Verwendung mehr dafür haben sollte, kann er ihn ja immer noch dir schenken."

Als dritter kam der kleine Wu Dschia-fu an die Reihe. Seit er auf der Welt war, hatte er noch keine Bettdecke kennengelernt. Als er noch bei der Familie Han Schweine hütete, und im Winter der Schnee bis ans Fenster reichte, der rauhe Nordwind pfiff, und die eisige Luft im Zimmer den Atem benahm, mußte der Knabe ohne Decke in den kahlen Strohsack kriechen, am ganzen Körper vor Kälte schlotternd und mit den Zähnen klappernd. Da tropfte so manche Träne auf das Reisstroh und die zerlöcherte Matte. Er hatte nicht zu schluchzen gewagt; denn hätte er den Hausherrn wachgeweint, wäre ihm auch noch das letzte bißchen, der Strohsack, weggenommen worden. Wie er jetzt so vor dem kleinen Berg aus Bettdecken stand und sich die leidvolle Vergangenheit ins Gedächtnis zurückrief, wollten ihm wieder die Tränen aus den Augen quellen, doch nicht etwa infolge der Kälte, sondern wegen der bitteren Erinnerung an das furchtbare Leben in der alten Gesellschaft und aus Dankbarkeit für das neue Leben, das ihm jetzt geschenkt worden war. All diese vielen Decken gehörten nun den Armen, und er durfte wählen, durfte sich unter Hunderten eine auswählen! Die vielen prächtigen Decken blendeten ihn förmlich. Da waren Decken aus roter Seide, mit grünem Atlas bezogene — aber die wollte er nicht, denn er sagte sich: Das Zeug sieht zwar schön aus, aber zum Zudecken wäre es zu schade. Nach einem Winter wäre die Herrlichkeit vorüber. Er suchte zwischen den handfesten Decken, zog eine heraus, ließ sie aber gleich wieder fallen, denn daneben schien eine bessere zu liegen. Wollte er jene anpacken, fiel sein Blick wieder auf eine ganz andere, viel bessere. Er wählte, suchte — und konnte sich nicht entscheiden. Die da vorn ist gut, überlegte er, aber die da hinten wäre auch nicht übel. Die dritte wiederum war besser als die zweite, dazu um eine Nuance derber. Die Hand streckte sich schon nach dieser besseren aus, da glänzte und gleißte und lockte wieder eine andere. Er ging von einem Ende zum anderen, doch seine Hände blieben leer.

„Du bist wohl kurzsichtig geworden, was?" wurde gespottet.

„Tschu, such ihm was raus."

„Da hat sich keiner einzumischen!"

„Laßt ihn wählen, gebt ihm Zeit!"

„Es ist aber schon so spät, man sollte ihm helfen. Wenn wir ihn alleine suchen lassen, können wir warten, bis die Aprikosen, vielleicht sogar bis die Sonnenblumen blühen."

Nun kam ihm Tschu zu Hilfe und suchte ihm eine große, derbe Wolldecke heraus.

Wu Dschia-fu lachte: „Das ist wirklich die allerbeste."

Da es bereits spät am Tage war, wurde vorgeschlagen, mehrere Personen gleichzeitig aufzurufen.

Liu Guei-lan suchte sich einen roten, bestickten Mantel heraus, den sie für die Hochzeit brauchte, und außerdem zwei große, bemalte Glastruhen. Sun ging auf sie zu und sagte schmunzelnd: „Na, die Aussteuer ist ja schon da."

Das Mädchen, feuerrot im Gesicht, tat so, als hätte sie nicht begriffen:

„Was meinst du denn damit?"

„Jetzt stellst du dich auch noch taub und blöd", lachte der Kutscher. „Wer macht denn für euch den Heiratsvermittler, he? Kannst du ihm noch nicht mal dafür danken?"

Zahlreiche Neugierige hatten sich inzwischen um sie geschart, und Suns Stimme wurde lauter: „Die Revolution hat schon ihr Gutes. In der alten Zeit hätte ein Mädchen wie du niemals heiraten können, das kannst du mir glauben, und von wegen Mitgift zusammensuchen und sich den Bräutigam selber auswählen dürfen, das gab es früher nicht. Das mußte man damals hübsch den Eltern und der Ehevermittlerin überlassen. Solch eine Ehevermittlerin hatte ihre Finger überall drinstecken und sorgte schon dafür, daß einem das Leben so sauer wie möglich gemacht wurde. — Achtung! Die Trompete bläst! Die Vermählte hat das Haus betreten. — Himmel! Wer weiß, wie die aussieht! Ist sie stumm, schwerhörig oder gar taub? Hat sie einen Buckel oder eine Hühnerbrust? Humpelt sie, oder ist sie vielleicht sogar blind? Das Herz hüpft dir hinterm Brustkorb wie ein Karnickel, im Kopfe wirbeln die Gedanken durcheinander, die Augen stieren blöd ins Leere, und dann wird wieder trompetet; es ist soweit: man huldigt dem Himmel und der Erde. Du trittst an den Altar und wirfst mal so einen kurzen, verstohlenen Blick zur Seite — ha! ha! das ist ja noch einmal gut gegangen: schicklich und annehmbar, weiß mit ein wenig roter Schminke, gerade so wie eine Tulpe."

Die Zuhörer lachten belustigt, aber die Frau des Kutschers drängte sich durch die Menge und schimpfte:

„Bist du denn wahnsinnig geworden! Solch ein Ekel!"

Als Sun Yung-fu abends vergnügt heimkehrte, entdeckte er unter dem Dachvorsprung einen rotlackierten großen Sarg, in dessen Kopfleiste das Zeichen für „langes Leben" eingeschnitzt war. Was soll denn das heißen? fragte er sich, trat ins Haus und schrie zum Kang hinüber:

„Weshalb hast du dir denn das Ding da geholt?"

„Ich bin doch schon halb unter der Erde", erwiderte seine Frau. „Wenn ich nicht rechtzeitig vorsorgte, würde es mir schlecht ergehen. Auf dich kann man sich ja nicht verlassen, du würdest mich in eine zerlöcherte Bettmatte wickeln und den Wölfen zum Fraß vorwerfen. Dich kenne ich!"

In dieser Nacht sagte der Kutscher nichts weiter dazu, aber am nächsten Tage, als der Morgen kaum graute, stand er auf, griff nach der Axt und hackte wütend auf den Sarg ein.

Entsetzt eilte seine Frau hinzu, doch da war das Kopfbrett des Sarges bereits in zwei Teile gespalten. Der Spektakel, der nun folgte, war fürchterlich! Die aufgeschreckten Nachbarn kamen angelaufen, um zu beschwichtigen, doch es war vergeblich. Auch die Funktionäre der Bauernvereinigung gaben sich verzweifelte Mühe, aber es war wieder Sun, der einen Strich unter diese Angelegenheit machte:

„Sie sollte sich einen Pelzmantel aussuchen und hat mir dafür solch ein Ding ins Haus geschleppt. Ich bin jetzt einundfünfzig Jahre alt, und wenn noch eins hinzukommt, sind es auch erst zweiundfünfzig. Bald hat die Revolution überall gesiegt, die Bauernvereinigung steht auf fester Grundlage, und wenn dann ein Mensch hundert Jahre lebt, ist er immer noch nicht alt. Was soll man also mit einem Sarg anfangen? Aber verwenden kann man ihn schon, denn Brennholz ist teuer. Einen Teil werde ich zerhacken und aus den Brettern des andern Teils zwei Bänke zimmern, dann haben die Gäste der Bauernvereinigung und des Aufklärertrupps wenigstens etwas, worauf sie sitzen können."

VIERUNDZWANZIGSTES KAPITEL

Am nächsten Morgen ließ sich Bai Yi-shan von der Bauernvereinigung einen Passierschein ausstellen und kehrte nach Shuangtscheng zurück.

Die Arbeit im Dorf ging weiter. Hauptmann Hsiao verhörte mit Hilfe Dschang Dsching-juis den Spion Han Lao-wu, während Guo Tsüan-hai, Tschu und die anderen Funktionäre mit der Verteilung des Zugviehs beschäftigt waren.

Die Pferde, die im vergangenen Jahr verteilt worden waren, wurden wieder zurückgeholt. Zusammen mit dem gegen Gold und Silberbarren eingetauschten und dem kürzlich enteigneten Zugvieh belief sich der Gesamtbestand auf rund zweihundertachtzig Pferde und Maultiere. Dazu kamen noch an die dreißig Rinder und fünf Esel. Die Tiere wurden mit Zetteln versehen, auf denen die Verteilungsklasse angegeben war; die Bauern sollten entsprechend der festgesetzten Reihenfolge wählen dürfen. Die für die Verteilung Verantwortlichen hatten berechnet, daß für sämtliche armen Familien des Dorfes, die noch nicht im Besitz eines Zugtieres waren, je eins vorhanden war.

Es war schön und sonnig, der Wind hatte sich gelegt, und die Kälte war zu ertragen. In kleinen Gruppen wanderten die Bauern zum Sportplatz. Sie trugen die neuen wattierten Kleider, Mäntel und Anzüge. Ihre nagelneuen Strohschuhe quietschten auf dem Schnee.

Auf dem Sportplatz tummelten sich im gleißenden Schnee brüllende Rinder und wiehernde Pferde. Die Bauern prüften gewissenhaft Gebiß, Fell und Körperbau der Tiere, diskutierten, kritisierten und scherzten.

„Ohne Pferd ist man aufgeschmissen."

„Ja ja, ohne Pferd würdest du keinen Krümel Erde umpflügen, selbst wenn du dich dabei noch so abschindest."

„Von wem stammt eigentlich der Vorschlag, für das gefundene Gold Pferde zu kaufen?"

„Na, von uns allen doch."

„Das war wirklich ein guter Vorschlag."

„Diesmal kriegt jede Familie ein Tier für sich allein, es ist nicht wie im vorigen Jahr, wo eines an vier Haushalte verteilt wurde. Wenn sich die vier Familien nun nicht einig waren? Du hast dich um das Pferd gekümmert, der Nachbar nicht, du verfütterst Kaoliang, er gibt ihm Hirsestroh, du willst es vor den Wagen spannen, er braucht es für die Mühle — das war vielleicht ein Durcheinander."

Der alte Sun näherte sich einem grauen Wallach und erklärte: „Der Gaul hier hat schon mehrere Jährchen auf dem Buckel. Viel jünger als ich dürfte er jedenfalls nicht sein." Bei diesen Worten zwang er dem Pferd das Maul auf:

„Seht doch, er hat ja überhaupt keine Kennung mehr."

Der Hirtenknabe, der neben ihm stand, schaute zu ihm hoch. „Bitte, was bedeutet das?"

Der Kutscher, der Wu Dschia-fu jetzt erst bemerkte, fragte ihn erst einmal, wie alt er sei.

„Vierzehn Jahre", erwiderte Wu Dschia-fu. „Weshalb fragst du?"

Sun kam aus dem Kopfschütteln nicht heraus.

„Als ich so alt war wie du, habe ich schon Pferde gehütet, und du bist immer noch Schweinehirt? Komm, ich zeig's dir. Wenn das Pferd alt ist, sind die Zähne abgeschliffen und haben keine Vertiefung mehr. Diese Vertiefungen nennt man Kennung.

Und ein junges Pferd — hier, sieh dir an ..." Er hatte den Jungen zu einem mausgrauen Hengst geführt, dem er mit geschickter Hand das Maul öffnete.

„Da, schau! In den Zähnen sind tiefe Rinnen. Je älter es wird, je mehr Futter es gefressen hat, um so flacher werden diese Vertiefungen, und das nennt man dann ‚keine Kennung haben‘. Verstanden?"

Wu Dschia-fu ging ein Stück abseits, machte sich fluchtbereit und rief:

„Du hast aber auch schon viel Futter gefressen, ich glaube nicht, daß deine Zähne noch Kennungen haben."

Der Kutscher stürzte auf ihn los, um ihn zu fangen, doch Wu Dschia-fu war schneller als er. Sun gab die Verfolgung bald auf und beklagte sich seufzend bei den Umstehenden:

„Ich habe mit vierzehn Jahren schon Pferde gehütet, und dieses schmächtige Bürschchen kann noch nicht einmal ein altes Pferd von einem jungen unterscheiden. Keine Ahnung von Tieren, aber frech! Aus dem wird nie im Leben ein Bauer."

Der Vorsitzende Guo klopfte mit seiner Pfeife auf den rechteckigen Tisch, der in der Mitte des Hofes stand, und bat um Ruhe.

„Wir wollen mit der Verteilung beginnen. Jede arme Familie bekommt ein Zugtier, entweder ein Pferd oder eine Kuh. Wir richten uns dabei jeweils nach dem Wunsch des einzelnen. Die Einwohner, die ein Tier erhalten sollen, werden nach der festgesetzten Reihenfolge aufgerufen. Merkt euch eure Klasse und Nummer, und wenn ihr aufgerufen werdet, könnt ihr wählen. Die für Klasse eins bestimmten Kühe und Pferde stehen auf der westlichen Hofseite unter der alten Ulme."

Die Bauern drängten sich heran und umringten den Tisch.

„Du brauchst uns nicht soviel zu erzählen, wir wissen das schon selber", wurde von allen Seiten gefordert. „Fangt endlich an, es ist bald Mittagszeit!"

Guo Tsüan-hai kletterte auf den Tisch und stampfte mit dem Fuß auf, daß das Holz ächzte.

„Einen Augenblick noch!" rief er laut. „Ich möchte euch noch etwas sagen. Wir haben Kleidung bekommen, und jetzt werden sogar Kühe und Pferde verteilt. Wem haben wir das zu verdanken?"

„Der Kommunistischen Partei!" riefen zahllose Stimmen.

Guo fuhr fort:

„Wenn ihr jetzt euer Tier heimführt und später an den Wagen, vor die Mühle oder den Pflug spannt — denkt immer daran, mit wessen Hilfe ihr dazu gekommen seid. Nicht, daß einer unter euch den Wohltäter vergißt, dem er sein Glück und die Freiheit verdankt."

„Das werden wir nie. Wir sind nicht Hua Yung-hsi!"

„Fangen wir also mit der Verteilung an", erklärte Guo Tsüan-hai und sprang auf die Erde.

Der alte Arzt, die Liste in der Hand, gab den ersten Namen bekannt. Dschao Da-sao-dse, die in der letzten Reihe stand, winkte verzichtend ab. Sofort war Tschu zur Stelle. „Da-sao-dse, weshalb willst du denn kein Zugtier haben?" fragte er verwundert.

Die Witwe erklärte: „Ich habe keinen Mann im Haus, ein Zugtier wäre an mir verschwendet. Hebt es lieber für einen Nachbarn auf, der Arbeitskräfte genug hat."

„Du bist aber wirklich dumm! Mit einem guten Tier kannst du doch die Mühle ziehen und Brennholz fahren, dann bist du nicht auf anderer Leute Hilfe angewiesen."

Dschao Da-sao-dse schüttelte den Kopf.

„Wenn sich Wu Dschia-fu selbständig macht, verbrauchen wir beide, So-dschu und ich, so wenig Brennholz, haben wir so wenig Getreide zu mahlen, daß es gar nicht ins Gewicht fällt. Ich verzichte lieber."

Sun hatte genau zugehört. Wenn die Witwe Dschao ein Pferd hätte, überlegte er, brauchte er nicht zu den anderen Nachbarn zu gehen, um sich bei Bedarf eins auszuleihen, denn die kamen stets mit hunderterlei Ausflüchten, Dschao Da-sao-dse aber ließe sich leicht überreden.

„Komm, nimm dir doch eins", forderte er die Witwe auf. „Wenn es niemand für dich füttert, kannst du es ja bei mir unterstellen, für das Futter sorgen wir dann beide. Wenn sogar Angehörige von Gefallenen verzichten, will nachher keiner was haben."

Dschao Da-sao-dse aber blieb bei ihrem Vorsatz. Der Doktor verlas den zweiten Namen: Guo Tsüan-hai. Schnell lief der Kutscher zu ihm hin und flüsterte ihm ins Ohr:

„Die graue Stute da links neben der Ulme, sie ist jung, und trächtig ist sie auch. Wenn sie im Frühjahr fohlt, sind gleich zwei daraus geworden. Los, nutz die Gelegenheit!"

Guo Tsüan-hai lächelte:

„Wie soll ich denn den Acker bestellen, wenn mir die Stute im Frühling ein Junges wirft?"

„Du kommst schon noch zurecht. Nach einem Monat hat sie sich wieder erholt."

Wenn es sich um sein eigenes Wohl handelte, konnte sich Guo nie zu einem Entschluß durchringen; denn das eine hielt er für gut, das andere aber dünkte ihn auch nicht schlecht. Da ihm der Kutscher zu der grauen Stute geraten hatte, entschied er sich für sie und koppelte sie an eine Säule neben dem Fenster des Schulhauses. Dann kehrte er wieder zurück, um weiter zuzuschauen.

Als Tschu Fu-lin aufgerufen wurde, stand der schon seit geraumer Weile neben der Rinderherde. Er wünschte sich einen Ochsen, denn er sagte sich, solch ein Tier ist stark und rentabel, man braucht ihm nachts kein Futter hinzuschütten wie den Maultieren und Pferden, die ohne Bohnenkuchen und Kaoliang im Nu abmagern. Außerdem hatte er in diesem Jahr nicht genügend Getreide. Mochte auch das Ackern mit einem Rind langsamer gehen, im nächsten Jahr würde man schon weiter sehen. Er wählte also einen schwarzen Ochsen, dessen Fell wie Atlas glänzte, und machte sich mit ihm auf den Heimweg.

„Tschu!" rief ihm ein junger Bursche nach. „Weshalb nimmst du dir denn ein Rind und kein Pferd? Hast wohl Angst vor öffentlichen Fuhraufträgen, was?"

„Kümmere dich nicht um anderer Leute Angelegenheiten; was redest du bloß für Unsinn? Wenn ich mit einem Fuhrauftrag an der Reihe bin, kann ich doch meinen Ochsen bei einem Nachbarn zeitweilig gegen ein Pferd vertauschen, meinst du nicht auch?"

„Nun, was willst du denn für ein Pferd?" erkundigte sich Tien Wan-shun angelegentlich bei dem Kutscher.

„Ich bin mir noch nicht ganz im klaren", gab dieser scheinbar gleichgültig zur Antwort.

In Wirklichkeit aber hatte sich Sun schon längst entschieden. Er hatte großen Gefallen an einem jungen kastanienbraunen Hengst gefunden, dessen rechtes Auge wie Glas schimmerte. Als Sun seinen Namen hörte, steuerte er mit langen Schritten geradenwegs auf die Ulme los und band das Pferd ab.

„Der alte Sun hat sich ja ein blindes Pferd ausgesucht!" rief Dschang Dsching-jui erstaunt.

Der Kutscher schwang sich stolz auf den Rücken des Hengstes, und das junge Tier, das noch nie einen Reiter gespürt hatte, galoppierte wie wild über den Platz. Die Fäuste fest in der schimmernden Mähne vergraben, schrie der Kutscher:

„Das Pferd hier soll blind sein? Du bist vielleicht blind! Der Hengst heißt ,Jaspisauge', ein Rassetier, das beste hier im Dorf, kann ich dir sagen, der ist nie im Leben blind."

„Gib acht, Großvater!" warnte der Hirtenknabe. „Red nicht so viel, paß lieber auf, daß du nicht runterfällst und dein wertes Hinterteil auseinanderbirst."

Sun war darüber erhaben:

„Ich bin seit neunundzwanzig Jahren Kutscher", rief er selbstsicher. „Glaubst du etwa, ich hätte Angst vor solch einem Fohlen? Feurige Pferde von dieser Sorte habe ich schon oft geritten, und nicht ein einziges Mal hat mich eins dabei abgeworfen."

Kaum hatte er das gesagt, da bäumte sich der junge Hengst wie rasend auf und schlug so wütend mit den Hinterhufen aus, daß der Schnee in weißen Wolken hoch emporstäubte. Sun verschlug es die Sprache. Vor Furcht aschfahl im Gesicht, krallte er krampfhaft beide Hände in die Mähne. Das Pferd galoppierte um den Platz herum, den verzweifelten Anstrengungen der Bauern zum Hohn, die es aufzuhalten versuchten, und warf endlich den Kutscher ab. Dann durchbrach es die Menschenmauer und jagte vom Schulhof herunter und die Dorfstraße entlang. Guo Tsüan-hai band hastig eine Falbstute vom Baum, schwang sich auf ihren Rücken und machte sich an die Verfolgung des flüchtigen „Jaspisauge".

Der alte Sun lag währenddessen im Schnee und konnte sich nicht rühren. Das Gelächter der Bauern wollte kein Ende nehmen. Zahlreiche Spötter nahmen die Gelegenheit wahr, umringten den Kutscher, der wimmernd auf dem Rücken lag, und überschütteten ihn mit Hohn:

„Na, wie bist du gelandet? Auf der Erde fühlt man sich doch wohler als auf einem Gaul, nicht wahr?"

„Macht nichts! Es hat ihn ja nicht abgeworfen! Habt ihr etwa jemals gesehen, daß ein Pferd unseren Sun abgeworfen hätte?"

„Jawohl, in unserem Dorf zählt Sun Yung-fu zu den geschicktesten Kerlen. Kutschieren kann er, und reiten kann er auch, und selbst wenn er dabei hinfliegt, sieht das noch elegant aus. Klatsch, fällt er zu Boden, aber mit was für einem Knall!"

Der alte Sun war schmerzhaft mit dem Hinterteil aufgeschlagen und stöhnte entsetzlich. Ihm war die Lust vergangen, auf die Scherze der anderen zu antworten. Mehrere gutmütige Bauern waren inzwischen herangekommen, halfen ihm auf und klopften ihm den Schnee von den Kleidern. Bei der Frage, wo er sich wehgetan habe, reckte sich der Kutscher und knurrte:

„Dieses Biest! Das soll sich nur auf Prügel gefaßt machen! Au! Au! Hier, reibt mal! Dieses Biest ...! Au!"

Guo Tsüan-hai hatte unterdessen das „Jaspisauge" eingefangen und brachte es zurück. Roß und Reiter keuchten vor Anstrengung. Sofort humpelte der Kutscher zu einem Holzstapel und riß einen Knüppel heraus, um den Hengst zu strafen. Mit der einen Hand hielt er das Pferd an der Kandare, mit der anderen hob er wütend den Holzprügel zum Schlage, aber auf halbem Wege ließ er ihn wieder sinken: das Tier war ihm zu schade.

Die Verteilung war trotz dieses Zwischenfalls fortgesetzt worden. Jede Familie hatte das ihr am meisten zusagende Zugtier gefunden. Bai Da-sao-dse und Dschang Dsching-juis Mutter gelangten in den Besitz je eines kräftigen Pferdes, das ganz nach ihrem Geschmack war. Das Ehepaar Tien freute sich sehr über den soeben erworbenen wohlgenährten, stämmigen Schecken. Da Li Tschang-yo im Felde stand, hatte Liu Da-niang für ihn einen grauweißen Wallach ausgesucht und in ihrem Stall untergestellt.

Mit Rücksicht darauf, daß Li Mao-lu wieder arbeitsam und ehrlich geworden war, war auch er zur Verteilung zugelassen worden. Als er an die Reihe kam, verneinte er die Frage, ob er ein Pferd oder einen Ochsen haben wollte.

„Was möchtest du denn sonst?" erkundigte sich der Doktor.

„Ich will meine beiden Esel wiederhaben", erklärte Li Mao-lu bittend.

„Die kannst du haben."

Langsam wanderte Li Mao-lu mit seinen beiden Eseln heimwärts.

Er war traurig und glücklich zugleich. Glücklich, daß seine Esel, die Dou Shan-fa einst gepfändet hatte, wieder bei ihm waren; doch diese beiden Grautiere erinnerten ihn an seinen so früh verstorbenen Sohn und an seine Frau, die ihn verlassen hatte, und deshalb war er traurig. Einer der Bauern, die ihn begleiteten, sagte tröstend zu ihm, als hätte er Mao-lus Gedanken erraten:

„Überleg dir nur, Li Mao-lu, was du mit den beiden Eseln jetzt für Aussichten hast! Nach einem Jahr fleißiger Arbeit kannst du dir wieder eine Frau nehmen und eine Familie gründen."

Dreihundert Familien priesen Himmel und Erde, nur die alte Frau Wang war nicht zufrieden. Sie und ihre beiden Söhne hatten sehr schlecht abgeschnitten; das Pferd, das sie nach Hause führten, war räudig. Im Winter verlieren solche Tiere sämtliche Haare, zittern vor Kälte und müssen im Stall bleiben. Im Sommer aber wächst ihnen das Fell, und sie legen sich, dampfend vor Hitze, schweißtriefend auf die Erde.

Den gerupften Gaul am Halfter, ging Frau Wang niedergeschlagen über den Hof und beklagte sich bei jedem über ihr böses Geschick.

„Mach dir keine Kopfschmerzen", tröstete Sun sie. „Du gibst ein halbes Dou Hirse zu, läßt sie im Brunnen aufquellen, und ich garantiere dir dafür, daß du das Tier wieder gesundfütterst."

„Wenn du zu Neujahr ein Schwein schlachtest", riet der alte Tien, „brauchst du dem Gaul bloß zwei Schalen warmes Blut einzuflößen, und der Schaden ist behoben."

„Soll ich vielleicht bis Neujahr damit warten?" murrte Frau Wang.

Als Guo Tsüan-hai die Alte so betrübt sah, trat er näher und fragte teilnehmend:

„Nun, was ist denn, taugt das Pferd nichts?"

„Es hat die Räude."

„Ich tausche mit dir", erklärte Tsüan-hai, ohne sich lange zu besinnen. „Wie gefällt dir die graue Stute da, die neben dem Fenster angekoppelt ist?"

Frau Wang schickte einen Blick hinüber und schüttelte den Kopf.

„Das Tier ist ja trächtig. Wenn es bei einer solchen Kälte fohlt, läßt es sich schwer pflegen und ist bis zum Frühling noch nicht wieder arbeitsfähig."

Guo Tsüan-hai bat einige Funktionäre zu einer abgelegenen Stelle, wo ein Heuhaufen lag, um mit ihnen über diesen Fall zu sprechen. Er hockte sich nieder und sprach zu den Versammelten, während er mit dem Pfeifenkopf im lockeren Schnee Figuren malte:

„Die Fortschrittlichen sollen die Zurückbleibenden mit sich reißen, sagt Hauptmann Hsiao. Wir sind nun schon etwas weiter voraus, und Frau Wang hinkt ein klein wenig hinterher, deshalb müssen wir sie zu uns heranziehen. Neulich hat sie sich auch sehr verdient gemacht. Ohne sie wäre Han Lao-wu immer noch nicht in sicherem Gewahrsam, und wir könnten jetzt trotz der Viehverteilung nur sorgenvoll in die Zukunft schauen."

Der Kutscher nickte zustimmend:

„So ist's. Vor seiner Rache wären wir nie sicher gewesen."

„Sie ist unglücklich, daß sie ein räudiges Pferd erwischt hat", fuhr Guo fort. „Meine graue Stute, die ich ihr zum Tausch angeboten habe, gefällt ihr nicht. Wer weiß einen Rat?"

„Ja, wer weiß einen Rat?"

Tschu Fu-lin schlug vor:

„Ich würde ihr meinen schwarzen Ochsen abtreten, wenn sie überhaupt ein Rind haben will."

Bai Da-sao-dse, die an die mahnenden Worte ihres Mannes dachte, daß man in allen Dingen ein Vorbild sein müsse, rief als nächste:

„Ich hab mir ein graues Maultier ausgesucht. Ich würde gerne mit ihr tauschen, wenn sie es haben möchte."

Dschang Dsching-juis Mutter dachte an ihren einen Sohn, der im Felde stand, und an den anderen, der das Amt eines Verantwortlichen für die innere Sicherheit bekleidete. Würden ihre Söhne sie nicht verachten, wenn sie sich egoistisch und rückständig verhielte? Deshalb erbot sie sich ebenfalls:

„Sie könnte sich unseren mausgrauen Hengst eintauschen."

Tien Wan-shun war unterdessen zur Westseite des Platzes gegangen. Nachdem er in der Menschenmenge seine Frau entdeckt hatte, wechselte er ein paar Worte mit ihr. Zum Beratungsort zurückgekehrt, gab er bekannt:

„Ich biete ihr meinen Schecken zum Tausch an."

Von Tien wollte sich der Kutscher natürlich nicht in den Schatten stellen lassen, deshalb verkündete er großspurig:

„Ich bin gern bereit, ihr mein Glasauge da anzubieten." Doch in Wirklichkeit war ihm sein Junghengst dafür zu schade. Hastig fügte er deshalb hinzu: „Ich fürchte bloß, sie wird nicht mit ihm fertig, denn er hat einen sehr feurigen Charakter."

„Darum brauchst du dir wirklich keine Sorgen zu machen", bemerkte Tschu. „Ihre beiden Söhne werden doch wohl noch mit einem Hengst fertig werden?"

„Abgemacht", sagte Guo Tsüan-hai und erhob sich. „Wir bringen jetzt unsere Pferde hierher, und sie soll sich eins auswählen."

Während die Männer und Frauen, die mit Frau Wang zu tauschen bereit waren, ihr Vieh zum Heuhaufen brachten, ging Guo zu der Alten und bat sie, mit ihm zu kommen. Obgleich Frau Wang ablehnte: „Ach, das ist doch nicht nötig!" ließ sie ihre Augen flink umherhuschen.

Guo Tsüan-hai führte ihr seine graue Stute vor und pries: „Dieses Pferd ist zuverlässig, jung und trächtig. Nimm es, im Frühling hast du an Stelle des einen dann gleich zwei."

Die Alte betrachtete das schlappende Ohr der falben Stute, schüttelte den Kopf und trat zurück. Mit pochendem Herzen, doch lächelnder Miene, schwadronierte der Kutscher: „Tschus schwarzer Ochse ist ausgezeichnet, da braucht man nicht um Mitternacht aufzustehn, um ihn zu füttern. Das schwarze Maultier da ist auch nicht zu verachten. Bloß die Pferde, die sind so unbändig, außerdem muß man so viel für Futter ausgeben. Solch ein Pferd frißt täglich seine sechs Pfund Bohnenkuchen, sechs Pfund Kaoliang und achtzehn Pfund Reisstroh. Glaub mir, ein Pferd läßt sich schlecht sattfüttern."

Frau Wang sah sich Tschus Ochsen an, drehte sich um und nahm Bai Da-sao-dses Maultier in Augenschein, schüttelte beide Male den Kopf, machte kehrt und näherte sich Suns Hengst „Jaspisauge". Auf dem Gesicht des Kutschers wetterleuchtete es, doch er zwang sich zu einem Lächeln: „Gefällt dir dieser Klepper? Das ist wirklich ein Klepper, und ein gefährliches Biest dazu."

Tschu Fu-lin meinte grinsend:

„Vorhin hat er erst gesagt: ‚Jaspisauge ist ein Rassetier und das beste hier im Dorf.' Jetzt sagt er auf einmal, es sei ein Klepper."

Als Frau Wang dicht neben dem Tier stand und ihm über den kastanienbraunen, glänzenden Rücken strich, brüllte der Kutscher los:

„Nicht streicheln, sei bloß vorsichtig, der Kerl ist gefährlich! Wenn er nun plötzlich ausschlägt?! Mich hat er gleich beim erstenmal lang hingeschmissen. Besonders schön sieht er auch nicht aus. Wenn man das Glasauge sieht, denkt man, er ist blind." Sun sagte diesmal nicht „Jaspisauge", sondern betonte nachdrücklich „Glasauge". Er erwähnte dann noch zahllose Unarten dieses Pferdes, von seinen Vorzügen aber ließ er keine Silbe verlauten. Seine Ausführungen krönte er mit dem Schlußsatz: „Dieser Gaul ist ein Ladenhüter, und wenn ich ihn nicht umsonst bekommen hätte, würde ich mit bestem Dank verzichten."

Ob sie nun seinen Worten Glauben schenkte oder selbst keinen Gefallen an dem Pferd fand, sie wandte sich jedenfalls von „Jaspisauge" ab. Der Kutscher schwang sich schnell auf sein „Glasauge", packte mit beiden Händen die Mähne und rief: „Wenn du nicht willst, ich reite nach Hause!" — und schon galoppierte er, ohne noch einmal zurückzuschauen, davon. Frau Wang besichtigte anschließend Tien Wan-shuns Schecken, ein wohlgenährtes, stämmiges Tier von annehmbarem Alter, für das sie sich dann auch sofort entschied.

„Bitte, nimm es", sagte Tien Wan-shun und übergab ihr lächelnd das Halfter.

Die Menge zerstreute sich und Tien führte das eingehandelte räudige Pferd heim. Nachdem er es angekoppelt hatte, betrat er die Stube. Seine Frau war niedergeschlagen und hüllte sich in Schweigen.

„Sei nicht traurig", tröstete Tien sie, der ihren Kummer kannte, und trat vor sie hin. „Es ist doch egal, was wir vor Pflug und Wagen spannen."

„Unser Schecke war so schön voll und stark!" klagte seine Frau. „Aber dieses Pferd hier? Dazu kann man wirklich Ladenhüter sagen."

„Wir werden es gesundmachen. Wir geben ein halbes Dou Hirse in die Wanne und lassen sie im Brunnen aufquellen. Getreide haben wir ja genug, und wenn wir es mit einem bißchen mehr Korn füttern, ist alles in Ordnung."

Die Frau setzte sich auf den Bettrand und sagte unzufrieden: „Es will mir nicht in den Kopf, daß wir ein Stück fettes Fleisch gegen solch einen mageren Knochen eingetauscht haben, wo wir doch auch nicht gerade glänzend dastehen."

„Kannst du dich denn nicht einmal zu einem Opfer aufraffen? Hast du unsere Tochter ganz vergessen? Ihre leibliche Mutter kann sich kein Beispiel an ihr nehmen, nicht einmal ein Pferd kann sie verschmerzen! Der Gaul da wird sich schon wieder kurieren lassen."

„Ganz recht, er wird schon wieder gesund werden!" rief draußen vor dem Fenster eine Männerstimme so unvermittelt, daß das alte Ehepaar erschrak.

„Wer da?" fragte Frau Tien hastig.

„Ich, hört ihr das nicht an der Stimme?"

„Der Vorsitzende Guo? Bist du noch nicht im Zimmer, draußen ist es kalt!"

Guo Tsüan-hai trat ein und lächelte:

„Ich habe meine Falbstute mitgebracht. Wenn ihr das räudige Pferd nicht wollt, könnt ihr es bei mir eintauschen."

In Frau Tien hatte sich eine rasche Wandlung vollzogen. Lächelnd erwiderte sie:

„Wir brauchen nicht zu tauschen. Wir kriegen es schon wieder gesund. Nimm dein Pferd nur ruhig wieder mit heim. Jede Familie hat jetzt ein Zugtier, das ist gut. Früher konnten wir den Acker nicht bestellen, weil wir keins hatten, furchtbar war das."

Nach einigen weiteren Bezeugungen des gegenseitigen Verzichts erklärte das Ehepaar Tien endgültig, daß es den Falben nicht haben wolle.

„Na gut", sagte Tsüan-hai zum Abschied. „Aber wenn die Stute im Frühling wirft, gehört euch das Fohlen."

Nach Abschluß der Viehverteilung ging Guo zum Hauptmann Hsiao in die Bauernvereinigung, berichtete ihm über den Verlauf der Verteilung und blieb gleich dort, um dem Verhör des Spions Han Lao-wu beizuwohnen, das Hsiao Tschiang, Dschang Dsching-jui und zwei Sicherheitsbeamte aus der Kreisstadt leiteten.

Dreimal war er bisher schon vernommen worden, doch er hatte nichts gestanden. Hauptmann Hsiao hielt sich bei den Vernehmungen strikt an die Anweisungen des Provinzkomitees und den Regierungserlaß, in dem Schläge und Drohungen untersagt wurden. Menschen vom Schlage Han Lao-wus ist die Gabe der Heuchelei vom Himmel geschenkt, doch mochte er auch noch so freundlich lächeln, in noch so laute Beteuerungen ausbrechen, um die Wahrheit zu verhehlen, man glaubte ihm kein Wort. Die Beisitzer ballten vor Wut die Fäuste, doch Hauptmann Hsiao ließ sich nicht aus der Ruhe bringen und erklärte ihnen:

„Laßt ihn nur ruhig nachdenken. Wenn er einen Monat lang schweigt, dauert die Untersuchung vier Wochen, schweigt er ein ganzes Jahr, erstreckt sich das Verhör eben auf zwölf Monate. Jeder hinausgezögerte Tag ist für ihn zum Schaden. Auch mit einem Geständnis darf man nicht zu lange warten, sonst sind die Folgen um so schlimmer." Dann wandte er sich an Guo Tsüan-hai: „Ihr habt jetzt erst einmal über die neue Bodenaufteilung zu sprechen, wir kommen sonst nicht mehr zurecht. Laut Verfügung des Provinzkomitees soll die Bodenreform noch vor der Düngung endgültig abgeschlossen werden."

Tsüan-hai ging, und das Verhör wurde fortgesetzt. Obgleich die alte Frau Wang den Spion angezeigt hatte, wagte sie nicht, in seiner Gegenwart als Zeugin aufzutreten, da sie ihn noch allzusehr fürchtete.

Hauptmann Hsiao wollte sich gerade eine Zigarette anzünden, als der Ordonnanzsoldat Wan eintrat und aufgeregt verkündete:

„Die Krankenträgerabteilung ist zurück."

Schon dröhnte auf dem Hof eine rauhe Männerstimme:
„Ist der Hauptmann da?"

Es war die Stimme des Schmieds Li Tschang-yo, genannt Li, der Lange, der bald danach zusammen mit Liu Deh-shan das Haus betrat. Über seiner linken Schulter hing ein nagelneuer amerikanischer Karabiner.

Hsiao Tschiang erhob sich, um die Ankömmlinge zu begrüßen, und drückte ihnen kräftig die Hände. Die beiden Heimkehrer, dunkelbraun gebrannt, in amerikanische Beuteuniformen gekleidet und mit einem Kochtopf am Koppel, hatten auf den ersten Blick keine Ähnlichkeit mehr mit Bauern. Der Hauptmann führte sie ins angrenzende Zimmer und bot ihnen einen Platz auf dem Kang an.

Wan war unterdessen mit einer langen Tabakspfeife, die er zuvor gestopft hatte, in die Küche geeilt und hatte sie angeraucht. Als er wieder hereinkam und sie Li Tschang-yo anbieten wollte, nahm der gerade seinen Karabiner von der Schulter und legte ihn behutsam auf den Kang.

„Nicht doch, nicht doch", rief er. „Ich habe selbst zu rauchen." Dann zog er aus der linken Uniformtasche eine winzige Stummelpfeife ausländischen Fabrikats, stopfte sie und erläuterte:

„Die hat mir Kommandeur Li zum Andenken geschenkt; auch ein Beutestück."

„Mir scheint, du bestehst überhaupt nur noch aus Beutestücken", bemerkte der Hauptmann lachend. „Wie steht's? Ist alles zurück?"

Li Tschang-yo, die Pfeife zwischen den Zähnen, blickte hoch. „Wer? Die Krankenträger? Ja, die zehn Tragbahren und vierzig Träger aus unserem Dorf sind alle zurück."

Hsiao Tschiang blickte sich nach Liu Deh-shan um und fragte lächelnd:

„Nun, wie geht's dir, alter Liu?"

Der Angeredete legte sich noch die Antwort zurecht, als ihm Tschang-yo schon zuvorkam:

„Liu war tapfer, das kann man nicht anders sagen. Mitten im Artilleriefeuer brachte er die Verwundeten aus der vordersten Kampflinie in Sicherheit."

„Was ist denn schon groß darüber zu reden", fiel ihm Liu ins Wort. „Sind die Brüder von der Achten Armee nicht genauso Bauern wie wir? Sie hatten ja auch keine Angst."

Hauptmann Hsiao strahlte vor Freude, denn er hatte diesen Mann von früher her nur als recht furchtsam in Erinnerung. Gleichsam mit den Füßen auf zwei Booten stehend, glaubte sich Deh-shan damals, als Han Lao-liu bekämpft wurde, stets von allen Seiten bedroht und wagte keinen selbständigen Schritt zu tun. Jetzt aber hatte sich sein Wesen geändert, und das hatte Hsiao sofort bemerkt.

„Hast du welche von der ‚Zentralarmee' gesehen?" fragte der Hauptmann interessiert.

„Und ob", erwiderte Liu lächelnd. „Sie sind — durch die Bank — vor uns davongelaufen."

„Hast du immer noch Angst, daß sie dir einmal den Kopf abhacken könnten?" scherzte Hsiao.

Dazu schwieg Deh-shan, denn auf diese Frage, sagte er sich, werde wohl keine Antwort von ihm erwartet.

„Was nutzten denen schon Menschenmassen und beste Ausrüstung", erzählte er. „Gegen die wuchtigen Angriffe unserer Soldaten waren sie machtlos. Gleich beim ersten Sturm brach ihre Linie zusammen."

„Erzähl doch mal, wie du mit einem Holzknüppel zwei Gewehre erbeutet hast", bat Li Tschang-yo.

Inzwischen hatten sich die Dorfbewohner eingefunden, um die Heimkehrer zu begrüßen. Sie standen um die beiden herum und lauschten aufmerksam Deh-shans Erzählung.

Es war bei Szuping gewesen, in einer mondlosen Nacht. Nur die Sterne glitzerten am Himmel, sonst war es so stockdunkel, daß man sogar auf fünf Schritt Entfernung kaum etwas erkennen konnte. Der Feind war geschlagen, seine Soldaten flohen nach allen Seiten. Einen Holzknüppel in der Hand, stand Liu gerade am Dorfeingang, als plötzlich zwei Schatten auf ihn zuglitten. Der Überraschte brachte den Stock wie ein Gewehr in Anschlag und schrie, wie er es von den Kampftruppen gelernt hatte: „Halt! Wer da?"

Die Schatten hielten inne, schienen aber plötzlich zusammenzuschrumpfen. Ganz allein, den Knüppel in der Faust, lief Liu auf die Schemen zu, die sich beim Näherkommen als geflüchtete Tschiang Kai-schek-Soldaten entpuppten, die, ihre neuen, amerikanischen Karabiner neben sich, mit erhobenen Armen ihrer Gefangennahme entgegensahen. Nun erkannte er auch den Grund für das plötzliche Zusammenschrumpfen der beiden Schatten: bei dem unvermittelten, durchdringenden „Halt!"-Ruf waren sie vor Schreck auf die Knie gesunken. Deh-shan hatte dann die beiden Gewehre aufgelesen und die Gefangenen vor sich her ins Dorf getrieben.

„Einen der Karabiner haben wir uns mitgebracht", bemerkte Li Tschang-yo.

Alles rückte näher, um die Waffe zu betrachten. Mehrere Bauern fingerten wißbegierig am Abzug herum.

„Geht jetzt heim und ruht euch aus", riet der Hauptmann den beiden Heimkehrern. „Heute abend wollen wir eine Empfangsfeier veranstalten, auf der ihr den Bauern eure Erlebnisse erzählen könnt."

Die beiden verabschiedeten sich und gingen davon.

Als Liu Deh-shan seinen Hof betrat, machte seine Frau gerade das Schweinefutter zurecht. Kaum hatte sie ihn erblickt, da legte sie hastig den Schöpfer weg, spülte sich in einer Tonschüssel die Hände ab und rief, ehe sie den Mann begrüßte, ihr Söhnchen, das im Nebenzimmer lärmend nach Dschiao-dse schrie:

„Gou-sheng-dse, sieh doch mal, wer da ist!"

Als Liu Deh-shan die Stube betrat, kam der Knirps auch schon angelaufen und hängte sich an das Bein seines Vaters.

„Vati!" Ehe der Kleine weitere Worte finden konnte, hatte ihn Liu Deh-shan schon mit beiden Armen umschlungen und auf den Kang gesetzt, während er selbst am Kopfende Platz nahm und sich seine Pfeife anzündete. Gou-sheng-dse kroch ihm auf den Schoß, streichelte mit seinen Händchen über die Uniformknöpfe und erzählte von der Ohrfeige, die ihm die Mutter zu Neujahr gegeben hatte, weil er beim Dschiao-dse-Essen unartig gewesen war.

Frau Liu, vor Freude außer sich, lief rastlos zwischen Innenzimmer und Küche hin und her und wußte vor Aufregung nicht, was sie zuerst tun sollte; sie bat ihren Mann, sich hinzulegen, und fragte ihn im selben Atemzug, ob er schon gegessen habe; Liu Deh-shan nahm die Pfeife aus dem Mund und erwiderte:

„Wir haben in der Stadt gegessen. Kreisbürgermeister Liu hat uns zu Ehren einen Empfang gegeben und eine Ansprache gehalten."

„Kreisbürgermeister Liu", fuhr der kleine Gou-sheng-dse dazwischen, „war im vorigen Jahr hier in Yüanmaotun."

„Gou-sheng-dse!" schalt die Mutter. „Du sollst Erwachsene nicht unterbrechen! Hör zu, was der Vati erzählt. Was hat der Kreisbürgermeister gesagt?"

„Wir hätten uns durch unsere Hilfe bei den Kampftruppen und der Bevölkerung im Hinterland große Verdienste erworben. Jetzt sollten wir uns auch in der landwirtschaftlichen Arbeit bewähren."

„Bist du dem Hauptmann schon begegnet?"

„Ich komme gerade von ihm. Heute abend findet eine Feier statt, auf der ich von unseren Fronterlebnissen berichten soll. Du mußt dir das unbedingt mit anhören."

Nachdem Liu Da-niang noch ein Weilchen emsig gewirtschaftet hatte, trocknete sie sich endlich die Hände ab und setzte sich auf den Bettrand, um mit ihrem Mann über häusliche Dinge zu sprechen.

„Die Mittelbauern", erzählte sie, „die von der Vereinigung erst falsch behandelt wurden, sind entschädigt worden und haben das beschlagnahmte Eigentum zurückerhalten. Auch die beiden Pferde, die wir verschenkt hatten, sind wieder im Stall.

Hauptmann Hsiao sagte mal zu mir: ‚Die landarmen Bauern, Tagelöhner und Mittelbauern bilden eine einzige Familie. Die armen Bauern und Tagelöhner sind das Gerippe, und die Mittelbauern geben das Fleisch ab; deshalb sind wir alle so abhängig voneinander wie Fleisch und Knochen.' "

Liu Deh-shan hatte, die Pfeife im Mund, sehr aufmerksam zugehört. Zu ihren letzten Worten nickte er eifrig:

„Ja, an der Front wurde dieses Problem auch besprochen. Damals hat der Kommandeur Li gesagt: ‚Die Mittelbauern kämpfen genauso gut wie die landarmen Bauern und Tagelöhner, sie sind ebenso tapfer wie jene. Die reaktionäre Tschiang Kai-schek-Clique kann erst vernichtet werden, wenn sich arme Bauern, Tagelöhner und Mittelbauern fest vereinigen und zusammenhalten!' "

Dann berichtete Frau Liu, daß Hauptmann Hsiao, der Vorsitzende Guo und Dschao Da-sao-dse sie oft besucht hätten, um sie zu trösten. Die Funktionäre hätten alles getan, um den Soldatenfamilien die Sorge um ihre im Felde stehenden Angehörigen zu nehmen. Der Vorsitzende habe sie auch davor gewarnt, den Gerüchten Glauben zu schenken, die nur Unruhe stiften wollten.

„Von dem Getreide, das wir geerntet haben", berichtete sie strahlend, „ist außer der Steuer alles in die eigene Scheune gewandert, und die Kartoffeln haben wir eingekellert. Wir brauchten es nicht zu verteilen, wie die Reaktionäre gefaselt hatten."

Sie rückte näher an ihren Mann heran und flüsterte ihm ins Ohr:

„Hast du Han Lao-wu gesehen?"

Deh-shan bejahte mit einem Kopfnicken. Seine Frau sprach mit immer leiser werdender Stimme weiter:

„Daß er uns bloß nichts anhängt! Damals, als die Mandschurei wieder zu China kam, war er doch einmal bei uns und wollte mit dir Blutsbrüderschaft schließen, weißt du noch? Ich habe solche Angst, daß er uns verleumdet."

Liu Deh-shan pochte mit dem Pfeifenkopf gegen den Bettrand. „Was heißt Angst?" fiel er seiner Frau ins Wort. „Wer aufrecht steht, hat keinen krummen Schatten. Wer nichts verbrochen hat, braucht nie zu befürchten, daß der Teufel Einlaß fordert. Hauptmann Hsiao und die anderen wissen genau, daß ich ein Feigling war. Es war erbärmlich von mir, daß ich mich vor zwei Jahren bei Han Lao-lius Verhaftung in einer Schilfhütte verkrochen habe, einfach unter aller Würde. Aber sonst habe ich nichts Unehrliches getan! Der Hauptmann ist gerecht, er würde nie einem Han Lao-wu so ohne weiteres Glauben schenken."

Deh-shan hatte die Frau durch seine Worte beruhigt. „Ich hoffe das auch", meinte sie. „Aber leg dich hin, ich sehe doch, daß du müde bist. Bis zum Beginn der Versammlung ist noch viel Zeit, es ist ja erst kurz nach Mittag. Von den gefrorenen Neujahrs-Dschiao-dse sind noch ein paar übrig. Guo-sheng-dse jammert mir zwar jeden Tag die Ohren voll, daß er Dschiao-dse essen möchte, aber ich mußte dir doch wenigstens etwas aufheben, denn ich hatte ja damit gerechnet, daß du in der nächsten Zeit heimkehren würdest. Als die Spatzen in den letzten Tagen so viel schilpten, dachte ich, daß du bald wieder bei mir sein würdest, aber so schnell ... das hatte ich nicht vermutet. Guo-sheng-dse, herunter mit dir, laß den Vati schlafen und hol mir Holz zum Feueranmachen."

Liu Deh-shan nahm sich ein Kopfkissen und streckte sich so, wie er war, in der Uniform, auf dem Kang aus. Der Rauch des Feuers, das seine Frau in der Küche entfachte, drang ins Zimmer und biß in die Augen. Liu Deh-shan fand keine Ruhe; er stand wieder auf und ging mit der Pfeife in der Hand auf den Hof.

„Wohin denn nun schon wieder? Kannst du dich denn nicht ein bißchen ausruhen?" rief ihm Da-niang nach.

„Das Vieh will ich mir ansehen", erklärte Deh-shan und stieß die Pforte auf.

Bevor er in den Stall ging, besichtigte er jedoch erst die Scheune neben dem Hoftor, die bis obenhin mit golden glänzendem Mais angefüllt war. Dann ging er hinter das Haus, wo er vor fünf Monaten am Rand des Gemüsefeldes drei Brennholz-stapel aufgeschichtet hatte. Inzwischen waren aber schon zwei-einhalb Stapel verfeuert worden. Liu zog an seiner Pfeife und überlegte: In wenigen Tagen muß ich wieder ein paar Fuhren Holz holen. Auf den Hof zurückgekehrt, stellte er fest, daß von dem Reisstroh bereits ein Drittel verfüttert worden war. Als er danach einen Blick in den Pferdestall warf, rief er erstaunt aus: „Was denn, ist noch ein Pferd dazugekommen?"

„Der Grauschimmel gehört Li Tschang-yo", antwortete Liu Da-niang von der Küche aus. „Da ihr beide zusammen an die Front gegangen seid, und er zu Hause niemanden hat, dachte ich, man müßte ihm helfen, und so habe ich für ihn ein Pferd ausgesucht und mitgefüttert."

Liu Deh-shan nickte zustimmend und trat wieder ins Haus. In einer Ecke der Küche suchte er sich einen Bohnenkuchen heraus und hieb ihn mit dem Messer durch. Das kleinere Stück ließ er in einem Eimer als Pferdefutter für den Abend auf-weichen. Anschließend lief er wieder hinters Haus, um in den Keller zu sehen. Als er endlich zurückkam, brachte er eine verfaulte Kartoffel mit.

„Von den Kartoffeln sind viele schlecht geworden", sagte er zu seiner Frau. „Ihr habt beim Einkellern vergessen, die mat-schigen wegzuwerfen. Wir müssen nachher gleich alle an die frische Luft legen."

Liu ging über sein ganzes Gehöft, um überall nach dem Rechten zu sehen und allem Vernachlässigten wieder ein muster-gültiges Aussehen zu geben. Auf allen Gebieten der Landwirt-schaft war er ein Meister. Außerdem war er fleißig und aufgeweckt. Er hatte jedoch einen Fehler: er war ein Egoist. Der Mais, den er anbaute, hatte dicke Kolben und Stengel von nahezu vierzig Zentimeter Länge, doch wenn er gefragt wurde: „Wie kommt es, daß er bei uns nicht so gut wird wie bei dir? Wir haben doch den gleichen Boden und stecken genauso viel Arbeit hinein", so gab er keine Antwort und suchte stets nach einigen allgemeinen Redensarten das Weite.

Als im vergangenen Jahr das von feindlichen Elementen ausgesprengte Gerücht im Dorf grassierte, daß die Mittelbauern enteignet würden, bekam er einen furchtbaren Schreck.

Da gerade zu der Zeit Krankenträger für die Front geworben wurden, nutzte Liu Deh-shan die Gelegenheit und meldete sich freiwillig. Nicht aus wirklicher Begeisterung ging er an die Front, sondern nur, um dem Unwetter zu entrinnen, das sich anscheinend über dem Dorf zusammenballte.

Als er dann im Feld die Gewißheit erlangte, daß das Schicksal der reaktionären Kuomintang-Clique besiegelt war, löste sich zum ersten Male der Würgegriff der Angst von seinem Herzen. Die Vorgesetzten behandelten ihn freundlich und vertrauten ihm. Auch Li Tschang-yo war gut zu ihm. Nachdem er mutig und geistesgegenwärtig zwei Gefangene gemacht hatte, erwarb er sich bei seinen Kameraden noch größere Achtung. So kam eines zum anderen, und als Liu Deh-shan, der einst auf zwei verschiedenen Booten gestanden hatte, nach Hause zurückkehrte, hatte sich sein Wesen gänzlich gewandelt. Unter Dschao Da-sao-dses Einfluß war auch seine Frau eine andere geworden. Nun standen die beiden gemeinsam fest entschlossen nur auf dem einen Boot, das Bauernvereinigung hieß.

Während sich Liu Deh-shan im Innenzimmer für kurze Zeit ausruhte, deckte seine Frau das niedrige Tischchen, das auf dem Kang stand. Es gab Sauerkohl, Nudeln aus weißem Bohnenmehl und gekochtes Schweinefleisch, ferner gebackenen Bohnenkäse und zum Abschluß Dschiao-dse. Ihren Vermögensverhältnissen entsprechend, reichte dieses Empfangsmahl an ein Neujahrsfestessen heran, zu dem es Dschiao-dse in Öl getunkt gegeben hatte.

Am Abend strömte das ganze Dorf in dem Saal der Bauernvereinigung zusammen, um die Berichte der Heimkehrer zu hören. Hauptmann Hsiao hatte Han Lao-wu ebenfalls hinbringen lassen, damit er sich alles mit anhöre. Als Liu Deh-shan über seine Erlebnisse zu sprechen begann, beobachtete Dschang Dsching-jui, wie der Spion erst rot anlief und dann aschfahl wurde; von Zeit zu Zeit ließ er den Kopf sinken und seufzte. Als der Sprecher erwähnte, daß die Tschiang Kai-schek-Armee keinen Widerstand mehr leisten konnte, und daß sich ihre Niederlagen so verheerend auswirkten wie der Einsturz eines Gebirges, stand Han Lao-wu auf und verließ das Zimmer. Dschang Dsching-jui wollte ihn schon zurückrufen, doch der Hauptmann flüsterte ihm mit einem vielsagenden Blick zu: „Laß ihn!" Dsching-jui konnte jedoch keine Ruhe finden; er stand auf und folgte Han.

Der Spion wanderte draußen auf dem Hof hin und her, hielt dann plötzlich inne und scharrte gedankenverloren mit der Schuhspitze zwischen Schneeklumpen und Erdbrocken herum. Leise sprach er vor sich hin: „Alles ist zu Ende." Auch Liu-Deh-shan, den er einst als Vertrauten gewinnen wollte, sagte jetzt schon: „Die Tschiang Kai-schek-Armee kann keinen Widerstand mehr leisten."

Han Lao-wu setzte sich auf die Türschwelle des Nebengebäudes; die Ellbogen auf die Knie gestützt und den Kopf in beide Hände vergraben, überließ er sich seinen Gedanken. Dschang Dsching-jui lief schnell vor das Hoftor, wo er den kleinen Wu erblickte, der dort Wache hielt.

„Weißt du auch schon, wer auf dem Hof ist?" fragte er mit gedämpfter Stimme.

Wu Dschia-fu hob drohend seine Lanze:

„Ich weiß. Aber er entkommt uns nicht, du kannst ganz beruhigt sein."

Nach einer Weile stand Han Lao-wu auf und begann wieder erregt hin und her zu gehen. Schließlich trat er ins Haus und meldete sich beim Hauptmann:

„Ich habe Ihnen etwas mitzuteilen."

„Sehr schön", sagte Hsiao, erhob sich und drängte sich mit ihm durch die Menschenmenge in ein Nebenzimmer.

Ihre Aussprache dauerte lange; die Bauern waren längst nach Hause zurückgekehrt, und Wan hatte schon dreimal Öl auf die Lampe gegossen, da saßen sie immer noch beieinander. Erst, als die Hähne den Morgen verkündeten, und die Farbe des Himmels von Dunkelgrau in Grauweiß und allmählich in leuchtendes Rot überging, hörte Wan, der eingeschlafen war, beim Aufwachen, wie Han Lao-wu zum Abschluß sagte:

„Ich habe Ihnen nichts verheimlicht. Außer den Personen, die ich genannt habe, kenne ich niemanden. Nach der Kapitulation Japans erhielt ich von der ,Vormarscharmee' den Befehl, nach Yüanmaotun zu fahren. Ich nahm damals eine Nacht lang bei meinem Bruder Quartier und konnte mich unbemerkt mit einigen Leuten in Verbindung setzen. Ihre Namen habe ich aufgeschrieben. Auch bei Liu Deh-shan war ich, aber der hatte Angst. Als ich dann noch einmal nach ihm schickte, wagte er nicht meinen Boten zu empfangen und versteckte sich dann außerhalb des Dorfes... Das ist die reinste Wahrheit, nicht ein Wort ist gelogen. Ich habe zwar ein Verbrechen gegen meine Landsleute begangen, doch seien Sie großmütig, ich will ein neuer Mensch werden und Ihre Gnade vergelten. Sollte ich es nicht ehrlich meinen, möge der Himmel mit fünf Donnern dreinschlagen."

Hauptmann Hsiao entließ nun den Spion, selbst aber gönnte er sich noch keine Ruhe. Nachdem er Dschang Dsching-jui den Befehl erteilt hatte, die in Yüanmaotun ansässigen, von Han Lao-wu angegebenen Kuomintang-Spione zu verhaften, beauftragte er die beiden Sicherheitsbeamten, das Protokoll von Han Lao-wus Aussage und die Namensliste der Verräter umgehend der Kreisverwaltung für öffentliche Sicherheit zuzustellen, damit die notwendigen Schritte unternommen werden konnten.

SECHSUNDZWANZIGSTES KAPITEL

Am nächsten Tag setzte Hsiao Tschiang die Vernehmung Han Lao-wus fort. Abends aber, als die Bauernvereinigung ihre Landvermessungskonferenz abhielt, stand er plötzlich unvermutet unter der großen Hängelampe. Er lächelte so herzlich, daß jeder erkennen konnte, wie froh er war. Schnell sprang er auf den Kang.

„Genossen!" rief er. „Landsleute! Die Gutsbesitzer haben wir niedergerungen, der Schreckenssturm des Feudalismus hat sich ausgetobt. Die Gutsbesitzer standen im Licht, die Spione der amerikahörigen Tschiang Kai-schek-Clique dagegen wirken im Verborgenen. Solange diese heimlichen Banditen nicht restlos ausgerottet sind, schweben wir ständig in Gefahr. Vor wenigen Tagen erst haben wir so einen Banditen verhaftet, ihr kennt ihn alle: Es ist Han Lao-lius Bruder Han Lao-wu. In drei Vernehmungen konnten wir ihn zu keiner Aussage bewegen. Als er aber durch die heimgekehrten Krankenträger von der Ohnmacht der Kuomintang-Truppen erfuhr, als er hörte, daß deren endgültige Niederlage in allernächster Zeit zu erwarten ist, verlor er, wie er mir sagte, jede Hoffnung und legte ein Geständnis ab."

Donnernder Beifall tobte durch den Saal und wollte kein Ende nehmen. Als nach einigen Minuten endlich Ruhe eintrat, fuhr Hauptmann Hsiao fort:

„Er hat gestanden, daß er ursprünglich für die Japaner Spionagedienst leistete, sich aber nach dem fünfzehnten August der Kuomintang zur Verfügung stellte. Nach der japanischen Kapitulation kam er hierher nach Yüanmaotun, um hier mit Hilfe seiner ganzen Sippschaft, seiner Verwandten, Freunde und Blutsbrüder, Spionage zu treiben.

Han Lao-wu hat die Namen der feindlich gesinnten Elemente von Yüanmaotun preisgegeben. Dschang Fu-ying, der ehemalige Vorsitzende der Bauernvereinigung ist..." Er brach ab und hüstelte.

Im Zimmer wurde es unruhig. Spannung erfüllte den Raum; viele wußten sich vor Aufregung nicht zu lassen; wer mit Dschang Fu-ying befreundet war, mit seinem Bäckerladen in Handelsbeziehungen gestanden oder mit seiner Geliebten Hsiao-mi-dse verkehrt hatte, erstarrte vor Schreck.

„Na, was ist er denn nun?" fragte eine Bäuerin ganz außer Atem.

Hauptmann Hsiao lächelte ihr zu:

„Bäckereibesitzer."

Die Antwort löste befreiendes Gelächter aus, die Atmosphäre entspannte sich, doch die Allerneugierigsten ließen nicht locker: „Was ist denn nun? Ist er ein Verbrecher oder nicht?"

„Er ist so was ähnliches wie ein halbes Kuomintang-Mitglied, ein Zuträger der Kuomintang-Spione. Hinter ihm steckt noch solch ein Schuft."

„Wer?" hallte es gleichzeitig von allen Seiten.

„Li Dschen-dschiangs Neffe Li Guei-yung. Er ist ein richtiger Kuomintang-Spion und unterstand Han Lao-wu unmittelbar."

Ohne zu warten, bis der Hauptmann geendet hatte, sprang der Kutscher vom Kang und stürmte zum Ausgang.

„Verhaften!" schrie er. „Dieser Hundesohn, dieser Bandit! Wer hat Mut und geht mit?"

„Auf dich haben wir gerade noch gewartet", spottete Dschang Dsching-jui.

Auch Guo Tsüan-hai konnte sich das Lachen kaum verbeißen.

„Wenn wir gewartet hätten, bis du ihn verhaftest, wäre er schon längst ins Nanling-Gebirge getürmt."

Nachdem die Bauern diese Nachricht durch Händeklatschen begrüßt hatten, fuhr Hauptmann Hsiao mit leuchtender Miene fort:

„Mao Tse-tung stellte in seinen Ausführungen über die gegenwärtige Lage und unsere Aufgaben fest, daß sich auch das Hinterland der Volksbefreiungsarmee bedeutend gefestigt habe. Und das ist hier bei uns tatsächlich der Fall. Die Truppen unseres Befehlshabers Lin Biao haben einen großen Sieg errungen. Li Tschang-yo und Liu Deh-shan konnten sich davon mit eigenen Augen überzeugen."

Liu Deh-shan, der auf dem Bettrand saß, nahm die Pfeife aus dem Mund.

„Noja", erklärte er behäbig nickend. „Es war ein großer Sieg. Ganze Eisenbahnzüge voll Gefangener wurden abtransportiert."

„Und wenn sie Flügel hätte, könnte die ‚Zentralarmee' unsere Linien nicht durchbrechen", sagte Hsiao. „Außer blutigen Köpfen könnte sie sich hier nichts holen."

„Noja", bestätigte Liu wieder und machte einen Zug aus seiner Pfeife. „Wenn sie jetzt trotz ihrer Niederlage noch kommen wollten, könnten sie sich auf einen heißen Empfang gefaßt machen."

„Im Hinterland", fuhr der Hauptmann fort, „wurde unter den offenen Feinden und den verborgenen Banditen so gut wie vollständig aufgeräumt. Was müssen wir jetzt also in Zukunft tun?"

Wie aus einem Munde riefen die Versammelten, Männer wie Frauen:

„Arbeiten!"

„Noja, arbeiten", echote Hsiao.

Als einige der anwesenden Frauen kicherten, drehte sich der neben ihnen sitzende Kutscher um:

„Was ist denn los?"

„Wir lachen, weil der Hauptmann auch schon so spricht wie wir."

„Was ist denn daran so komisch, möchte ich wissen?" belehrte sie Yung-fu. „Wer in unserer Gegend Wasser trinkt, paßt sich der hiesigen Aussprache an."

Der Hauptmann erklärte abschließend:

„Ihr wollt also jetzt über die Berichtigung der früher festgesetzten Ackergrenzen sprechen. Paßt auf, daß ihr keine Fehler macht, denn was ihr heute beschließt, ist endgültig. Wenn der Boden aufgeteilt ist, erhaltet ihr von der Regierung Besitzurkunden.

Für uns Bauern bildet der Acker die Existenzgrundlage. Ob Mann oder Frau, alt oder jung: alle sollt ihr das Stück Land fordern, das euch am meisten zusagt. Ich schlage euch vor, eine Begutachtungskommission zu bilden, weil Ackerland nun doch etwas anderes als Kleidung ist. Denn wie gesagt: wenn der Boden erst einmal verteilt ist, läßt sich nichts mehr daran ändern. Um Han Lao-wu, Li Guei-yung und Dschang Fu-ying braucht ihr euch nicht zu kümmern, wir bringen sie in die Kreisstadt, und ihnen wird dort der Prozeß gemacht."

Dann ging Hsiao hinaus, um Dschang Dsching-jui eine Vollmacht auszuhändigen und ihn mit einer Begleitmannschaft von fünf Milizsoldaten in die Kreisstadt zu schicken, wo er Han Lao-wu, Li Guei-yung und Dschang Fu-ying den Behörden übergeben sollte. Han Lao-wu und Dschang Fu-ying waren ungefesselt, nur Li Guei-yung waren die Arme gebunden, denn er war verstockt und hatte bisher noch nichts gestanden.

Nachdem Hsiao das Gefangenenkommando verabschiedet hatte, kehrte er in den Saal zurück und setzte sich abseits in eine Ecke, um nichts von der Diskussion zu versäumen. Die Bauern hatten sich zu kleinen Gruppen zusammengesetzt, die sich einander überschrien, bis schließlich Guo Tsüan-hai energisch Ruhe forderte.

„Wir wählen jetzt die Begutachter!" gab er bekannt.

Einer von den alten Bauern schlug Sun Yung-fu für dieses Amt vor.

„Ich bin für Bai Da-sao-dse", rief Liu Da-niang.

Tschu sprang entrüstet von der Bank auf:

„Wir können doch nicht lauter Greise und Weiber als Begutachter wählen, dazu ist die Bodenreform nun doch eine zu ernste Angelegenheit."

„Wenn Bai Da-sao-dse auch eine Frau ist", protestierte Liu Da-niang, „so leistet sie jedenfalls mehr als du Mannsbild. Früher hat sie alle Jahre für die Gutsbesitzer Unkraut gejätet und kennt jedes Stückchen Acker."

Der alte Sun erhob sich von seinem Platz und klopfte sich mit den Fingern den Staub vom Kittel.

„Bai Da-sao-dse ist in Ordnung", erklärte er, „aber ich bin nicht dafür geeignet."

„Zier dich doch nicht so!" rief jemand spöttisch.

Ohne auf den Zwischenruf zu achten, fuhr Yung-fu fort:

„Ich schlage einen Mann vor, den ihr alle kennt. Er ist der Erste in unserem Dorf, ohne ihn hätten wir Han Lao-wu nicht gefangen."

„Das wissen wir selbst!" rief Wu Dschia-fu vom Kang aus. „Wir alle stimmen für den Vorsitzenden Guo."

Dann wurden Li Tschang-yo und Tschu Fu-lin vorgeschlagen. Li Tschang-yo wiederum verwies auf Liu Deh-shan, doch dieser Vorschlag rief allgemeine Unzufriedenheit hervor.

„Er ist ein Mittelbauer", gab Tschu zu bedenken. „Das können wir doch nicht machen."

Li wandte ein:

„Aber er steht auf unserer Seite. Als er an der Front unsere Kampftruppen sah, änderte er seine Ansichten. Über die Bodenbeschaffenheit in unserem Dorf weiß er meiner Meinung nach am besten Bescheid. Wo Überschwemmungsgefahr besteht, welcher Acker vor Dürre und Überschwemmung sicher ist, welcher Boden in guten Jahren wieviel einbringt, welcher Acker in welchem Jahr derart vom Hochwasser überflutet wurde, daß man dort Fische angeln konnte — kurz, er weiß alles."

Es war wirklich ein schwieriges Problem: durfte man einem Mittelbauern das Amt eines Begutachters anvertrauen?

Als Hauptmann Hsiao sich jetzt erhob, waren alle Augen gespannt auf ihn gerichtet. Er sagte eindringlich:

„Ich frage den Mittelbauern: Würde er auf seine eigenen Felder verzichten, damit sich die Reform besser durchführen ließe?"

„Warum nicht?" erwiderte Liu Deh-shan ausweichend.

„Warum nicht, warum nicht! Wir wollen wissen, ob du es gerne machst."

Liu Deh-shan schwieg, und Hsiao Tschiang war sich darüber im klaren, daß Liu dazu keine allzu große Lust verspürte.

„Das muß er sich erst noch reiflich überlegen", erklärte der Hauptmann.

Danach ließ man Liu in Frieden und sprach über die letzte Bodenreform. Hauptmann Hsiao erklärte in diesem Zusammenhang, daß die Maßnahmen der ersten Bodenreform als ungültig anzusehen seien, und die neue Reform wirklich alles Land erfassen müsse: Gemäß den „Grundsätzen der chinesischen Bodenreform" seien zunächst sämtliche Felder der Gutsbesitzer zu beschlagnahmen. Erst bei der Verteilung sollten sie dann den

Anteil erhalten, der ihnen zustehe. Das Land der Mittelbauern dagegen dürfe grundsätzlich nicht angetastet werden, das müßten sie beachten.

Dieser Punkt löste heftige Diskussionen aus. Es wurde eingewendet, daß die Reform nicht gut durchzuführen sei, wenn die Äcker der Mittelbauern ausgenommen wären. Am zweckmäßigsten wäre es, wenn die Mittelbauern erst einmal auf sämtliche Äcker verzichteten und man ihnen später wieder einen Anteil von der Größe ihres bisherigen Bodenbesitzes zuwiese. Damit sie aber keinen Schaden erlitten, sollte der neue Besitz von gleicher Bodenbeschaffenheit sein wie der frühere, der einzige Unterschied bestehe eben nur darin, daß er woanders liege. Man solle alle Mittelbauern dazu aufrufen, ihr Land zur Verfügung zu stellen, damit man auch wirklich gerecht vorgehen könne.

Hauptmann Hsiao blickte Liu Deh-shan an, der den Kopf hatte sinken lassen und schweigend vor sich hinstarrte.

„Wie ist es mit dir, Liu? Willst du verzichten?" brummte Tschus mächtiger Baß.

Um die Strenge dieser Frage zu mildern, fügte der Hauptmann freundlich hinzu:

„Sprich, Liu, wenn du Schwierigkeiten hast, oder wenn du nicht magst."

Nun sagte Deh-shan, jede Silbe betonend:

„Wenn der Hauptmann nicht verlangt hätte, daß ich etwas sage, würde ich schweigen. Das Stück Land, das mir gehört, haben meine Ahnen mit viel Schweiß und Tränen urbar gemacht. In langjähriger Arbeit wurde mir jede Ackerkrume lieb und vertraut. An den südlichen Feldrain grenzt außerdem der Friedhof unserer Familie, dort liegen mein Großvater und meine Eltern begraben. Die Gräber sind bequem zu erreichen, wenn ich am Tage des Reinen Glanzes[52] die Totenstätten besuchen und die Grabhügel schmücken will."

Er wollte noch weitersprechen, doch da schrie Tschu mit zornrotem Gesicht:

„Du Kerl, du Feudalist! Acker gegen Acker, das ist ein Tausch ohne jede Einbuße. Verschwinde uns aus den Augen, wenn du dafür kein Verständnis hast!"

Da der Hauptmann und der Vorsitzende anwesend waren, faßte sich der Bauer ein Herz und widersetzte sich dem Zwischenrufer:

„Du kannst mich nicht wegjagen, ich bin Mitglied der Bauernvereinigung."

„Was bist du denn für ein Bauer, he?" tobte Fu-lin und sprang blind vor Wut auf. „Kaum in deine alten Rechte eingesetzt, wirst du schon wieder frech! Du hast gerade einmal Krankenträger gespielt und meinst schon, du könntest angeben, was? ,Ich bin Mitglied der Bauernvereinigung' — ha! Wer hat sich denn im vorigen Jahr in einer Schilfhütte verkrochen, wer?!"

Als Tschu seinen wunden Punkt berührte, beeilte sich Liu Deh-shan zu der Erklärung:

„Es ist wahr, daß ich mich im vorigen Jahr bei Han Lao-lius Verhaftung in einer Schilfhütte versteckte. Das war für mich beschämend. Aber heute sehe ich die Dinge mit ganz anderen Augen. Ich habe erst dadurch Mut zum Sprechen bekommen, daß der Hauptmann sagte, die armen Bauern, Tagelöhner und Mittelbauern seien voneinander so abhängig wie Fleisch und Knochen. Wenn ihr aber nicht wollt, daß ich rede, so schweige ich, wenn ihr mich auf dieser Versammlung nicht haben wollt, so gehe ich."

Er wandte sich um und wollte den Saal verlassen, doch da vertrat Tschu ihm den Weg:

„Bleib hier, ich gehe schon selbst."

Erregte Stimmen wogten durch den Saal; teils sympathisierte man mit Liu, teils unterstützte man Tschu. Der Lärm war so heftig, daß man kaum ein Wort verstehen konnte. Hastig erhob sich Guo Tsüan-hai von seinem Platz und rief heftig:

„Ihr bleibt beide hier! Ruhe jetzt! Hauptmann Hsiao will etwas bekanntgeben."

Auch Sun stand auf.

„Wer jetzt noch einmal den Mund aufmacht", kreischte er, „der ist verschwägert mit Verbrechern, der stammt in direkter Linie von Schildkröten ab[53]!"

Urplötzlich trat Stille ein. Doch diese Stille hatten nicht Suns Worte bewirkt, sondern der Anblick Hauptmann Hsiaos, der auf eine Bank geklettert war.

„Genossen", rief er, „Freunde! Hört mich an! Die Politik unserer Kommunistischen Partei und unseres Vorsitzenden Mao zielt darauf ab, die Mittelbauern fest an uns zu binden. Wir kämpfen gemeinsam um das Reich, begründen zusammen seine Macht und schreiten geeint auf dem Wege der neuen demokratischen Gesellschaft vorwärts. Wenn Liu Deh-shan nicht auf sein Ackerland verzichten möchte, haben wir uns nicht daran zu vergreifen. Wir würden es jedoch begrüßen, wenn er sich an der Landvermessung beteiligte, denn er kennt jede Ackerfurche in diesem Dorf und kann auch rechnen."

Da Hsiao Tschiang an dieser Stelle als erster in die Hände klatschte, rauschte im ganzen Saal der Beifall auf. Dann gab der Hauptmann bekannt, daß die Versammlung beendet sei. Über Tschu hatte er zwar kein Wort verlauten lassen, doch Fu-lin machte trotzdem ein finsteres Gesicht. Als er gehen wollte, hielt Hsiao ihn zurück und verwickelte ihn in ein politisches Gespräch, das bis Mitternacht dauerte.

Am nächsten Tag war es wieder sehr kalt; wie Pfirsichblüten, so weich und zart, fielen die Schneeflocken hernieder. Die Landvermesser hatten vier Gruppen gebildet mit je zwei Leinenträgern, einem Meßlattenhalter, einem Feldrainsucher, einem Notar und, als wichtigster Person, einem Bauern, der mit dem Rechenbrett umzugehen verstand. Ein eisiger Wind fegte heulend über das Land. Die Männer tappten durch den Schnee; ihre Füße waren starr vor Kälte und die Hände so klamm, daß sie sie kaum aus den schützenden Ärmeln hervorzustrecken wagten. Ungeachtet dieser Kälte hatten sich zahlreiche Neugierige eingefunden, und hinter jeder Gruppe zog ein Menschenschwarm her.

Tien Wan-shun und der Kutscher Sun waren im Vergleich zu den jungen Leuten noch erstaunlich rüstig.

„Die Landvermessung ist eine wichtige Sache", erklärte Tien. „Jeder hat darauf zu achten, daß auch ja nichts falsch gemacht wird, daß niemand etwas unterschlägt. Wenn die Reform gerecht durchgeführt werden soll, müssen wir besser aufpassen als im vorigen Jahr. Die Reform soll jedem dazu verhelfen, eine Familie zu ernähren, eine Wirtschaft einzurichten und zu Wohlstand zu gelangen. Im vorigen Jahr haben Yang Fu-yüan und Dschang Fu-ying das Land vermessen, beides Kerle, mit denen wir nichts gemein hatten, und was dabei herausgekommen ist, haben wir erlebt. Aber das müssen wir uns selbst zuschreiben, warum haben wir auch zu jedem Feld, das sie uns gaben, ja und amen gesagt. Heute müssen wir eben die Augen besser aufmachen, damit so etwas nicht wieder passiert."

Als die erste Ackerlänge vermessen wurde, riß ein starker Windstoß die Meßleine zur Seite.

„Achtung!" rief der alte Sun den Trägern zu. „Haltet doch die Schnur ein bißchen straffer, sonst habt ihr gleich zwei Furchen Fehlrechnung."

Nach fünf Tagen war sämtliches Land vermessen, und nach weiteren fünf Tagen war der Boden aufgeteilt, sorgfältiger als im vorigen Jahr. Die Bauern hatte man wieder nach Klassen aufgegliedert, die Äcker nicht. Falls nur eine einzige Familie Anspruch auf ein bestimmtes Stück Land erhob, bekam sie es ohne weiteres, waren jedoch mehrere Bewerber da, so mußte jeder seine Rechte geltend machen, und die anderen Einwohner fällten dann die Entscheidung.

Für den ebenen Acker außerhalb des Südtors, der einst der Familie Han gehörte, und der eine sehr fette Krume hatte, fanden sich zum Beispiel gleich drei Bewerber. Da sie sich nicht in Güte einigen konnten, verglichen sie ihren Lebenswandel, ihre Herkunft, ihre Vergangenheit und ihre Verdienste miteinander. Auf diese Weise wurde der Beste von ihnen festgestellt, und das Problem war gelöst.

Doch auch krassen Egoismus gab es. Manch einer, der nur auf den eigenen Vorteil bedacht war, stritt sich verbissen mit seinem Nachbarn herum, und hier ließ sich schwerer eine Lösung finden.

Während die Bewerber auf der Versammlung hartnäckig, doch in den meisten Fällen fair ihre Ansprüche erhoben, saß Guo Tsüan-hai mit gesenktem Kopf dabei und rauchte sein Pfeifchen. Der alte Sun, der sich seit jeher als Vertrauter des Vorsitzenden betrachtete und stets um dessen Wohl bedacht war, ging zu ihm hin und flüsterte ihm zu:

„Vorsitzender, du mußt sagen, welchen Acker du haben willst. Wenn du jetzt den Mund auftust, bist du im Vorteil, glaube mir. Wie willst du sonst heiraten und einen Sohn ernähren, wenn du nichts sagst, und man gibt dir schlechtes Land?"

Guo Tsüan-hai schwieg, denn seine Ansichten wichen weit von denen des Kutschers ab. Er hatte keine Wünsche, außer, daß er die Arbeit, die man ihm in Yüanmaotun anvertraut hatte, zur Zufriedenheit aller erledigte, und daß die Einwohner das Land erhielten, nach dem sie sich sehnten. Lebte die Gesellschaft gut, dann würde es ihm auch nicht schlecht ergehen. Er war Kommunist, und der Hauptmann hatte gesagt, daß ein Kommunist immer zuerst an die Allgemeinheit denken und seine persönlichen Wünsche in den Hintergrund stellen müsse, und das hielt er für richtig, denn so war ja seine Art: was ihn selbst betraf, war ihm ziemlich gleichgültig, was aber das Dorf anging, bewegte ihn innerlich und spornte ihn zu höchstem Eifer an.

Sun war da ganz anderer Meinung. Der Acker am Abhang vor dem Südtor, na, der brauchte mindestens hundert Jahre lang keinen Dung mehr. Allerdings, für mich selbst kann ich den in den Rauch schreiben, dachte er, gegen Tschu, diesen Wicht, und Dschang Dsching-jui, diesen Burschen, komme ich nicht auf. Ehe aber dieses gute Stück Land in wer weiß wessen Klauen gerät, möchte ich es schon lieber Guo Tsüan-hai zuschanzen. Guo war ihm der liebste Freund, weil er so gutmütig und großzügig war. Wenn er ihm nun zu diesem guten Acker verhalf, würde Guo bestimmt nichts dagegen haben, wenn er, als sein Freund, später mal so gelegentlich einen Kolben auf seinem Maisfeld abrupfen würde, nicht wahr? Als Suns Überlegungen soweit gediehen waren, sprang er auf den Kang und verkündete laut, damit es jeder hören konnte:

„Ruhe! Der Vorsitzende Guo fordert Land!"

Bei diesem Ruf verstummte alles. Nach einer Weile erklärte jemand aus den Reihen der alten Bauern:

„Er soll als erster fordern. Von uns hat keiner ein solch bitteres Leben gehabt und solche Verdienste aufzuweisen wie er."

Guo Tsüan-hai aber schwieg, die Stummelpfeife im Mund.

„Er will Han Lao-lius Acker am Abhang vor dem Südtor", rief der Kutscher schnell an Tsüan-hais Stelle.

„Das ist Unsinn", sagte Guo, der regungslos auf seinem Platz verharrte. „Zuerst seid ihr an der Reihe."

Die Bauern vereinbarten jedoch, dem Vorsitzenden Guo einen Dang von dem Acker am Abhang zuzuweisen.

Tsüan-hai erinnerte sich nun an die Zeiten, da er als Tagelöhner der Familie Han so manchen Tropfen Schweiß auf diesem Stück Land hatte vergießen müssen. Wenn dieser eine Dang Boden gut bestellt wurde, brachte er bis zu zehn Dan goldglänzenden Mais, so daß nach Abzug der Steuern für zwei Personen noch übergenug für Nahrung und Kleidung blieb. Er wußte, daß ihm die Nachbarn wohlwollten. Obwohl sonst jede Person nur einen halben Dang erhielt, wurde ihm als Ledigen ein ganzer Dang zugeteilt, damit er heiraten konnte. Um seine Nachbarn nicht vor den Kopf zu stoßen, nahm er ihr Angebot an, und er schwor sich, auch weiterhin mit aller Kraft für die Gemeinschaft zu schaffen und mit dem vollen Einsatz seiner Person das große Werk zu einem guten Ende zu führen.

Als die Bodenaufteilung schließlich beendet war, waren alle mit ihrem Acker zufrieden. Tien strahlte vor Glück, während der Kutscher bekanntgab, er wolle von dem einen Dang, den seine Familie bekommen habe, drei Mou mit Hirse bestellen und mit dem Hirsestroh sein Pferd füttern, damit es fett und

Landvermessung

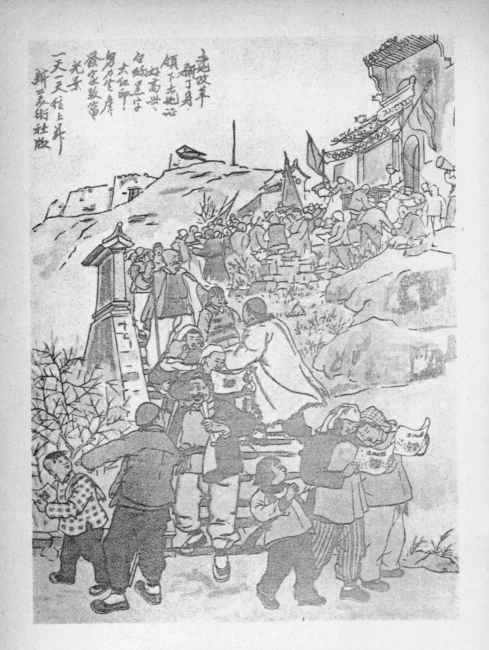

Empfang der Urkunde über den Landbesitz

stark werde und im Winter, wenn er zum Holzschlagen ins Gebirge fahre, allen Anforderungen genüge. Aus Li Tschang-yos Schmiedeesse sprühten Tag und Nacht die Funken. Dort wurden Pflüge ausgebessert und Hacken geschmiedet.

Eines Tages gingen die Dorfbewohner auf die Felder und stellten die Grenzpfähle auf. Der Hof der Bauernvereinigung lag einsam und schweigend da, denn der Hauptmann war als einziger im Haus geblieben. Jetzt fühlte er sich frei und glücklich, denn ein großes Werk war getan. Er setzte sich an den Tisch, griff zur Feder und schrieb in sein Tagebuch:

„Der endgültige Sturz des Feudalismus bedeutet endgültige Beseitigung der Gutsbesitzerwirtschaft, die jahrtausendelang die Entwicklung der Landwirtschaft in China hemmte. Die Gutsherren sind niedergerungen, und die Bauern haben Ackerland erhalten, wie sie es wünschten. Die Bodenfrage wurde damit geregelt und die Grundlage für die Entwicklung unserer gesamten Wirtschaft geschaffen. Die befreiten Bauern werden unter der Führung der Kommunistischen Partei voranschreiten, ein Zurückbleiben darf in Zukunft nicht mehr geduldet werden. Ich denke an Stalins Worte: ‚Rückständige werden geschlagen‘. Die Geschichte unseres Volkes in den letzten hundert Jahren war eine Geschichte ständiger Schläge. Das Ziel, für das unsere Väter unter Einsatz ihres Lebens kämpften, die endliche Erlösung von den Schlägen, die wir hinnehmen mußten — dieses Ziel werden wir unter der ruhmreichen Führung der Kommunistischen Partei Chinas mit dem Vorsitzenden Mao Tse-tung an der Spitze bald erreichen."

An dieser Stelle wurden dem Hauptmann die Augen feucht. Hsiao Tschiang war hart geworden. Nicht eine einzige Träne hatte er vergossen, als ihn in der Ferne die Nachricht ereilte, daß seine Mutter ihrem schweren Leiden erlegen war, denn sie hatte nicht das Geld gehabt, um sich Medizin zu beschaffen. Jetzt aber traten ihm Tränen in die Augen, doch sie waren kein Zeichen der Trauer, sondern ein Ausdruck der Dankbarkeit und der Freude eines Menschen, dem das hohe Ziel vor Augen schwebt, dem Volke zu dienen.

SIEBENUNDZWANZIGSTES KAPITEL

Es war Ende März geworden. Nach dem Abschluß der Bodenreform hatte Hauptmann Hsiao mit Guo Tsüan-hai und mit Li Tschang-yo über die gesammelten Erfahrungen gesprochen und war dann mit Wan in der folgenden Nacht zu Pferde in die Kreisstadt zurückgekehrt.

Sämtliche Äcker waren abgesteckt. Die Mitglieder des Schreibkursus der Frauen leiteten die Bäuerinnen beim Korbflechten, bei der Saatgutauswahl und bei Handarbeiten an, zu denen während der Feldbestellung keine Zeit mehr bleiben würde. Die Männer fuhren Mist und düngten die Felder, brachten die Ackergeräte in Ordnung und schlugen einen Vorrat an Brennholz. Die Dunghaufen auf den Höfen wurden immer kleiner und verschwanden schließlich ganz, während sich auf allen Gehöften das Dürrholz schwarzen Bergen gleich türmte, und die Holzkloben zu Mauern emporwuchsen.

Die letzten Märztage waren mild. Es begann zu tauen. Der pfirsichblütenzarte Schnee wurde zu Matsch, und fielen ab und zu noch einige, wenige Flocken zur Erde, so schmolzen sie sofort. Feuchtigkeit sickerte in den schwarzen Boden und verwandelte ihn in Schlamm. Die noch vor Tagen hartgefrorenen trockenen Wege waren nun nicht mehr wiederzuerkennen. Die Bauern besprachen mit ihren Nachbarn die Nachrichten über den Eisgang des Sungari. Der alte Sun, der in der Kreisstadt Brennholz verkauft hatte, berichtete nach seiner Rückkehr der neugierigen Schar:

„Der Fluß geht heuer wirklich friedlich auf. Sonst mußte man mit Gewalt 'ran und das Eis in großen Stücken 'raushacken, aber in diesem Jahr taut es von alleine auf. Wenn das Eis so früh schmilzt, sind die Aussichten für dieses Jahr nicht schlecht."

Die Bauern waren jetzt heiter gestimmt und summten ein Lied vor sich hin, wenn sie ihre Arbeit erledigten. Oft bliesen im Dorf die Trompeten, denn mindestens einmal in der Woche würde irgendwo Hochzeit gefeiert.

Guo Tsüan-hai hatte sich in seiner neuen Wohnung eingerichtet, die ihm die Bauernvereinigung zugewiesen hatte, weil er heiraten wollte. Sie bildete die Hälfte eines Dreizimmerhäuschens, das Dou Shan-fa einst vermietet hatte, und zu dem ein kleiner Hof gehörte, winzig, aber sauber. Im anderen Teil des Hauses wohnte das Ehepaar Tien, das freiwillig aus dem Gebäude der Bauernvereinigung ausgezogen war, weil man dort im Winter der großen Räumlichkeiten wegen zuviel Feuerung verbrauchte.

Überall im Dorf unterhielt man sich über die bevorstehende Vermählung von Guo und Liu. Am Hochzeitstage drängten sich die Leute auf Li Tschang-yos Veranda, rauchten, sonnten sich und schwatzten über Dorfneuigkeiten, darunter auch über Guo Tsüan-hais Hochzeit.

„Der Drache vermählt sich dem Phönix", hieß es.

„Beide haben keine Eltern mehr."

„Sun soll vermitteln, habe ich gehört."

„Sieh doch, da kommt er ja schon."

Als der Kutscher zur Stelle war, wurde er von allen Seiten umringt und gehörig ausgefragt.

„Braucht man eigentlich noch ein Hochzeitsschwein?" wollten die Älteren wissen.

„Wozu Hochzeitsschwein?" meinte Yung-fu. „Unser Vorsitzender hält nichts davon. An der westlichen Zimmerwand hat er noch nicht einmal eine Ahnentruhe⁵⁴ aufgestellt."

Als Sun merkte, daß ihm hier willige Ohren geöffnet waren, ließ er seinem Redeschwall freien Lauf:

„Wir mußten das alles durchmachen. Als ich vor dreißig Jahren heiratete, mußte ich ein Hochzeitsschwein abliefern, sonst wäre ich bei meiner Schwiegermutter untendurch gewesen. Aber woher sollte ein armer Mensch ein Mastschwein nehmen? Ich hatte nur einen jungen Läufer, na, da habe ich eben den Läufer geschickt, dazu noch zwei Sheng Reis, einen Sheng Sojabohnen und einen Krug Weinbrand. Als meine Schwiegermutter das Läuferschwein zu Gesicht bekam, fing sie an zu toben und den Heiratsvermittler zu beschimpfen: ‚Was soll das heißen!? Mir solch ein Ding zu schicken! Zwei Schweine und zweimal Wein war abgemacht. Was vermittelst du mir da eigentlich? Wie kommst du mir denn vor, was hast du bloß gegessen, daß du so groß geworden bist? Deine Mutter hat dich wohl nur in die Welt gesetzt, damit sich andere darüber ärgern, he?‘ Na, der Heiratsvermittler suchte jedenfalls schleunigst das Weite, nachdem er von der Dankmahlzeit kaum einen Bissen zu sich genommen hatte. Meine Schwiegermutter sah sich das Schwein noch einmal genau an, aber es war wirklich zu winzig. Also vertauschte sie es gegen ein großes Mastschwein, das sie im Stall hatte, und trieb dies ins Innenzimmer, wo es mit dem Kopf zur westlichen Wand hin stehenbleiben mußte. Meine Alte mußte sich vor der Wand hinknien und dreimal Kotau machen. Dann träufelte mein Begleiter dem Schwein ein bißchen Wein aufs Ohr. Wenn das Tier dabei sein Ohr bewegt, werden die Eheleute glücklich leben, wenn es aber nur den Kopf schüttelt und nicht mit dem Ohr wackelt, bedeutet das nichts Gutes. Also, der Wein wurde geträufelt, und nun geschah etwas Seltsames: das Schwein bewegte nicht nur die Ohren, sondern schüttelte auch den Kopf. Beides gleichzeitig.“

„Dann habt ihr also abwechselnd gut und schlecht gelebt?‘ unterbrach ihn Li Tschang-yo.

„Natürlich!“ erwiderte Sun. „Neunundzwanzig Jahre lang war ich Kutscher und davon achtundzwanzig Jahre arm. Erst mit den Kommunisten kam das Glück zu mir, denn jetzt habe ich Haus und Acker, Pferd und Wagen und Sachen zum Anziehen. Dann bin ich sogar noch Begutachter gewesen, na, das ist doch nicht schlecht!“

„Stimmt“, lachte Li. „Dein Hochzeitsschwein war ein gescheites Tier, daß es sogar wahrsagen konnte... Hört doch, die Trompete! Kommt, wir wollen dem Vorsitzenden ein wenig helfen.“

„Geht nur schon immer vor“, rief der Kutscher den Davoneilenden nach. „Ich muß mich erst umziehen.“

Die Hochzeitsgäste strömten in Scharen herbei. Auf dem kleinen Hof war kein Durchkommen mehr. Die Funktionäre der Bauernvereinigung und des Frauenbundes, die entfernten Verwandten und näheren Nachbarn der Brautleute kamen, um zu gratulieren. Tien Wan-shun hatte alle Hände voll zu tun: an einer Mauerecke des Hauses ließ er Wasser kochen, dann brachte er Tabak ins Zimmer, brühte Tee auf und unterstützte Guo Tsüan-hai bei der Begrüßung der auswärtigen Gäste. Jeden Ankömmling empfing er mit einem gewinnenden Lächeln und herzlichen Worten:

„Bitte, tritt ein."

Fröhlich, als begehe sein leiblicher Sohn dieses Hochzeitsfest, eilte er rastlos hin und her. Die beiden Musikanten schleppten einen Tisch vor das Tor, setzten sich darauf und spielten ihre Weisen mit Trompete und Querflöte. Drei Köche waren mit der Zubereitung der Speisen beschäftigt. Heißer, feuchter Dampf wallte in Schwaden durch Fenster und Türritzen aus der Küche nach draußen und schlug oben gegen den Dachvorsprung, daß dort die letzten Eiszapfen schmolzen. Am oberen Türbalken klebte das aus rotem Papier geschnittene Doppelzeichen für „Eheglück". Zu beiden Seiten dieses Zeichens war ein zweizeiliger Spruch angebracht, der eine pedantisch genaue Handschrift erkennen ließ: „Laute und Harfe sympathisieren" und „Glocke und Trommel harmonieren". Es war die Handschrift des Dorfarztes.

Als nach der Abendmahlzeit der Wagen mit den beiden Heiratsvermittlern und der Brautjungfer abfuhr, um die Braut zu holen, zogen die Musikanten mit. Guo Tsüan-hais kleiner Hof war nun in feierliches Schweigen gehüllt.

Als die Sonne sich zum Untergang neigte, trat die junge Braut aus Bai Da-sao-dses Wohnung heraus und setzte sich aufrecht in die Mitte des dreispännigen Gefährts. Sie trug einen roten, gefütterten Kasack und eine Pluderhose aus dunkelblauem Atlas. Ihre Füße steckten in neuen, roten, bestickten Atlasschuhen, und in den Haaren leuchtete ein Sträußchen roter

Stoffblumen. Dem Brautgefährt folgte der Wagen mit den beiden Musikanten, den beiden Heiratsvermittlern, und den Schluß bildete ein Wagen mit vier ehrwürdigen Greisen. An den Halftern der Pferde und den langen Kutscherpeitschen flatterten rote Baumwollbänder lustig im Wind.

Langsam verdunkelte sich der Himmel, und als die Wagen vor Guo Tsüan-hais Gehöft eintrafen, versank der Sonnenball hinter den Bergen. Der Brautwagen hielt vor dem Tor. Kinder strömten herbei, bedächtig nahten Frauen und Männer. So festlich gekleidet und mit Blumen geschmückt hatten sie das Mädchen noch nie gesehen. Liu Guei-lan blickte zu Boden, ihre Wangen glühten. Ihr Kasack stammte aus dem Besitz der Gutsherren, da er aber ursprünglich zu weit für sie gewesen war, hatte die Braut eine Nacht hindurch daran genäht und ihn sich passend gemacht. Die Frauen flüsterten sich ihre Ansichten über Guei-lans Äußeres zu:

„Lange Brauen, große Augen und ein ovales Gesicht."

„Geschminkt hat sie sich auch."

„Das ist doch keine Schminke! Das ist der Widerschein von dem roten Kasack."

„Ach, i wo! Sie schämt sich."

„Kleider machen Leute, Sättel machen Pferde. Sie ist wie geschaffen für diese Kleider. Ich glaube, in unserem Dorf gibt es nicht noch ein zweites Mädchen, das so bezaubernd aussieht wie sie."

Liu Guei-lan hörte, wie die Weiber tuschelten und kicherten und blickte noch verlegener zu Boden und sprach kein Wort. Da ihre geblümten Schuhe nur aus einfachem Stoff bestanden, waren ihre Füße bald wie abgestorben. Als sie das Bein ausstreckte, um vom Wagen zu steigen, hielt Dschang Dsching-jui sie lächelnd zurück.

„Nicht so eilig", scherzte er. „Du mußt dich schon noch etwas gedulden."

Die Frau des Kutschers, die ebenfalls zur Stelle war, ließ durch eine Bäuerin eine Tasse Wasser bringen und forderte die junge Braut zum Trinken auf. Als diese den Kopf schüttelte, mahnte die Alte:

„Komm, es ist Zuckerwasser, trink, damit dein Mund süß wird."

„Wieso soll mein Mund denn süß werden?" fragte Guei-lan und wurde noch röter im Gesicht.

„Ein Mädchen darf nicht so eigenwillig sein", schalt die Alte und fügte belehrend hinzu: „Nach alter Sitte muß jede Braut davon trinken."

Da die Bäuerin nun die Schale mit dem Zuckerwasser an Liu Guei-lans Lippen setzte, mußte die Braut wohl oder übel einmal daran nippen.

Liu fror immer mehr, ihre Beine erstarrten vor Kälte. Sie sehnte sich danach, daß alles rasch zu Ende ginge, daß man sie vom Wagen ließe, damit sie sich in der Küche wärmen könne. Wieder brachte eine Bäuerin eine Schüssel voll Wasser, in der sie sich diesmal die Hände waschen sollte.

„Tauche die Hände ein", sagte Frau Sun, „damit du kein Geschirr zerschlägst."

Liu Guei-lan benetzte beide Hände mit dem lauwarmen Wasser und trocknete sie mit dem Handtuch ab, das ihr von derselben Bäuerin gereicht wurde. Gerade wollte sie ihre kältestarren Beine ausstrecken und vom Wagen steigen, da brachte eine dritte Frau ein Feuerbecken herbei, in dem brennende Holzkohle unaufhörlich winzige Funken versprühte. Dieses Feuerbecken, sagte sich die Braut, kommt ja wie gerufen, da kann ich mir wenigstens meine Füße wärmen. Doch die Frau mit dem Feuer erklärte, sie solle sich die Hände daran wärmen.

Wieder mahnte Frau Sun:

„Wärme dich! Kommen Gäste, so sollst du sie warm und herzlich empfangen."

Guei-lan fügte sich in ihr Los, hielt die Hände kurz übers Feuer und wollte nun endlich aussteigen, als Frau Sun sie hastig warnte:

„Berühre die Erde nicht, tritt auf die Matten."

Von der Stelle an, wo der Brautwagen hielt, vorüber an dem Opfertisch, der in der Mitte des Hofes aufgestellt war, bis zum Kang im Brautgemach, war alles mit Bast- und Strohmatten bedeckt. Guei-lan hatte gerade einige Schritte darüber zurückgelegt, als sie plötzlich rufen hörte:

„Der Vorsitzende Guo!"

„Macht Platz für den Vorsitzenden Guo!"

Die Augen der jungen Braut blitzten auf, und ein heißes Gefühl strömte durch ihre Brust. Dieser Guo Tsüan-hai, den sie doch bis auf die Augenbrauen genau kannte, erschien ihr jetzt als ein ihr völlig fremder Mann. Er trug ein neues gefüttertes Wollgewand von blauer Farbe und einen stahlgrauen Wollhut. Beides hatte ihm Sun zu diesem feierlichen Anlaß geliehen. Über dem blauen Gewand kreuzten sich zwei Schärpen, eine aus roter, die andere aus grüner Seide. Da Guo bis über beide Ohren rot anlief, kreischten die kleinen Rangen:

„Der Bräutigam schämt sich noch mehr als die Braut, seht doch, wie knallrot er wird!"

Als die Brautjungfer das junge Paar zum Opfertisch führte, begannen die Musikanten zu spielen. Auf dem aus drei kleinen Tischen zusammengesetzten Opfertisch brannten zwei rote Kerzen, deren strahlende Lichtovale im kalten Nachtwind flackerten. Fünf rote, geblümte Porzellanschüsselchen standen davor, sie waren gefüllt mit ebensoviel verschiedenen Gerichten — mit Schweineleber, Schweineherz, Weißkraut, Bohnenmehlnudeln und Fisch — und waren in Form einer Winterpflaumenblüte angeordnet; in jedes dieser Gerichte war ein Strauß großer roter Blumen gesteckt. In einem mit Kaoliang gefüllten Maß steckten eine Weihrauchkerze und der Hebelarm einer Läuferwaage, von der das Gewicht abgestreift worden war.

Bräutigam und Braut standen, das Gesicht zum Hoftor gewandt, vor dem Opfertisch. Um sie herum bildeten die Frauen einen dichten Kreis, betrachteten abwechselnd die Braut und den Bräutigam, und wisperten einander zu:

„Seht doch die Blumen an ihren Schuhen!"

„Und der rote Kasack, wie schön!"

„Der hat einmal Dou Shan-fas jüngster Schwiegertochter gehört. Die Braut hat ihn selbst umgeändert, weil er ihr erst zu weit war."

„Aber geschickt, das muß man sagen."

„Das merkst du auch schon? Sie kann doch von allen im Dorf am besten nähen."

„Und auch in Scherenschnitten kann ihr niemand etwas vormachen."

Liu Guei-lan hörte das Gewisper, blickte zu Boden und schwieg. Unter gewöhnlichen Umständen hätte sie die letzte Bemerkung berichtigen müssen: In der Kunst des Scherenschnittes ist Bai Da-sao-dse geschickter als ich.

Die Frauen schwätzten weiter:

„Wie die Alten sagen, muß man bei der Huldigung von Himmel und Erde[55] ganz in Rot gekleidet sein, sonst hat man Kummer sein Leben lang."

„Ganz recht. Als ich damals heiratete, mußte ich mir beim Großgrundbesitzer einen roten Kasack borgen, weil ich keinen hatte. Was das für Anstrengungen kostete, ehe der Gutsherr ,ja' sagte, könnt ihr euch kaum vorstellen. Damals wurde dem Armen das Leben überall sauer gemacht, auch zu festlichen Begebenheiten."

Unterdessen hatte jemand zu bedenken gegeben, daß die Huldigung von Himmel und Erde in Anbetracht der Kälte nicht so lange hinausgezögert werden dürfe, während ein anderer dagegen protestierte, weil die Mitternachtsstunde noch nicht begonnen habe. Der dritte meinte, daß sich die Braut bis Mitternacht gewiß die Füße erfroren hätte. Auch Sun drängte: „Beeilt euch und huldigt Himmel und Erde, dann wird euch auch eher ein Sohn geboren." Die Musikanten spielten, die Zeremonie begann.

Nachdem nun der feierliche Akt beendet war, schritt das Hochzeitspaar, der Bräutigam zur Linken, die Braut zur Rechten, wie benommen über die Matten dem Hauptgebäude zu. Eine

Schar junger Frauen war vorausgeeilt und wartete vor dem Eingang auf die Ankunft der Neuvermählten.

„Ob sie wohl mit dem linken Fuß auf die Schwelle tritt oder mit dem rechten?"

„Wieso? Was soll das bedeuten?"

„Wenn sie mit dem rechten Fuß zuerst eintritt, ist das erste Kind eine Tochter, beim linken ist es ein Sohn."

Als die Brautleute ins Haus traten, jauchzten die jungen Frauen und Mädchen, die neben der Tür standen, laut:

„Der linke Fuß, der linke Fuß zuerst! Das erste Kind wird ein Sohn!"

Völlig verwirrt betraten die beiden das Brautgemach. Frau Sun breitete schnell einen Kaoliangsack über den Fußboden neben dem Kang und befahl:

„Der Bräutigam steigt zuerst auf den Kang." Auf den Kaoliangsack deutend, fügte sie erklärend hinzu: „Tritt darauf; Schritt für Schritt geht es höher."

Als die Brautleute mit gekreuzten Beinen am Kopfende des Lagers saßen, wurde der bestickte, dattelrote Atlasvorhang vor dem Kang herabgelassen. Der Braut wurde nun von einer jungen Frau das Haar gekämmt. Auf dem Kang saßen außerdem drei Bäuerinnen mit je einem Kind im Arm, schweigend, mit ernsten Mienen.

Erst jetzt, nachdem sie sich auf die Ofenbank gesetzt hatte, wurden Liu Guei-lans Füße allmählich wieder warm. Als sie, den Blick nach unten gerichtet, über Frau Suns Bräuche nachsann, mußte sie lächeln. Wie Guo Tsüan-hai, glaubte auch sie nicht an die Bedeutung all dieser Bräuche, doch des Kutschers Frau hatte gesagt:

„Ohne Riten wäre eure Ehe nichts anderes als eine wilde Liebesgemeinschaft."

So hatten sie schließlich die Riten über sich ergehen lassen und Himmel und Erde gehuldigt, was blieb ihnen auch anderes übrig. Ach, was soll's mich kümmern, dachte Guei-lan, als sie hörte, wie neue Anweisungen erteilt wurden.

Das Brautgemach war von Dschao Da-sao-dse hergerichtet worden. Von der Decke hing eine große Lampe herab, und auf dem langen Tisch brannten zwei hohe, rote Kerzen. Die große Kanne und die Teetassen auf dem Tisch standen auf roten, ausgeschnittenen Papierblumen. An der westlichen Zimmerwand, wo einst der Spruch von den drei Ahnengeschlechtern gehangen hatte, klebten jetzt die Porträts des Vorsitzenden Mao Tse-tung, des Oberkommandierenden Tschu Teh und des Befehlshabers Lin Biao. Über dem Fußende des Kangs waren zwei Bogen aus rotem Papier mit der Inschrift angebracht: „Eintracht bis ins hohe Alter, Revolution bis zum siegreichen Ende." Rechts von diesen großgemalten Zeichen war in kleinerer Schrift zu lesen: „Glück und Freude in der jungen Ehe des Guo Tsüan-hai und der Liu Guei-lan." Und links schließlich stand: „Gewidmet von Hsiao Tschiang."

In Innen- und Vorzimmer drängten sich die Gäste. Nachdem die Musikanten das Hochzeitslied gespielt hatten, brachte die Aufwärterin zwei Weinpokale herein. Den einen reichte sie dem Bräutigam, den anderen der Braut. Beide tranken einen Schluck, tauschten danach die Pokale aus und tranken aufs neue, während die Musikanten die Weise vom Weineinschenken bliesen. Die Kinder drängten sich heran und schauten den Brautleuten andächtig bei der Trinkzeremonie zu. Sie wollten gar nicht mehr fort, bis schließlich Tschu, der das Kindergewimmel als störend empfand, ausrief:

„Geht schlafen, es ist schon Mitternacht."

„Diese Rangen!" brummte der Kutscher von der Türschwelle aus. „Was kümmert ihr euch jetzt schon um das alles? Später werdet ihr auch einen solchen Tag erleben."

Die Kinder lachten und blieben erst recht. Guo Tsüan-hai stieg nun vom Kang und bat die Gäste zum Mahl. Die Frauen, denen Frau Tien und Dschao Da-sao-dse Gesellschaft leisteten, gingen ins Nebenzimmer.

„Das sind heute aber billige Hochzeiten", erklärte Frau Tien. „Früher mußte ein solcher Aufwand getrieben werden, daß ein

Armer gar nicht an eine Heirat denken konnte. Noch bevor die Frau zum Manne gezogen war, mußte man gut und gerne acht Schweine schlachten. Da gab es zu jedem Fest ein Schwein, genauer gesagt: zur Hochzeit sogar zwei Schweine und zwei Krüge Wein, ganz abgesehen von der Mitgift. Wo sollte denn ein Armer soviel Geld hernehmen?"

„Es ist wirklich schön, daß das alles endlich vorbei ist", pflichtete Dschao Da-sao-dse ihr bei.

Die alte Frau Sun aber konnte sich mit dieser Ansicht nicht einverstanden erklären:

„Auch die alten Bräuche haben ihr Gutes. Sonst wäre es doch nichts anderes als eine wilde Ehe, nicht wahr?"

„Seit unserer Befreiung ist es Brauch, daß die Brautleute Gefallen aneinander finden müssen", erzählte Dschao Da-sao-dse weiter. „Wie war es denn früher bei uns? Da hat man sich niemals zu sehen bekommen: paßten die beiden zusammen — na, dann war es ja gut, paßten sie aber nicht zusammen, dann mußten sie es eben ihr Leben lang ausbaden."

Die Frauen, alte und junge, schwätzten munter und unbekümmert drauf los.

„Man kann sich doch heute seinen Bräutigam wenigstens ansehen und mit ihm zusammen arbeiten, bevor man für immer zu ihm zieht."

„Wer auch nicht die Möglichkeit hat, seinen Zukünftigen vorher zu sehen, kann sich doch immerhin ganz genau nach ihm erkundigen."

„Wenn wir uns früher als Mädchen etwa nach dem Bräutigam erkundigt hätten — das hätte vielleicht ein Gelächter gegeben."

„Und wenn man nun einen Mann erwischte, der humpelte, vielleicht gar zur Liebe unfähig war oder sonst was hatte?"

„Da blieb einem halt nichts weiter übrig, als sich in sein Schicksal zu ergeben."

„Früher waren die Frauen so gleichgültig. Die Schwiegereltern und der Gatte versorgen einen mit Kleidung und Speise, und man ist lebenslänglich versichert, na bitte, und Schläge und

Schelte muß man da eben schon einmal hinnehmen! So war das früher. Jetzt sollte es nur mal einer versuchen, seine Frau schlecht zu behandeln! Dem würde der Frauenbund ganz gehörig heimleuchten."

„Und dann damals die Pflegeschwiegertöchter ..."

Ein schneller Blick von Frau Sun ließ die unbedachte Schwätzerin verstummen, während die Kutschersfrau leise sagte:

„Unsere Braut war doch auch eine Pflegeschwiegertochter!"

Die jüngeren Frauen steckten die Köpfe zusammen und tuschelten:

„Sag, was ist das eigentlich für eine Hochzeit: eine rote oder eine weiße?"

„Die Ehe war ja noch nicht vollzogen, also eine rote Hochzeit."

„Sonst würde unser Vorsitzender Guo sie auch gar nicht haben wollen. Er hat noch niemals etwas mit Frauen zu tun gehabt."

Im angrenzenden Zimmer waren die männlichen Gäste versammelt. Dort saßen sie dicht beieinander, kauten Sonnenblumenkerne und erzählten vergnügt. Nachdem die Braut das Haus betreten hatte, waren die beiden Ehevermittler Sun und Tschu ihrer Pflichten ledig und konnten sich ihren Freunden widmen. Yung-fu gab bald wieder mit großem Stimmaufwand seine Geschichte vom Hochzeitsschwein zum besten:

„Wo sollte ich als armer Kutscher zwei Schweine und zwei Krüge Wein hernehmen? Ich schickte also einfach einen kleinen Läufer, den ich niemals hätte fettfüttern können. Mal sehen, was daraus wird, dachte ich. Die Schwiegermutter schlug zwar zuerst Krach, mußte sich aber schließlich doch bequemen, es anzunehmen. Sie tauschte es dann gegen ihr eigenes Mastschwein um. Das war ein gescheites Tier, kann ich euch sagen! Wie ihm Wein aufs Ohr geträufelt wurde, wackelte es abwechselnd mit dem Ohr und mit dem Kopf. Seit der Zeit wußte ich, daß es mir im Leben einmal gut und einmal schlecht ergehen würde."

„Hast du früher nicht immer behauptet, wenn dir vom Schicksal Armut bestimmt sei, könntest du auch durch unverhofftes Glück nicht reich werden?" unterbrach ihn Tschu.

„Früher ist früher, heute ist heute", wehrte sich der Kutscher. „Meinst du denn, es bleibt Jahr für Jahr dasselbe? Hausen etwa die Spatzen immer im selben Nest? Früher mußtest du zwei Schweine abliefern, und wenn du die nicht hattest, mindestens eins. Hattest du aber gar kein Mastschwein, so mußtest du wenigstens einen Läufer schicken. Heute hat Liu Guei-lan nicht nur nichts haben wollen, sondern sogar den halben Dang Acker-land mit in die Ehe gebracht, der ihr zugeteilt wurde. Alles hat sich geändert: das Schicksal genauso wie die Menschen."

Tien Wan-shun nickte lächelnd:

„Noja, das haben wir alles der Beseitigung des Feudalismus zu verdanken. Die Armen heiraten, die Schädlinge aber, die nie arbeiten gehen, können ruhig aussterben."

Yung-fu meinte zwinkernd:

„Wenn meine Alte nicht wäre, könnte ich auch noch solch ein Weib heiraten, das gleich Ackerland mitbringt."

„Holt doch gleich mal seine Frau", meinte Tschu lachend, „damit sie sich das mit anhört."

Während in den Gästezimmern die Heiterkeit ihren Höhe-punkt erreichte, erschallten erneut Trompete und Flöte. Männer und Frauen strömten nun wieder ins Brautgemach und sahen zu, wie sich die Brautleute ihren Verwandten und Freunden vor-stellten und danach Hochzeits-Dschiao-dse aßen, um sich Kinder und Enkel zu erbitten. Das lustige Treiben in Haus und Hof dauerte an, bis die Hähne zum dritten Male krähten und im Osten der erste rote Schimmer den neuen Tag verkündete.

ACHTUNDZWANZIGSTES KAPITEL

Einen halben Monat später kam Hauptmann Hsiao mit seiner Ordonnanz Wan nach Yüanmaotun zurück, um hier einen dringenden Auftrag zu erledigen und sich über die augenblick-liche Lage zu informieren. In der Bauernvereinigung traf er Guo Tsüan-hai an.

„Na, du hast jetzt eine Familie gegründet, bist Hausherr geworden", begrüßte er ihn mit herzlichem Lächeln. „Ich gratuliere dir auch und wünsche dir viel Glück. Schade, daß ich nicht dabeisein konnte." Dann begann er zu scherzen: „Nun, was ist denn los? Du bist ja so mager geworden! Ist die Gemahlin zu Hause geblieben? Arbeitet sie denn nicht mehr, seit sie einen Mann hat?"

Guo Tsüan-hai bekam einen roten Kopf.

„Ach wo! Sie flicht zusammen mit den anderen Frauen Strohhüte. Wir wollen uns außerhalb für die Hüte noch ein bißchen Getreide und Stroh eintauschen. Uns fehlt es nämlich heuer vor der Frühjahrsbestellung an Nahrung und Futter, weil im vorigen Jahr so viel Ackerland überschwemmt wurde."

„Darüber unterhalten wir uns später", unterbrach ihn Hsiao Tschiang. „Beschafft euch Getreide und Stroh, die Regierung wird euch auch noch etwas zur Verfügung stellen. Ich komme einer sehr wichtigen Sache wegen, über die wir uns unterhalten müssen. In unserem ganzen Kreis, besonders in diesem Bezirk und in eurem Dorf, wurde keine schlechte Arbeit geleistet. Der Kampf gegen die Banditen, die Beschlagnahme der Waffen und die Suchaktion haben überall Anerkennung gefunden. Auch mit den Dämonenbannern ist alles glatt abgegangen. Die anfängliche Politik gegenüber den Mittelbauern war zwar falsch, aber dieser Fehler wurde in der ganzen Nordmandschurei begangen, und ich glaube, daß wir nicht allzu lange damit gezögert haben, die Sache wieder geradezubiegen. Nur in einem Punkt sind wir hier noch ziemlich rückständig, vielleicht kannst du dir denken, was ich meine?"

Guo Tsüan-hai zog Dschao Yi-lins Pfeife aus dem Gürtel, stopfte sie und ging ins Vorzimmer, wo er sich vor dem Herd hinhockte, in der heißen Asche stocherte und den Tabak mit einem Stückchen Glut anzündete. Er hatte schon erraten, in welcher Hinsicht Yüanmaotun noch rückständig war, hatte sich aber nicht gleich dazu äußern wollen. Nach einem Weilchen kam er wieder zurück und sagte:

„Wir haben noch zuwenig Soldaten an die Front geschickt."

„Erraten", lächelte Hsiao. „Was ist also deiner Meinung nach zu tun?"

„Wieviel sollen es sein?"

„Sag mir erst, wieviel Freiwillige ihr schon im Dorf habt?"

„Neununddreißig."

„Das geht ja. Bloß, jetzt finden an der ganzen Front Kämpfe statt, und dafür werden viele Soldaten gebraucht. Wenn ihr die bisherige Zahl verdoppelt, habt ihr die anderen Dörfer gerade eingeholt."

Tsüan-hai saß schweigend, mit gesenktem Kopf auf dem Bettrand, seine Pfeife rauchend. Der Hauptmann rückte näher heran und fragte teilnehmend:

„Hast du Sorgen?"

„Das alles bürdet mir gerade genug Sorgen auf." Guo machte einen Zug und sprach weiter: „Aber das ist ja egal. Die Angehörigen der Soldaten werden sich schon durchbeißen, sie haben ja jetzt Häuser, Ackerland und sogar Pferde."

„Schwierigkeiten sind dazu da, daß man sie überwindet", meinte Hsiao Tschiang. „Geh und hole dir die Funktionäre zu einer Besprechung zusammen. Ihr setzt eine Dorfversammlung an. In Hulan haben sich Familienkonferenzen sehr gut bewährt, auf denen die Frau den Mann, der Vater den Sohn, der Bruder den Bruder zum Kämpfer wirbt. Das hatte bisher immer guten Erfolg."

Guo Tsüan-hai erhob sich, um die Funktionäre zu benachrichtigen. Auf der Türschwelle drehte er sich noch einmal um:

„Übrigens haben Dschang Dsching-jui, Bai Da-sao-dse und Dschao Da-sao-dse einen Antrag gestellt, in die Partei aufgenommen zu werden."

„Hast du dich mit ihnen unterhalten?" erkundigte sich der Hauptmann.

„Ja. Bai Yi-shan zum Beispiel hat während seines Neujahrsurlaubs mit seiner Frau über ihren Beitritt zur Partei gesprochen und ihr die Ziele der Kommunistischen Partei erklärt."

„Und zu welcher Überzeugung ist sie gelangt?" fragte Hsiao interessiert.

„Sie sagt, weil die Kommunistische Partei nicht ihr eigenes Schäfchen ins Trockene bringen, sondern das ganze chinesische Volk vom Feudalismus befreien wolle, sei sie entschlossen, der Partei beizutreten und bis zum Endsieg der Revolution zu kämpfen."

„Und Dschang Dsching-jui?"

„Dschang Dsching-jui ist überzeugt, daß China ohne die Kommunisten verloren gewesen wäre. Ohne Kommunisten hätten sich die Bauern von Yüanmaotun niemals aus der feudalen Sklaverei erlösen können. Ohne die Partei, nur auf sich selbst angewiesen, könne er nichts zuwege bringen, erklärte er, als Mitglied der Kommunistischen Partei aber, mit dem Vorsitzenden Mao verbunden, brauche er keine Schwierigkeiten mehr zu fürchten. Und Dschao Da-sao-dse sagte zu mir: ‚Mein Mann war Kommunist. Ich wäre ein schlechtes Weib, wenn ich mir nicht ein Beispiel an ihm nehmen und allen Schwierigkeiten zum Trotz für meine Mitmenschen kämpfen würde.' "

„Ich werde mich noch mit jedem von ihnen einzeln unterhalten", erklärte Hsiao.

„Dann hat noch jemand einen Antrag gestellt", bemerkte Guo Tsüan-hai zögernd.

Obwohl der Hauptmann erriet, wer das war, fragte er schmunzelnd nach dem Namen des Betreffenden.

„Liu Guei-lan", antwortete Guo.

Hauptmann Hsiao neigte lächelnd den Kopf. Er kannte diese Besonderheit der chinesischen Bauern: wurde ein Angehöriger Revolutionär, so färbte das auch gleich auf seine nächsten Verwandten ab, ja manchmal trat sogar eine ganze Familie geschlossen zur Revolution über. Liu Guei-lan war eine junge Frau, die einst unter erniedrigendsten Verhältnissen gelebt hatte und jetzt tatsächlich hervorragende gesellschaftliche Arbeit leistete. Ohne noch weitere Fragen zu stellen, sagte Hauptmann Hsiao:

„Wenn wir die Rekrutierung erledigt haben, wollen wir gemeinsam die Parteiangelegenheiten regeln. Ich werde mit den Bewerbern noch einmal gründlich über alle Fragen sprechen. Du gehst jetzt und trommelst die Funktionäre zu einer Besprechung zusammen."

Nach Beendigung der Funktionärbesprechung wurde im Dorf die Werbekampagne begonnen. Nach drei Tagen hatten sich jedoch insgesamt nur drei Personen freiwillig gemeldet: der Kommunist Li Tschang-yo, der kürzlich erst als Krankenträger an der Front gestanden hatte, Dschang Dsching-jui, der Parteimitglied werden wollte, und Tschu Fu-lin. Tschu aber hatte bald das vierzigste Lebensjahr erreicht, so daß man ihn bestimmt zurückschicken würde. Und Dschang Dsching-jui? Da sein Bruder schon Soldat war, kam die Mutter weinend zu Hauptmann Hsiao gelaufen und bat ihn, ihr doch diesen einen Sohn zu lassen.

Ursprünglich hatte Hsiao Tschiang geglaubt, aus Yüanmaotun ein Musterdorf machen zu können, das dem ganzen Bezirk, dem ganzen Kreis als Vorbild an Einsatzbereitschaft dienen und so den Anstoß zu einer mächtigen Entfaltung der Rekrutierungsbewegung geben sollte. Und jetzt? Allem Anschein nach hatte er sich in seinen Erwartungen getäuscht.

Es war ein wolkenschwerer Tag. Kaum, daß die Sonne ein wenig hervorlugte, wurde sie schon wieder von Wolkenbänken verschluckt. Der Wind pfiff jedoch nicht mehr so eisig durch die Kleider. Es war zwar noch kühl, aber das spürte Hauptmann Hsiao nicht, der vor dem Südtor einen kleinen Spaziergang machte. Aus der schwarzen, schneefreien Erde guckten vereinzelte grüne Hälmchen hervor. Die ersten grünen Boten des Frühlings zeigten ihre zarten Keime. Auf den Feldern rupfte eine Kinderschar Wildgemüse aus; auch So-dschu befand sich darunter. Hsiao rief den Kleinen zu sich und hob ihn hoch:

„Was machst du denn da?" fragte er.

„Mama hat gesagt, ich soll Tjitji-Kraut sammeln, dann gibt es Mehlfladen und gehacktes Fleisch dazu."

Als Hsiao den Kleinen wieder auf den Boden stellte, versank die Sonne gerade hinter einer Wolkenwand.

„Sonne, stolze, sollst dich zeigen, ich will mich vor dir verneigen", sang der Knabe. Doch so lockend er auch sang, die Sonne ließ sich nicht mehr blicken.

„Das scheint nicht immer zu klappen, So-dschu", lachte Hsiao.

Der Kleine rannte wieder davon, und Hsiao ging auf der Chaussee zum Dorf zurück.

Die Straße entlang knarrten mit Dung beladene Fuhrwerke, und aus dem Gebirge fuhren die Bauern große Wagen voll Brennholz heim; hoch türmten sich die schwarzen Stämme und Äste. Über den braunen, verwitterten, feuchten Strohdächern wirbelte durchsichtig-weißer Herdrauch. Auf einem kleinen Gehöft nahe dem Südtor stand ein junger Bursche, in einen Pelzmantel gehüllt, neben dem Trog und vermischte mit einem Stock Stroh und Korn zu Pferdefutter. Der Hengst vor dem Trog hatte starke Schenkel, einen prächtigen Körperbau und ein tiefbraunes Fell mit seidigem Glanz. Der Bauer, ganz in den Anblick seines fressenden Pferdes versunken, bemerkte den Hauptmann nicht, und Hsiao wollte ihn auch nicht stören. Auf dem nächsten Gehöft stand eine junge Frau, die einen roten, langärmligen Rock und eine rotglänzende Samtschnur im kurzgeschnittenen Haar trug, und hackte Holz. Auch hier ging Hauptmann Hsiao vorüber. Er spähte noch in einige andere Gehöfte: überall waren junge Männer und Frauen bei der Arbeit, flochten Bastmatten, häckselten Stroh, ritten Pferde ein oder fütterten Schweine. Überall herrschte frohes, friedliches Leben — der Krieg war vergessen.

Am Abend kam Hsiao mit den Funktionären der Bauernvereinigung zusammen, um über weitere Schritte zu beraten, und am nächsten Tag fand eine allgemeine Versammlung statt, auf der die Angehörigen der Soldaten sprachen. Zuletzt ergriff Guo Tsüan-hai das Wort:

„China gehört uns landarmen Bauern, Tagelöhnern und Mittelbauern; wir haben deshalb die Pflicht, unsere Heimat zu schützen.

Noch ist Tschiang Kai-schek nicht endgültig besiegt, und schon wollen wir uns unserer Pflicht entziehen und uns nur um unser eigenes Wohlergehen kümmern? Was soll denn werden, wenn die Reaktionäre wieder mordend und sengend über uns herfallen?"

Als alles schwieg, sprang Bai Da-sao-dse auf und rief mit lauter Stimme:

„Wenn ich ein Mann wäre, hätte ich mich längst gemeldet. Wie kann ein Kerl nur so feige sein und zu Hause hocken bleiben?"

„Soll denn der Acker brachliegen, wenn wir alle an die Front gehen?" fragte ein junger Bauer.

„Wenn ihr an der Front seid, kümmern wir Frauen uns um die Feldarbeit", erklärte Frau Bai. „Wir garantieren euch, daß nicht eine einzige Furche brach liegen bleibt."

Auch die alte, blinde Frau Tien sagte:

„Wir alten Leute können immerhin noch Schweine füttern, Geflügel züchten und kleine Nebenarbeiten verrichten. Wir werden uns schon alle durchschlagen."

„Auch wir Jungens haben uns organisiert", rief der Hirtenknabe und reckte sich. „Wir werden Unkraut jäten, Wasser schöpfen und Holz schlagen. Zwei von uns können schon einen Mann ersetzen."

Guo Tsüan-hai aber hockte in einer Ecke und rauchte stillschweigend seine Pfeife.

Nach Beendigung der Dorfversammlung meldeten sich weitere fünf Freiwillige. Außer einem, der humpelte, waren es lauter junge, kräftige Burschen. Bisher lagen also nach vieler Mühe erst sieben bis acht Meldungen vor, obwohl man mit etwa vierzig gerechnet hatte.

Hauptmann Hsiao setzte sich nun erneut mit den Funktionären zusammen, um zu ergründen, weshalb die Menschen noch immer nicht von der erwarteten Welle der Begeisterung erfaßt wurden. Hsiao Tschiang forderte alle Anwesenden auf, sich eingehend mit diesem Problem zu befassen, denn am folgenden Tag sollte die nächste Dorfversammlung stattfinden.

Die Beratung war zu Ende, die Funktionäre waren nach Hause gegangen, und Hauptmann Hsiao hatte sich schlafengelegt, da erschien gegen Mitternacht Liu Guei-lan in der Bauernvereinigung, um nach ihrem Mann zu fragen. Hauptmann Hsiao erhob sich vom Kang und machte Licht:

„Er ist schon lange fort", erklärte er und betrachtete den roten, gefütterten Rock der jungen Bäuerin. „Vielleicht ist er bei Li Tschang-yo? Frage doch dort einmal."

Während Guei-lan zur Schmiede eilte, beobachtete sie beide Straßenseiten. Fenster und Türen der niedrigen Häuser waren fest verschlossen, auf den Höfen herrschte nächtliches Dunkel, kein Mensch war zu sehen, kein Laut zu hören. Als sie vor der Schmiede eintraf, war auch hier alles verriegelt. Tiefes Schweigen lastete auf dem Hof.

„Tschang-yo!" rief die junge Frau, so laut sie konnte, „hast du Guo Tsüan-hai gesehen?"

Erst nach mehrmaligem Rufen erwachte Li.

„Nein!" rief er zurück. „Bist du es, kleine Liu? Was ist denn?"

Guei-lan wußte sich nun keinen anderen Rat, als wieder nach Hause zu gehen; vielleicht war Guo unterdessen zurückgekehrt.

Nach Schluß der Beratung war Guo Tsüan-hai zu Frau Wang gegangen, um an der dortigen Familienkonferenz teilzunehmen. Da Frau Wang zwei Söhne hatte, ging er mit der Absicht hin, wenigstens einen von ihnen für die Kampftruppe zu werben. Als sich Frau Wang in den ersten Minuten in Schweigen hüllte, bat Tsüan-hai, sie möge ihm doch helfen, ihre Söhne zu überzeugen.

„Der Jüngste ist Schuhmacher", erklärte sie daraufhin, „außerdem humpelt er ein bißchen. Der wird sowieso nicht genommen. Und mein Ältester hat gerade erst geheiratet, genauso wie der Vorsitzende auch." Verstohlen betrachtete die Alte Tsüan-hai von der Seite, und als sie merkte, wie er rot anlief, fügte sie noch hinzu: „Ach! Die jungen Leute! Der Vorsitzende weiß ja selbst nur allzu gut, daß es nicht leicht ist wegzugehen, wenn man ein junges Weib hat. Ich kann gar nichts dazu sagen."

Noch eine ganze Weile schwätzte Frau Wang in dieser Art weiter. War es nun aufrichtig gemeint, oder verfolgte sie ein bestimmtes Ziel? Guo überlegte hin und her, konnte es aber nicht feststellen.

Bald verabschiedete Tsüan-hai sich wieder, ging aber weder nach Hause noch zur Bauernvereinigung, sondern schlug ganz in Gedanken versunken den Weg zur Schule ein. Der alte Lehrer schlief bereits. Im Klassenzimmer gab es kein Licht, öd und leer war der große Raum, es herrschte Grabesstille. Guo setzte sich auf ein Schülerpult und spielte nervös mit Dschao Yi-lins kleiner Pfeife mit dem blauen Jademundstück.

Aus Frau Wangs Worten und Blicken hatte er erfahren, warum es so schwierig war, Soldaten zu werben: die Bauern waren durch ihre Familien gebunden. Und er selbst war ihnen kein Vorbild gewesen. Guo dachte an Dschao Yi-lin, der für die Mitmenschen sein Leben geopfert hatte, obwohl er auch eine Frau und sogar einen kleinen Sohn hatte. Guo sann und sann. Alles, was er in den letzten Tagen gesprochen hatte, waren leere Worte gewesen. Selbst durch Familienbande zurückgehalten, konnte er die Bauern niemals überzeugen. Sie schwiegen zu dem, was er sagte, und verbargen damit ihren Unwillen.

Plötzlich vermeinte Guo seine Frau zu sehen, die wehmütig lächelnd auf ihn zukam, weinend ihren Kopf auf seine Knie legte und ihn mit versagender Stimme bat: „Du darfst nicht fort. Wir sind erst zwanzig Tage vereint." Sein Herz krampfte sich voller Mitgefühl zusammen.

Plötzlich klatschte etwas neben ihm auf. Eine Katze war auf ein Pult gesprungen und hatte dabei ein Tintenfaß umgerissen, das laut auf der Erde zerschellte. Guo schlug die Augen auf, seine Gedanken waren wieder klar. Vor ihm kniete nicht Liu Guei-lan, sondern er saß immer noch in dem großen, öden Raum des Schulgebäudes. Wieder griff er zu Dschao Yi-lins Tabakspfeife und klemmte sie sich zwischen die Zähne. Wie das kalte Mundstück seine Lippen berührte, starrte er mit weit offenen Augen vor sich hin und flüsterte:

„Hast du vergessen, daß du ein Kommunist bist? Willst du ein Verräter werden, nur weil du geheiratet hast? Wenn du nicht zur Front gehst, dich durch Liu Guei-lan zurückhalten läßt, bist du nicht anders als Hua Yung-hsi, und deine Freunde werden dich verachten."

Er wischte mit der Hand über sein glühendes Gesicht, sprang vom Tisch und lief, ohne noch an etwas anderes zu denken, geradewegs zur Bauernvereinigung.

Da Liu Guei-lan erst vor kurzem weggegangen war, hatte Hsiao das Licht noch nicht gelöscht.

„Na, was gibt's?" fragte er lächelnd. „Der eine geht, der andere kommt. Nun sag mir doch bloß, was hier gespielt wird. Zu Hause bist du noch nicht gewesen, also, wo warst du?"

Ohne die Fragen des Hauptmanns zu beantworten, setzte sich Guo auf den Bettrand. Da Hsiao Tschiang merkte, daß der andere etwas auf dem Herzen hatte, wartete er geduldig.

„Politkommissar, ich melde mich zur Front", erklärte Guo nach einer Weile kurz.

„Du?" rief der Hauptmann erstaunt und sprang vom Kang.

Guo nahm die Pfeife aus dem Mund und erwiderte ruhig weiter nichts als: „Na ja!"

„Und was soll aus der Arbeit im Dorf werden?" fragte Hsiao weiter.

Tsüan-hai stand auf. „Li Tschang-yo und Dschang Dsching-jui werden mich schon ersetzen." Nach diesen Worten entfernte er sich schnell.

Der Hauptmann rief ihm nach: „Einen Augenblick! Ich habe dir noch etwas zu sagen." Doch Guo hatte das Haus schon verlassen. Hsiao rannte nun zum Eingang und rief: „Guo Tsüan-hai! Guo Tsüan-hai!"

Niemand antwortete. Weit hinten verhallten Schritte.

Langsam kehrte der Hauptmann ins Innenzimmer zurück. Er blieb in dieser Nacht noch lange auf. Guo Tsüan-hai, zwei Jahre hindurch sein Schüler, galt als der beste Funktionär in diesem Bezirk; er hatte eine makellose Vergangenheit, war tapfer, rechtschaffen und klug. Hsiao hatte vor, ihn zum Sekretär des Bezirkskomitees ausbilden zu lassen, und jetzt, da dieser junge Bauer entschlossen war, sich zur Front zu melden, konnte er es nicht übers Herz bringen, ihn zu verlieren. Doch als sich der Hauptmann Tsüan-hais energisches und kämpferisches Auftreten vor Augen hielt, mußte er sich tadeln: was war das auch für eine Auffassung, einen guten Funktionär nur deshalb bei sich behalten zu wollen, damit die Arbeit etwas flotter voranginge, und darüber die Hauptaufgabe außer acht zu lassen und den Krieg zu vergessen. Hsiao spottete in Gedanken über sich selbst: Ich bin ja nicht besser als ein rückständiges Dorfweib. Bei der kann das Haus vor dem Einsturz stehen, Hauptsache, sie weiß, daß es heute bestimmt noch nicht einfällt! Der Unterschied zwischen mir und einer alten Frau, die nur bis zur Schere auf dem Kang sieht, ist wahrlich nicht mehr allzu groß.

Er legte sich hin, schloß die Augen und spann zwischen Schlafen und Wachen seinen Gedanken weiter: Guo Tsüan-hai hat recht. Um ganz China zu befreien, muß die werktätige Bauernschaft ihre fähigsten Söhne an die Front schicken. Unsere Partei hat die Pflicht, ihre hervorragendsten Mitglieder in die Armee zu entsenden ... aber wie wird es Liu Guei-lan aufnehmen? Die beiden sind doch erst seit zwanzig Tagen verheiratet! Er handelt richtig, gewiß, er ist fest entschlossen, aber wie wird er es bloß seiner jungen Frau beibringen?

NEUNUNDZWANZIGSTES KAPITEL

Als Guo Tsüan-hai zu Hause eintraf, war Liu Guei-lan auch gerade erst heimgekommen. Sie saß beim Schein der kleinen Bohnenöllampe verzweifelt auf dem Kang und wollte sich gerade hinlegen, als sie auf dem Hof Schritte hörte. Hastig beugte sie sich zum Fenster hinaus und rief: „Wer ist da?" Aber keine Antwort kam, denn Guo hatte schon die Tür aufgestoßen und trat herein.

„Hast du denn noch nicht geschlafen?" fragte er erstaunt, als er das verstörte Gesicht seiner Frau sah.

Ohne ihm zu antworten, stellte Guei-lan gleich die Gegenfrage: „Wo bist du denn gewesen? Ich habe dich überall gesucht!"

Währenddessen hatte sie das Feuerbecken vom Kopfende des Kang zu ihm herangeschoben, damit er sich wärmen konnte. Tsüan-hai entfernte die heiße Asche von der Glut und zündete seine Pfeife an. Da er von Guei-lans Gesicht jetzt helle Freude ablas, wollte er vorläufig noch nicht über seine Absicht sprechen. So fragte er nur:

„Hast du das Pferd gefüttert?"

Liu Guei-lan verneinte lächelnd: „Das habe ich ja ganz vergessen."

Die Pfeife im Mund, erhob er sich und ging hinaus, um das Pferd zu füttern.

„Kaum hat er es sich ein bißchen gemütlich gemacht, da geht er schon wieder fort", schalt die junge Frau. „Das ist einer! Dem Vieh gehört sein Leben."

In der Tat: Guo Tsüan-hai war sehr pferdelieb. Noch nie hatte er ein Pferd geschlagen, und für seine graue, trächtige Stute empfand er eine besondere Liebe. Mochte es ihm auch noch so schwerfallen, er fütterte das Tier mit Bohnenkuchen; mochte es noch so kalt sein, um Mitternacht stand er auf, um ihm Stroh hinzulegen. „Bekommt das Pferd nachts kein Stroh, wird es nicht stark", erklärte er ständig. Kam die Stute schweißgebadet von der Arbeit heim, dann führte er sie erst eine Weile auf dem Hof hin und her, bevor er ihr zu saufen gab, damit sie nicht krank würde. Der Stall war stets sauber ausgefegt und ausgemistet. Dank dieser liebevollen Pflege war das Pferd stämmig und stark geworden und leistete außerordentliches bei der Arbeit.

Heute wollte Guo der Stute noch einmal ihre nächtliche Futterration bringen und ihr über die sauber geschnittene Mähne streichen. Als er aus der Tür trat und zum Stall hinüberblickte, konnte er bei dem ungewissen Sternenlicht das Pferd jedoch nirgends entdecken. Hastig rannte er hinüber. Da sah er, daß die Stute matt auf der Erde lag. Neben ihren Hinterbeinen bewegte sich ein kleines, schwarzes Etwas.

„Guei-lan, komm doch nur!" jubelte er laut. „Komm schnell, und sieh dir das an! Die Stute hat gefohlt."

Liu Guei-lan, die für ihren Mann gerade ein paar Kartoffeln im Feuerbecken röstete, ließ alles stehen und liegen, sprang vom Kang und rannte barfuß ins Freie.

„Daß du mich auch nicht belogen hast! Wo ist denn das Junge?" fragte sie keuchend.

Als Guo seine Frau mit nackten Füßen über die feuchte Erde laufen sah, schalt er sie aus:

„Du willst dir wohl den Tod holen? Bei solcher Kälte barfuß zu gehen. Schnell, zieh dir die Schuhe an!"

„Mach dir nur keine Kopfschmerzen", entgegnete Guei-lan. „Wo ist denn das Junge? Solch ein Tier, wirft, ohne einen Mucks von sich zu geben!"

Das Fohlen lag neben den Hinterbeinen seiner Mutter, schlug wie wild mit den Hufen um sich und bemühte sich aus aller Kraft hochzukommen, es wollte ihm jedoch nicht gelingen. Es war ganz und gar besudelt und zitterte vor Kälte. Guo holte schnell einen zerlumpten Hanfsack aus der Küche, hockte sich nieder und rieb dem Jungtier das Fell trocken. Dann trug er es, sorgfältig in sein gefüttertes Gewand gehüllt, ins Haus. Liu Guei-lan folgte ihm. Die graue Stute wieherte ängstlich und wollte sich aufrichten, doch ihre Kräfte reichten nicht aus.

Das Ehepaar Guo hob mit vereinten Anstrengungen das kleine Tier auf den Kang. Das Kerlchen strampelte heftig mit den Hufen, gab sich plötzlich einen Ruck und stand. Doch das Körperchen schwankte bedenklich, und es fiel wieder um. Liu Guei-lan lachte so laut, daß Tien Wan-shun im Nebenzimmer wach wurde. Einen gefütterten Rock über die Schultern geworfen, tappte der Greis zu seinen Nachbarn hinüber.

„Oh!" rief er erstaunt, als er das Fohlen sah. „Das ist aber eine Überraschung. Man hat ja gar nichts davon gehört. Ich will doch mal nachsehen ... ja, es ist ein Hengst."

„Na ja", sagte Guei-lan, die aus dem Lachen nicht herauskam. „Wenn Guo nicht zufällig in den Stall gegangen wäre, hätte das kleine Dingelchen bei dieser Kälte bestimmt erfrieren müssen."

Tien tastete inzwischen die Strohmatte ab.

„Zu kalt", erklärte er besorgt. „Der Kang muß sofort geheizt werden. Ach, ihr jungen Leute! Weil ihr gesund seid, meint ihr, ihr brauchtet nicht zu heizen." Bei diesen Worten hob er die Bastmatte hoch. Darunter lag gerösteter Mais, der sich noch etwas warm anfühlte. Rasch bettete der Alte das Fohlen darauf, damit der letzte Rest von Feuchtigkeit aus seinem Fellchen verdampfe.

Liu Guei-lan eilte mit einer brennenden Kienfackel in die Küche, machte mit einer Handvoll Späne Feuer im Herd und warf noch einige trockene Scheite auf. Die hellroten Flammen spiegelten sich in ihrem roten, runden Gesicht, beleuchteten die dunklen Haarsträhnen, die ihr über die Stirn hingen, und schienen auch auf ihrem weißen Baumwollhemd zu brennen, das unter dem aufgeknöpften roten Kleid hervorsah. Nachdem sie ihre widerspenstigen Haare geordnet hatte, richtete sie sich auf und ging wieder in das Innenzimmer.

Währenddessen hatte Tsüan-hai, der am Kopfende des Kangs hockte, das Fohlen mit dem zerrissenen Hanfsack noch einmal sorgfältig abgerieben. Der alte Tien saß auf dem Bettrand und schwatzte bedächtig, den Blick fest auf das junge Pferd geheftet, über die Familiengeschichte dieses neugeborenen Lebewesens:

„Seine Mutter wurde von der Familie Wang an Dou Shan-fa verkauft, sein Vater ist der Mausgraue, der jetzt Dschang Dsching-jui gehört. Die Mutter war in ihren jungen Jahren in diesem Dorf als gutes Pferd bekannt. Vor Pflug oder Wagen gespannt, leistete sie genauso viel wie der stärkste Wallach ... Ich will mir doch mal die Hufe ansehen." Der Alte packte eines der Beine des Fohlens, betrachtete eingehend den Huf und erklärte: „Spitz und klein. Es wird nicht lange dauern, bis das Kleine arbeiten kann. Mit zweieinhalb Jahren kann es schon leichtere Arbeiten verrichten, mit drei Jahren könnt ihr es vor den Wagen spannen, und noch zwei Jahre später laßt ihr es beschneiden, dann wird euch der Wallach länger als zehn Jahre noch gute Dienste leisten."

„Das Fohlen habe ich dir doch schon versprochen", bemerkte Tsüan-hai, der dem Fohlen die Hufe sauberwischte.

„Das kann ich nicht annehmen", wehrte Wan-shun ab.

„Was ich einmal gesagt habe, gilt. Sein Wort muß man halten."

„Ich nehme es nicht an, da kannst du sagen, was du willst."

„Darüber sprechen wir später noch. Liu Guei-lan, daß du es nicht vergißt: wenn das Junge entwöhnt ist, wandert es in Tiens Stall."

Die junge Frau versprach es lächelnd.

Nachdem Tien noch ein Weilchen erzählt hatte, verabschiedete er sich und ließ die beiden Eheleute allein.

„Daß sie auch ausgerechnet jetzt das Kleine kriegen mußte, wo wir doch den Dung aufs Feld fahren müssen", klagte Guei-lan. „Was meinst du dazu?"

„Wir leihen uns bei jemandem ein Pferd aus, damit sich die Stute ein paar Tage erholen kann. Die kleinen Bauern haben doch jetzt alle Pferde. Wenn früher bei den Reichen, die viel Zugvieh hatten, mal eine Stute gefohlt hatte, konnte sie sich ungefähr einen Monat ausruhen, denn sie war vornehmer als eine Bäuerin, die Wöchnerin wurde ... Aber wir reden hier soviel und vergessen darüber ganz unsere Scheckige. Geh schnell und bring ihr etwas Kaoliang. Mach auch ein bißchen Bohnenkuchen klein, damit sie gut Milch gibt."

Als Liu Guei-lan nach einer Weile zurückkam, war ihr Mann gerade damit beschäftigt, dem kleinen Pferd das goldig schimmernde flaumige Fell zu kämmen, dabei hielt er es an der rosigen Schnauze fest.

Guei-lan stieg auf den Kang und ließ sich ausführlich über ihre Pläne in bezug auf die Wirtschaft aus: Wenn das Fohlen im nächsten Jahr vor einen kleinen Wagen gespannt würde, könne es schon Holz aus dem Gebirge holen, so daß man nicht auf anderer Leute Hilfe angewiesen sei. Die Sau werde auch bald wieder ferkeln. In diesem Jahr wolle sie den hinter dem Haus gelegenen Garten gut pflegen und mit Gemüse und Tsung-Zwiebeln bestellen. „Du hast einmal zu mir gesagt, daß du gerne Süßkartoffeln ißt, nicht wahr?" sagte sie lächelnd. „Ich werde Tien um etwas Saatgut bitten. Heute haben wir ja Land, heute können wir alles anbauen, was wir gerne essen. Aber früher..."

Guo schwieg zu alledem und rauchte gedankenverloren seine Pfeife. Liu Guei-lan umarmte innig das kleine Fohlen, schüttelte es, strich ihm über das weiche Fell und kraulte ihm den Rücken. Plötzlich sprudelte sie hervor:

„Ich habe dir ja noch gar nicht erzählt...!"

Sie verhaspelte sich und eine Glutwelle lief über ihr Gesicht.

„Was gibt es denn?" fragte ihr Mann, die Pfeife zwischen den Zähnen. Er hatte die Aufregung seiner Frau wohl bemerkt und glaubte etwas aus ihren Worten herauszuhören.

„Ich ... ich ...", stammelte Liu Guei-lan. „Ich bin nicht krank, aber ... Es hätte schon längst kommen müssen, schon vor zehn Tagen."

Sie blickte verlegen zu Boden, doch im Herzen empfand sie unaussprechliche Freude. Ganz fest hielt sie das Fohlen umschlungen und preßte ihre Wangen gegen den länglichen, kleinen Kopf des Pferdchens. Obgleich sich Guo Tsüan-hai in Schweigen hüllte, schwatzte sie unaufhörlich drauflos, wie aufgezogen:

„Sun hat gesagt, der Sungari gehe in diesem Jahr friedlich auf, das Eis schmelze nach unten, und das bedeute, daß die Ernteaussichten diesmal nicht schlecht seien. Das Getreide wird schnell wachsen, von allem, was wir anbauen, werden wir das Sieben- bis Achtfache ernten. Früher konnten die armen Bauern keinen Weizen aussäen, weil sie keine Pferde zum Pflügen hatten, aber in diesem Jahr bestellen wir mit Tien zusammen zwei bis drei Mou, da können wir dann zu Neujahr für einen halben Monat Dschiao-dse kochen!"

Guo Tsüan-hai schwieg noch immer. Guei-lan schlug dem Fohlen sacht auf die Beinchen, mit denen es ungebärdig gegen ihre Brust schlug, und fuhr fort:

„An den Weidenzweigen sind schon lauter kleine rote Punkte, einige sind sogar schon aufgeplatzt, und aus den Zweigen gucken ganz zartgrüne Blattknöspchen hervor. Der kleine Wu hat mir erzählt, daß auf den Bergen schon der Schnee getaut ist, überall knospt und grünt es. Pinang, Tatarenkraut, Eselhuf, Katzenohr, feuerrote, hellgelbe und schneeweiße Päonien, alles blüht, duftet und sieht prächtig aus. Da schickt dir der Hirtenbub übrigens noch eine Wurzel, Wolfsmilchholz, wie er sagt."

Bei diesen Worten zog sie eine etwa sechzig Zentimeter lange, erdbraune Baumwurzel unter der Bastmatte hervor.

„Das ist Wolfsmilchholz. Damit kann man Krankheiten heilen und das Fieber dämpfen. ‚Wenn man aus diesem Holz Eßstäbchen schnitzt', hat mir Wu Dschia-fu gesagt, ‚und sie in ein Gericht steckt, das vergiftet ist, dann raucht es'. Weil du so energisch vorgingest, hätten es die Reaktionäre sicher auf dich abgesehen, meint er. Vielleicht wollten sie dich vergiften, ausgeschlossen wäre das nicht. Du solltest also sehr vorsichtig sein und dir Eßstäbchen daraus schnitzen."

Guo Tsüan-hai brach in schallendes Gelächter aus.

„Was erzählst du mir da? Daß man aus Wolfsmilch Arznei brauen und das Fieber damit dämpfen kann, habe ich zwar schon gehört, aber daß man damit auch Giftproben machen kann? — Glaub ihm doch bloß nicht."

Liu Guei-lan erzählte munter weiter, doch als sie merkte, daß ihr Mann herumdruckste, als habe er etwas auf dem Herzen, fragte sie hastig:

„Was hast du denn?"

Da er es ihr ja doch einmal sagen mußte, erklärte er kurz und bündig:

„Ich will an die Front."

„Was sagst du da?" rief die junge Frau erschrocken und ließ das Fohlen frei, das sie an ihre Brust gedrückt hatte.

„Ja, ich will mich als Freiwilliger melden."

Guei-lan rückte näher. „Weshalb machst du solche Scherze mit mir? Das ist doch nicht dein Ernst."

„Was heißt hier Scherze? Ich habe schon mit dem Hauptmann gesprochen."

„Ist der etwa damit einverstanden?"

„Wieso denn nicht?"

„Und was wird aus der Bauernvereinigung?"

„Man wird eben einen Nachfolger wählen müssen."

Liu Guei-lan war von der Nachricht überwältigt. Seit ihrer Hochzeit hatte sie ihn oft ganze Tage lang nicht zu Gesicht bekommen, so daß es ihr manchmal schien, als sei ihre Seele vom Körper getrennt. Und jetzt wollte er sie sogar verlassen, um an die Front zu gehen.

„Gut, so geh!" sagte sie tonlos, und ihr Herz krampfte sich zusammen. Ihre Arme sanken kraftlos herab, das kleine Fohlen rollte von ihrem Schoß auf den Kang, wo es mit den Hufen zappelte und sich aufzurichten suchte. Hatte es sich jedoch mit Ach und Weh etwas aufgerappelt, so knickten die Beinchen sofort wieder ein. Als sein Köpfchen zufällig auf Liu Guei-lans gekreuzte Beine zu liegen kam, fiel ein kalter Tropfen auf sein langes Ohr.

Guo Tsüan-hai steckte seine Stummelpfeife hinter den Gürtel, half seiner Frau den Baumwollrock auszuziehen und bettete sie sorgsam auf den Kang. Dann entkleidete er sich ebenfalls, legte sich neben sie und nahm sie in seine Arme. Liebevoll flüsterte er:

„Du darfst nicht weinen, du machst es mir sonst nur schwer. Es kämpfen ja so viele gegen die Tschiang Kai-schek-Piraten, und wenn wir sie besiegt haben, komme ich wieder zurück. Wie der Hauptmann sagt, ist es mit der Tschiang Kai-schek-Clique bald zu Ende."

Als Guei-lan noch immer schluchzte, konnte sich Tsüan-hai nicht mehr beherrschen und brauste ärgerlich auf:

„Was weinst du denn?! Willst du mir zur Last fallen und dich zu den Rückständigen gesellen?"

Liu Guei-lan wischte sich mit dem Handrücken die Tränen aus den Augen.

„Ich weine ja nicht! Ich weine ja nicht mehr!" schluchzte sie.

Doch die Tränen fielen weiter wie Perlen von einer zerrissenen Schnur auf die Bastmatte nieder. Mit weinerlicher Stimme sprach die junge Frau weiter:

„Ich weiß sehr gut, daß du richtig handelst, das brauchst du mir nicht zu erklären. Aber ich bin so unglücklich. Wir haben erst so kurze Zeit zusammengelebt."

„Dafür leben wir später um so länger zusammen", wurde sie von Tsüan-hai unterbrochen.

„Wenn ich ein Mann wäre", sagte Guei-lan und rieb sich die Augen, „würde ich mit dir gehen, das wäre viel besser."

„Auch die Wirtschaft ist wichtig. Wir wollen doch gleich einmal überlegen, was alles zu tun ist, denn ich will mich auf der morgigen Dorfversammlung sofort melden."

Liu Guei-lan, den Kopf fest an seine Brust geschmiegt, daß ihre schwarzen Haare das Kinn des Mannes berührten, sagte leise:

„Um unsere Wirtschaft brauchst du dir keine Sorgen zu machen. Wir haben alles, was wir brauchen. Ach, wer weiß, wieviel Jahre du wegbleibst!"

„Ich bin bald wieder zurück. Tschiang Kai-schek und seine amerikanischen Freunde sind uns nicht gewachsen. Wenn sie besiegt sind, komme ich wieder, aber bestimmt mit einem Orden."

„Warte doch lieber noch ein paar Tage, bevor du dich meldest, Kleider und Bettzeug müssen doch erst in Ordnung gebracht werden."

„Mach dir nur keine Gedanken darüber, ich brauche nichts mitzunehmen. Morgen melde ich mich, und in zwei, drei Tagen geht es los. Was denn? Werden dir die Augen schon wieder feucht? Ihr Frauenzimmer seid immer so empfindlich. Weine nicht. Hör doch! Die Hähne krähen schon! Komm, schlafen wir noch ein wenig... Ach, was ich dir noch sagen wollte: über deinen Antrag habe ich mit dem Hauptmann gesprochen."

„Was meinst du?" Liu Guei-lan war so weit weg mit ihren Gedanken, daß sie sich auf nichts besinnen konnte.

Volksarmist

Die Familie des Frontsoldaten erhält ein Pferd geschenkt

„Deine Bitte um Aufnahme in die Partei."

Guei-lan schaute hoch.

„Was hat der Hauptmann gesagt?" fragte sie hastig. „Genüge ich den Anforderungen?"

Mit einem Blick auf ihr tränenüberströmtes Gesicht erwiderte Tsüan-hai:

„Die Voraussetzungen sind zwar vorhanden, aber geweint werden darf nicht! Hast du schon einmal einen Kommunisten gesehen, der Rotzblasen heult?"

DREISSIGSTES KAPITEL

Nachdem bekannt geworden war, daß Guo Tsüan-hai sich zu den Truppen gemeldet hatte, ließ sich der Strom der Freiwilligen kaum noch aufhalten. Mehr als dreißig junge Burschen trugen sich sofort während der großen Versammlung in die Liste ein.

Auch Frau Wangs ältester Sohn, der ebenfalls kurz zuvor geheiratet hatte, befand sich darunter. „Mit unserem Vorsitzenden Guo gehe ich durch dick und dünn", erklärte er. „Und ginge es bis hinter die Große Mauer."

Der Hirtenknabe Wu Dschia-fu hatte sich ebenfalls gemeldet.

Auch der Kutscher strich sich über den Bart und meinte: „Ich bin jetzt einundfünfzig Jahre alt, also immerhin noch tauglich. Der Kaiser Dschou Wen-wang hat sich sogar einen Achtzigjährigen zum Kanzler genommen. Mit den kleinen Tschiang Kai-scheks im Dorf ist nun wohl aufgeräumt worden, und wenn wir jetzt noch den großen Tschiang Kai-schek aus der Welt räumen, können wir endlich in Ruhe leben."

„Ich bin zwar Mittelbauer", sagte Liu Deh-shan, „aber China ist auch meine Heimat. Ich gehe mit; um meine Familie brauche ich mir keine Sorgen zu machen, um die wird sich schon die Bauernvereinigung kümmern."

Nach Liu Deh-shans Beispiel trugen sich weitere sieben junge Mittelbauern in die Liste ein.

Li Tschang-yo, der auf der Versammlung keinen Ton von sich gegeben hatte, lud zu Hause sofort seine ganze Habe samt Schmiedeofen auf einen Karren und zog los. Außerhalb des Westtors lag das Gehöft seiner Base; dort hielt er an. Als ihn seine Base mit Sack und Pack daherkommen sah, schlug sie vor Erstaunen die Hände über dem Kopf zusammen:

„Was ist dir denn in den Kopf gefahren?"

„Ich gehe an die Front", erklärte Li, der unterdes sein Hab und Gut ins Haus schleppte. „Wenn Tschiang Kai-schek vernichtet ist, komme ich zurück. Den Schmiedeofen möchte ich solange bei dir unterstellen."

Dann verabschiedete er sich und lief zur Bauernvereinigung.

„Ich möchte mich freiwillig melden", sagte er zum Hauptmann. „Sie müssen mich gehen lassen."

Hsiao Tschiang schaute seinem Gegenüber fest ins Auge: „Willst du wirklich fort? Wer soll sich denn aber um die Dorfverwaltung kümmern, wenn alles zur Front geht?"

„Es gibt schon noch genug andere. Ich kann nichts daran ändern. Soll ich etwa im Dorf herumhocken, während meine Nachbarn an der Front Heldentaten vollbringen? Hätte ich nicht den Befehl erhalten, mit meiner Krankenträgerabteilung nach Hause zu fahren, so wäre ich heute noch nicht hier."

„Deine Ansicht entspricht nicht der eines Kommunisten", mahnte Hsiao. „Ob Front oder Hinterland, es ist alles eins. Überall werden umsichtige Menschen gebraucht. Es geht nicht, daß von den älteren Parteimitgliedern keiner hierbleibt. Da der Vorsitzende Guo an die Front will, mußt du schon bleiben."

Die Brigaden der Bauernvereinigung traten miteinander in Wettbewerb. Durch das Beispiel des Vorsitzenden angespornt, versuchte jede die anderen in der Zahl der Meldungen zu überflügeln. Viele Einwohner wurden von ihren Angehörigen, von Freunden und Brigademitgliedern bearbeitet. Drei Tage lang hielten die Eltern dem Sohn, die Frau dem Gatten, der Bruder dem Bruder den Vorsitzenden Guo als Beispiel hin. Guo Tsüan-hai wurde zum Bannerträger der Freiwilligenbewegung. Am Abend des dritten Tages überprüfte der Hauptmann die Meldungslisten und zählte die Namen: es waren insgesamt einhundertachtundzwanzig. Unter anderem stand da auch der Name Dou Dsching-yo.

Hsiao Tschiang furchte die Stirn, als sei ihm plötzlich eine unangenehme Erinnerung wach geworden.

„Mir ist, als habe ich diesen Namen schon einmal gelesen", sagte er zu Guo Tsüan-hai, der neben ihm stand.

„Das ist Dou Shan-fas Neffe. Er hat zwei Jahre lang in der Mandschu-Armee gedient und ist nach dem fünfzehnten August aus Tschangtschun, dem damaligen Sinking, ins Dorf zurückgekehrt."

„Der bleibt hier", verfügte der Hauptmann.

„Was?" wunderte sich Guo. „Dürfen reiche Bauern nicht mitkämpfen?"

„Das schon", erklärte der Hauptmann. „Daß er zwei Jahre lang in der Mandschu-Armee gedient hat, wäre auch nicht entscheidend. Die Frage ist nur: was hat er in Tschangtschun getrieben? Das müssen wir erst herausbekommen. Wir dürfen niemanden zu unseren Truppen lassen, über dessen Vergangenheit wir nicht Bescheid wissen."

Dann strich er noch Li Mao-lu, den alten Sun, Tschu Fu-lin und den Hirtenknaben von der Liste. Da Dschang Dsching-juis Bruder Dschang Dsching-tschiang bereits an der Front stand, und die Mutter gebeten hatte, ihr den jüngsten Sohn zu lassen, kreuzte Hauptmann Hsiao auch diesen Namen durch. Von den einhundertachtundzwanzig Bewerbern hielten schließlich einundvierzig seiner Prüfung stand; es waren alles kräftige, junge Burschen im Alter von achtzehn bis achtundzwanzig Jahren.

Es war ein klarer Frühlingsmorgen. Schnee und Eis waren gewichen. Nur an schattigen Stellen schimmerten noch vereinzelt kleine weiße Flecken. Das trübe Wasser im Straßengraben rauschte. Scharen von Enten und Gänsen schwammen in diesem gurgelnden Bach und suchten sich schnatternd ihr Futter. Ein milder Morgenwind wehte aus Süden. An den Zweigen der

Trauerweiden und Ulmen leuchteten kleine rote Punkte: zarte Blattknospen keimten. Spatzen hüpften zwitschernd von Ast zu Ast. Über den Strohdächern des Dorfes stieg durchsichtiger, weißer Rauch empor. Auf allen Gehöften ragten die Holzstapel bis zum Dach. In den Lücken der Bambuszäune oder Hecken türmten sich die Kloben fein und säuberlich übereinander.

Die Zugtiere bekamen zusätzlich Bohnenkuchen und Kaoliang, Pflüge, Eggen und Hacken lagen bereit. Die Bauern rüsteten sich zur Frühjahrsbestellung.

Als die Sonne durch die Weidenwipfel lugte, ertönte in allen Teilen des Dorfes Musik. Zuerst waren es nur Gong, Trommel und Horn, dann folgten Militärtrommel und Fanfare. Die Miliz, der Pionierverband, die Schüler, die Vereinigung der alten Einwohner, die Bauernvereinigung und der Frauenbund standen in geschlossenen Formationen auf der Dorfstraße. Die rote Seidenfahne der Bauernvereinigung blähte sich im Wind. Drei Vierspänner jagten an der Menge vorüber dem Westtor entgegen. Den ersten Wagen lenkte der Kutscher Sun Yung-fu, an dessen langer Peitsche ein rotes Baumwollband flatterte. Auf der Chaussee jenseits des Tores hielten die Wagen und warteten.

Die Hörner bliesen den Generalbefehl, Fanfaren und Trommeln spielten gemeinsam die Begleitung. Nun marschierten die einundvierzig Freiwilligen nach dem Abschiedsmahl vom Hof der Bauernvereinigung zum Dorfausgang, und die verschiedenen Formationen folgten ihnen. Am Tor hielt die Kolonne an. Die Einrückenden stellten sich auf Guo Tsüan-hais Kommando vor dem Tor in einer Linie auf, den Blick nach Westen gewandt. Jetzt schwiegen Gong und Trommel, nur die Flöten spielten eine zarte Weise. Die erste und die zweite Vorsitzende des Frauenbundes, Bai Da-sao-dse und Liu Guei-lan, traten, bunte Blumensträuße in der Hand, aus der Reihe. Als Liu Guei-lan vor ihrem Gatten stand, sahen alle — ob Mann oder Frau, alt oder jung — auf die beiden, und ihre Blicke verrieten Hochachtung.

Zuerst sah Guo seine Frau nicht an, doch dann fiel sein Blick auf ihr tränennasses Gesicht.

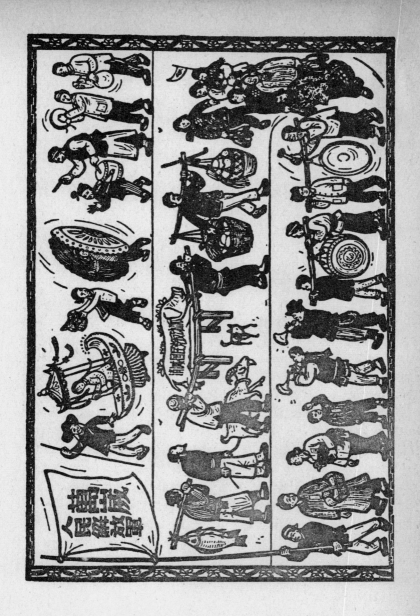

Zug mit Geschenken für die Volksbefreiungsarmee

Chinesische proletarische Kämpfer, aufgenommen am 18. September 1935, dem vierten Jahrestag der japanischen Invasion der Mandschurei.

„Wenn wir mit der Tschiang Kai-schek-Clique aufgeräumt haben", sagte er leise, „komme ich wieder. Hab keine Angst um mich. Wisch dir die Tränen ab, aber schnell!"

Guei-lan schluckte krampfhaft. Ihre Tränen und Guo Tsüan-hais geflüsterte Worte hatte nur der alte Tien Wan-shun wahrgenommen, der dicht neben ihnen stand, und der Greis rieb sich selbst mit seiner blaugeäderten welken Hand die Augen trocken. Unterdessen hatte Guei-lan versucht, einen mit Draht umwickelten Strauß roter Blumen an Guo Tsüan-hais Brust zu heften, doch er fiel aus ihren zitternden Händen zur Erde, wo ihn ein Windstoß sofort wegfegte. Hastig nahm die junge Frau einen anderen Strauß und steckte ihn ihrem Mann ins Knopfloch. Die vom Winde weggewehten roten Blumen blieben vor dem ersten Wagen liegen. Als Sun das Sträußchen erblickte, sprang er schnell vom Kutschbock, hob es auf und steckte es sich ins Knopfloch.

„Seht doch nur", rief der kleine Wu, „jetzt trägt der alte Sun auch schon Ehrenblumen."

„Immerhin begleite ich unsere Freiwilligen", erklärte Sun und zwinkerte mit dem linken Auge. „Also fällt auch ein bißchen Glanz auf mich. Ich habe mich sogar an die Front gemeldet, aber der Hauptmann hat mich hierbehalten, weil Kutscher im Hinterland dringend gebraucht werden. Sonst wäre ich nämlich mitgegangen. Kein einziger vernünftiger Mensch wird doch wohl zu Hause bei seiner Alten hocken bleiben und sich den lieben langen Tag ihr Gewäsch anhören wollen."

Kaum hatte seine Frau das gehört, da fuhr sie auch schon auf ihn los:

„Und dein Gewäsch erst! Wenn du gehen willst, so geh doch, ich weine dir keine Träne nach!"

Währenddessen war die Musik verklungen, und Frau Wang hielt im Namen der Angehörigen der Soldaten eine Ansprache. Sie war Satz für Satz an ihren ältesten Sohn gerichtet:

„Mach dir um uns keine Sorgen", sagte sie. „Haus und Land haben wir, und ein Pferd steht auch im Stall. Alles ist in bester

Ordnung. Deine junge Frau wird sich schon damit abfinden, daß du weg bist, sie hat ja genug im Haushalt zu tun. Wir hier sind zwar schon befreit, aber die armen Menschen im Süden noch nicht, und wir dürfen nicht denken: Hauptsache, uns geht es gut, die anderen können ruhig im Elend umkommen. Nein, so geht das nicht. Also, leiste ganze Arbeit!"

Anschließend ergriff Guo Tsüan-hai das Wort:

„Frau Wangs Mahnung gilt für uns alle. An der Front werden wir ganze Arbeit leisten und Heldentaten vollbringen. Tut sich einer besonders hervor, ist es eine Ehre für ganz Yüanmaotun."

Dann trat Li Tschang-yo nach vorn und baute sich vor den einundvierzig Freiwilligen auf. Als ehemaliger Krankenträger, der an der Front gewesen war, hob er aus alter Gewohnheit die Hand zum militärischen Gruß.

„Ich grüße euch im Namen der Bauernvereinigung", begann er. „Ihr könnt unbesorgt sein und euch auf uns im Hinterland verlassen. Wir versichern euch, daß wir die reaktionären Elemente in Schach halten werden. Ich wünsche euch an der Front viele siegreiche Schlachten und zahlreiche Gefangene. Wir im Hinterland werden dafür höhere Ernten einfahren und noch mehr Getreide abliefern. Dieses Korn, von uns gedörrt, von uns gedroschen, sollt ihr essen, damit ihr kräftiger werdet und die Banditen Tschiang Kai-scheks noch eher vernichtet, ja, damit ihr bald wieder heimkehren und in Frieden leben könnt."

Nach einem erneuten Trommelwirbel hielt Hauptmann Hsiao die Schlußrede:

„Ihr seid hervorragende Söhne der werktätigen Bevölkerung von Nordostchina, ihr seid die Vertreter der werktätigen Bauern von Yüanmaotun, des Dorfes, in dem unser gefallener Held und Genosse Dschao Yi-lin lebte und kämpfte. Ich hoffe, ihr werdet euch seiner würdig erweisen. Heute zieht ihr mit Ehrenblumen hinaus, bald kehrt ihr mit Orden geschmückt zurück. Gestützt auf die starke Führung der Kommunistischen Partei und auf die weise Strategie unseres Vorsitzenden Mao Tse-tung, werden wir in naher Zukunft ganz China von der Tschiang Kai-schek-Clique

befreit haben; dann, wenn ihr siegreich in die Heimat zurück-
kehrt", er wies mit der Hand über die weite, dunkle Ebene, die
sich vor dem Dorfe ausbreitete, „dann werden wir auf diesen
Feldern alle gemeinsam arbeiten und den Boden bestellen, zuerst
mit dem Pferd, dann mit Traktoren, so, wie unsere Brüder
in der Sowjetunion."

Alle Zuhörer klatschten begeistert, und Hsiao Tschiang rief
abschließend:

„Mein Wunsch für euch ist: Werdet Helden und kehrt siegreich
in die Heimat zurück!"

Die Hörner spielten den Generalsbefehl, und die Trompeten
bliesen den Siegesruf. Während die Freiwilligen auf den Fuhrwerken Platz nahmen, sangen die Schüler das Lied „Was wäre
China ohne Kommunisten?" Unter Trommelwirbel und Gesang
ruckten die Wagen an. Sun ließ die Peitsche knallen und schnalzte
mit der Zunge, die zwölf starken, wohlgenährten Gäule legten
sich ins Geschirr und jagten die Chaussee entlang. Erst, als die
Vierspänner nur noch kleine, schwarze Punkte waren, die am
Horizont nach Westen krochen, machten sich die Einwohner auf
den Heimweg. Hauptmann Hsiao und Li Tschang-yo, die Schulter
an Schulter ins Dorf zurückkehrten, sprachen leise über die
weitere Arbeit in Yüanmaotun.

In tiefer Nacht, der Mond schwamm hoch am Himmel, kam
Sun mit den leeren Wagen aus der Kreisstadt zurück und über-
brachte Liu Guei-lan noch einen Gruß von ihrem Mann.

ANMERKUNGEN

1 Kaoliang
   Eine hirseähnliche Getreidepflanze, die vorwiegend in Nordchina angebaut wird. Aus den rot- und rosafarbenen Samenkörnern wird Schnaps gebrannt.

2 Charbin
   Hauptstadt der Nordchinesischen Provinz Sungdschiang, wichtiger Knotenpunkt der Ostchinesischen Eisenbahn.

3 Achte Armee
   Die kommunistische Achte Armee der chinesischen Truppen kämpfte während des Krieges gegen Japan und begann nach Beendigung des zweiten Weltkrieges den revolutionären Befreiungskampf gegen die Tschiang Kai-schek-Clique. Aus der Achten Armee bildete sich die heutige Volksbefreiungsarmee.

4 Kang-deh
   Die Regierungsperiode des Mandschuschattenkaisers Pu-yi. Er wurde 1932 von den Japanern als Präsident eingesetzt, und 1934 zum Kaiser gekrönt.

5 Dang
   Mandschurisches Flächenmaß, das 10 Mou oder 0,6144 Hektar entspricht.

6 Dan
   Chinesisches Hohlmaß, ungefähr 103,5 Liter.

7 Gott des Reichtums
   Gestalt aus der chinesischen Religion des Taoismus, in der es ein unübersehbares Heer von Göttern und Genien gibt. Standbilder des Gottes des Reichtums stellten die chinesischen Kaufleute häufig in ihren Wohnungen auf, damit er ihnen Glück bringt.

8 Kang
   Breite, vom Küchenherd aus heizbare Erhöhung in den Häusern Nordchinas; dient als Bett und Diwan.

9 Privattruppe

Von den Gutsbesitzern angeworbene Leibgarde.

10 Fulaideh-Genossenschaft

Von verschiedenen Großgrundbesitzern gemeinsam gegründete Ölmühlengesellschaft.

11 Der fünfzehnte August

Am fünfzehnten August neunzehnhundertfünfundvierzig hat Japan bedingungslos kapituliert.

12 Tsung-Zwiebeln

Chinesische Zwiebel ohne Knollen.

13 Götter des Herdes

Buddhistische Götter, die am Tage der Herdgötter dem Himmelsgott von den Taten der Menschen berichten.

14 Zentralarmee

Kuomintangtruppen Tschiang Kai-scheks

15 Bund der Verschworenen

Name eines Geheimbundes (Geheimbünde siehe Nr. 27).

16 Die drei Sterne

Ein Sternenbild, das genau um Mitternacht im Zenit steht.

17 Dou

Ein zehntel Dan, also etwa 10 Liter.

18 Na-tscha

Taoistischer Gott.

19 Kotau

Höfliche Verbeugung mit Kniefall.

20 Fen

Chinesische Geldeinheit. 100 Fen = 1 Yüan.

21 Dschiao-dse

Nudelteigklößchen mit Fleischfüllung, ähnlich den russischen Pirogen.

22 Li

Chinesische Meile, ungefähr ein halber Kilometer.

23 Yüan

Chinesische Geldeinheit

24 Buch der drei Reiche

Teils sagenhafte, teils historische Beschreibung des 3. Jahrhunderts nach Christo, als China vorübergehend in die drei Reiche Wu, Wei und Shu zerfallen war.

25 Dschou Yü
   Kanzler und Oberbefehlshaber der Truppen des Staates Wu zur
   Zeit der drei Reiche.
   Huang Gai
   General. Untergebener Dschou Yüs, der ihn sehr achtete.

26 Han Hsin
   General zur Zeit der Han-Dynastie (206 v. Chr. — 221 n. Chr.);
   stammte aus einfacher Familie.

27 Geheimbund
   Im öffentlichen Leben Chinas spielten die Geheimbünde eine
   große Rolle. Einige dieser Geheimbünde erhoben sich revolutionär gegen die Fremdherrschaft (z. B. der Geheimbund der
   Boxer 1900/1901); andere Geheimbünde hatten lediglich Gil-
   dencharakter.

28 Mondfest
   Dieses Fest findet genau zur Herbstmitte (am 15. Tag des 8. Mo-
   nats des chinesischen Mondkalenders) statt. Das chinesische
   Mondjahr beginnt mit dem ersten Neumond nach Eintritt der
   Sonne in das Zeichen des Wassermanns, also ungefähr zwischen
   Anfang Februar und Anfang März.

29 San-tschai
   Buddhistischer Wasserteufel.

30 Yanggo
   Chinesische Erntelieder und -tänze.

31 Guan Yün-tschang
   General im Reiche Shu.

32 Tsing-Dynastie
   Das chinesische Mandschu-Kaiserhaus, das von 1644—1911 regierte.

33 Hua To
   Berühmter Arzt aus der halbmythischen Vergangenheit Chinas
   (ungefähr drittes Jahrtausend vor unserer Zeitrechnung).

34 Tu Hsing Sun
   Gestalt aus der buddhistischen Sagenwelt.

35 Drachenbootfest
   Chinesisches Fest am 5. Tag im 5. Monat des Mondkalenders.

36 Generalsbefehl
   Chinesisches Militär-Signal, das bei feierlichen Anlässen gespielt
   wird.

37 Himmelsbuch (Himmelsbuchrezepte)

Im Himmelsbuch sind alle Ereignisse der Welt vom höchsten Gott vorgezeichnet, ebenso alle möglichen Kunststücke (Zauberbuch).

38 Dschu-go Liang

Zur Zeit der Drei Reiche Kanzler im Reiche Shu.

Dschu-go rief den Wind herbei: Dschu-go Liang, Oberbefehlshaber der Truppen des Staates Shu, besiegte im Kampfbündnis mit dem Staate Wu die feindliche Flotte des Staates Wei trotz starker seemännischer Überlegenheit des Gegners, indem er auf dem Jangtse brennende Boote gegen die feindlichen Schiffe treiben ließ. Die restlose Vernichtung der Wei-Flotte verdankten die Verbündeten dem gerade an jenem Tage wütenden Sturm, der die Feuersbrunst rasch auf sämtlichen Schiffen ausbreitete.

39 Im zwanzigsten Jahr Guanghsüs

Das zwanzigste Regierungsjahr des Kaisers Guanghsü (1895).

40 Silberbarren

Bis zu 50 Lot schwere Silberbarren (Taels) hatten früher in China Geldwert, wurden aber im allgemeinen nur im Bankverkehr benutzt.

41 Himmelsreich

Die Chinesen nannten China früher „Reich des Himmels".

42 Das Gesicht verlieren

Eine im Orient übliche Redewendung für: sich lächerlich machen, die Ehre verlieren usw.

43 Depesche

Gemeint ist Mao Tse-tungs Artikel „Die gegenwärtige Lage und unsere Aufgaben".

44 Sheng

Getreidemaß, etwa ein Liter.

45 Berggott

Bezeichnung des Tigers bei den nordmandschurischen Bauern.

46 Kaiserprüfung

Höchste Prüfung der chinesischen Gelehrten; diejenigen, die sie bestanden, wurden meistens in die chinesische Akademie der Wissenschaften aufgenommen.

47 Lampionfest

Das Lampionfest findet am 6. Tag des 1. Monats des chinesischen Mondjahres statt und wird mit abendlichen Lampionumzügen begangen.

48 Kung Fu-tse

Nach europäischer Schreibweise Konfuzius; berühmter chinesischer Philosoph, dessen Lehren z. T. noch heute in China befolgt werden; lebte von 551—479 v. Chr.

49 Der Drache vermählt sich dem Phönix

Zwei gute Tiere der chinesischen Sagenwelt. Der Drache ist die Gottheit, die den befruchtenden Regen auf die Erde schickt.

50 Rote Hochzeit

Eine rote Hochzeit wird gefeiert, wenn die Braut noch eine Jungfrau ist. Rot ist in China die Farbe der Freude.

51 Der alte Mondmann

Gestalt aus dem chinesischen Märchen, der die glücklichen Ehen zu verdanken sind.

52 Tag des reinen Glanzes

Tag der Totenehrung.

53 Schildkröten

Die Schildkröte gilt in China als Tier, das Blutschande treibt.

54 Ahnentruhe

In jeder Familie werden die Namen der Vorfahren auf Tafeln geschrieben und auf einem Ehrenplatz, der Ahnentruhe, aufgestellt. Auf der Ahnentruhe werden dann auch die Ahnenopfer dargebracht.

55 Huldigung von Himmel und Erde

Bei der Hochzeit wird dem Himmel, der Erde und den Eltern als den Spendern des Lebens, gehuldigt, also allem, was direkt auf den Menschen einwirkt.

BIOGRAPHIE

"Ich heiße Chou Shao-i, Chou Li-po ist mein Schriftstellername. Ich wurde im Jahre 1908 in einem Dorf bei I-yang in der Provinz Hu-nan geboren. Mein Vater war Lehrer an der dortigen Volksschule.

Mit 19 Jahren trat ich auf Drängen meiner Schulkameraden der Kuomintang bei, machte diesen Schritt aber rückgängig, als die Kuomintang im Mai 1927 zur Gegenrevolution überging. Seither bin ich ein heftiger Gegner ihrer Politik. Ich floh nach Shanghai und führte dort ein entbehrungsreiches Leben ohne Arbeit und ohne Aussicht auf Fortbildungsmöglichkeiten, bis ich nach einiger Zeit durch Fürsprache eines Bekannten bei einem Verlag eine Stelle als Korrektor erhielt. Weil ich mich aber an einem Streik der Druckereiarbeiter beteiligte, wurde ich auf Betreiben der Verlagsleitung vor Gericht gestellt und zu zweieinhalb Jahren Gefängnis verurteilt. 1934 wurde ich Mitglied des linken Flügels des Schriftstellerverbandes und der Kommunistischen Partei Chinas. Seitdem war ich als Redakteur, Kriegsberichterstatter und Redaktionsleiter beim Lu Hsün-Institut für Literatur und Kunst zu Yen-an tätig. Neben meiner schriftstellerischen Arbeit widme ich mich Übersetzungen ausländischer Literatur.

Für meine Mitarbeit an dem chinesisch-sowjetischen Film 'Befreites China' erhielt ich den Stalin-Preis erster Klasse. Der 'Orkan' wurde mit dem Stalin-Preis dritter Klasse ausgezeichnet."

KOMMENTAR

Chou Li-po's Roman spielt in der Zeit vom Juli 1946 bis Oktober 1947 und zeigt, wie nach der Niederlage der japanischen Imperialisten unter der Anleitung eines Aufklärertrupps der Roten Armee die Beseitigung des Feudalismus in dem mandschurischen Dorf Yüanmaotun in Angriff genommen wird. Durch die Befreiung der Bauernmassen von der Knechtung durch die Großgrundbesitzer wurde die materielle Basis für ihren Kampf gegen das Kompradorenregime der Kuomintang geschaffen.

Die Agrarfrage und ihre richtige Behandlung ist derart mit der Geschichte der KPCh verknüpft, daß es uns notwendig erscheint, einen Überblick über die Geschichte der chinesischen Revolution und ihre Besonderheiten zu geben.

I. Die koloniale Frage und der Charakter der Revolution im Zeitalter des Imperialismus

Die Kommunistische Partei Chinas wurde unter den Bedingungen der imperialistischen Epoche des Kapitalismus gegründet. Die Erarbeitung der politischen Linie und die konkreten Formen der Organisation waren bestimmt durch den Charakter des halbfeudalen und halbkolonialen Landes. Mit der Entwicklung des Konkurrenzkapitalismus zum Monopolkapitalismus setzte für die chinesische Gesellschaft der Prozeß der Verwandlung von der Feudalgesellschaft der alten Zeit in ein halbkoloniales, halbfeudales Land ein.

In der Mitte des 19. Jahrhunderts, nach dem Opiumkrieg von 1840, begann der Zersetzungsprozeß der bestehenden sozialökonomischen Ordnung. Das Eindringen ausländischen Kapitals untergrub nicht nur die selbstgenügsame Naturwirtschaft des Feudalismus, zerstörte Teile des Handwerks in den Städten und des Heimgewerbes der Bauern, sondern schuf gleichzeitig objektive Voraussetzungen der kapitalistischen Entwicklung. So erfuhr der nationale Kapitalismus Chinas von der zweiten Hälfte des 19. Jahrhunderts an bis zum ersten imperialistischen Krieg einen gewissen Aufschwung.

Da die kapitalistische Entwicklung Chinas aber untrennbar verbunden ist mit der ökonomischen, militärischen und politischen Einflußnahme der Imperialisten, konnte der Entwicklungsprozeß nicht ungehemmt und ohne Widersprüche ablaufen:

"Mit ihrem Eindringen in China verfolgen die imperialistischen Mächte keineswegs das Ziel, das feudale China in ein kapitalistisches zu verwandeln. Im Gegenteil, die imperialistischen Mächte verfolgen das Ziel, China in ihre Halbkolonie und Kolonie zu verwandeln." (1)

Im Komplott mit den feudalen Kräften Chinas unterdrückte der Imperialismus die Entwicklung des nationalen Kapitalismus. Dem Kampf um die Rohstoffquellen, den Export von Kapital, um gewinnbringende Geschäfte, Konzessionen und Monopolprofite ordnen sich die Mittel der Unterdrückungsstrategie unter. Mao Tse-tung nennt die hauptsächlichen Methoden der imperialistischen Strategie in der Schrift "Die chinesische Revolution und die KP Chinas":

1. Aggressionskriege, die zur Abtrennung von Territorium und zu riesigen Kontributionen führen;
2. Ungleiche Verträge zwischen dem feudalen China und den imperialistischen Mächten und daraus das "Recht" für die Imperialisten, Truppen zu Wasser und zu Lande in China zu stationieren; die Aufteilung des chinesischen Territoriums in "Einflußsphären"; so brachten aufgrund dieser "Verträge" die imperialistischen Mächte "alle wichtigen Handelshäfen Chinas unter ihre Kontrolle und verwandelten Teile des Territoriums vieler Handelshäfen in Konzessionen unter ihrer unmittelbaren Verwaltung". (2)
3. Die vollständige Kontrolle der Verwaltung, Zollhoheit, des Außenhandels und Verkehrswesens etc.

Die Vergabe von Konzessionen versetzte die Imperialisten darüber hinaus in die Lage, sowohl China in einen Markt für ihre Industrieerzeugnisse zu verwandeln, als auch gleichzeitig Chinas Landwirtschaft den eigenen Bedürfnissen unterzuordnen.

Die englischen, französischen, japanischen und deutschen Imperialisten pressten durch ihren Besitz an Schwerindustrie und Rohstoffquellen, durch die Monopolisierung der Banken und Finanzen Chinas in ihren Händen die chinesische Bevölkerung in unvorstellbarem Maße aus und verhinderten mit der Ausbeutung von Rohstoffen und billigen Arbeitskräften in ausländischem Besitz die Entwicklung der nationalen Produktivkräfte in China.

Mao Tse-tungs Einschätzung der Rolle der reaktionärsten Schichten der chinesischen Bourgeoisie, die sich aus dem Charakter der halbkolonialen Verhältnisse ergab, stimmt mit den Analysen der Kommunistischen Internationale (KI) von 1919/20 überein.

Seit dem ersten imperialistischen Krieg gewann die Frage der national-revolutionären Bewegungen und ihrer Taktik in den Berichten und Beschlüssen der KI immer mehr an Bedeutung. Die KI hatte festgestellt, daß die Ausbeutung der Kolonien und Halbkolonien für die Bourgeoisie der imperialistischen Länder eine ihrer wichtigsten Bereicherungsquellen darstellt.

> "Hieraus ergibt sich, daß die antiimperialistische nationale Befreiungsbewegung in den Kolonien und Halbkolonien und die sozialistische Weltrevolution, d.h. die Revolution, in der das Proletariat der kapitalistischen Länder gegen die eigene Bourgeoisie kämpft, den gleichen Feind haben." (3)

Lenin hob hervor, daß die Erfahrungen der nationalrevolutionären Bewegungen eine Annäherung zwischen der imperialistischen Bourgeoisie in den Mutterländern des Kapitalismus und der Bourgeoisie der unterdrückten Völker gezeigt haben. Das Ziel der imperialistischen Bourgeoisie ist es, sich auf die reaktionärsten Teile der kolonialen Bourgeoisie zu stützen, sie von sich abhängig zu machen und so die nationalrevolutionäre Bewegung abzublocken.

> "Zwischen der Bourgeoisie der ausbeutenden Länder und jener der kolonialen Länder ist eine gewisse Annäherung erfolgt, sodaß die Bourgeoisie der unterdrückten Länder sehr oft — ja sogar in den meisten Fällen — zwar die nationalen Bewegungen unterstützt, aber gleichzeitig im Einvernehmen mit der imperialistischen Bourgeoisie, d.h. zusammen mit ihr, alle revolutionären Bewegungen und revolutionären Klassen bekämpft." (4)

Ihre ausgeprägteste Form erhält diese imperialistische Taktik in dem Bündnis mit der Kompradorenbourgeoisie und der feudalen Grundherrenklasse.

> "Sie (die Imperialisten - d. Verf.) 'verbündeten sich vor allem mit den herrschenden Schichten der früheren sozialen Ordnung — mit den Feudalen und der Handels- und Wucherbourgeoisie — gegen die Mehrheit des Volkes. Überall versucht der Imperialismus die vorkapitalistischen Formen der Ausbeutung (insbesondere auf dem Lande), die die Grundlage für die Existenz seiner reaktionären Bundesgenossen bilden, zu erhalten und zu verewigen.' '... der Imperialismus' ist 'mit seiner gesamten finanziellen und militärischen Macht in China die Kraft, ... die die feudalen Überreste mit ihrem ganzen bürokratisch-militaristischen Überbau stützt, inspiriert, kultiviert und konserviert.' " (5)

Diese für China charakteristischen Eigenschaften einer halbkolonialen und halbfeudalen Herrschaft und die Existenz der Kompradorenbourgeoisie bilden die materielle Grundlage für den Charakter der Revolution und der kommunistischen Taktik.

Die kommunistische Taktik betrifft die Frage, welche Organisationsformen und welche Klassen in der Lage sind, durch eine revolutionäre Politik die nationale Frage für China zu lösen.

In der Beantwortung dieser Frage geht Lenin auf dem II. Kongreß der KI (1920) von der Feststellung aus, daß die Welt unter den Bedingungen des Imperialismus in Unterdrücker und unterdrückte Völker gespalten ist: Eine verschwindende Zahl unterdrückender Völker verfügt über kolossale Reichtümer und gewaltige militärische Kräfte und unterjocht sich den Rest der Weltbevölkerung (von etwa 70% der Gesamtbevölkerung) mit Hilfe von Kapitalexport und militärischer Unterdrückung.

Auf der anderen Seite richtet sich die imperialistische Bedrohung ebenso (und hauptsächlich) gegen die Sowjetunion und gegen die Sowjetbewegung. Die Sowjetbewegung ist die verallgemeinerte Erfahrung der Arbeiterklasse im Zeitalter des Imperialismus zur Lösung der Frage: Wie kann der bürgerliche Charakter der nationalen Revolution, wie er sich noch im Konkurrenzkapitalismus darstellte, vom Proletariat aller gegen den Imperialismus kämpfenden Länder überwunden werden und wie ist die Eroberung der politischen Macht zu organisieren.

Die Antwort auf diese veränderte Weltsituation lautet:

"In allen Kolonien und zurückgebliebenen Ländern müssen wir nicht nur selbständige Kader von Kämpfern und Parteiorganisationen schaffen, ... die Kommunistische Internationale muß auch den Leitsatz aufstellen und theoretisch begründen, daß die zurückgebliebenen Länder mit Unterstützung des Proletariats der fortgeschrittenen Länder zur Sowjetordnung und über bestimmte Entwicklungsstufen zum Kommunismus gelangen können, ohne das kapitalistische Entwicklungsstadium durchmachen zu müssen." (6)

Für die Länder mit einem starken Anteil der Bauernbevölkerung formuliert der zweite Leitsatz über die Nationalitäten- und Kolonialfrage, angenommen auf dem II. Kongreß der KI im Jahre 1920:

"Notwendig ist besonders die Unterstützung der Bauernbewegung in den rückständigen Ländern gegen die Grundbesitzer und alle Formen des Feudalismus. Man muß vor allem danach streben, der Bauernbewegung einen möglichst revolutionären Charakter zu geben, womöglich die Bauern und alle Ausgebeuteten in Sowjets zu organisieren und so eine möglichst enge Verbindung zwischen dem westeuropäischen kommunistischen Proletariat und der revolutionären Bewegung der Bauern im Osten, in den Kolonien und den rückständigen Ländern herzustellen." (7)

Die Geschichte der Revolution in China und ihre ideologische Widerspiege-
lung in der Geschichte der Partei besteht in der Auseinandersetzung über
die Bauernfrage und die bürgerlich-demokratische Revolution unter der
Führung der proletarischen Kaderpartei, der Kommunistischen Partei
Chinas.

II. Die Perioden der chinesischen Revolution

1. Die Periode des ersten revolutionären Bürgerkrieges 1921 — 1927

Die erste Periode der chinesischen Revolution ist charakterisiert durch
1. die Einheitsfront der KPCh mit der bürgerlichen Partei der Kuomintang;
2. die Bildung einer eigenständigen nationalrevolutionären Armee, die
die Nord- und Ostfeldzüge gegen die reaktionären Militärmachthaber
führte, und 3. durch die umfassenden Erfolge der Streikbewegung in
den industriellen Zentren Chinas.

Der Gründung der Kommunistischen Partei Chinas im Jahre 1921, die
die eigentliche selbständige Arbeiterbewegung Chinas einleitete, gingen
zahlreiche Massenbewegungen mit eindeutig antiimperialistischem und
antifeudalem Charakter voraus.

Die Salven der Oktoberrevolution in Rußland und der Zusammenbruch
des einheitlichen imperialistischen Weltlagers fanden ihren Widerhall in
der Ideologie der fortschrittlichsten Teile der chinesischen Gesellschaft.

Mit dem Sowjetstaat war nicht nur der Einbruch in das imperialistische
Gefüge durch die russische Arbeiterklasse gelungen, auch der Charakter
der kolonialen Befreiungsbewegungen hatte sich geändert. Am 4. Mai 1919
präsentierten kommunistische, revolutionär-kleinbürgerliche und bürgerliche Intellektuelle dem chinesischen Feudalismus ihre kämpferische Antwort auf jahrhundertelange ideologische Unterdrückung und reaktionäre
Kultur. Der Anlaß war der Friedensvertrag von Versailles, der Japan weit-
gehende Rechte bei der Übernahme der deutschen Privilegien in der Provinz Schandung einräumte. Die Bewegung, die ihren Ausgang unter
Pekinger Studenten nahm, hatte ihren Höhepunkt in Streikbewegungen,
die in mehreren Städten mit Schanghai als Mittelpunkt über 70 000 Arbeiter auf die Straßen brachte.

Zwar hafteten der Bewegung und ihren Parolen notwendigerweise die
Muttermale der damaligen Arbeiterbewegung und der fehlenden organisatorischen Verbindung zum Proletariat und den Bauernmassen an, aber sie

"... hat ideologisch wie auch hinsichtlich der Heranbildung von Kadern die Gründung der Kommunistischen Partei Chinas im Jahre 1921, dann die Bewegung des 30. Mai 1925, sowie den Nordfeldzug vorbereitet." (8)

Im Gegensatz zur Revolution von 1911 liegt die historische Bedeutung der Bewegung vom 4. Mai an dem Punkte, bis zu dem die Triebfeder der Revolution von 1911 noch nicht reichte: Dem Kampf gegen den Imperialismus. Die Bewegung des 4. Mai war kompromißlos und konsequent antiimperialistisch und antifeudal. Ihre organisatorische Schwäche und klassenmäßige Einseitigkeit (ohne das Proletariat und die Bauern) konnte nicht über die vorwärtsweisende Bedeutung der Bewegung hinwegtäuschen. Von nun an wurden der alten Kultur, dem feudalen Bildungssystem und der imperialistischen Kultur harte Schläge an allen Fronten versetzt.

Über die Bewegung des 4. Mai, als unter der Initiative von Intellektuellen, die ihre Kenntnisse des Marxismus-Leninismus im Ausland gewonnen hatten, eine neue Stufe der bürgerlich-demokratischen Bewegung in China erreicht war, entwickelte sich die Revolution schnell weiter.

Mit der Unterstützung durch die Kommunistische Internationale begannen die ersten kommunistischen Zirkel in den großen Städten ihre Propaganda- und Organisationsarbeit aufzunehmen. Von Schanghai, dem Industriezentrum, ausgehend, entstanden nach und nach seit 1920 kommunistische Zirkel in Peking, Tschang-scha (Provinz Hunan), Hankou (Provinz Hubee), Djian (Provinz Schandung) und Kanton (Provinz Gwangdung). Die Organisierung von Arbeitern in Schanghai (Vereinigter Verband der Metallarbeiter und Verband der Druckereiarbeiter) und die Gründung einer Eisenbahnergewerkschaft waren die ersten Früchte dieser Arbeit.

Am 1. Juli 1921 fand in Schanghai der Gründungsparteitag der Kommunistischen Partei Chinas statt.

Neben der organisatorischen Form, dem demokratischen Zentralismus, legte der Parteitag als Ziel die Errichtung der kommunistischen Gesellschaft in China fest. Er betonte die Notwendigkeit, ein wissenschaftliches Programm zur Erreichung dieses Ziels auszuarbeiten. Zum Vorsitzenden der Partei wurde Tschen Du-hsiu gewählt, der als Dekan der literaturgeschichtlichen Fakultät an der Universität Peking arbeitete, von der 1919 die Bewegung des 4. Mai ihren Ausgang genommen hatte.

Der II. Parteitag 1922 arbeitete in schärferer Form die Ziele der proletarischen Partei heraus, als es der erste Kongreß der Partei getan hatte:

"Die KPCh ist die Partei des Proletariats. Ihre Aufgabe ist die Organisierung des Proletariats und der Kampf um (die Errichtung) der

Diktatur der Arbeiter und Bauern, die Abschaffung des Privateigentums und den allmählichen Aufbau einer kommunistischen Gesellschaft." (9)

In der Einheitsfront mit der Kuomintang kämpfte die KPCh für diese Forderungen, für die Befreiung vom internationalen Imperialismus, für die nationale Unabhängigkeit Chinas und seinen Zusammenschluß zu einer Bundesrepublik der verschiedenen chinesischen Nationalitäten.

Um die Voraussetzung für die endgültige Befreiung vom Imperialismus und Feudalismus zu schaffen, kämpfte die KPCh in der ersten Phase für umfassende Schutzgesetze für Arbeiter, Bauern und Frauen.

Der III. Parteitag der Kommunistischen Partei, der 1923 in Kanton stattfand, sollte in entscheidender Weise das Verhältnis zur bürgerlich-demokratischen Kuomintang bestimmen. Die Kuomintang war ihrer theoretischen Konzeption und ihrer praktischen Politik nach eine durchaus widerspruchsvolle Partei. Der schwankende Charakter der Kuomintang wurde in mehreren Dokumenten der KPCh hervorgehoben.

"Von allen in China vorhandenen politischen Parteien kann nur die Kuomintang als revolutionäre Partei bezeichnet werden, jedoch besitzt auch sie nur ein relatives Maß demokratischen und revolutionären Geistes. Das Programm dieser Partei ist noch nicht in allen Punkten herausgearbeitet worden ..." (10)

Zwar hat die Kuomintang in der Zeit ihrer Parlamentstätigkeit Beweise für ihre Unterstützung des revolutionären Kampfes des chinesischen Proletariats geliefert (die Kantoner Regierung unter Sun Yat-sen in den Jahren 1921/22 hatte der Arbeiterbewegung volle Freiheit gelassen und alle Anschläge auf die Rechte der Arbeiterklasse, wie Streikverbot etc. abgewehrt), nicht selten jedoch war das Vorgehen der Partei gegenüber den Militärmachthabern, die weite Teile des Landes im Süden und Norden beherrschten, widerspruchsvoll. Die Spaltung in einen linken Flügel, der unter Sun Yat-sen die nationale Revolution verteidigte, und einen rechten, der im Kampf gegen den Imperialismus und die feudalen Militärdiktatoren zu kapitulieren drohte, kennzeichnet zu diesem Zeitpunkt diese Partei. Es gelang dem III. Parteitag der KPCh noch nicht, in aller Klarheit und Prinzipienfestigkeit einerseits die nationalrevolutionären Ziele der Kuomintang in der Einheitsfront zu unterstützen, gleichzeitig aber, gemäß den taktischen Anweisungen und Beschlüssen der Kommunistischen Internationale zur nationalen und kolonialen Frage die Führungsrolle der Kommunistischen Partei in der nationalrevolutionären Bewegung zu formulieren. Fehlerhaft bezeichnete noch der II. und III. Parteitag der KPCh die Kuomintang als "Kerntruppe der nationalen Revolution".

Auf dem III. Parteitag brachen zwei verschiedene Ansichten innerhalb der KPCh über die Bedeutung und Rolle der Kuomintang offen hervor: Während die Gruppe um Tschen Du-hsiu in der kapitulantenhaften Auffassung, die Bourgeoisie sei stärker als das Proletariat, der Kuomintang die Führungsrolle in der nationalen und demokratischen Revolution zuerkennen wollte, unterschätzte die "linke" Abweichung um Tschang Guo-tau die progressive Rolle der Kuomintang in der Einheitsfrontpolitik: Sie erklärte die Kuomintang für die politische Agentur der Bourgeoisie und lehnte eine Beteiligung der Kommunisten an der bürgerlich-demokratischen Revolution und somit den Eintritt von Kommunisten in die Kuomintang (Doppelmitgliedschaft) ab.

Zum Zeitpunkt des II. und III. Parteitags der KPCh in den Jahren 1922/23 galten für die Kuomintang als politische Plattform nach wie vor die von Sun Yat-sen während der Revolution von 1911 entwickelten "Drei Volksprinzipien" Nationalismus, Demokratie und Volkswohlstand (d.h.: Die vielen Völker Chinas sollen sich als ein Volk fühlen; dieses große und mächtige Volk soll sich selber regieren; die Bodenschätze und anderen Reichtümer des Landes sollen dem Volke zugute kommen). Den Fragen des "Gleichen Rechts an Grund und Boden" und des Staatseigentums kam dabei besondere Bedeutung zu.

Ideologisch spiegeln die Vorstellungen Sun Yat-sens das revolutionär-demokratische Denken des Kleinbürgertums und der demokratischen Bourgeoisie Chinas wider. Sun ging zwar von der richtigen Einschätzung des unterdrückenden Charakters der feudalen Bodenverhältnisse und des rückständigen Charakters der industriellen Entwicklung aus, meinte aber in idealistischer Einschätzung des Imperialismus, der chinesische Kapitalismus könne sich entwickeln, ohne die schreienden Widersprüche zwischen Lohnarbeit und Kapital hervorbringen zu müssen. Sein Plan vom "Sozialismus der Produktionskonzentration" entsprach in seiner illusionären Vorstellung von der Rolle des bürgerlichen Staatsapparats dem der französischen utopischen Sozialisten. Die Verstaatlichung der Betriebe und der "Sozialismus der Produktionskonzentration" hätten unter der politischen Vorherrschaft der Kuomintang nichts anderes bedeutet als die Übernahme der Schlüsselstellungen in den Industriebetrieben durch die Bourgeoisie. Eine weitere Schwäche der theoretischen Konzeption des Grundsatzes vom "Volkswohlstand" lag in der Einschätzung der Rolle des ausländischen Kapitals.

Auf der einen Seite erkannte Sun Yat-sen richtig die durch ihre Unterentwicklung schwache Stellung der Industrie, andererseits glaubte er durch Staatsanleihen aus den imperialistischen Ländern diese Schwäche aufheben zu können. Das in der Zeit der Revolution von 1911 entwickelte Programm ruhte zudem auf der Lösung der Agrarfrage. Die Methoden hierzu waren "Festsetzung des Bodenpreises" und "Staatseigentum an Grund und Boden".

Lenin hob den antifeudalen Charakter dieser Konzeption hervor, erkannte jedoch bereits ihre Konsequenzen.

> "Darin besteht auch die Dialektik der sozialen Verhältnisse Chinas, daß die chinesischen Demokraten, die mit dem Sozialismus in Europa aufrichtig sympathisieren, ihn in eine reaktionäre Theorie verwandelt haben und auf Grund dieser reaktionären Theorie, daß China dem Kapitalismus zuvorkommen könne, ein rein kapitalistisches, maximal kapitalistisches Agrarprogramm durchführen! Und in der Tat (...) führt die 'ökonomische Revolution' Sun Yat-sen's zur Übergabe der Rente an den Staat, d.h. zur Nationalisierung des Bodens mittels einer Art Einheitssteuer. Etwas anderes Reales ist in der von Sun Yat-sen vorgeschlagenen und verkündeten 'ökonomischen Revolution' nicht enthalten. Der Unterschied zwischen dem Wert des Bodens in einem bäuerlichen Krähwinkel und in Shanghai besteht in dem Unterschied der Größe der Rente. Der Wert des Bodens ist kapitalisierte Rente. Es so anzulegen, daß der 'Wertzuwachs' des Bodens 'Eigentum des Volkes' werde, bedeutet, die Rente, d.h. das Eigentum an Grund und Boden dem Staate zu übergeben, oder, anders gesagt, den Boden zu nationalisieren." (11)

In der Durchführung dieses gegen den Feudalismus gerichteten Agrarprogramms zeigte sich die theoretische Befangenheit Sun Yat-sens in den Vorstellungen des Kleinbürgertums. Er wollte zwar verhindern, daß die sozial Stärkeren die Schwächeren aufs neue unterdrückten, glaubte aber, in der "Harmonie der ökonomischen Interessen aller Klassen der Gesellschaft" die Triebkraft gefunden zu haben, die ohne Klassenkämpfe die gesellschaftliche Entwicklung gewährleiste. Die Niederlage der Revolution von 1911 veränderte die theoretische Konzeption Sun Yat-sens. Vom Bürgertum isoliert, von der Reaktion angegriffen und von der Bauernschaft mangels wirklicher Verankerung in den Massen nicht verstanden, formulierte er im Jahre 1924 auf dem I. Nationalkongreß der Kuomintang seine "Drei Volksprinzipien" neu.

Die drei Volksprinzipien Nationalismus, Demokratie und Volkswohlstand waren die Hauptgrundsätze des Programms, das von der Kuomintang für die Periode der bürgerlich-demokratischen Revolution formuliert worden war. Sun Yat-sen erklärte in der neuen Auslegung:

> "... Nationalismus, das sei Kampf gegen den Imperialismus, und

brachte die Notwendigkeit zum Ausdruck, die Bewegung der Arbeiter und Bauern aktiv zu unterstützen. Damit verwandelten sich die alten drei Volksgrundsätze in neue drei Volksgrundsätze, die die drei politischen Hauptrichtlinien — Bündnis mit Rußland, Bündnis mit der Kommunistischen Partei, sowie Unterstützung der Arbeiter und Bauern — zum Ausdruck brachten. Diese neuen drei Volksgrundsätze wurden zur politischen Plattform für die Zusammenarbeit der KPCh mit der Kuomintang in der Periode des I. Revolutionären Bürgerkrieges." (12)

Die wirtschaftliche Situation stellte das chinesische Volk in den Jahren 1921-1925 vor immer größere Schwierigkeiten. Unter dem verstärkten Druck des ausländischen Kapitals — der zeitweilig während des I. imperialistischen Krieges etwas nachgelassen hatte — verfiel die chinesische Industrie in völlige Stagnation. Die organisatorische Zusammenarbeit von KPCh und Kuomintang gestaltete sich unter diesen Umständen sehr schwierig. Die Kommunisten unterstützten die Kuomintang in der Reorganisierung der Abteilungen des Zentralen Exekutivkomitees und übernahmen die Leitung der für die Arbeiter und Bauern vorgesehenen Organisationsabteilungen.

Unter der Leitung Tschou En-lais gründete die KP in Zusammenarbeit mit der Kuomintang in Whampu eine Schule zur Ausbildung revolutionärer Offiziere, da der Verlauf der Revolution zeigte, wie notwendig die Kontrolle der Kommandostellen in der Armee wurde: Durch die kapitulantenhafte Politik der Führungsclique um Tschen Du-hsiu drohte der rechte Flügel der KMT ein leichtes Spiel zu haben. Es gelang jedoch, im Frühjahr 1925 mit der neugegründeten nationalrevolutionären Armee gegen die feudalen Militärmachthaber im Osten zu ziehen und ihre Söldnertruppen zu schlagen.

Der Klassenkampf nahm nun schärfere Züge an.

Die im Norden herrschenden Generäle schlossen sich auf Drängen der Imperialisten, die immer noch ihre Hauptstützpunkte in den Hafenstädten Chinas innehatten, zusammen und eroberten Peking. 1926 setzten sich die Truppen der Nationalen Revolutionsarmee nach Norden in Bewegung, um die Militärdiktatoren zu schlagen. Die Provinzen Hunan, Hubee und Dschangsi wurden befreit. Die Kuomintangregierung siedelte mit ihrer Parteileitung nach Wuhan über. Das Frühjahr 1927 erlebte nocheinmal einen starken Aufschwung der Arbeiterbewegung. In den Städten Hankou und Dudjang gelang es, die englischen Imperialisten zu vertreiben und ihre Konzessionen rückgängig zu machen. Zum gleichen Zeitpunkt entfaltete sich die Bauernbewegung in großem Ausmaß.

Am 12. April 1927 endete vorläufig der erste revolutionäre Aufschwung. Nach der Einnahme der Stadt Nanking schalteten sich die imperialistischen Mächte mit riesigem militärischem Potential in die Kämpfe ein. Dies war das Signal für den reaktionären Flügel der Kuomintang, seine Politik der Kapitulation vor den Imperialisten offen durchzusetzen. Unter der Führung des Generals Tschiang Kai-scheck wurden die revolutionären Organisationen und Gewerkschaften der Partei in vielen Städten grausam zerschlagen. Im März eroberten Truppen der Kuomintang unter Tschiang Kai-scheck Schanghai und richteten im Verein mit den Imperialisten unter Kommunisten und Arbeitern der Stadt am 12. April ein furchtbares Blutbad an. Unter der Zustimmung des Kapitulanten Tschen Du-Hsiu löste Tschiang Kai-scheck die provisorische Revolutionsregierung auf. Ebenso ging die Frucht der Revolution im Süden Chinas, die Befreiung von den Militärdiktatoren, in die Hände der Konterrevolution über.

Die Ursachen dieser Niederlage der ersten Periode der chinesischen Revolution und ihre Einschätzung durch die Kommunistische Partei gehen deutlich aus einem Beschluß der KPCh hervor, der im Jahre 1945 angenommen wurde:

"Aber letzten Endes erlitt die Revolution eine Niederlage. Das kam daher, weil die reaktionäre Clique in der Kuomintang, die in jener Periode unsere Verbündete war, im Jahre 1927 die Revolution verriet, weil die vereinten Kräfte der Imperialisten und der reaktionären Clique in der Kuomintang in jener Zeit noch zu mächtig waren, und insbesondere, weil in der letzten (etwa ein halbes Jahr dauernden) Periode dieser Revolution die rechtsabweichlerischen Ideen in der Partei, deren Repräsentant Tschen Du-hsiu war, in ihrer Entwicklung zu einer kapitulantenhaften Linie geworden waren. Die Wortführer dieser Linie hatten die beherrschenden Stellungen in den leitenden Parteiorganen an sich gerissen, sie lehnten die Befolgung einer Reihe weiser Hinweise der Komintern ab und wollten nicht auf die richtigen Äußerungen des Genossen Mao Tsetung und anderer Genossen hören, was der Partei und dem Volke die Möglichkeit nahm, einen wirksamen Widerstand gegen die Kuomintang zu organisieren, als diese an der Revolution Verrat übte und dem Volk in den Rücken fiel." (13)

Der Fehler der von Tschen Du-hsiu geführten Rechtsopportunisten "bestand darin, daß sie, eingeschüchtert durch die reaktionäre Strömung in der KMT, nicht den Mut hatten, die bereits ausgebrochenen, bzw. gerade im Aufflammen begriffenen großen revolutionären Kämpfe der Bauern zu unterstützen. Um der KMT entgegenzukommen, zogen sie es vor, den Hauptverbündeten, die Bauernschaft, von sich zu stoßen und versetzten so die Arbeiterklasse und die Kommunistische Partei in eine Position der Isolierung und Hilflosigkeit. Wenn es die Kuomintang im Sommer 1927 wagen konnte, Verrat zu üben, (...) so war das hauptsächlich der Tatsache zuzuschreiben, daß sie eben diese Schwäche der Kommunistischen Partei ausnutzen konnte." (14)

In revolutionären Bauernvereinigungen organisiert, hatten sich in dieser Zeit Millionen von Bauern im Süden Chinas gegen ihre Unterdrücker erhoben. Im Jahre 1927, als die Parteiführung der KPCh vor der rechten Fraktion der Kuomintang immer mehr zurückwich, reiste Mao Tsetung in die Provinz Hunan, um die stark angewachsene Bauernbewegung zu untersuchen und ihre Bündnisrolle im Kampf gegen Feudalismus und Imperialismus zu klären. Die daraufhin verfaßte Schrift "Untersuchungsbericht über die Bauernbewegung in Hunan" ist der theoretische Grundstein zu Lösung der Bauernfrage, die zu untersuchen Mao Tsetung 32 Tage Zeit hatte. In Aussprachen mit 'erfahrenen Bauern' und Führern der Bewegung trug er reiches Material zusammen. Der Schlag der in den Bauernvereinigungen organisierten Bauern gegen die Grundherren hatte eine wirtschaftliche und eine politische Stoßrichtung. Die wichtigsten wirtschaftlichen Maßnahmen bestanden in der Herabsetzung des Pachtzinses und der Steuerlasten, die zwar die Wurzel der Ausbeutung, das System der feudalen Grundrente noch nicht beseitigten, wohl aber halfen, die Ausbeutung zu lindern und die Macht der Großgrundbesitzer einzudämmen.

Der politische Schlag gegen die Grundherren richtete sich gegen ihre unumschränkte Verfügungsgewalt. In vielen Orten wurden Kontroll- und Revisionsausschüsse eingerichtet, die die Machenschaften der Grundherren zu prüfen und zu verfolgen hatten. Rechnungskontrolle, Geldbußen, Eintreibung von Beiträgen für die Bauernvereinigungen, aber auch Demonstrationen und öffentliche Verurteilung waren die Mittel, um das politische Prestige der Grundherrenklasse endlich zu zerstören.

Gleichzeitig richtete sich die Revolution auf den Dörfern gegen die althergebrachte reaktionäre Kultur, gegen Aberglauben, Glücksspiel und Opiumrauchen, gegen Analphabetismus, Korruption und Banditentum. Die Bauern lernten es, ihre Verwaltung in die eigenen Hände zu nehmen, Straßen und Dämme anzulegen und ihre Produktion nach Genossenschaftsprinzipien umzuorganisieren.

Die Macht dieser alle Bereiche des sozialen Lebens umfassenden ersten Welle der Volksrevolution verglich Mao Tsetung mit der Macht eines

Orkans, der über das Land hinfegt.

"Denn der gegenwärtige Aufschwung der Bauernbewegung ist ein gewaltiges Ereignis. Es dauert nur noch eine sehr kurze Zeit, und in allen Provinzen Mittel-, Süd- und Nordchinas werden sich Hunderte Millionen von Bauern erheben; sie werden ungestüm und unbändig wie ein Orkan sein, und keine noch so große Macht wird sie aufhalten können. Sie werden alle ihnen angelegten Fesseln sprengen und auf dem Weg zur Befreiung vorwärtsstürmen. Sie werden allen Imperialisten, Militärmachthabern, korrupten Beamten (...) das Grab schaufeln. Sie werden alle revolutionären Parteien, alle revolutionären Genossen überprüfen, um sie entweder zu akzeptieren oder abzulehnen. Soll man sich an ihre Spitze stellen, um sie zu führen? Soll man hinter ihnen hertrotten, um sie wild gestikulierend zu kritisieren? Oder soll man ihnen in den Weg treten, um gegen sie zu kämpfen? Es steht jedem Chinesen frei, einen dieser drei Wege zu wählen, aber der Lauf der Ereignisse wird dich zwingen, rasch deine Wahl zu treffen." (15)

Im Vertrauen auf die Kraft der Massen verlegte die Führung der KPCh auf Anraten Mao Tsetungs das Schwergewicht der politischen Anstrengungen auf das Land.

2. Die Periode des zweiten revolutionären Bürgerkriegs 1927 — 1937

Von 1927 an wütete der weiße Terror der Kuomintang unter der Bevölkerung. Gestützt auf unzählige Geheimverbände der Polizei, mit einer übermächtigen Armee ausgerüstet, kontrollierten die neuen Militärmachthaber Schlüsselstellungen in Politik und Wirtschaft. Allein von 1927 bis 1928 wurden über 337.000 Menschen aus den revolutionären Massen, vor allem Kommunisten, ermordet.

Für die weitere Politik der Kommunisten gewann dabei der Umstand an Bedeutung, daß die KMT in den Städten zwar uneingeschränkt die Bevölkerung unterjochen konnte, dies ihr jedoch in den ländlichen Gebieten nicht in gleichem Maß gelang. Dennoch fielen auch die revolutionären Errungenschaften auf dem Lande großenteils wieder in die Hände der Konterrevolution. Die Bauernvereinigungen wurden verfolgt, die Großgrundbesitzer machten aufs neue unerbittlich von ihren Machtorganen Gebrauch. Unter dem Terror der Konterrevolution kam die Revolution zeitweilig zum Stillstand. Das Abflauen der revolutionären Situation spiegelte sich auch in der Mitgliederzahl der Partei wieder, die von 57.000 auf 10.000 zurückging. Die Partei sagte sich auf der Konferenz des ZK der KPCh am 7. August 1927 endgültig von dem opportunistischen Standpunkt Tschen Du-hsius los und gründete ein provisorisches Büro des Zentralkomitees, dem er nicht mehr angehörte.

Im Laufe der Sommermonate entbrannten in einigen Teilen des Landes Aufstände, die zum großen Teil von revolutionären Bauernvereinigungen getragen wurden. Deutlich zeigte sich nun die Schwächung der KP darin, daß es ihr nicht gelang, sich nachhaltig in den Städten zu verankern und die Stellungen zu halten.

Der in Moskau veranstaltete VI. Parteitag (1927) charakterisierte die Situation als eine zwischen zwei Wellen der Revolution, die auf Sicherung der Stützpunkte und Gewinnung der Massen gerichtet sein müßte. Er legte für die nächste Etappe zwei Aufgaben fest: die Schaffung einer Roten Armee und den Ansatz des Konzepts der revolutionären Stützpunkte in den ländlichen Gebieten. Die Arbeit in den Städten mußte unter den Bedingungen der Illegalität weitergeführt werden. Der Parteitag unterstrich nach wie vor die Wichtigkeit der führenden Rolle der Stadt.

In diese Zeit (1928) fällt die Verlegung der Revolutionären Arbeiter- und Bauernarmee in das unwegsame Dschinggangschan-Gebirge im Grenzgebiet von Hunan und Dschangsi. Die teilweise völlig zerschlagenen Parteiorganisationen und bäuerlichen Selbstschutzorganisationen waren wieder aufzubauen und die Agrarrevolution mußte, getragen vom revolutionären Partisanenkrieg, eingeleitet werden. In der Schrift "Der Kampf im Dschinggang-Gebirge" formuliert Mao Tsetung die Hauptaufgaben der damaligen Politik:

"... gegen die Feinde entschlossen kämpfen, die politische Macht im zentralen Teil des Luohsia-Gebirge schaffen und die Fluchtmentalität bekämpfen; die Agrarrevolution im Gebiet unserer selbständigen Macht vertiefen, durch die Armeeparteiorganisationen den örtlichen Parteiorganisationen bei ihrem Wachstum helfen und durch die regulären Truppen bei der Entfaltung der örtlichen bewaffneten Kräfte behilflich sein; gegenüber der Provinz Hunan, wo die herrschenden Kräfte relativ stark sind, eine defensive Taktik, und gegenüber der Provinz Kiangsi, wo ihre Kräfte schwächer sind, eine offensive Taktik einschlagen; mit aller Macht das Gebiet von Yunghsin aufbauen, dort die selbständige Macht der Volksmassen schaffen und Vorbereitungen für einen langwierigen Kampf treffen; die Einheiten der Roten Armee konzentrieren, um im geeigneten Augenblick dem angreifenden Feind Schläge zu versetzen; gegen die Auflockerung der Truppen kämpfen, um nicht vom Feind einzeln geschlagen zu werden; zur Erweiterung des Gebiets der selbständigen Macht die Taktik des wellenförmigen Vorrückens anwenden und die Taktik des abenteuerlichen Vorstoßens ablehnen." (16)

Die Richtigkeit der eingeschlagenen Taktik, in den ländlichen Gebieten Stützpunkte aufzubauen, lag in der Ungleichmäßigkeit der ökonomischen Entwicklung Chinas:

"Nebeneinander bestehen gleichzeitig: eine schwächliche kapitalistische Wirtschaft und eine gewichtige halbfeudale Wirtschaft; ein paar moderne Industrie- und Handelsstädte und eine riesige Zahl stagnierender Dörfer; einige Millionen Industriearbeiter und mehrere hundert Millionen unter dem Joch der alten Gesellschaftsordnung leidender Bauern und Handwerker; (...)." (17)

Die Strategie des revolutionären Krieges baute auf den Gegensatz von Stadt und Land in China: von wenigen, der Konterrevolution zugänglichen Gebieten und vielen, die ihr verschlossen, die nur dem revolutionären Volk selbst vertraut sind. Die Erfahrungen des Partisanenkrieges faßte Mao Tsetung in verschiedenen Schriften zusammen (18), in denen er theoretisch begründete,

"daß man, um in China auf bewaffnetem Wege die politische Macht zu ergreifen, nicht wie in den kapitalistischen Ländern zuerst die Städte einnehmen und dann die Dörfer einnehmen soll, sondern den Weg gehen muß, in den ländlichen Gebieten Stützpunktgebiete zu errichten, von den Dörfern her die Städte einzukreisen und schließlich die Städte zu erobern." (19)

Die militärischen Operationen führten zur theoretischen Begründung der Partisanentaktik. Die Grundsätze "Der Feind greift an — wir weichen zurück; der Feind ist zum Stehen gekommen — wir lassen ihm keine Ruhe; der Feind ist ermüdet — wir schlagen zu; der Feind zieht sich zurück — wir verfolgen ihn", die "Drei Gebote der Disziplin" und das "Acht-Punkte-Merkblatt" sind die wesentlichen Bestimmungen für die ideologische Erziehung der Truppen. (20)

Im Dezember 1929 legte Mao Tsetung in der Schrift "Über die Berichtigung falscher Ansichten in der Partei" den theoretischen Grundstein für die marxistisch-leninistische Umwandlung der Armee. Die Erarbeitung der richtigen Parteilinie findet ihre klassenmäßige Grundlage in der Durchsetzung des proletarischen Standpunkts in der Roten Armee. (21) Im Gegensatz zu den Armeen der Militärmachthaber und Imperialisten mit ihrer Söldnermentalität und gegenüber den "linken" und kleinbürgerlichen Fehlern wie dem "Ultrademokratismus", dem Individualismus und dem Subjektivisimus, die dem organisatorischen Prinzip des demokratischen

Zentralismus zuwiderlaufen, entwickelte Mao Tsetung Methoden der Berichtigung von Fehlern, die sie vom Klassenstandpunkt her und mit der Methode von Kritik und Selbstkritik lösen.

Für die Parteimitglieder in der Armee gilt:

"Die Hauptsache ist, die Parteimitglieder so zu erziehen, daß ihr Denken und das innerparteiliche Leben von einem politischen und wissenschaftlichen Geiste durchdrungen sind. Um dieses Ziel zu erreichen, muß man: 1. die Parteimitglieder lehren, mit der marxistisch-leninistischen Methode die politische Lage zu analysieren und die Klassenkräfte einzuschätzen, statt sich subjektivistischer Analysen und Einschätzungen zu bedienen; 2. die Aufmerksamkeit der Parteimitglieder auf sozial-ökonomische Untersuchungen und Forschungen lenken, damit sie davon ausgehend die Kampftaktik und die Arbeitsmethoden festlegen können; die Genossen zur Erkenntnis bringen, daß sie ohne das Studium der praktischen Umstände in den Abgrund der Phantasterei und des blinden Draufgängertums stürzen werden; 3. sich bei der innerparteilichen Kritik vor Subjektivismus, Willkür und Vulgarisierung der Kritik hüten; jede Meinungsäußerung muß auf Tatsachen beruhen, die Kritik muß den politischen Aspekt betonen." (22)

Ende der zwanziger Jahre gewann in der Partei die Ansicht von Li Li-san Anhänger, die davon ausging, ungeachtet der objektiven Verhältnisse unverzüglich in den Städten wieder Aufstände zu organisieren. Ohne die zahlenmäßige Stärke der Gewerkschaften und anderer konspirativer Organisationen in den Städten realistisch einzuschätzen, rief er die Arbeiter zum bewaffneten Aufstand und lieferte sie ans Messer der Konterrevolution. Gleichzeitig gab er der Roten Armee den Befehl, die Städte anzugreifen, was zur Folge hatte, daß die revolutionäre Basis in diesen Gebieten durch hohe Verluste schweren Schaden nahm.

Nur die Taktik des ständigen Bewegungskrieges ermöglichte es der Roten Armee, die verschiedenen "Einkreisungs- und Vernichtungsfeldzüge" Tschiang Kai-schecks abzuschlagen.

1934 waren die Truppenverbände der Roten Armee jedoch gezwungen, aus dem Süden Chinas aufzubrechen, um sich mit dem "Langen Marsch" durch elf Provinzen aus der Gefahr der Umzingelung durch Tschiang Kai-scheck und die Imperialisten nach Norden zu entziehen.

Das Jahr 1931 stürzte die chinesische Bevölkerung erneut in Schwierigkeiten. Am 18. September begannen die japanischen Imperialisten mit einem umfassenden Angriff auf Nordostchina. Die 30 Millionen zählende

Bevölkerung der dortigen Gebiete geriet dadurch 14 Jahre unter die Macht der Imperialisten. (23)

Die Lage änderte sich: der Widerspruch zwischen dem japanischen Imperialismus und dem chinesischen Volk war die Gegebenheit, der sich die Taktik der Kommunisten nun anpassen mußte. In Deklarationen und Appellen an alle Schichten der Bevölkerung kennzeichnete die KPCh den Hauptwiderspruch in dieser Situation als den zwischen dem imperialistischen Aggressor und dem chinesischen Volk und forderte das Volk auf, den Bürgerkrieg ruhen zu lassen, um die japanischen Eindringlinge zu schlagen.

1936 ließen Kuomintang-Offiziere Tschiang Kai-scheck festnehmen ("Sian-Zwischenfall"), um die Durchsetzung einer geeinten antijapanischen Politik zu erreichen.

Die Schrift "Über die Taktik im Kampf gegen den japanischen Imperialismus" faßte die Aufgaben angesichts der veränderten Bedingungen zusammen. Ausgehend von der Bestrebung Japans, "China in seine Kolonie zu verwandeln" (24), besteht die Aufgabe der Partei darin, "China in einen unabhängigen, freien Staat mit territorialer Integrität zu verwandeln." (25)

3. Die Periode des antijapanischen Widerstandskrieges 1937 — 1945

Am 7. Juli 1937 begannen die japanischen Aggressoren von Peking und Schanghai aus mit Angriffen auf die östlichen und nördlichen Gebiete Chinas. Damit begann zugleich der geeinte nationale Widerstandskrieg im ganzen Lande. Die imperialistischen Staaten reagierten auf den Aggressionskrieg der Japaner unterschiedlich. Der deutsche und italienische Faschismus stellte sich auf die Seite Japans und koordinierte seine eigenen Aggressionskriege in Europa und Afrika mit dem Vorgehen der Japaner. Auf der anderen Seite war die internationale Situation durch die Widersprüche zwischen den imperialistischen Staaten auf der einen und der Sowjetunion und den nationalrevolutionären Bewegungen auf der anderen Seite gekennzeichnet. Zwar beeinträchtigte die japanische Aggression die Interessen der britischen und amerikanischen Imperialisten auf dem chinesischen Territorium, aber in der Hoffnung, daß Japan die Sowjetunion angreifen würde, unternahmen sie nichts gegen die japanische Aggression in China.

Das barbarische Ausmaß der japanischen Unterdrückungsmaßnahmen bedrohte die Bauern und Arbeiter ebenso wie das städtische Kleinbürgertum und die mittlere Bourgeoisie unmittelbar in ihrer Existenz. Der Widerstandskrieg mußte demnach, wenn er erfolgreich sein sollte, von einer breiten antijapanisch-nationalen Einheitsfront geführt werden. Trotz der Notwendigkeit einer Einheitsfront durfte jedoch nicht die Gefährlichkeit der von Tschiang Kai-scheck angeführten Kuomintang und ihrer Armee unterschätzt werden. Auch als die Ziele der japanischen Aggression sich nicht mehr auf Nordchina beschränkten, sondern sich nach Zentralchina verlagerten, damit unmittelbar in die Interessensphäre Tschiang Kai-schecks einbrachen und er daher das Angebot eines gemeinsamen antijapanischen Verteidigungsbündnisses mit der Kommunistischen Partei nicht länger ausschlagen konnte, verfolgte er weiter eine durch und durch verräterische Politik. Denn die Kuomintang verzichtete darauf, die notwendigen militärischen und politischen Grundlagen für die antijapanische Einheitsfront herzustellen. Sie verhinderte mit allen Mitteln, daß die Volksmassen den Volkskrieg selbst entfalteten, und betrieb eine ''reaktionäre Politik des passiven Widerstandes gegen Japan und des aktiven Kampfes gegen die Kommunisten und das Volk'' (26). Sie hielt nach wie vor ihre anmaßende ''Einparteiendiktatur'' aufrecht und versuchte auch damit, den antijapanischen Kampf des chinesischen Volkes auf der Grundlage einer gesamtchinesischen demokratischen Zentralregierung zu sabotieren.

Neben der Einschätzung der zwielichtigen Rolle der Kuomintang erforderte die veränderte Lage für die KPCh eine genaue Bestimmung des militärischen Vorgehens. Die Konferenz von Luotschuan im Jahre 1937 bestimmte, daß die breiten Massen des Volkes dadurch zu mobilisieren seien, daß auf dem Land eine demokratische Grundlage geschaffen und die wirtschaftliche Lage der Bauern grundlegend verbessert wurde. Als Erfolg dieser Politik konnte die Rote Armee im Jahre 1937 den ersten antijapanischen Stützpunkt im Grenzgebiet der Provinzen Schansi, Tschahar und Hobee errichten. Wirtschaftlich und politisch befreiten die Truppenteile der Roten Armee die Bevölkerung in diesen Gebieten wie schon 1927 in den revolutionären Bauernbewegungen durch eine Senkung der Pacht- und Darlehenszinsen (27) und durch die Errichtung einer demokratischen Staatsgewalt. Diese Maßnahmen kamen dem größten Teil des Volkes, Bauern, Mittelbauern und kleinbürgerlichen Schichten, zugute und stärkten den Kampfgeist der Einheitsfront von unten.

Zu diesem Zeitpunkt gab es erneut verschiedene Auffassungen in der Partei, wie der Sieg über die japanische Aggression errungen werden könne. Der Wunsch nach einer baldigen Beendigung des Krieges führte zu der falschen Theorie vom ''raschen Sieg''. Diese Genossen schlugen vor, die siegreiche Achte und die neue Vierte Armee mit den Kuomintang-Truppen zu vereinigen und die militärischen Operationen unter das Kommando der Kuomintanggenerale zu stellen.

In der Schrift "Die Lage im Widerstandskrieg gegen die japanische Aggression nach dem Fall von Schanghai und Taiyüan und unsere Aufgaben" unterzieht Mao Tsetung die Dialektik von Einheitsfront und organisatorischer Selbständigkeit einer genauen Untersuchung.

"Um im Widerstandskrieg durchzuhalten und den Endsieg zu erringen, sowie um den partiellen Widerstand in einen totalen Widerstand zu verwandeln, muß man sich fest an die Linie der antijapanischen nationalen Einheitsfront halten, muß man die Einheitsfront erweitern und festigen. Keinerlei Ansichten, die auf eine Spaltung der Einheitsfront der Kuomintang und der KP hinauslaufen, sind zulässig. Man muß nach wie vor das Auftreten der "linken" Politik der verschlossenen Tür verhüten. Gleichzeitig müssen wir jedoch in der gesamten Arbeit der Einheitsfront das Prinzip der Unabhängigkeit und Selbständigkeit strikt einhalten. Unsere Einheitsfront mit der Kuomintang und mit allen anderen politischen Gruppen beruht auf der Verwirklichung eines bestimmten Programms; ohne diese Grundlage gäbe es keine Einheitsfront, würde sich die Zusammenarbeit in eine prinzipienlose Handlungsweise verwandeln und wäre ein Ausdruck des Kapitulantentums. Die Klarstellung, Verwirklichung und strenge Einhaltung des Prinzips der Unabhängigkeit und Selbständigkeit in der Einheitsfront bilden deshalb das zentrale Kettenglied, das den revolutionären nationalen Krieg gegen die japanischen Eindringlinge auf dem Weg des Sieges führt." (28)

Die Anwendung des Prinzips der Unabhängigkeit und Selbständigkeit in der Einheitsfront bedeutete: an der Führung aller Kampfverbände durch die Partei festzuhalten, die Besetzung der wichtigen Kommandostellen in der Achten und neuen Vierten Armee mit Kuomintangoffizieren zu verhindern und verstärkt die kommunistische Agitations- und Propagandaarbeit in der gesamten Armee durchzuführen; ferner in der Frage des Regierungssystems alle Vorstellungen vom bürgerlichen Parlamentarismus zurückzuweisen und das Ziel der Errichtung einer volksdemokratischen Ordnung unter demokratisch-zentralistischer Leitung unverändert beizubehalten.

In der weiteren Entfaltung der revolutionären Theorie war die Periode des antijapanischen Krieges von großer Bedeutung. Die ökonomische und politische Situation ganz Chinas, die der Hauptgrund für die Langwierigkeit des Krieges war, steht im Mittelpunkt zweier theoretischer Schriften, die beide im Mai 1938 entstanden sind: "Strategische Probleme des Partisanenkriegs gegen die japanische Aggression" und "Über den langwierigen Krieg". (29)

Die verschiedenen Ansichten von Kommunisten und KMT-Anhängern über die Entfaltung des allgemeinen Widerstandskriegs gegen die japanischen Angreifer zeigten sich deutlich im ersten Jahr des Krieges. Während die passive Kriegsführung der Kuomintang — obwohl die zahlenmäßige Stärke ihrer Truppen fast 3 Millionen Mann betrug — Rückzüge aus wichtigen Teilen Chinas erzwang, operierten die Truppen der Roten Armee erfolgreich auf dem offenen Land im Rücken des Gegners. 1938 verstärkten sich die Achte und neue Vierte Armee durch den Zustrom kampfbereiter Menschen aus allen Schichten des Volkes von 40.000 auf mehr als 180.000 Mann.

Im Oktober 1938 war das strategische Gleichgewicht der militärischen Kräfte erreicht, denn die japanischen Armeen waren durch die erfolgreichen Operationen der kommunistischen Partisanen ernstlich an ihrem weiteren Vormarsch gehindert. Sie verlegten daher ihre Angriffsrichtung gegen die befreiten Gebiete.

Für die Etappenbestimmung des "langwierigen Krieges" war es von großer Bedeutung, daß die USA trotz des Krieges Deutschlands gegen England und Frankreich an ihrer Beschwichtigungspolitik gegenüber dem faschistischen Japan festhielten und sie sogar noch verstärkten.

Die amerikanische Taktik war es daher, die Kuomintang zur Verständigung mit den japanischen Imperialisten zu veranlassen, wobei die Gefahr einer Kapitulation Chinas einkalkuliert wurde. Die Kuomintang begann im Zuge dieser Kapitulationspolitik im Winter 1939 gleichzeitig mit einer Serie antikommunistischer Kampagnen und Ausrottungsfeldzüge. Sie besetzte das Grenzgebiet Schensi-Kansu-Ningsia und griff die Achte Armee und andere Truppen des revolutionären Volkes an. Doch auch angesichts dieser Situation, die weiterhin vom Hauptwiderspruch zwischen japanischen Imperialisten und chinesischem Volk bestimmt war, mußte die Politik der Partei auf den Zusammenhalt der antijapanischen Widerstandskräfte gerichtet sein. Gleichzeitig mußte der Kampf gegen Schwankungen und kapitulantenhafte Theorien aktiv weitergeführt werden.

Nach dem Überfall Deutschlands auf die Sowjetunion und dem japanischen Angriff auf Pearl Harbour 1941 schloß sich die internationale antifaschistische Einheitsfront mit der Sowjetunion, den USA, England und Frankreich zusammen, an der sich auch China beteiligte.

Die japanischen Imperialisten gingen zum totalen Krieg gegen China über. Nach der Methode der "Drei Restlos" versuchten sie,
    — durch das restlose Niederbrennen von Städten und Dörfern,
    — durch das restlose Niedermetzeln der Bevölkerung und
    — durch das restlose Ausplündern der Gebiete

der Volksbefreiungsarmee die Existenzgrundlage zu entziehen.

Die schier unlösbaren materiellen Probleme in der Materialbeschaffung für den Kampf, die durch die systematischen Ausrottungsfeldzüge der japanischen Imperialisten entstanden waren, erforderten die konsequente Umstellung der Produktion in den befreiten Gebieten. Mit Hilfe von Massenkampagnen gelang es bald, alle Truppen, alle Behörden, Verwaltungen, Lehranstalten usw. zu mobilisieren, um die Produktionserträge zu steigern. In politischen Kampagnen festigte sich die revolutionäre Disziplin der Parteimitglieder. Die Stärkung der kommunistischen Machtorgane in den befreiten Gebieten, der enge Zusammenschluß mit breiten Schichten des Volkes und die Maßnahmen zur umfassenden Bewaffnung der Bevölkerung festigten überall den revolutionären Kampfwillen und führten letztlich den Sieg herbei.

Währenddessen waren die inneren Widersprüche der Anti-Hitler-Koalition soweit aufgebrochen, daß die US-Imperialisten, angeblich, um China vor dem faschistischen Japan zu schützen, offen dazu übergingen, sich in den von der Kuomintang besetzten Gebieten einzunisten und sie ihren ökonomischen und politischen Absichten zu unterwerfen.

Der Sieg Chinas über die japanische Aggression war ausschließlich dem ausdauernden Kampf des chinesischen Volkes unter der Führung der Kommunistischen Partei zu verdanken. Im Mai 1945 erklärte die Sowjetunion nach dem Sieg über die deutschen Faschisten Japan den Krieg und befreite Nordostchina (Mandschurei) und Nordkorea. Der japanische Imperialismus kapitulierte bedingungslos.

III. Die Prinzipien der chinesischen Bodenreform und der Kampf um ihre Verwirklichung in ganz China 1945–1949

Chou Li-pos Roman ist ein eindrucksvolles Zeugnis der Periode der chinesischen Klassenkämpfe, die sich an die Phase des antijapanischen Widerstandskrieges anschloß.

Der Autor verarbeitet darin die Erfahrungen, die er während seiner Mitarbeit an der Bodenreform in den nordöstlichen Provinzen sammelte.

Der Inhalt des Romans ist die Liquidierung des Feudalismus in dem Dorf Yüanmaotun. Die Bodenreform war die Hauptaufgabe der Kommunistischen Partei in dieser Periode. Die Arbeit, die die Genossen als Aufklärertrupp der Achten Armee zur Durchführung der Bodenreform aufnehmen, folgt den Prinzipien der Agrarrevolution, die in den Jahren 1946 und 1947 in zwei Dokumenten endgültig formuliert wurden (30). Ein weiteres Dokument, das die "Hauptthesen des chinesischen Bodengesetzes" zusammenfaßt, wird im Roman erwähnt und dient der Arbeit der Genossen als Leitfaden: "Die gegenwärtige Lage und unsere Aufgaben" (31).

Der Krieg gegen die japanischen Aggressoren hatte eine gemäßigte Agrarpolitik erfordert, die auf eine Beschlagnahme des Bodens im Interesse der Einheitsfrontpolitik verzichtete und sich auf die Herabsetzung der Pacht- und Darlehenszinsen beschränkte. Das Programm der Bodenreform nach der Befreiung ging von folgender Analyse der Klassen auf dem Lande aus:

> "Im ganzen genommen, verfügen die Grundbesitzer und Großbauern, die nicht mehr als 10% der ländlichen Bevölkerung ausmachen, über etwa 70–80% des Bodens und beuten die Bauern rücksichtslos aus; die Landarbeiter, die Klein- und Mittelbauern und andere Schichten dagegen, die mehr als 90% der ländlichen Bevölkerung ausmachen, besitzen insgesamt nur 20–30% des Bodens, plagen sich das ganze Jahr und werden niemals satt. Aus diesen Verhältnissen erklären sich die Armut und Rückständigkeit unseres Volkes, erklärt es sich, daß es ständig angegriffen und unterdrückt wird. Das ist das Haupthindernis für die Demokratisierung und Industrialisierung unseres Landes, für seine Umwandlung in ein unabhängiges, einheitliches, wohlhabendes und starkes Land." (32)

Die Politik der Zugeständnisse war nach der Befreiung nicht länger notwendig. In der "Direktive über die Bodenfrage" vom 4. Mai 1946

> "beschloß das ZK der KPCh im Hinblick auf das dringende Verlangen der Bauern nach Grund und Boden, die Bodenpolitik der Partei aus der Zeit des Widerstandskriegs gegen Japan zu ändern, d.h. von der Senkung der Pacht- und Darlehenszinsen zur Beschlagnahme des Bodens der Grundherren und zu dessen Verteilung unter den Bauern überzugehen." (33)

Damit war der Anschluß an die revolutionäre Bauernbewegung von 1927 gelungen.

Für die unterschiedliche Behandlung der Eigentümer im chinesischen Dorf war es maßgebend, daß der Hauptschlag gegen die Grundherren zu führen war, die über einen unvergleichlich größeren Besitz verfügten als die Großbauern. So schildert der Roman den Kampf gegen den Großgrundbesitzer Han und seinen Anhang. Die Eingriffe der Bauernvereinigung in das Eigentum der Mittelbauern werden dagegen vom Aufklärertrupp korrigiert.

> "Arme Bauern, Tagelöhner und Mittelbauern bilden eine Familie,

und wenn sie heute einander gleich sind, sind sie das zu jeder Zeit, mag da kommen, was will. Hauptmann Hsiao schreibt uns heute einen Brief, daß er vom Vorsitzenden Mao Tse-tung aus Innerchina eine Depesche erhalten hat, in der es heißt, daß wir die Mittelbauern entschlossen organisieren und keine rechtwidrigen Eingriffe dulden sollten." (34)

Die von Mao Tse-tung erarbeitete Analyse der Klassen im Dorfe geht von der grundsätzlichen Einteilung in vier Schichten aus, den Großgrundbesitzern, den Großbauern, den Mittelbauern und den armen Bauern. Die Mittelbauern werden nicht zur Feudalklasse gerechnet.

Der Wechsel der Politik von der Herabsetzung des Zinses zur Umgestaltung der Eigentumsverhältnisse mußte diese Schichtung beachten. Dementsprechend verlief die Bodenreform in zwei Phasen: die erste Phase organisierte den Schlag gegen die Großgrundbesitzer und hielt die Großbauern neutral. Erst in der zweiten Phase wurde auch der verpachtete Boden der Großbauern verteilt.

Diese Politik bezieht sich nur auf d i e Gebiete, die, wie die Mandschurei, erst nach dem Sieg über die Japaner vom Feudalismus befreit werden konnten, nicht aber auf die revolutionären Stützpunktgebiete, in denen schon während des Bürger- und Widerstandskriegs die Eigentumsverhältnisse umgestaltet worden waren.

Im Vorgehen der bolschewistischen Partei spielt allgemein die Frage, auf welche Schichten des Dorfes gestützt der Schlag gegen die Eigentumsverhältnisse geführt werden kann, eine wichtige Rolle. Die Kommunistische Partei Rußlands entwickelte während der verschiedenen Revolutionsetappen eine differenzierte Politik gegenüber der Bauernschaft. In der bürgerlichen und in der Oktoberrevolution stützten sich die Bolschewiki auch auf die arme und die mittlere Bauernschaft, wobei die armen Bauern, ohne Besitz an Land und Produktionsmitteln, die Hauptkraft waren. Es wäre falsch gewesen, die mittleren Bauern von den Aufgaben der Revolution abzuhalten. Trotz ihrer oftmals schwankenden Haltung, die aus der Sorge um ihr Privateigentum resultierte, wurden sie in den Umgestaltungsprozeß der Eigentumsverhältnisse miteinbezogen, und ihre Interessen wurden mitberücksichtigt.

Auch in China war es eins der Ziele der Bodenreform, die Mittelbauern für die Revolution zu gewinnen.

"Unsere Partei muß die Bodenreform durch die armen Bauern und die Landarbeiter in Gang bringen, sie muß dafür Sorge tragen, daß in den Bauernvereinigungen und in den dörflichen Machtorganen die armen Bauern und die Landarbeiter die Rolle des Vortrupps spielen. Diese Rolle besteht darin, daß sich die armen Bauern zusammenschließen, nicht aber die Mittelbauern beiseiteschieben und alles allein besorgen." (35)

Die Erfahrungen bei der Durchführung der Bodenreform zeigten anfangs nicht selten eine falsche und voreilige Politik gegenüber den mittleren Bauern. Die Bauernvereinigungen, deren Mitglieder fast ausschließlich arme Bauern und Tagelöhner sind, wenden sich, obwohl nur der Schlag gegen die feudalen Gutsbesitzer geführt werden soll, auch gegen die reichen Bauern und nehmen ihnen Teile des Zugviehs und schrecken damit zugleich die Mittelbauern ab, sich den Bauernvereinigungen anzuschliessen. Aber noch eine andere Gefahr droht: Nachdem der Aufklärertrupp das Dorf verlassen hat und der Landbesitz des reichsten und mächtigsten Grundbesitzers aufgeteilt wurde, gerät die Bauernvereinigung in den korrumpierenden Einfluß der weniger mächtigen Grundbesitzer, die sie dazu mißbrauchen, Landbesitz und anderes Eigentum der Mittelbauern an sich zu reißen. Sie selbst haben lediglich den wertlosesten Teil ihres Bodens zur Verteilung abgegeben und versuchen nun, im scheinbar "linken" Kampf gegen die Mittelbauern durch ihre Agenten in der Bauernvereinigung ihre Stellung in der neuen Gesellschaft wiederum abzusichern. Sie fordern die Verteilung des Bodens der Mittelbauern, um sich durch hohe Pro-Kopf-Anteile selbst zu bereichern.

Um die Eigentumsverhältnisse in der richtigen Weise verändern zu können, ist die Rolle der dörflichen Machtorgane von entscheidender Bedeutung. Die Umgestaltung der Eigentumsverhältnisse allein bricht noch nicht gänzlich die Macht der örtlichen Despoten. Der zweite Teil des Romans schildert genau diese Probleme. Für die konsequente Durchführung der Bodenreform müssen auch die Machtorgane klassenmäßig richtig zusammengesetzt sein. In Yüanmaotun gelingt es den Agenten der Großgrundbesitzersclique, sich in die Bauernvereinigung einzuschleichen und so in allen Fragen den Grundbesitzern das Wort zu reden. Mit Hilfe der Schätze, die den Grundbesitzern noch geblieben sind, zahlen sie die Bestechungsgelder ihrer Agenten in der Bauernvereinigung.

"Viele Grundherren, Großbauern und asoziale Elemente haben die Gelegenheit benutzt, sich in unsere Partei einzuschleichen. Auf dem Lande üben sie die Kontrolle über eine große Anzahl von Parteiorganisationen, Machtorganen und Massenorganisationen aus, schalten und walten, wie es ihnen beliebt, mißhandeln und quälen das Volk, entstellen die Politik der Partei, so daß diese Organisationen sich von den Massen lösen und die Bodenreform nicht gründlich durchgeführt werden kann." (36)

Während der Bodenreform initiierte die KPCh deshalb eine Überprüfung der Parteimitglieder in den Parteiorganisationen aller Ebenen bezüglich ihrer Klassenherkunft. Der zweite Teil des Romans schildert dementsprechend, wie nach der Rückkehr Hauptmann Hsiaos die korrupten Elemente in der Leitung der Bauernvereinigung entlarvt und ausgeschlossen werden. Der ehemalige Bäckereibesitzer als Vorsitzender der Bauernvereinigung und sein Sekretär, der in der Mandschuko-Armee unter den Japanern gedient hatte, haben sich als willfährige Verbündete der Grundbesitzerklasse erwiesen. Zutritt zur Bauernvereinigung haben von nun an nur noch arme Bauern und Mittelbauern.

Die Bodenreform, die in der Etappe von 1945 bis zur Errichtung der Volksrepublik die Hauptaufgabe der kommunistischen Politik war und die den geschichtlichen Hintergrund des vorliegenden Romans bildet, wurde durch eine Reihe wichtiger Ereignisse begleitet.

Die politische Stütze der Grundbesitzerklasse bildete nach wie vor die Clique um Tschiang Kai-scheck, die durch militärische und politische Schützenhilfe der US-Imperialisten die Schlüsselpositionen in Wirtschaft, Politik und Verwaltung besetzt hielt. Tschiang Kai-scheck lehnte jede demokratische Reform ab und bereitete mit Hilfe der Amerikaner den Bürgerkrieg vor.

Im Gegenschlag zu dem Aufruf der KPCh vom 25. 8. 1945, das Land zu vereinen und die Demokratie zu verwirklichen, versuchte die Kuomintang aufs neue, den Bürgerkrieg zu provozieren unter dem Vorwand, man könne die Vorschläge der Kommunisten nur verwirklichen, wenn man die befreiten Gebiete liquidiere und die Volksbefreiungsarmee mit den Regierungstruppen verschmelze. Noch im gleichen Jahr setzte sie ein 100.000 Mann-Heer gegen die befreiten Gebiete ein, was die Bevölkerung in den Städten mit massenhaften Protestdemonstrationen beantwortete. Das Angebot der Kommunistischen Partei vom Januar 1946, im Interesse des Friedens die Stärke der Volksbefreiungsarmee zu verringern und sie aus acht Provinzen und befreiten Gebieten abzuziehen, wurde von der Kuomintang mißachtet, die Ende Juni 1946 mit der Offensive gegen die befreiten Gebiete Zentralchinas begann. Die kommunistische Kriegsführung hatte sich auf die aktive Verteidigung umgestellt, wobei die Hauptaufgabe nun die Vernichtung der feindlichen Truppen und nicht mehr die Eroberung und Erhaltung der befreiten Gebiete war.

In drei großen Schlachten gelang es der Volksbefreiungsarmee 1949, den Sieg über die Kuomintangtruppen zu erringen. In diesem Zeitraum fällt die bedeutsame II. Plenartagung des VII. Parteitages. Der von Mao Tse-tung auf der Tagung gehaltene Bericht setzte neue Schwerpunkte für die

Arbeit der Partei. Neben der Verlagerung der Arbeit vom Land in die Städte formulierte der Bericht die Grundprinzipien der Verwandlung Chinas von einem Agrarland in ein Industrieland und des Übergangs zum Sozialismus. Der Bericht nennt fünf Wirtschaftsformen, die für längere Zeit nebeneinander in der Volksrepublik bestehen sollten:

1. Staatlicher Sektor
2. genossenschaftlicher Sektor
3. Einzelwirtschaft
4. privatkapitalistischer Sektor
5. staatskapitalistischer Sektor.

Nach der Übersiedlung des ZK nach Peking begannen noch einmal Verhandlungen mit der Kuomintang. Am 21. April eröffnete die Volksbefreiungsarmee, nachdem die Kuomintang die Unterzeichnung eines Friedensabkommens abgelehnt hatte, den Angriff und nahm am 23. April Nanking, den Sitz der Kuomintangregierung, ein.

Am 15. Juni begannen in Peking die Vorbereitungen für die Bildung der Volksrepublik. Die theoretische Grundlage für den Charakter der Volksrepublik bildet die am 30. Juni von Mao Tse-tung verfaßte Schrift: "Über die demokratische Diktatur des Volkes" (37). Ausgehend von der Definition des Volkes, zu dem Arbeiterklasse, Bauernklasse, Kleinbourgeoisie und nationale Bourgeoisie zu rechnen sind, bildet die Grundlage der Diktatur des Volkes das Bündnis der Arbeiter, Bauern und der städtischen Kleinbourgeoisie.

Bei seiner Ansprache auf der ersten Tagung des Politischen Konsultativen Volksrates führte Mao Tse-tung über die Bedeutung der chinesischen Volksrepublik aus:

"Die Geschichte wird zeigen, daß die Chinesen, die ein Viertel der Menschheit bilden, nunmehr neuen Auftrieb bekommen haben... Länger als ein Jahrhundert, auch während der Revolution des Jahres 1911, an deren Spitze Dr. Sun Yat-sen, der gewaltige Sturmvogel der chinesischen Revolution, stand, haben unsere Vorgänger nicht nachgelassen in ihrem unerschütterlichen und selbstlosen Kampf gegen die ausländischen und die inneren Unterdrücker. Unsere Vorgänger haben uns das Vermächtnis hinterlassen, ihre erhabensten Träume zu verwirklichen. Das haben wir jetzt getan. Wir haben uns zusammengeschlossen, und im Verlauf eines Volksbefreiungskrieges und einer gewaltigen Volksrevolution haben wir die ausländischen und die inneren Unterdrücker gestürzt.

Wir proklamieren die Gründung der Volksrepublik China. Damit tritt unser Volk in die Gemeinschaft der friedliebenden und freiheitsliebenden Völker der Welt ein. Es wird aufopfernd und fleißig arbeiten, um sich seine eigene Zivilisation und sein Glück zu schaffen, und es wird dabei zugleich für den Frieden und die Freiheit in der ganzen Welt kämpfen. Unser Volk wird niemals mehr erniedrigt werden. Wir haben bereits frischen Mut gefaßt. Unsere Revolution hat die Sympathien und die Anerkennung der Volksmassen in der ganzen Welt gewonnen, und wir haben Freunde in allen Teilen der Welt." (38)

IV. Chou Li-pos "Orkan" als Darstellung der Einheit von Untersuchen und Organisieren

Der Roman ist ein Dokument der geduldigen Arbeit der Partei gerade unter den "rückständigen" Massen, deren Mobilisierung die Voraussetzung für den Sieg in der Revolution ist. Er gibt die verschiedenen Etappen, Wendungen und Rückschläge wieder, nach denen die Bauern im Dorfe Yüanmaotun sich schließlich ihrer Kräfte bewußt und zur Stütze der Volksmacht werden.

An der Arbeit des Aufklärertrupps der Roten Armee wird die Einheit von Untersuchen und Organisieren vor Augen geführt. Schon auf der Fahrt nach Yüanmaotun beginnt die Untersuchungsarbeit im Gespräch mit dem Kutscher Sun, woraus sich ein erster Überblick über die Machtverhältnisse im Dorf ergibt. Als der Trupp in Yüanmaotun ankommt, werden keine programmatischen Reden gehalten, sondern die Mitglieder des Trupps sprechen mit den Bauern, denen sie bei der Feldarbeit helfen, und gehen in die Häuser, um sich mit den Frauen über das Leben im Dorf zu unterhalten. Hauptmann Hsiao begibt sich zu dem mächtigsten Großgrundbesitzer und informiert sich über den Hauptgegner. Abends kommt der Aufklärertrupp zusammen; die Mitglieder tauschen ihre Erfahrungen aus und suchen sie zu verallgemeinern. Die Frage, wer zur Rechten, zur Mitte und zur Linken gehört, wird konkret nach der Stellung der Dorfbewohner zu dem Großgrundbesitzer Han beantwortet. Die Dorfbewohner, mit denen die Zusammenarbeit beginnen soll, werden benannt.

Das Ergebnis der Untersuchung, daß das Bewußtsein der Unterdrückten noch sehr rückständig ist und der Großgrundbesitzer, obwohl die Kuomintangtruppen vertrieben worden sind, eine große Macht darstellt, führt den Aufklärertrupp nicht zur Resignation über die Rückständigkeit der Massen, sondern spornt seine Kräfte an, mit denjenigen Dorfbewohnern, die den Mut haben, Han öffentlich anzuklagen, ein Volksgericht über die Schandtaten des Großgrundbesitzers zustandezubringen. Damit wird der Untersuchung eine organisatorische Wendung gegeben.

Die dreimalige Gerichtsverhandlung gegen den Großgrundbesitzer macht deutlich, daß es oberstes Prinzip des Aufklärertrupps ist, nicht stellvertretend für die Massen zu handeln. Der Aufklärertrupp hilft bei der Formulierung der Anklage, aber die Dorfbewohner halten selbst Gericht und finden das Urteil. An der niedergedrückten Stimmung, in die die Mitglieder des Aufklärertrupps über die Langsamkeit des Prozesses und die Gutmütigkeit des Volkes gegenüber seinem schändlichsten Unterdrücker verfallen, zeigt Chou Li-po, wie schwer die geduldige Arbeit unter den Massen ist.

Auch die Mitglieder des Aufklärertrupps, die zum großen Teil Städter sind, lernen bei diesem Mobilisierungsprozeß. Bei der schließlichen einmütigen Verurteilung des Großgrundbesitzers erkennen sie, daß der Langsamkeit des Umwandlungsprozesses, an der sie fast verzweifelten, eine Breite der Massenbewegung entspricht. Kurz nach Hans Verurteilung ist es möglich, ohne die Hilfe der Roten Armee, gestützt auf die Tatkraft und den Mut der mobilisierten Bauern, einen gefährlichen, von den Gutsbesitzern geschickten Banditenhaufen in die Flucht zu schlagen, vor dem sich die Dorfbewohner nur wenige Wochen vorher noch maßlos gefürchtet hatten.

An seiner Arbeit auf dem Dorf zeigt sich, daß das Führen von Untersuchungen den Aufklärertrupp befähigt hat, die Lage richtig einzuschätzen, nicht kurzfristig auf Erfolge zu hoffen, sondern die Schwierigkeiten zu erkennen, die einer endgültigen Niederlage des Großgrundbesitzers Han im Wege stehen. Gestützt auf diese Untersuchungen konnte er die richtigen Schritte einleiten, die die Dorfbewohner dazu führten, ihre Furcht zu überwinden und sich mit den revolutionären Kräften zusammenzuschließen. Damit hat der Aufklärertrupp nicht nur seine Rolle als Vortrupp der revolutionären Massen erfüllt, sondern er hat es gleichzeitig erreicht, diese eng mit der Kommunistischen Partei zusammenzuschließen. Er hat damit gezeigt, wie die Kommunisten die Erfahrungen der internationalen Arbeiterbewegung durch das Führen von Untersuchungen im nationalen Rahmen und an jedem einzelnen Kampfabschnitt mit den Interessen der unterdrückten Volksmassen verbinden, auf dieser festen Grundlage weder der Gefahr der Nachgiebigkeit gegenüber den Listen der Konterrevolution noch dem Fehler der revolutionären Ungeduld erliegen und so die Volksmassen zu ihrem historischen Sieg führen.

Der zweite Teil von "Orkan" zeigt, daß auch große Erfolge bei der Mobilisierung der Massen keinen dauernden Fortschritt garantieren. Der Prozeß der Anleitung der Massen zur erneuten Entlarvung ihrer Unterdrücker muß ständig weitergeführt und die Gewinnung neuer Kader für die Partei fortgesetzt werden. Die Revolution entfaltet sich nur dann bis zu ihrem endgültigen Ziel — dem Kommunismus — wenn der Klassenkampf auch nach dem Hauptsieg gegen den Imperialismus und seine Verbündeten im eigenen Land fortgeführt wird und die verbliebenen und neu aufkeimenden konterrevolutionären Kräfte immer wieder von neuem bekämpft und niedergehalten werden, wenn sich die revolutionären Massen in diesem Kampf immer fester um die Kommunistische Partei zusammenschließen und lernen, ihre Aufgaben beim Aufbau des Sozialismus immer klarer zu erkennen und besser zu erfüllen. Stillstand des Klassenkampfes bedeutet Stagnation der Revolution und Erstarken der konterrevolutionären Elemente und den Verzicht darauf, die revolutionären Massen für ihre Aufgabe beim Aufbau des Sozialismus ideologisch, politisch und militärisch zu schulen. Die Beachtung dieser Tatsache erklärt den ständigen Fortschritt der chinesischen Revolution. Der Roman selbst ist ein hervorragendes Dokument für diesen ständigen Mobilisierungsprozeß in der Etappe der Bodenreform.

Chou Li-po hat in seinem Roman, der 1949 erschien, seine Erfahrungen bei der Bodenreform verallgemeinert und trägt mit seinem Werk dazu bei, das, was er aus den Massen geschöpft hat, in anschaulicher und lehrreicher Form wieder in die Massen zu tragen und ihr revolutionäres Bewußtsein zu heben. Sein Werk ist selbst ein Teil der langandauernden Kampagne für die Durchführung der Bodenreform, die im Süden Chinas, der bis zum Ende unter der Kuomintang-Herrschaft gestanden hatte, erst im Jahre 1949 in Angriff genommen werden konnte.

Chou Li-po verwirklicht damit in glänzender Weise die Forderung, die Mao Tsetung auf der Yenaner Aussprache über Literatur und Kunst (1942) erhoben hat: die Forderung, daß die revolutionäre Literatur vom Boden der Massen ausgehen und zu ihrer Niveauanhebung beitragen soll.

> "Wir dürfen nur das popularisieren, was die Arbeiter, Bauern und Soldaten selbst brauchen und was von ihnen bereitwillig aufgenommen wird. Deshalb kommt vor der Aufgabe, die Arbeiter, Bauern und Soldaten zu erziehen, die Aufgabe, von ihnen zu lernen. Das gilt noch mehr für die Hebung des Niveaus. Dafür muß es eine Basis geben. Wenn wir zum Beispiel einen Eimer Wasser hochheben, von wo aus tun wir das, wenn nicht vom Boden? Etwa aus der Luft? Was ist nun die Basis, wenn wir das Niveau unserer Literatur und Kunst heben wollen? Die Basis der Feudalklasse, die der Bourgeoisie? Oder die der kleinbürgerlichen Intellektuellen? Nichts von

alledem, nur von der Basis der Massen, der Arbeiter, Bauern und Soldaten darf man ausgehen. Das bedeutet auch nicht, daß wir die Arbeiter, Bauern und Soldaten auf die Höhe der Feudalklasse, der Bourgeoisie oder der kleinbürgerlichen Intelligenz heben, sondern daß wir ihr Niveau in der Richtung heben, in der die Arbeiter, Bauern und Soldaten selbst vorwärtsschreiten, in der Richtung, in der das Proletariat vorwärtsschreitet.'' (39)

Wie der Aufklärertrupp bei seiner Arbeit in Yüanmaotun von den Untersuchungsgesprächen ausgeht und von den konkreten Bedingungen dieses Dorfes seinen Kampf gegen den Feudalismus in seiner materiellen und in seiner ideologischen Form entwickelt, so geht Chou Li-po in seinem Werk nicht etwa von eigenen "revolutionären" Vorstellungen und Bedürfnissen aus, sondern gestaltet die revolutionäre Perspektive des Romans als Verallgemeinerung seiner Arbeit unter den chinesischen Volksmassen.

ANMERKUNGEN

(1) Mao Tse-tung, Ausgew. Werke, Bd. II, S. 360

(2) a.a.O.

(3) Mjau Tschu-Hwang, Kurze Geschichte der KPCh, Peking 1956, S. 20

(4) Der I. und II. Kongreß der Kommunistischen Internationale, Berlin 1959, S. 166

(5) Mao Tse-tung, Bd. II, S. 361

(6) Der I. und II. Kongreß der KI, S. 168

(7) a.a.O., S. 174/175

(8) Mao Tse-tung, Bd. II, S. 437

(9) Zitiert nach Brandt, Schwartz, Fairbank, Der Kommunismus in China. Eine Dokumentar-Geschichte. München 1955, S. 40/41

(10) Fairbank/Schwartz, S. 35

(11) Lenin, Demokratie oder Narodnikitum in China, zit. in: Zeitschrift für die Geschichte der Arbeiterbewegung, VII. Jg. 1959, Sonderheft, S. 163

(12) Li Ze-hou, Über Sun Yat-sens "Grundsatz vom Volkswohlstand", a.a.O., S. 153

(13) Zit. nach: Kurze Geschichte der KPCh, S. 76/77

(14) Anm. 1 in Mao Tse-tung, Untersuchungsbericht über die Bauernbewegung in Hunan. Bd. I, S. 21/22

(15) Mao Tse-tung, Bd. I, S. 21/22

(16) Mao Tse-tung, Bd. I, S. 82

(17) Mao Tse-tung, Bd. I, S. 230

(18) "Warum kann die chinesische Rote Macht bestehen", Bd. I, S. 67; "Der Kampf im Djinggang-Gebirge", Bd. I, S. 79; "Über die Berichtigung falscher Ansichten in der Partei", Bd. I, S. 119; "Aus einem Funken kann ein Steppenbrand entstehen", Bd. I, S. 133

(19) Peking Rundschau 27, 1971, S. 7

(20) Mao Tse-tung, Bd. I, S. 249. Die "Drei Gebote der Disziplin" lauten: 1. Ordne dich in allen Dingen dem Kommandeur unter! 2. Nimm der Bevölkerung nichts fort!.3. Liefere alle Beute an den Stab ab! Das "Acht-Punkte-Merkblatt" besagt: 1. Sei höflich! 2. Was du kaufst, bezahle ehrlich! 3. Was du dir

ausborgst, gib zurück! 4. Für verdorbene Sachen leiste Ersatz! 5. Suche keine Händel und führe keine unanständige Reden! 6. Verdirb die Saaten nicht! 7. Belästige die Frauen nicht! 8. Behandle die Gefangenen anständig!

(21) Das Konzept zur Schaffung einer Roten Armee bestand seit dem Nantschangaufstand, einem der großen Aufstände von 1927, der von Mao Tse-tung angeleitet wurde.

(22) Mao Tse-tung, Bd. I, S. 127

(23) Die nordöstlichen Gebiete Chinas, die Mandschurei, waren das Einfallstor der Japaner im Krieg gegen China. In diesem Gebiet liegt das Dorf Yüanmaotun, in dem die Handlung des Romans "Orkan" spielt.

(24) Mao Tse-tung, Bd. I, S. 177

(25) a.a.O., S. 188

(26) Mao Tse-tung, Bd. II, S. 12

(27) Die Grundbesitzer ließen sich Pacht und Steuern oft bis zu 50 Jahre im voraus bezahlen und stürzten damit die Bauern in unübersehbare Schulden, die sie durch lebenslange Fronarbeit abzuzahlen hatten.

(28) Mao Tse-tung, Bd. III, S. 71

(29) Beide in Bd. II der Ausgew. Werke

(30) "Direktive über die Bodenfrage" vom 4. Mai 1946 und "Hauptthesen des chinesischen Bodengesetzes" vom Oktober 1947

(31) S. 282 des Romans; siehe Dokumentenanhang

(32) Aus: "Zur Veröffentlichung des Entwurfs für ein Bodengesetz in China", zit. nach: Kurze Geschichte der KPCh, S. 241

(33) Anm. 4, Bd. IV, S. 119

(34) Orkan, S. 407

(35) Mao Tse-tung, Bd. IV, S. 190/191

(36) a.a.O., S. 172

(37) a.a.O., S. 437

(38) Zit. nach: Kurze Geschichte der KPCh, S. 273

(39) Mao Tse-tung, Bd. III, S. 88/89

PACHTSENKUNG UND PRODUKTION—ZWEI WICHTIGE AUFGABEN BEI DER VERTEIDIGUNG DER BEFREITEN GEBIETE*

(7. November 1945)

1. Die Kuomintang, von den USA unterstützt, mobilisiert all ihre Kräfte, um unsere befreiten Gebiete anzugreifen. Ein das ganze Land erfassender Bürgerkrieg ist bereits zur Tatsache geworden. Die gegenwärtige Aufgabe unserer Partei besteht darin, alle Kräfte zu mobilisieren, um vom Standpunkt der Selbstverteidigung aus die Angriffe der Kuomintang zu zerschlagen, die befreiten Gebiete zu schützen und den Frieden zu erkämpfen. Um dieses Ziel zu erreichen, ist es zur vordringlichen Aufgabe geworden, daß die Bauern in den befreiten Gebieten allgemein aus der Senkung des Pachtzinses Nutzen ziehen und die Arbeiter und übrigen Werktätigen von angemessenen Lohnerhöhungen und verbesserten Arbeits- und Lebensbedingungen Vorteil haben; daß gleichzeitig die Grundherren noch ihren Lebensunterhalt bestreiten können und die Industrie- und Handelskapitalisten noch Profite machen können; daß ferner im nächsten Jahr eine umfassende Produktionskampagne entfaltet wird, die Produktion von Getreide und Massenbedarfsartikeln steigt, sich die Lebensbedingungen des Volkes verbessern, Hungernde und Flüchtlinge Unterstützung bekommen und die Bedürfnisse der Armee befriedigt werden. Nur wenn die zwei wichtigen Aufgaben — Pachtsenkung und Produktion — erfolgreich ausgeführt werden, können wir die Schwierigkeiten überwinden, den Krieg unterstützen und den Sieg davontragen.

Da der Krieg jetzt einen sehr großen Umfang angenommen hat und viele der führenden Genossen Kommandoposten an der Front bekleiden, können sie nicht gleichzeitig der Pachtsenkung und der Pro-

---

* Eine von Genossen Mao Tse-tung entworfene innerparteiliche Direktive des Zentralkomitees der Kommunistischen Partei Chinas.

duktion Beachtung schenken. Daher muß die Arbeit verteilt werden. Jene führenden Genossen, die im Hinterland bleiben, dürfen neben der vielen Arbeit, die sie verrichten, um unmittelbar die Front zu unterstützen, keine Gelegenheit versäumen, die Arbeit auf diesen beiden wichtigen Gebieten der Pachtsenkung und der Produktion zu organisieren. In den kommenden Winter- und Frühlingsmonaten müssen sie in allen befreiten Gebieten, besonders in den ausgedehnten neuen befreiten Gebieten, eine umfassende Kampagne zur Pachtsenkung entfalten und allgemein die Pacht herabsetzen, um unter der großen Mehrheit der Bauernmassen einen revolutionären Eifer zu wecken. Außerdem müssen sie dafür sorgen, daß 1946 die Landwirtschafts- und Industrieproduktion in allen befreiten Gebieten eine neue Entwicklung erlebt. Pachtsenkung und Produktion dürfen nicht wegen des neuen großangelegten Krieges vernachlässigt werden; im Gegenteil, gerade um die Offensive der Kuomintang zu zerschlagen, muß die Arbeit für die Pachtsenkung und die Produktion intensiviert werden.

3. Die Pachtsenkung soll das Resultat eines Massenkampfes und nicht ein Gnadengeschenk von der Regierung sein. Davon hängt ihr Erfolg oder Mißerfolg ab. Im Kampf um die Pachtsenkung wird man schwerlich Überspitzungen vermeiden können. Solange er aber wirklich ein bewußter Kampf der breiten Volksmassen ist, können jegliche Überspitzungen später wieder berichtigt werden. Nur dann können wir die Massen überzeugen und sie erkennen lassen, daß es im Interesse der Bauern und des ganzen Volkes ist, wenn wir den Grundherren erlauben, weiter ihren Lebensunterhalt zu bestreiten, damit sie nicht die Kuomintang unterstützen. Die gegenwärtige Politik unserer Partei besteht immer noch in der Pachtsenkung und nicht in der Beschlagnahme des Bodens. Während und nach der Pachtsenkungskampagne müssen wir der großen Mehrheit der Bauern helfen, sich in Bauernvereinigungen zu organisieren.

4. Der Schlüssel zum Sieg in der Produktionskampagne liegt in der Organisierung der großen Mehrheit der Produzenten zu Produktionsorganisationen der gegenseitigen Hilfe. Eine unentbehrliche Maßnahme ist die Verleihung von Staatskrediten für Landwirtschaft und Industrie. Sehr wichtig ist auch, die landwirtschaftlichen Arbeiten zeitgerecht zu verrichten und die Arbeitszeitverluste zu verringern. Gegenwärtig müssen wir einerseits Zivilpersonen zur Unterstützung des Krieges mobilisieren; andererseits aber dürfen wir nach Möglichkeit keine Frist für die jeweiligen landwirtschaftlichen Arbeiten versäumen; deshalb müssen wir passende Methoden herausfinden. Trup-

peneinheiten, Institutionen und Lehranstalten sollen weiterhin in angemessenem Maße an der Produktion teilnehmen, soweit dies den Krieg, die Amtsgeschäfte und das Studium nicht beeinträchtigt. Nur so können sie ihre Lebensbedingungen verbessern und die Lasten des Volkes erleichtern.

5. Wir besitzen schon mehrere große und viele mittelgroße Städte. Es ist jetzt eine wichtige Aufgabe unserer Partei geworden, die Wirtschaft in diesen Städten unter Kontrolle zu bringen und die Industrie, den Handel sowie das Finanzwesen zu entwickeln. Zu diesem Zweck ist es dringend erforderlich, alle verfügbaren qualifizierten Personen zu verwenden und die Parteimitglieder zu überzeugen, daß sie mit ihnen zusammenarbeiten und von ihnen Technik und Methoden der Verwaltung erlernen.

6. Sagt allen Parteimitgliedern, wir müssen fest zum Volk stehen, uns um seine wirtschaftlichen Schwierigkeiten kümmern und die Durchführung der zwei wichtigen Aufgaben — Pachtsenkung und Produktion — als Schlüssel zur Hilfe für das Volk bei der Überwindung seiner Schwierigkeiten betrachten. Wenn wir das tun, werden wir die wärmste Unterstützung des Volkes genießen und alle Angriffe der Reaktionäre zerschlagen können. Man muß alles immer noch vom Standpunkt langwährender Anstrengungen betrachten, mit Menschenreserven und Materialhilfsquellen sparsam umgehen und alles auf einer langfristigen Grundlage planen; so werden wir des Sieges sicher sein.

FESTE STÜTZPUNKTGEBIETE IM NORDOSTEN ERRICHTEN*

(28. Dezember 1945)

1. Die gegenwärtige Aufgabe unserer Partei im Nordosten besteht darin, Stützpunktgebiete zu errichten, feste militärische und politische Stützpunktgebiete in der östlichen, nördlichen und westlichen Mandschurei[1]. Solche Stützpunktgebiete zu errichten ist keine leichte Sache; das erfordert einen schweren und harten Kampf. Man wird drei bis vier Jahre zur Errichtung solcher Stützpunktgebiete brauchen. Aber im Jahre 1946 müssen wir die ersten festen Fundamente legen; sonst werden wir nicht Fuß fassen können.

2. Es soll jetzt festgelegt werden, daß wir diese Stützpunktgebiete nicht in Großstädten oder an Hauptverkehrslinien errichten, die sich in den Händen der Kuomintang befinden oder befinden werden; das ist unter den gegenwärtigen Umständen undurchführbar. Auch sollen sie nicht in der Nähe von Großstädten oder Hauptverkehrslinien, die sich in den Händen der Kuomintang befinden, angelegt werden. Der Grund dafür liegt darin, daß die Kuomintang, die sich der Großstädte und der Hauptverkehrslinien bemächtigt hat, es nicht zulassen wird, daß wir feste Stützpunktgebiete in ihrer unmittelbaren Nähe errichten. In solchen Gebieten muß unsere Partei hinreichende Arbeit leisten und unsere erste Kampflinie der militärischen Verteidigung errichten, diese

---

* Diese von Genossen Mao Tse-tung entworfene Direktive des Zentralkomitees der Kommunistischen Partei Chinas war an das Nordostbüro des Zentralkomitees gerichtet. Nachdem die Sowjetunion Japan den Krieg erklärt hatte und die sowjetische Rote Armee in den Nordosten einmarschiert war, entsandten das Zentralkomitee der Kommunistischen Partei Chinas und die Chinesische Volksbefreiungsarmee sofort eine große Anzahl von Kadern und Truppen nach dem Nordosten, um dort das Volk bei der Beseitigung der Überreste des japanischen Eindringlinge und des „Mandschukuo"-Marionettenregimes, bei der Liquidierung der Landesverräter, bei der Ausrottung der Banditen und bei der Errichtung örtlicher demokratischer Machtorgane auf verschiedenen Ebenen zu führen. Aber zu gleicher Zeit transportierten die Kuomin-

Gebiete dürfen keineswegs leichtfertig aufgegeben werden. Aber diese Gebiete werden für beide Parteien Partisanengebiete sein und nicht feste Stützpunktgebiete für uns. Darum sind Städte und ausgedehnte Landgebiete, die verhältnismäßig weit entfernt von den Zentren der Kuomintang-Gebiete gelegen sind, für feste Stützpunkte geeignete Gebiete. Solche Gebiete sollen jetzt bestimmt werden, damit wir dementsprechend unsere Kräfte aufstellen und die ganze Partei diesem Ziel entgegenführen können.

3. Nachdem wir die Lokalität unserer festen Stützpunktgebiete bestimmt und unsere Kräfte aufgestellt haben und nachdem sich unsere Armee zahlenmäßig bedeutend verstärkt hat, wird die Arbeit unter den Massen den Schwerpunkt unserer Parteiarbeit im Nordosten bilden. Allen Kadern muß klargemacht werden, daß im Nordosten die Kuomintang noch eine Zeitlang stärker als unsere Partei sein wird und daß wir — wenn wir es nicht als unseren Ausgangspunkt ansehen, die Massen zum Kampf aufzurütteln, ihre Probleme zu lösen und uns in jeder Hinsicht auf sie zu stützen, und wenn wir nicht alle Kräfte mobilisieren, sorgfältig unter den Massen zu arbeiten, und innerhalb eines Jahres, besonders in den nächsten kritischen Monaten, die ersten festen Fundamente legen — im Nordosten isoliert und außerstande sein werden, feste Stützpunktgebiete zu errichten und die Angriffe der Kuomintang zu zerschlagen, und auf gewaltige Schwierigkeiten stoßen oder sogar eine Niederlage erleiden können. Wenn wir uns umgekehrt fest auf die Massen stützen, werden wir alle Schwierigkeiten überwinden und unser Ziel Schritt für Schritt erreichen. Die Arbeit unter den

tang-Reaktionäre, die darauf versessen waren, den ganzen Nordosten unter ihre alleinige Kontrolle zu bringen, mit Hilfe des USA-Imperialismus zu Lande, zu Wasser und auf dem Luftweg große Mengen von Truppenkontingenten dorthin und bemächtigten sich solcher Schlüsselpositionen wie Schanhaiguan und Djindschou, die schon von der Volksbefreiungsarmee befreit worden waren. Daher war ein erbitterter Kampf im Nordosten unvermeidlich, und dieser Kampf war offensichtlich von besonders wichtiger Bedeutung für die Lage im ganzen Land. In dieser Direktive sah Genosse Mao Tse-tung voraus, wie mühsam der Kampf im Nordosten sein würde, und er hob rechtzeitig hervor, daß dort der Schwerpunkt der Arbeit in den Städten und den ausgedehnten Landgebieten liegen müsse, die von den Zentren der Kuomintang-Gebiete verhältnismäßig weit entfernt waren, das heißt „die Landstraße räumen und die Gebiete zu beiden Seiten einnehmen", um die Massen wirklich aufzurütteln, feste Stützpunktgebiete zu errichten, nach und nach Kräfte zu sammeln und den künftigen Übergang zur Gegenoffensive vorzubereiten. Diese richtige Politik des Zentralkomitees der Partei und des Genossen Mao Tse-tung wurde vom Nordostbüro mit Genossen Lin Biao an der Spitze wirkungsvoll durchgeführt; diesem Umstand war es zu danken, daß drei Jahre später, im November 1948, der große Sieg, die Befreiung des ganzen Nordostens, errungen werden konnte.

Massen besteht darin, die Massen dazu aufzurütteln, einen Kampf zur Abrechnung mit den Landesverrätern zu führen und Bewegungen zur Senkung des Pachtzinses und zur Erhöhung der Löhne sowie Produktionskampagnen zu entfalten. In diesen Kämpfen müssen wir verschiedene Massenorganisationen bilden, einen Parteikern schaffen, bewaffnete Einheiten der Massen aufstellen und Machtorgane des Volkes errichten, die Massenkämpfe schnellstens von ökonomischen zu politischen Kämpfen erheben und die Massen dazu bringen, an dem Aufbau der Stützpunktgebiete teilzunehmen. Die Direktive zur Entfaltung von Massenkämpfen, die vor kurzem vom Parteikomitee der Provinz Jehol erlassen wurde,[2] kann auf den Nordosten angewendet werden. Unsere Partei muß dem Volk im Nordosten greifbaren materiellen Nutzen verschaffen, nur dann werden uns die Massen unterstützen und den Kuomintang-Angriffen entgegentreten. Andernfalls werden die Massen nicht klar erkennen können, welche der beiden Parteien — die Kommunistische Partei oder die Kuomintang — gut und welche schlecht ist, und sie könnten zeitweilig durch die trügerische Kuomintang-Propaganda hinters Licht geführt werden und sich sogar gegen unsere Partei wenden, wodurch im Nordosten eine äußerst ungünstige Lage für uns entstehen würde.

4. Im Nordosten besteht gegenwärtig für unsere Partei eine subjektive Schwierigkeit. Eine große Anzahl unserer dort befindlichen Kader und Truppen sind Neuankömmlinge und daher mit Land und Leuten nicht vertraut. Es gibt Kader, die unzufrieden sind, weil wir nicht die Großstädte besetzen können; sie bringen keine Geduld für die mühsame Arbeit des Wachrüttelns der Massen und der Errichtung von Stützpunktgebieten auf. Diese Umstände stehen im Gegensatz zur gegenwärtigen Lage und zu den Aufgaben der Partei. Immer wieder müssen wir die Kader von auswärts lehren, ihr Augenmerk Untersuchungen und Forschungen zuzuwenden, sich mit Land und Leuten vertraut zu machen und sich zu entschließen, mit dem Volk im Nordosten völlig eins zu werden; sie müssen auch eine große Zahl von Aktivisten und Kadern aus der Mitte der Volksmassen heranbilden. Den Kadern sollen wir erklären, daß zwar die Großstädte und Verkehrslinien in den Händen der Kuomintang sind, die Lage im Nordosten aber dennoch für uns günstig ist. Wenn wir unter allen Kadern und Soldaten den Gedanken verbreiten, die Massen aufzurütteln und Stützpunktgebiete zu errichten, wenn wir alle Kräfte mobilisieren, um schnell den großen Kampf zur Errichtung von Stützpunktgebieten aufzunehmen, werden wir im Nordosten und in Jehol festen Fuß fassen

und den Sieg sichern. Wir müssen den Kadern sagen, daß sie unter keinen Umständen die Stärke der Kuomintang unterschätzen dürfen; ebensowenig dürfen sie bei der mühsamen Arbeit ungeduldig werden, in der Meinung, die Kuomintang würde sowieso die Ost- und Nordmandschurei angreifen. Wenn wir dies den Kadern erklären, dürfen wir bei ihnen selbstverständlich nicht den Eindruck entstehen lassen, daß die Kuomintang furchtbar stark sei und ihre Angriffe nicht abgeschlagen werden könnten. Und es soll darauf hingewiesen werden, daß die Kuomintang im Nordosten kein tief verankertes, organisiertes Fundament besitzt und daß ihre Angriffe zerschlagen werden können; es besteht daher für unsere Partei die Möglichkeit, Stützpunktgebiete zu errichten. Zur Zeit aber greifen die Kuomintang-Truppen das Gebiet an der Grenze zwischen Jehol und Liaoning an, und wenn man ihnen keine Schläge versetzt, werden sie bald die Ost- und Nordmandschurei angreifen. Deswegen müssen alle unsere Parteimitglieder entschlossen sein, die schwierigsten Aufgaben auf sich zu nehmen, schnell die Massen aufzurütteln, Stützpunktgebiete zu errichten und die Kuomintang-Angriffe in der Westmandschurei und in Jehol entschieden und planmäßig zu zerschlagen. In der Ost- und Nordmandschurei müssen wir schnell die Bedingungen für die Zerschlagung der Kuomintang-Angriffe vorbereiten. Unter den Kadern muß man restlos mit allen Vorstellungen aufräumen, daß der Sieg mühelos, durch glückliche Zufälle erlangt werden könnte — ohne harte und bittere Kämpfe, ohne Schweiß und Blut.

5. Unverzüglich sind in der westlichen, östlichen und nördlichen Mandschurei Militärbezirke und -unterbezirke abzugrenzen und unsere Streitkräfte in Feldtruppen und regionale Verbände einzuteilen. Einen beträchtlichen Teil der regulären Truppen muß man den Militärunterbezirken zuteilen, um die Massen aufzurütteln, die Banditen auszurotten, Organe der politischen Macht zu errichten, Partisanenabteilungen, eine Volksmiliz und Selbstverteidigungsabteilungen zu organisieren, so daß wir unsere Gebiete absichern und im Zusammenwirken mit den Feldtruppen die Kuomintang-Angriffe zerschlagen können. Allen Truppen müssen bestimmte Gebiete und bestimmte Aufgaben zugewiesen werden; nur so können sie sich schnell mit dem Volk verbinden und feste Stützpunktgebiete errichten.

6. Zur Zeit sind mehr als 100 000 Mann unserer Armee in den Nordosten und in Jehol eingezogen; außerdem hat sich dort unsere Armee kürzlich um mehr als 200 000 Mann verstärkt, und sie tendiert dahin, sich weiterhin zu verstärken. Wir schätzen, daß innerhalb eines

Jahres mit Einschluß des Partei- und Verwaltungspersonals eine Gesamtstärke von über 400 000 Mann erreicht sein wird. Ein Zustand, bei dem eine so große Anzahl von Menschen von der Produktion losgelöst ist und hinsichtlich der Versorgung vollständig von der Bevölkerung des Nordostens abhängt, kann sicherlich nicht lange dauern und ist sehr gefährlich. Darum müssen sich alle Truppeneinheiten und Institutionen in der Zeit, die nicht mit Kämpfen und Arbeit ausgefüllt ist, mit der Produktion befassen, ausgenommen jene Verbände der Feldtruppen, die zusammengezogen und mit wichtigen militärischen Operationen beauftragt sind. Das Jahr 1946 darf nicht ohne Resultate verlaufen; der ganze Nordosten muß dementsprechend unverzüglich seine Pläne ausarbeiten.

7. Im Nordosten ist es für die Errichtung unserer Stützpunktgebiete und die Erzielung zukünftiger Siege von lebenswichtiger Bedeutung, welche Richtung die Arbeiter und Intellektuellen einschlagen. Unsere Partei soll daher der Arbeit in den Großstädten und entlang den Hauptverkehrslinien und besonders der Gewinnung der Arbeiter und Intellektuellen volle Beachtung schenken. In Anbetracht der Tatsache, daß am Anfang des Widerstandskriegs unsere Partei nicht genügend darauf achtete, Arbeiter und Intellektuelle dafür zu gewinnen, in unsere Stützpunktgebiete zu kommen, sollen die Parteiorganisationen im Nordosten neben ihrer Aufmerksamkeit, die sie auf die Untergrundarbeit in den Kuomintang-Gebieten richten, jetzt auch noch ihr möglichstes tun, um Arbeiter und Intellektuelle für den Eintritt in unsere Armee und für die Teilnahme an verschiedenen Aufbauarbeiten in den Stützpunktgebieten heranzuziehen.

ANMERKUNGEN

[1] Zu dem Stützpunktgebiet in der Ostmandschurei gehörten Kirin, Hsi-an, Antu, Yändji, Dunhua und andere Gebiete östlich der Schenyang-Tschangtschun-Strecke der Chinesischen Tschangtschun-Eisenbahn. Zu dem Stützpunktgebiet in der Nordmandschurei gehörten u. a. Harbin, Mudandjiang, Bean und Djiamusi. Zu dem Stützpunktgebiet in der Westmandschurei gehörten Tsitsihar, Taoan, Kailu, Fuhsin, Dschengdjiatun, Fuyü und andere Gebiete westlich der Schenyang-Tschangtschun-Strecke der Chinesischen Tschangtschun-Eisenbahn. Außerdem errichtete die Partei in der Südmandschurei ein Stützpunktgebiet. Dazu gehörten u. a. Andung [heute Dandung — Der Übers.], Dschuangho, Tunghua, Lindjiang, Tjingyüan östlich der Schenyang-Daliän-Strecke der Chinesischen Tschangtschun-Eisenbahn sowie Liaodschung südwestlich von Schenyang. Auch der beharrliche Kampf gegen den Feind

in der Südmandschurei spielte eine wichtige Rolle beim Aufbau der Stützpunktgebiete im Nordosten.

2 Das bezieht sich auf die „Direktive zur Aufrüttelung der Massen", die im Dezember 1945 von dem Jehol-Provinzkomitee der Kommunistischen Partei Chinas herausgegeben wurde. Sie legte fest: Um die Massen aufzurütteln, besteht gegenwärtig die zentrale Aufgabe darin, eine Massenbewegung zur Abrechnung mit Landesverrätern und Geheimagenten zu entfalten, bei der diese angeklagt und bestraft werden. Diese Bewegung sollte den Eifer der Massen anfachen und ihre gesellschaftliche, politische und ökonomische Stellung heben; die Gewerkschaften, Bauernvereinigungen und die anderen Massenorganisationen sollten organisiert und Vorbereitungen getroffen werden, um nach wesentlicher Beendigung dieser Bewegung zu einer Massenbewegung für die Senkung von Pacht- und Darlehenszinsen überzugehen. Bei der Aufrüttelung der Massen in den Städten müssen wir zuerst die Arbeiter wachrütteln, damit sie in der Bewegung zur Abrechnung mit Landesverrätern und Geheimagenten die Rolle der Vorhut und der Führung übernehmen können. Die Direktive verlangte auch die Beherrschung der ganzen Stadtverwaltungsarbeit, das sparsame Haushalten mit Arbeitskräften und eine langfristige Planung.

DEM NEUEN AUFSCHWUNG
DER CHINESISCHEN REVOLUTION ENTGEGEN*

(1. Februar 1947)

b. Das Bodenproblem. In ungefähr zwei Dritteln des Territoriums jedes befreiten Gebiets wurde die Direktive des Zentralkomitees vom 4. Mai 1946 in die Tat umgesetzt, das Bodenproblem gelöst und die Losung „Jedem Pflüger sein Feld!" verwirklicht; das ist ein großartiger Sieg. Es bleibt aber noch ungefähr ein Drittel des Territoriums, wo man sich weiter bemühen muß, die Massen kühn zu mobilisieren und die erwähnte Losung zu verwirklichen. Dort, wo das Prinzip „Jedem Pflüger sein Feld!" verwirklicht wurde, gibt es immer noch Schwächen, soweit die Lösung nicht gründlich war — hauptsächlich darum, weil man die Massen nicht kühn mobilisiert hatte, so daß die Beschlagnahme und die Verteilung des Bodens nicht gründlich durchgeführt und bei den Massen Unzufriedenheit hervorgerufen wurde. An solchen Orten müssen wir sorgfältige Untersuchungen anstellen und „ausgleichen", um sicher zu sein, daß landlose und landarme Bauern Boden erhalten und die Feudalherren und örtlichen Despoten bestraft werden. Im ganzen Verlauf der Verwirklichung der Losung „Jedem Pflüger sein Feld!" müssen wir uns entschlossen mit den Mittelbauern verbünden, und es ist absolut verboten, in die Interessen der Mittelbauern (einschließlich der wohlhabenden Mittelbauern) einzugreifen; wenn es Fälle gibt, wo Eingriffe in die Interessen der Mittelbauern gemacht wurden, muß man die Betroffenen entschädigen und sich entschuldigen. Während der Bodenreform und nachher muß überdies, dem Willen der Massen entsprechend, zweckmäßige Rücksicht auf gewöhnliche Großbauern und mittlere und kleine Grundherren genommen werden, in Übereinstimmung mit der „Direktive vom 4. Mai". Kurzum, während der Bodenreformbewegung in den ländlichen Gebieten müssen wir uns mit den Massen zusammenschließen, die mehr als 90 Prozent der Landbevölkerung ausmachen und die Bodenreform unterstützen, und die eine Minderzahl darstellenden feudalen Reaktionäre, die dagegen sind, isolieren, damit wir die Aufgabe „Jedem Pflüger sein Feld!" schnellstens erfüllen können.

---

* Eine von Genossen Mao Tse-tung abgefaßte innerparteiliche Direktive des Zentralkomitees der Kommunistischen Partei Chinas.

DIE GEGENWÄRTIGE LAGE UND UNSERE AUFGABEN*

(25. Dezember 1947)

* Dieser Bericht wurde von Genossen Mao Tse-tung auf der Tagung des Zentralkomitees der Kommunistischen Partei Chinas erstattet, die vom 25. bis 28. Dezember 1947 in Yangdjiagou, Kreis Midschi, Nordschensi, stattfand. Außer den Mitgliedern und Kandidaten des Zentralkomitees, die an dieser Tagung teilnehmen konnten, waren auch verantwortliche Genossen aus den Grenzgebieten Schensi-Kansu-Ningsia und Schansi-Suiyüan zugegen. Die Tagung diskutierte den Bericht des Genossen Mao Tse-tung sowie seine Schrift „Einige Erwägungen zur gegenwärtigen internationalen Lage" (vorliegender Band, S. 87 f.) und nahm beides an. Zum Bericht des Genossen Mao Tse-tung wurde in einem der Beschlüsse der Tagung festgestellt: „Dieser Bericht ist ein programmatisches Dokument auf politischem, militärischem und wirtschaftlichem Gebiet über die ganze Periode des Sturzes der reaktionären herrschenden Tschiangkaischek-Clique und der Errichtung eines neudemokratischen China. Die ganze Partei und die ganze Armee müssen auf Grund dieses Dokuments und in Verbindung mit allen Dokumenten vom 10. Oktober 1947 [gemeint sind hier die am 10. Oktober 1947 veröffentlichten Dokumente: ‚Deklaration der Chinesischen Volksbefreiungsarmee', ‚Losungen der Chinesischen Volksbefreiungsarmee', ‚Instruktion über die erneute Bekanntmachung der drei Hauptregeln und der acht Punkte zur Beachtung', ‚Hauptthesen des Chinesischen Bodengesetzes' und ‚Beschluß des Zentralkomitees der Kommunistischen Partei Chinas zur Verkündung der Hauptthesen des Chinesischen Bodengesetzes'] eine intensive Erziehungsarbeit leisten und das Dokument in der Praxis strikte befolgen. Wo sich bei der Durchführung der politischen Richtlinien herausstellt, daß keine Übereinstimmung mit den in diesem Bericht dargelegten Grundsätzen besteht, müssen sofort entsprechende Korrekturen vorgenommen werden." Weitere wichtige Beschlüsse dieser Tagung waren: 1. Der revolutionäre Krieg des chinesischen Volkes muß unter Anspannung aller Kräfte ununterbrochen bis zum völligen Sieg geführt werden; dem Feind darf nicht gestattet werden, durch Hinhaltemanöver (Friedensverhandlungen) Zeit für eine Ruhepause und seine Reorganisation zu gewinnen, um dann wieder das Volk angreifen zu können. 2. Die Zeit ist augenblicklich noch nicht reif, eine revolutionäre Zentralregierung zu bilden; wir müssen warten, bis unsere Armee noch größere Siege errungen hat, bevor wir diese Frage in Erwägung ziehen können; um so mehr ist die Verkündung einer Verfassung eine Frage der Zukunft. Die Tagung diskutierte auch sehr gründlich die Frage der zur damaligen Zeit in der Partei vorhandenen Tendenzen sowie einige konkrete Fragen der Politik in bezug auf die Bodenreform und die Massenbewegungen. Die Ergebnisse dieser Diskussion wurden später von Genossen Mao Tse-tung in der Schrift „Über einige wichtige Fragen in der gegenwärtigen Politik der Partei" (vorliegender Band, S. 189 ff.) festgehalten. Alle Schriften in diesem Band, angefangen mit diesem Bericht bis zum „Rundschreiben über die Lage" vom 20. März 1948, wurden in Yangdjiagou, Kreis Midschi, Nordschensi, geschrieben.

Jetzt ist das Hinterland der Volksbefreiungsarmee viel gefestigter, als es vor 18 Monaten war. Das ist der Tatsache zu verdanken, daß unsere Partei entschieden auf der Seite der Bauern steht und die Bodenreform durchgeführt hat. Zur Zeit des Widerstandskriegs gegen die japanische Aggression verwandelte unsere Partei im Interesse der Bildung einer antijapanischen Einheitsfront mit der Kuomintang und des Zusammenschlusses mit denen, die damals noch gegen den japanischen Imperialismus auftreten konnten, aus eigener Initiative die von ihr vor dem Widerstandskrieg verfolgte Politik, den Boden der Grundherren zu beschlagnahmen und ihn unter die Bauern aufzuteilen, in eine Politik der Herabsetzung der Pacht- und Darlehenszinsen. Das war durchaus notwendig. Nach der Kapitulation Japans forderten die Bauern dringend Land, und wir faßten rechtzeitig den Beschluß, unsere Bodenpolitik zu ändern, d. h. von der Herabsetzung der Pacht- und Darlehenszinsen abzugehen, die Ländereien der Grundherrenklasse zu beschlagnahmen und unter die Bauern aufzuteilen. Die Direktive des Zentralkomitees unserer Partei vom 4. Mai 1946[3] war ein Ausdruck dieser Veränderung. Im September 1947 berief unsere Partei eine Landeskonferenz über die Bodenfrage ein und arbeitete die Hauptthesen des Chinesischen Bodengesetzes[4] aus, die sofort überall realisiert wurden. Dank diesem Schritt wurden nicht nur die Richtlinien, die in der „Direktive vom 4. Mai" des letzten Jahres niedergelegt worden waren, bekräftigt, sondern es wurde auch die gewisse Inkonsequenz in dieser Direktive ausdrücklich berichtigt. Die Hauptthesen des Chinesischen Bodengesetzes legen fest: Von dem Prinzip ausgehend, daß das Bodenbesitzsystem der feudalen und halbfeudalen Ausbeutung beseitigt und das System „Jedem Pflüger sein Feld!" eingeführt wird, soll der Boden je Kopf der Bevölkerung gleichmäßig verteilt werden.[5] Das ist eine Methode zur gründlichsten Beseitigung des Feudalsystems und entspricht völlig den Forderungen der breiten Massen der chinesischen Bauern. Um die Bodenreform konsequent und gründlich durchzuführen, muß man in den Dörfern als legale Organe zur Durchführung der Bodenreform nicht nur Bauernvereinigungen auf der breitesten Massenbasis der Landarbeiter, der armen Bauern und der Mittelbauern und von ihnen gewählte Ausschüsse, sondern vor allem auch Verbände der armen Bauern, denen die Masse der armen Bauern und der Landarbeiter angehören, und deren Ausschüsse organisieren; und diese Verbände der armen Bauern müssen bei allen Kämpfen auf dem Lande den führenden Kern bilden. Unsere Politik besteht darin, daß wir uns auf die armen Bauern stützen, uns fest mit den Mittelbauern verbünden und das feudale und halbfeudale Ausbeutungssystem der Grundherrenklasse und der Großbauern alten Typus beseitigen. Den Grundherren und Großbauern darf nicht mehr Land und Eigentum als der Masse der Bauern zugeteilt werden.

Jedoch darf die falsche, „links"abweichlerische Politik der Jahre 1931 bis 1934 — „Die Grundherren erhalten keinen und die Großbauern schlechten Boden zugeteilt" — nicht wiederholt werden. Wenn auch zahlenmäßig der Anteil der Grundherren und Großbauern an der Landbevölkerung von Ort zu Ort unterschiedlich ist, beträgt er doch im allgemeinen nur etwa acht Prozent (nach Haushalten gerechnet), während ihr Grundbesitz gewöhnlich 70—80 Prozent des gesamten Bodens ausmacht. Deshalb ist die Anzahl jener Menschen, gegen die sich unsere Bodenreform richtet, sehr gering, während die Anzahl der Menschen in den Dörfern, die an der Einheitsfront für die Bodenreform teilnehmen können und sollen, über 90 Prozent der Bevölkerung (nach Haushalten gerechnet) ausmacht. Dabei müssen zwei Grundprinzipien beachtet werden: Erstens müssen die Forderungen der armen Bauern und der Landarbeiter befriedigt werden; das ist die wesentlichste Aufgabe der Bodenreform. Zweitens muß man sich mit den Mittelbauern fest zusammenschließen, ihre Interessen dürfen nicht beeinträchtigt werden. Solange wir an diesen beiden Grundprinzipien festhalten, können wir sicher sein, unsere Aufgaben in der Bodenreform erfolgreich zu erfüllen. Der Teil des Bodens der Großbauern alten Typus und der Teil ihres sonstigen Besitztums, die nach dem Prinzip der gleichmäßigen Aufteilung überschüssig sind, müssen deshalb aufgeteilt werden, weil in China die Großbauern im allgemeinen sehr weitgehend den Charakter feudaler und halbfeudaler Ausbeuter haben; die Mehrheit von ihnen verpachtet Land, verleiht Geld zu Wucherzinsen, und sie dingen unter halbfeudalen Bedingungen Arbeitskräfte.[6] Da außerdem die Großbauern verhältnismäßig mehr und besseren Boden besitzen,[7] können die Forderungen der armen Bauern und der Landarbeiter nur befriedigt werden, wenn dieser Boden aufgeteilt wird. Aber nach den Bestimmungen der Hauptthesen des Bodengesetzes müssen die Großbauern und die Grundherren im allgemeinen unterschiedlich behandelt werden. Bei der Bodenreform stimmen die Mittelbauern der gleichmäßigen Verteilung zu, da sie ihren Interessen keinen Abbruch tut. Bei einem Teil der Mittelbauern ändert die gleichmäßige Verteilung nichts am Bodenbesitz, bei einem anderen Teil erhöht sie den Bodenbesitz; nur der Teil der wohlhabenden Mittelbauern besitzt einen kleinen Überschuß an Boden und ist auch bereit, ihn zur gleichmäßigen Aufteilung herauszugeben, denn dadurch wird die Bürde der Bodensteuer für sie leichter. Dennoch muß man überall bei der Aufteilung des Bodens den Ansichten der Mittelbauern Rechnung tragen und, wenn sie nicht einverstanden sind, ihnen Zugeständnisse machen. Bei der Beschlagnahme und Aufteilung des Bodens und sonstigen Besitztums der Feudalklasse müssen die Bedürfnisse gewisser Mittelbauern berücksichtigt werden. Bei der Bestimmung der Klassenzugehörigkeit muß man darauf achten, daß die eigentlichen Mittelbauern nicht fälschlicherweise zu den Groß-bauern gezählt werden. Man muß Aktivisten unter den Mittelbauern zur Mitarbeit in den Ausschüssen der Bauernvereinigung und in den Machtorganen heranziehen. In bezug auf die Bodensteuer und die Abgaben zur Unterstützung des Krieges muß das Prinzip der Gerech-tigkeit und Zweckmäßigkeit befolgt werden. Das sind die konkreten politischen Maßnahmen, die unsere Partei bei der Durchführung ihrer strategischen Aufgabe, sich fest mit den Mittelbauern zu verbünden, ergreifen muß. Die ganze Partei muß begreifen, daß die gründliche Reform des Bodenbesitzsystems eine grundlegende Aufgabe der chine-sischen Revolution in der gegenwärtigen Phase ist. Wenn wir die Bodenfrage umfassend und gründlich lösen können, werden wir die wesentlichste Vorbedingung für unseren Sieg über alle Feinde schaffen.

Um die Bodenreform entschlossen und gründlich durchzuführen und das Hinterland der Volksbefreiungsarmee zu festigen, müssen wir die Reihen unserer Partei konsolidieren. Während des Widerstands-kriegs gegen die japanische Aggression verlief die Ausrichtungsbewe-gung in der Partei im allgemeinen erfolgreich. Dieser Erfolg besteht hauptsächlich darin, daß unsere führenden Organe sowie die breite Masse der Funktionäre und Mitglieder der Partei unsere grundlegende Orientierung auf Verbindung der allgemeingültigen Wahrheit des Marxismus-Leninismus mit der konkreten Praxis der chinesischen Re-volution besser erfaßt haben. Im Vergleich zu den Geschichtsperioden vor dem Widerstandskrieg gegen die japanische Aggression hat unsere Partei in dieser Hinsicht einen großen Fortschritt erzielt. In den örtlichen Parteiorganisationen jedoch, besonders in den Grundorgani-sationen auf dem Lande, ist das Problem der Unreinheit in der Klassen-zusammensetzung und im Arbeitsstil noch nicht gelöst. In den elf Jahren von 1937 bis 1947 ist die Zahl der Mitglieder unserer Partei von einigen Zehntausend auf 2 700 000 gestiegen; das ist ein riesiger Sprung vorwärts. Damit ist unsere Partei zur mächtigsten Partei in der Geschichte Chinas geworden. Dadurch konnten wir den japanischen Imperialismus besiegen, Tschiang Kai-scheks Angriffe zurückschlagen, die Führung der befreiten Gebiete mit einer Bevölkerung von über 100 Millionen und der Volksbefreiungsarmee mit zwei Millionen Mann innehaben. Daraus ergaben sich jedoch auch Mängel: Viele Grundherren, Großbauern und asoziale Elemente haben die Gelegenheit benutzt, sich in unsere Partei einzuschleichen. Auf dem Lande üben sie die Kontrolle über eine große Anzahl von Parteiorganisationen, Machtorganen und Massenorganisationen aus, schalten und walten, wie es ihnen beliebt, mißhandeln und quälen das Volk, entstellen die Politik der Partei, so daß diese Organisationen sich von den Massen lösen und die Bodenreform nicht gründlich durchgeführt werden kann. Diese ernste Lage stellt uns vor die Aufgabe, die Reihen unserer Partei zu konsolidieren. Wird diese Aufgabe nicht erfüllt, können wir auf dem Lande nicht vorankommen. Die Landeskonferenz der Partei über die Bodenfrage diskutierte dieses Problem gründlich und legte dazu entsprechende Maßnahmen und Methoden fest. Diese Maßnahmen und Methoden werden jetzt überall zusammen mit dem Beschluß über die gleichmäßige Verteilung des Bodens konsequent in die Tat umgesetzt. Dabei ist es am allerwichtigsten, in der Partei Kritik und Selbstkritik zu entfalten und die von der Parteilinie abweichenden falschen Ansichten und ernsten Erscheinungen, die in den örtlichen Organisationen vorhanden sind, restlos aufzudecken. Alle Mitglieder der Partei müssen sich darüber klar sein, daß ein entscheidendes Kettenglied für die Lösung der Bodenfrage und für die Unterstützung des langdauernden Krieges darin besteht, das Problem der Unreinheit in der Klassenzusammensetzung und im Arbeitsstil in der Partei zu lösen und ihre Reihen zu konsolidieren, was es der Partei ermöglichen wird, mit den breitesten Massen der Werktätigen gemeinsam in derselben Richtung zu marschieren und sie vorwärts zu führen.

Der Bodenbesitz der Feudalklasse wird beschlagnahmt und geht in den Besitz der Bauern über; das Monopolkapital unter Führung von Tschiang Kai-schek, Sung Dsi-wen, Kung Hsiang-hsi und Tschen Li-fu wird enteignet und geht auf den neudemokratischen Staat über; Industrie und Handel der nationalen Bourgeoisie werden geschützt —

das sind die drei wirtschaftlichen Hauptrichtlinien der neudemokratischen Revolution. Die vier großen Familien Tschiang, Sung, Kung und Tschen haben während ihrer zwanzigjährigen Herrschaft ein gewaltiges Vermögen im Werte von 10—20 Milliarden USA-Dollar zusammengerafft, sie haben die wirtschaftlichen Kommandohöhen im ganzen Land monopolisiert. Dieses Monopolkapital ist durch die Verbindung mit der Staatsgewalt zum staatsmonopolistischen Kapitalismus geworden. Dieser monopolistische Kapitalismus, der eng mit dem ausländischen Imperialismus, der heimischen Grundherrenklasse und den heimischen Großbauern alten Typus verbunden ist, ist zu einem staatsmonopolistischen Kapitalismus mit Kompradoren- und Feudalcharakter geworden. Das ist die ökonomische Basis des reaktionären Regimes Tschiang Kai-scheks. Dieser staatsmonopolistische Kapitalismus unterjocht sowohl die Arbeiter und Bauern wie auch das städtische Kleinbürgertum und schadet der mittleren Bourgeoisie. Dieser staatsmonopolistische Kapitalismus erreichte während des Widerstandskriegs gegen die japanische Aggression und nach der Kapitulation Japans den höchsten Stand seiner Entwicklung; er hat ausreichende materielle Voraussetzungen für die neudemokratische Revolution geschaffen. Dieses Kapital wird in China allgemein als das bürokratische Kapital bezeichnet. Diese Klasse von Kapitalisten, die als die bürokratische Bourgeoisie bezeichnet wird, ist die Großbourgeoisie Chinas. Die Aufgabe der neudemokratischen Revolution ist es, neben der Beseitigung der Privilegien des Imperialismus in China, im Land die Ausbeutung und Unterdrückung durch die Grundherrenklasse und die bürokratische Bourgeoisie (die Großbourgeoisie) zu beseitigen, die kompradorischen und feudalen Produktionsverhältnisse umzuwandeln und die gefesselten Produktivkräfte freizusetzen. Die Oberschicht des Kleinbürgertums und die mittlere Bourgeoisie, die von der Grundherrenklasse und der bürokratischen Bourgeoisie und ihrer Staatsgewalt unterdrückt und geschädigt werden, gehören zwar auch zur Bourgeoisie, können sich jedoch der neudemokratischen Revolution anschließen oder neutral bleiben. Sie haben keine oder nur verhältnismäßig geringe Verbindungen zum Imperialismus, sie sind die wahre nationale Bourgeoisie. Wohin die neudemokratische Staatsgewalt reicht, muß sie diese Klassen entschlossen und ohne Vorbehalt schützen. In den von Tschiang Kai-schek beherrschten Gebieten gibt es in der Oberschicht des Kleinbürgertums und unter der mittleren Bourgeoisie eine geringe Anzahl von Leuten, die rechten Elemente dieser Klassen, welche reaktionäre politische Tendenzen haben, Illusionen über den USA-Imperialismus und die reaktionäre Tschiang-kaischek-Clique verbreiten und die volksdemokratische Revolution bekämpfen. Solange sie mit ihren reaktionären Tendenzen die Massen noch beeinflussen können, müssen wir sie vor den Massen, die unter ihrem Einfluß stehen, entlarven; wir müssen ihren politischen Einfluß unter den Massen bekämpfen und die Massen davon befreien. Jedoch sind politische Schläge und wirtschaftliche Vernichtung zwei verschiedene Dinge; wenn wir die beiden miteinander verwechseln, dann begehen wir Fehler. Das, was durch die neudemokratische Revolution beseitigt werden soll, sind nur der Feudalismus und der Monopolkapitalismus, nur die Grundherrenklasse und die bürokratische Bourgeoisie (die Großbourgeoisie), nicht aber der Kapitalismus im allgemeinen, nicht die Oberschicht des Kleinbürgertums und die mittlere Bourgeoisie. Auf Grund der Rückständigkeit der chinesischen Wirtschaft wird selbst nach dem Sieg der Revolution im ganzen Land noch auf lange Zeit das Fortbestehen des kapitalistischen Wirtschaftssektors, vertreten durch die breite Oberschicht des Kleinbürgertums und die mittlere Bourgeoisie, gestattet werden müssen; ferner ist entsprechend der Arbeitsteilung innerhalb der Volkswirtschaft allen Teilen dieses Sektors, die für die Volkswirtschaft von Nutzen sind, eine bestimmte Entwicklung zu ermöglichen. Dieser kapitalistische Sektor ist noch ein unentbehrlicher Bestandteil der gesamten Volkswirtschaft. Unter der hier erwähnten Oberschicht des Kleinbürgertums versteht man die kleinen Industriellen und Kaufleute, die Lohnarbeiter oder Handlungsgehilfen beschäftigen. Außerdem gibt es noch die Masse der kleinen selbständigen Handel- und Gewerbetreibenden, die weder Lohnarbeiter noch Handlungsgehilfen beschäftigen und die selbstverständlich konsequent geschützt werden müssen. Nach dem Sieg der Revolution im ganzen Land wird der neudemokratische Staat staatliche Großbetriebe besitzen, die der bürokratischen Bourgeoisie abgenommen worden sind und die wirtschaftlichen Kommandohöhen des Landes kontrollieren; es wird eine vom Feudalismus befreite Landwirtschaft geben, die zwar im wesentlichen noch eine ziemlich lange Zeit zersplittert sein und individuell betrieben werden wird, aber doch später Schritt für Schritt zur Vergenossenschaftlichung übergeleitet werden kann. Unter diesen Bedingungen stellt die Existenz und Entwicklung dieses kleinen und mittelgroßen kapitalistischen Sektors keine Gefahr dar. Dasselbe gilt auch für die neue Großbauernwirtschaft, die notwendigerweise nach der Bodenreform auf dem Lande aufkommen wird. Es darf sich auf keinen Fall wiederholen, daß dem

Wirtschaftssektor der Oberschicht des Kleinbürgertums und der mittleren Bourgeoisie gegenüber eine falsche, „links"abweichlerische Politik eingeschlagen wird, wie es in unserer Partei während der Periode 1931—1934 der Fall war (zu großzügige Arbeitsbedingungen, zu hohe Einkommensteuersätze, Übergriffe gegen Handel- und Gewerbetreibende während der Bodenreform, kurzsichtige und einseitige Zielsetzung im Hinblick auf die sogenannte Wohlfahrt der Werktätigen, statt der Zielsetzung der Entwicklung der Produktion, des Aufblühens der Wirtschaft, der Berücksichtigung sowohl von staatlichen wie privaten Interessen und des beiderseitigen Nutzens für Arbeit und Kapital). Die Wiederholung dieser Fehler würde unausbleiblich den Interessen der werktätigen Massen wie auch denen des neudemokratischen Staates schaden. Eine der Bestimmungen in den Hauptthesen des Chinesischen Bodengesetzes lautet: „Das Eigentum und die rechtmäßige Geschäftätigkeit der Industriellen und Kaufleute sind vor Übergriffen zu schützen." Mit den Industriellen und Kaufleuten, die hier erwähnt werden, sind alle kleinen selbständigen Handel- und Gewerbetreibenden sowie der gesamte kleine und mittelgroße kapitalistische Sektor gemeint. Zusammenfassend kann gesagt werden, daß sich die Wirtschaft des neuen China aus den folgenden Sektoren zusammensetzen wird: 1. der staatlichen Wirtschaft, dem führenden Sektor; 2. der Landwirtschaft, die sich Schritt für Schritt von der Einzel- zur Kollektivwirtschaft entwickeln wird; 3. der Wirtschaft der kleinen selbständigen Handel- und Gewerbetreibenden und der kleinen und mittleren privatkapitalistischen Wirtschaft. Sie bilden in ihrer Gesamtheit die neudemokratische Volkswirtschaft. Die Leitprinzipien für die neudemokratische Volkswirtschaft müssen sich sehr eng auf das allgemeine Ziel der Entwicklung der Produktion, des Aufblühens der Wirtschaft, der Berücksichtigung sowohl von staatlichen wie privaten Interessen und des beiderseitigen Nutzens für Arbeit und Kapital orientieren. Jedes Prinzip, jede politische Richtlinie oder Maßnahme, die von diesem allgemeinen Ziel abweicht, ist falsch.

ANMERKUNGEN

[3] Gemeint ist die „Direktive über die Bodenfrage", die vom Zentralkomitee der Kommunistischen Partei Chinas am 4. Mai 1946 herausgegeben wurde. Siehe die Arbeit „Ein Überblick über drei Monate", Anmerkung 4, vorliegender Band, S. 119.

[4] Die Landeskonferenz der Kommunistischen Partei Chinas über die Bodenfrage wurde im September 1947 im Dorf Hsibaipo, Kreis Pingschan, Provinz Hopeh, abgehalten. Die „Hauptthesen des Chinesischen Bodengesetzes", die von dieser Konferenz am 13. September angenommen wurden, wurden vom Zentralkomitee der Kommunistischen Partei Chinas am 10. Oktober 1947 veröffentlicht. Sie enthielten folgende Bestimmungen:

Das Bodenbesitzsystem der feudalen und halbfeudalen Ausbeutung wird beseitigt und das System „Jedem Pflüger sein Feld!" eingeführt.

Der gesamte Bodenbesitz der Grundherren und sämtliche Ländereien der öffentlichen Hand in den Dörfern werden von der örtlichen Bauernvereinigung übernommen und zusammen mit dem gesamten übrigen Boden der Ortschaft gleichmäßig unter die ganze ländliche Bevölkerung ohne Unterschied des Geschlechts oder Alters verteilt.

Die Bauernvereinigungen in den Dörfern übernehmen die Zugtiere, landwirtschaftlichen Geräte, Häuser, das Getreide und anderes Eigentum der Grundherren, ziehen den Überschuß der Großbauern an diesen Vermögenswerten ein und verteilen dies alles an Bauern und andere arme Leute, denen es daran mangelt. Dabei wird auch den Grundherren ein gleicher Teil zugewiesen.

Somit bestätigten die Hauptthesen des Chinesischen Bodengesetzes nicht nur den Grundsatz „Beschlagnahme des Bodens der Grundherren und seine Aufteilung unter die Bauern", der in der „Direktive vom 4. Mai" 1946 niedergelegt war; sie korrigierten auch die darin enthaltene Inkonsequenz, die darin zum Ausdruck kam, daß gewisse Grundherren zu schonend behandelt wurden.

5 Im Verlauf der späteren Durchführung wurden einige Veränderungen an der Methode der gleichmäßigen Verteilung des Bodens, wie sie in den „Hauptthesen des Chinesischen Bodengesetzes" festgelegt war, vorgenommen. Im Februar 1948 verfügte das Zentralkomitee der Kommunistischen Partei Chinas in seiner „Direktive über die Arbeit zur Durchführung der Bodenreform und zur Konsolidierung der Partei in den alten sowie in den jüngeren befreiten Gebieten", daß in diesen Gebieten, wo das Feudalsystem bereits gestürzt war, keine gleichmäßige Neuaufteilung des Bodens mehr stattfinden dürfe, daß aber — nur wenn erforderlich — für arme Bauern und Landarbeiter, die das feudale Joch noch nicht völlig abgeschüttelt hatten, ein Ausgleich geschaffen werden müsse, ihnen sollte ein bestimmter Anteil an Boden und anderen Produktionsmitteln zugewiesen werden, wobei von den Mehr-Besitzenden etwas zu nehmen und den Weniger-Besitzenden zu geben, von den Besser-Ausgestatteten zu nehmen und den Schlechter-Ausgestatteten zu geben war. Außerdem sollten die Mittelbauern mehr Land als im Durchschnitt die armen Bauern behalten dürfen. Wo das Feudalsystem noch bestand, beschränkte sich die gleichmäßige Aufteilung hauptsächlich auf den Boden und anderes Eigentum der Grundherren sowie den Überschuß der Großbauern alten Typus an Boden und sonstigem Eigentum. In allen Gebieten war es nur dann erlaubt, den Überschuß an Boden bei den Mittelbauern und Großbauern neuen Typus zum Zweck des Ausgleichs einzuziehen, wenn es unumgänglich notwendig war und die Eigentümer zustimmten. Bei der Bodenreform in den neuen befreiten Gebieten durfte den Mittelbauern kein Land weggenommen werden.

6 Das Problem der Großbauern war bei der chinesischen Bodenreform ein spezifisches Problem, das sich aus den konkreten historischen und wirtschaftlichen Bedingungen Chinas ergab. Die chinesischen Großbauern unterschieden sich in zweifacher Hinsicht von denen vieler kapitalistischer Länder: Im allgemeinen hatten sie sehr weitgehend den Charakter feudaler und halbfeudaler Ausbeuter, ferner nahm die Großbauernwirtschaft in der Agrarwirtschaft des Landes keine wichtige Stellung ein. Im Kampf gegen die feudale Ausbeutung durch die Klasse der Grundherren in China verlangten die breiten Massen der armen Bauern und der Landarbeiter auch die Beseitigung der feudalen und halbfeudalen Ausbeutung durch die Großbauern. Während des Befreiungskriegs verfolgte die Kommunistische Partei Chinas die Politik, den Überschuß der Großbauern an Boden und anderem

Eigentum zur Aufteilung unter die Bauern einzuziehen; damit wurden die Forderungen der breiten Massen der armen Bauern und der Landarbeiter befriedigt und der Sieg im Volksbefreiungskrieg gesichert. Im Zuge der siegreichen Entwicklung des Krieges legte das Zentralkomitee der Kommunistischen Partei Chinas im Februar 1948 eine neue Politik für die Durchführung der Bodenreform in den neuen befreiten Gebieten fest. Die Bodenreform sollte in zwei Phasen vor sich gehen: In der ersten Phase sollten die Großbauern neutral gehalten werden und die Schläge sich nur gegen die Grundherren, besonders die großen unter ihnen, richten; in der zweiten Phase sollte bei der Aufteilung des Bodens der Grundherren auch der von den Großbauern verpachtete Boden und ihr Überschuß an Boden verteilt werden, wobei die Großbauern anders als die Grundherren zu behandeln sind (siehe die Arbeit „Wesentliche Punkte der Bodenreform in den neuen befreiten Gebieten", vorliegender Band, S. 209 ff.). Nach der Gründung der Volksrepublik China erließ die Zentrale Volksregierung im Juni 1950 das Gesetz über die Bodenreform, in dem festgelegt ist, daß bei der Bodenreform nur das von den Großbauern verpachtete Land teilweise oder völlig eingezogen, während ihr übriger Grundbesitz und ihr sonstiges Eigentum unter Schutz gestellt werden. In der darauffolgenden Phase der sozialistischen Revolution verschwand die Großbauernwirtschaft in dem Maße, wie sich die Bewegung für die landwirtschaftliche Vergenossenschaftlichung vertiefte und sich die Wirtschaft auf dem Lande entwickelte.

[7] Wenn hier davon die Rede ist, daß der Bodenbesitz der Großbauern verhältnismäßig groß und dessen Qualität verhältnismäßig gut war, bedeutet das, daß eine Großbauernfamilie im Durchschnitt mehr und besseren Boden als eine Familie der armen Bauern besaß. Im Landesmaßstab gesehen waren das Eigentum der chinesischen Großbauern an Produktionsmitteln und die Quantität ihrer landwirtschaftlichen Produkte nur gering. Die Großbauernwirtschaft nahm keine bedeutende Stellung in Chinas Wirtschaftsleben auf dem Lande ein.

DIE „LINKEN" FEHLER
IN DER PROPAGANDA FÜR
DIE BODENREFORM KORRIGIEREN*

(11. Februar 1948)

In den vergangenen Monaten haben unsere Nachrichtenagentur und unsere Zeitungen in vielen Gebieten viele ungesunde Berichte und Artikel, die Fehler der „linken" Abweichung enthielten, wahllos veröffentlicht, ohne sie zu analysieren. Einige Beispiele:

1. Sie propagierten nicht die Linie, daß man sich auf die armen Bauern und die Landarbeiter stützen und sich mit den Mittelbauern fest verbünden muß, um das Feudalsystem abzuschaffen, sondern propagierten einseitig eine bloß auf die armen Bauern und die Landarbeiter ausgerichtete Linie. Sie propagierten nicht die Ansicht, daß das Proletariat sich mit allen anderen werktätigen Menschen und mit der unterdrückten nationalen Bourgeoisie, den Intellektuellen und anderen Patrioten (einschließlich der aufgeklärten Schenschi, die nicht gegen die Bodenreform sind) zusammenschließen soll, um die Herrschaft des Imperialismus, des Feudalismus und des bürokratischen Kapitalismus zu stürzen, eine Volksrepublik China und eine demokratische Regierung des Volkes zu errichten, sondern propagierten einseitig die Ansicht, daß die armen Bauern und die Landarbeiter das Land erobern und es auch regieren sollten, oder daß die demokratische Regierung nur eine Bauernregierung sei, oder daß die demokratische Regierung nur auf die Arbeiter, die armen Bauern und die Landarbeiter hören müsse, und erwähnten überhaupt nicht die Mittelbauern, die selbständigen Handwerker, die nationale Bourgeoisie, die Intelligenz usw. Das ist ein ernster prinzipieller Fehler. Dennoch werden solche Berichte von unserer Nachrichtenagentur, unseren Zeitungen

---

* Eine von Genossen Mao Tse-tung verfaßte innerparteiliche Direktive des Zentralkomitees der Kommunistischen Partei Chinas.

und unserem Rundfunk veröffentlicht. Und nicht einmal die Propagandaabteilungen unserer Parteikomitees in verschiedenen Gebieten reagierten auf diese Fehler. In den vergangenen Monaten wurde eine derartige Propaganda, obwohl sie nicht weit verbreitet war, doch ziemlich oft betrieben, so daß eine Atmosphäre erzeugt wurde, bei der die Menschen irrigerweise glauben, daß diese Propaganda die richtigen Ideen der Führung wiedergäbe. Das ging so weit, daß man gewisse unrichtige Nachrichten, weil sie die Rundfunkstation von Nordschensi gesendet hatte, fälschlicherweise für vom Zentralkomitee genehmigte Ansichten hielt.

2. In der Frage der Konsolidierung der Partei gab es in manchen Gebieten keine genügend energische Propaganda sowohl gegen das Ignorieren als auch gegen die ausschließliche Berücksichtigung der Klassenherkunft; ja, es kam sogar dazu, daß eine falsche Propaganda für die ausschließliche Berücksichtigung der Klassenherkunft gemacht wurde.

3. In der Frage der Bodenreform wurde in manchen Gebieten die Propaganda sowohl gegen eine zögernde Haltung als auch gegen eine Überstürzung fest angepackt; aber in vielen Gebieten hat man ein überstürztes Vorgehen ermutigt und sogar Artikel veröffentlicht, in denen dieses gelobt wurde. In der Frage der Beziehungen zwischen der Führung und den Massen wurde in manchen Gebieten darauf geachtet, daß in der Propaganda sowohl gegen die Kommandiererei wie gegen die Nachtrabpolitik aufgetreten wird; jedoch in vielen Gebieten beging man den Fehler zu betonen, man müsse „alles so tun, wie die Massen es wünschen", so daß man sich den unter den Massen umlaufenden falschen Ansichten anpaßte. Sogar falsche Ansichten, die gar nicht die der Massen, sondern nur einiger weniger waren, wurden kritiklos übernommen. Dadurch wird die führende Rolle der Partei negiert und die Nachtrabpolitik gefördert.

4. Hinsichtlich der Richtlinien für Industrie und Handel und für die Arbeiterbewegung wurden ernste „linke" Abweichungen, die in gewissen befreiten Gebieten existieren, entweder gelobt oder ignoriert.

Zusammengefaßt: in den letzten Monaten hat unsere Propagandaarbeit die großen Kämpfe — den Krieg, die Bodenreform, die Konsolidierung der Partei, die Produktion und die Unterstützung der Front — richtig widergespiegelt und angeleitet, hat zu ihren großen Erfolgen beigetragen; das ist der Hauptaspekt unserer Propagandaarbeit, und dies muß in erster Linie anerkannt werden. Aber wir müssen auch einige Fehler und Mängel einsehen. Sie tragen „links"abweichlerischen

Charakter. Einige davon laufen den Prinzipien und dem Standpunkt des Marxismus-Leninismus völlig zuwider und weichen total von der Linie des Zentralkomitees ab. Die Regionalbüros und Zweigregionalbüros des Zentralkomitees, ihre Propagandaabteilungen, das Zentralbüro und die regionalen Hauptbüros der Hsinhua-Nachrichtenagentur und die Genossen, die an den Zeitungen aller Gegenden mitarbeiten, mögen auf der Grundlage der marxistisch-leninistischen Prinzipien und der Linie des Zentralkomitees die Propagandaarbeit der letzten Monate überprüfen, ihre Errungenschaften ausbauen, ihre Fehler korrigieren, um unbedingt den Sieg.in diesen großen Kämpfen — dem Krieg, der Bodenreform, der Konsolidierung der Partei, der Arbeiterbewegung —, den Sieg in der ganzen antiimperialistischen und antifeudalen Revolution zu sichern. Die Propagandaabteilungen der Parteikomitees in allen Gebieten und das Zentralbüro der Hsinhua-Nachrichtenagentur sind verpflichtet, die Hauptverantwortung für diese Überprüfung auf sich zu nehmen und in ihrem eigenen Namen Politik betreffende Berichte über die Resultate dieser Überprüfung der Propagandaabteilung des Zentralkomitees zu übermitteln.

WESENTLICHE PUNKTE DER BODENREFORM IN DEN NEUEN BEFREITEN GEBIETEN*

(15. Februar 1948)

1. Man darf nichts überstürzen. Das Tempo der Bodenreform soll nach den Umständen, dem Bewußtseinsgrad der Massen und der Stärke der führenden Kader bestimmt werden. Man soll nicht versuchen, die Bodenreform in einigen Monaten zu vollenden, sondern sich darauf vorbereiten, sie in jedem Gebiet binnen zwei oder drei Jahren abzuschließen. Das gilt auch für die alten und die jüngeren befreiten Gebiete.

2. In den neuen befreiten Gebieten soll die Bodenreform in zwei Stadien durchgeführt werden. Im ersten Stadium werden den Grundherren Schläge versetzt und die Großbauern neutral gehalten. Dieses Stadium wird wiederum in mehrere Schritte unterteilt: Zuerst versetzt man den großen Grundherren Schläge und dann den anderen Grundherren. Örtliche Despoten sollen anders behandelt werden als Nichtdespoten, und auch die großen, mittleren und kleinen Grundherren sollen differenziert behandelt werden. Das zweite Stadium besteht in der gleichmäßigen Verteilung des Bodens, einschließlich des verpachteten und überschüssigen Bodens der Großbauern. Doch sollen die Großbauern anders behandelt werden als die Grundherren. Die gesamte Angriffsfläche soll sich im allgemeinen auf nicht mehr als acht Prozent der Höfe oder zehn Prozent der Bevölkerung erstrecken. In den jüngeren befreiten Gebieten sollen die Unterschiedlichkeit in der Behandlung und die gesamte Angriffsfläche die gleichen sein. Diese Probleme treten in den alten befreiten Gebieten, wo im allgemeinen nur ein Ausgleich der Verteilung des Bodens und anderer Produktionsmittel[1] notwendig ist, nicht auf.

---

* Eine von Genossen Mao Tse-tung verfaßte innerparteiliche Direktive des Zentralkomitees der Kommunistischen Partei Chinas.

3. Zuerst sind Verbände der armen Bauern und dann, nach einigen Monaten, Bauernvereinigungen zu organisieren. Den Grundherren und Großbauern ist strengstens zu verbieten, daß sie sich in die Bauernvereinigungen und Verbände der armen Bauern einschleichen. Die Aktivisten in den Verbänden der armen Bauern sollen den Kern der Führung in den Bauernvereinigungen bilden, aber auch ein Teil der Aktivisten aus den Reihen der Mittelbauern muß in die Komitees der Bauernvereinigungen aufgenommen werden. Die Mittelbauern müssen in den Kampf für die Bodenreform einbezogen werden, und ihre Interessen sind zu berücksichtigen.

4. Man soll die Arbeit nicht überall zu gleicher Zeit in Angriff nehmen, sondern tüchtige Kader auswählen, die sie zuerst an bestimmten Orten durchführen, um Erfahrungen zu sammeln, diese Erfahrungen dann Schritt für Schritt verbreiten, so daß die Arbeit wellenförmig vorangetrieben wird. Das gilt sowohl für ein ganzes strategisches Gebiet als auch für einen einzelnen Kreis. Das gilt auch für die alten wie für die jüngeren befreiten Gebiete.

5. Zwischen den gefestigten befreiten Gebieten und den Partisanengebieten ist ein Unterschied zu machen. In den ersteren kann die Bodenreform schrittweise vorangehen. In den letzteren sollen wir uns nur auf Propaganda, getarnte Organisationsarbeit und Verteilung einer gewissen Menge von beweglichen Vermögenswerten beschränken. Dort soll man nicht offen Massenorganisationen errichten, nicht die Bodenreform durchführen, damit die Massen vom Feind nicht verfolgt werden.

6. Die reaktionären bewaffneten Banden der Grundherren und die reaktionären Geheimdienste müssen liquidiert werden, und man darf sich ihrer nicht bedienen.

7. Die Reaktionäre müssen unterdrückt werden, aber willkürliches Hinrichten ist strengstens verboten; je weniger Menschen getötet werden, desto besser. Jedes Todesurteil muß von einem Komitee, das auf Kreisebene gebildet wird, geprüft und bestätigt werden. Die Befugnis zur strafrechtlichen Verfolgung politisch Verdächtigter steht den Ausschüssen auf Gebietsparteikomitee-Ebene zu. Das gilt auch für die alten wie für die jüngeren befreiten Gebiete.

8. Man soll die revolutionären Intellektuellen und Halbintellektuellen in den einzelnen Orten, die von Grundherren- oder Großbauernfamilien abstammen, aber die Bodenreform unterstützen, verwenden, sie zur Arbeit bei der Errichtung von Stützpunktgebieten heranziehen. Wir müssen aber unsere Erziehungsarbeit unter ihnen

verstärken und verhüten, daß sie die Macht an sich reißen und der Bodenreform im Weg stehen. Im allgemeinen sollen wir sie nicht in ihrem Heimatdistrikt oder ihrer Heimatgemeinde arbeiten lassen. Nachdruck sollte darauf gelegt werden, daß aus Bauernfamilien stammende Intellektuelle und Halbintellektuelle angestellt werden.

9. Es ist streng darauf zu achten, daß Industrie und Handel geschützt werden. Die Planung und Leitung der wirtschaftlichen und finanziellen Angelegenheiten muß auf lange Sicht erfolgen. Die Truppen sowie die Distrikts- und Gemeindeverwaltungen müssen sich alle vor Verschwendung hüten.

ANMERKUNGEN

[1] Siehe Anmerkung 11 zur Arbeit „Dem neuen Aufschwung der chinesischen Revolution entgegen", vorliegender Band, S. 130.

ARBEIT DER BODENREFORM
UND DER KONSOLIDIERUNG DER PARTEI
IM JAHRE 1948*

(25. Mai 1948)

Man muß auf die Jahreszeiten achten. In Gebieten, die von den Regionalbüros und Zweigregionalbüros des Zentralkomitees festgelegt werden, sollen der ganze kommende Herbst und Winter, d. h. die sieben Monate von September dieses Jahres bis März kommenden Jahres, für die Erfüllung folgender Aufgaben in der richtigen Reihenfolge ausgenutzt werden: 1. Untersuchung der Verhältnisse auf dem Lande. 2. Anfangsarbeit für die Konsolidierung der Partei auf Grund einer richtigen Politik. Das Arbeitskorps bzw. die Arbeitsgruppe, die von der höheren Stelle in ein ländliches Gebiet entsandt werden, müssen sich in erster Linie mit allen Aktivisten und aktiveren Mitgliedern der örtlichen Parteizellen zusammenschließen und gemeinsam mit ihnen die Arbeit für die Bodenreform im betreffenden Ort leiten. 3. Organisierung bzw. Reorganisierung oder Verstärkung der Verbände der armen Bauern und der Bauernvereinigungen und Entfaltung des Kampfes für die Bodenreform. 4. Bestimmung der Klassenzugehörigkeit auf Grund der richtigen Kriterien. 5. Verteilung des feudalen Bodens und sonstigen feudalen Vermögens auf Grund einer richtigen Politik. Das Endresultat der Verteilung muß so sein, daß es von allen hauptsächlichen Schichten als gerecht und vernünftig anerkannt wird und daß die Angehörigen der Grundherrenklasse fühlen, daß da noch ein Weg für sie offen steht, um ihr Leben fristen zu können, und daß ihnen die Existenz gesichert ist. 6. Errichtung von Volksvertre-

---

* Eine von Genossen Mao Tse-tung verfaßte innerparteiliche Direktive des Zentralkomitees der Kommunistischen Partei Chinas.

terversammlungen in drei Stufen — Gemeinde- (oder Dorf-), Distrikts- und Kreisvolksvertreterversammlungen — und Wahl der entsprechenden Vollzugsorgane. 7. Ausfertigung von Bodenurkunden, die das Eigentumsrecht an Grund und Boden festsetzen. 8. Regulierung oder Neufestlegung der Sätze für die landwirtschaftliche Steuer (Getreideabgaben an den Staat). Diese Sätze müssen mit dem Prinzip der Berücksichtigung sowohl von staatlichen wie von privaten Interessen übereinstimmen, das heißt, sie müssen einerseits zur Unterstützung des Krieges beitragen, andererseits das Interesse der Bauern an der Wiederherstellung und Entwicklung der Produktion wecken, was dazu beitragen wird, ihre Lebenshaltung zu verbessern. 9. Abschluß der Arbeit der Konsolidierung der Parzellen auf Grund einer richtigen Politik. 10. Umorientierung unserer Arbeit von der Bodenreform auf den Zusammenschluß aller Werktätigen auf dem Lande und auf die Organisierung der Arbeitskräfte der Grundherren und Großbauern zum gemeinsamen Kampf für die Wiederherstellung und Entwicklung der landwirtschaftlichen Produktion. Beginn der Organisierung von kleinen Arbeitsaustauschgruppen und anderen genossenschaftlichen Vereinigungen nach den Prinzipien der Freiwilligkeit und des gleichwertigen Austausches; Vorbereitung von Saatgut, Dünger und Brennmaterial; Ausarbeitung von Produktionsplänen; Gewährung von landwirtschaftlichen Krediten, wenn dies notwendig und möglich ist (hauptsächlich Anleihen für Produktionsmittel, die zurückgezahlt werden und sich streng von den unentgeltlichen Unterstützungsgeldern unterscheiden müssen); Erstellung von Plänen für den Bau von Be- und Entwässerungsanlagen, wo dies durchführbar ist. Das ist ein ganzer Prozeß von Arbeiten, der von der Bodenreform bis zur Produktion reicht, ein Arbeitsprozeß, den alle Genossen, die unmittelbar an der Arbeit für die Bodenreform teilnehmen, verstehen müssen, damit sie eine Einseitigkeit in ihrer Arbeit vermeiden und, ohne die saisonmäßigen Fristen zu versäumen, alle eben erwähnten Aufgaben im kommenden Herbst und Winter vollenden können.

Das Bodenproblem muß als gelöst betrachtet werden in Gebieten, wo das Feudalsystem von Grund auf liquidiert wurde, wo die armen Bauern und die Landarbeiter ungefähr einen durchschnittlichen Bodenanteil erhalten haben und wo zwar noch ein Unterschied (der statthaft ist) zwischen ihrem Grundbesitz und dem der Mittelbauern besteht, der aber nicht groß ist, und die Frage der Bodenreform soll dort nicht noch einmal aufgeworfen werden. In diesen Gebieten lauten die zentralen Aufgaben: die Produktion wiederherstellen und entwickeln, die Arbeit für die Konsolidierung der Partei und den Aufbau der politischen Macht vollenden und die Front unterstützen. Wenn in manchen Dörfern dieser Gebiete immer noch Boden verteilt oder die Bodenverteilung noch geregelt werden muß, die Klassenzugehörigkeit bestimmter Leute immer noch revidiert und noch weitere Bodeneigentumsurkunden ausgefertigt werden müssen, sind diese Arbeiten natürlich den jeweiligen wirklichen Verhältnissen gemäß zu vollenden.

INHALT

Roman

(Sämtliche Dokumente aus: Mao Tsetung, Ausgewählte Werke, Bd. IV)

OBERBAUMVERLAG BERLIN

MATERIALISTISCHE WISSENSCHAFT

**BD.3 GROSSBÜRGERLICHE AUFKLÄRUNG ALS KLASSENVERSÖH-
NUNG: VOLTAIRE**

Anhang: Voltaire, Der Vierzigtaler-Mann
Autorenkollektiv sozialistischer Wissenschaftler Westberlin
ca. 150 S., ca. DM 7,50 (1. Quartal 72)

BD.4 SOZIALMEDIZIN

Autorenkollektiv sozialistischer Mediziner Westberlin
ca. 150 S., ca. DM 7,50 (2. Quartal 72)

**BD.5 DIE KLASSENKÄMPFE IN FRANKREICH 1789 - 1871 UND DIE PA-
RISER KOMMUNE**

Autorenkollektiv sozialistischer Literaturwissenschaftler Westberlin
ca. 150 S., ca. DM 7,50 (2. Quartal 72)

**BD.6 KLASSENINTERESSE UND NATURWISSENSCHAFTLICHE FOR-
SCHUNG** (Arbeitstitel)

Autorenkollektiv sozialistische Physiker Westberlin
ca. 150 S., ca. DM 7,50 (2. Quartal 72)

PROLETARISCH-REVOLUTIONÄRE ROMANE

O. PJATNIZKI, AUFZEICHNUNGEN EINES BOLSCHWIKS

Erinnerungen aus den Jahren 1896 - 1917
ca. 300 S., ca. DM 9,50 (1. Quartal 72)

W. BREDEL, ROSENHOFSTRASSE

ca. 250 S., ca. DM 6,-- (2. Quartal 72)

A. SCHARRER, VATERLANDSLOSE GESELLEN

ca. 250 S., ca. DM 6,-- (2. Quartal 72)

ANH DUC, HON DAT — EIN VIETNAMESISCHES DORF

ca. 300 S., ca. DM 9,-- (2. Quartal 72)

DAS ROTE KINDERBUCH

Nr.4 REVOLUTIONÄRE MÄRCHEN III

ca. 50 S., ca. DM 5,-- (2. Quartal 72)

Der Verlagsalmanach DAS ROTE HEFT 71/72 wird kostenlos allen Interessen-
ten zugeschickt.

1 BERLIN 21   **BUNDESRATUFER 1**   **TEL. 0311/391 95 27**

VERLAG FÜR POLITIK UND ÖKONOMIE

OBERBAUMVERLAG BERLIN

THEORIE UND PRAXIS

BD.5 E. HODSCHA, R. ALIA U.A., SOZIALISMUS IN ALBANIEN: PRAKTI-SCHE REVISIONISMUSKRITIK (Arbeitstitel)
ca. 300 S., ca. DM 9,50 (1. Quartal 72)

BD.7 HOERNLE U.A., KOMMUNISTISCHE ERZIEHUNG
(Kommunistische Jugend- und Erziehungsarbeit II)
ca. 250 S., ca. DM 8,50 (1. Quartal 72)

BD.8/9 DAS CHINA-SCHULUNGSBUCH. ZWEI TEILE
Ausgewählte Dokumente, Reden und Artikel zur Entwicklung der VR China bis heute
je ca. 250 S., je ca. DM 8,50 (2. Quartal 72)

BD.10 F. MEHRING, MATERIALISTISCHE GESCHICHTE DEUTSCHLANDS
Von der Reformation bis zum 1. Weltkrieg. Aufsätze
ca. 350 S., ca. DM 10,-- (2. Quartal 72)

VERLAG FÜR POLITIK UND ÖKONOMIE

DAS NEUE REVOLUTIONÄRE CHINA
DIE KULTURREVOLUTION
DAS LEBEN DES CHINESISCHEN VOLKES

Bestellen Sie

China im Bild

Monatsschrift mit vorwiegend großformatigem
Photomaterial

Heftpreis	1 Jahr	2 Jahre	3 Jahre
DM 0,80	DM 8,00	DM 12,00	DM 16,00

DIE LEHRE MAO TSE-TUNGS
DIE THEORETISCHE ENTWICKLUNG
DES MARXISMUS-LENINISMUS

werden verständlich durch die Wochenschrift

Peking Rundschau

Heftpreis	1 Jahr	2 Jahre	3 Jahre
DM 0,30	DM 12,00	DM 18,00	DM 24,00

Sie wird mit Luftpost in die ganze Welt versandt.

Bestellungen an:

Trikont Verlag

8 München 80
Josephsburgstr. 16